"十二五"江苏省高等学校重点教材

U0716780

金融营销
（第 2 版）

李建　王雅丽　陈洁　编著

西安交通大学出版社
XI'AN JIAOTONG UNIVERSITY PRESS

图书在版编目（CIP）数据

金融营销/李建，王雅丽，陈洁编著．—2版．—西安：西安交通大学出版社，2017．6

ISBN 978-7-5605-9939-7

Ⅰ．①金…　Ⅱ．①李…　②王…　③陈…　Ⅲ．①金融市场—市场营销学—高等学校—教材　Ⅳ．①F830.9

中国版本图书馆 CIP 数据核字（2017）第 186456 号

书　　　名	金融营销（第 2 版）	
编　　　著	李　建　王雅丽　陈　洁	
责 任 编 辑	贺彦峰　李迎新　崔永政	
出 版 发 行	西安交通大学出版社	
	（西安市兴庆南路 10 号　邮政编码 710049）	
网　　　址	http：//www．xjtupress．com	
电　　　话	（029）82668357　82667874（发行中心）	
	（029）82668315（总编办）	
传　　　真	（029）82668280	
印　　　刷	西安明瑞印务有限公司	
开　　　本	787mm×1092mm　1/16　印张 19.5　字数 473 千字	
版 次 印 次	2017 年 6 月第 1 版　2017 年 6 月第 1 次印刷	
书　　　号	ISBN 978-7-5605-9939-7	
定　　　价	38.50 元	

内 容 简 介

　　金融类专业毕业的高职大学生在实习期和走向工作岗位以后，通常首先做的是营销岗。因此，《金融营销》是金融类专业高职高专学生的必修课，学好这门课程，对其整个职业生涯非常重要。本书根据金融类营销岗的职责，将全书分为三个部分，组成了三个模块。模块一是金融营销的基础知识部分，包括了金融企业的市场调研方法、营销环境分析、STP 战略、4P's 策略等内容，学习这部分内容有利于对金融营销知识的全面理解，也有利于进一步开展工作。模块二则与金融营销的基础岗位——业务岗密切相关，它教会学习者如何发现和开拓新客户，如何邀约客户和成交，如何维系老客户等，同时介绍了短信营销、网络营销、电话营销等效率较高的方法。学习这部分内容有利于学习者迈开走向金融行业的第一步，取得良好的销售业绩，增强职业信心。模块三详细介绍了金融营销策划的流程和方法，以及在银行、证券、保险等金融行业里如何进行营销策划，学习这部分内容有利于在金融行业里得到更多的晋升机会和路径，成就金融行业经理人的梦想！

2013 年《金融营销》正式出版以来，在全国数十家院校应用后的教学效果较好，2015 年还被评为江苏省重点建设教材。但中国的经济发展日新月益，金融市场每年都会产生或大或小的变化，金融政策每年也都会做出或大或小的调整。为了能够适应最新金融市场的变化，受出版社要求和委托，我们决定对本书进行较大幅度的修订，并于 2017 年正式出版。

我们认为，一本优秀的教材一定要能够满足教学第一线的需要，比如工学结合、项目制和任务化，还要能够配套各种资料，比如课程标准、教学 PPT、教学任务书、在线视频课程、在线题库等，我们很高兴表示，这些我们做到了，这些资料也准备好了！

金融营销不是纯理论的教材，我们出版这本教材的目的就是为了让金融专业的学生在未来的金融岗位上做出优异的成绩！我们特别针对并根据金融类专业高职高专大学生实习和实际工作后的职业生涯规划修订了教材，注重实践性和实战性，这样就可以让相关的读者群体在掌握一定理论知识的同时，又能学以致用，获得良好的业绩。根据目前我们教学的成果来看，结果还是比较令人满意的，比如毕业生毕业三年左右的时间，月收入最高可以达到 6 万以上，月收入在 2 万以上的比例也较高，这些同学都从事金融企业的营销岗位。

本书根据金融类营销岗的职责，将全书分为三个部分，组成了三个模块。模块一是金融营销的基础知识部分，包括了金融企业的市场调研方法、营销环境分析、STP 战略、4P's 策略等内容，学习这部分内容有利于对金融营销知识的全面理解，也有利于进一步开展工作。模块二则与金融营销的基础岗位——业务岗密切相关，它教会学习者如何发现和开拓新客户，如何邀约客户和成交，如何维系老客户等，同时介绍了短信营销、网络营销、电话营销等效率较高的方法。学习这部分内容有利于学习者迈开走向金融行业的第一步，取得良好的销售业绩，增强职业信心。模块三则详细介绍了金融营销策划的流程和方法，以及在银行、证券、保险等金融行业里如何进行营销策划，学习这部分内容有利于在金融行业里得到更多的晋升机会和路径，成就金融行业职业经理人的梦想！

本书最大的特点就是注重实战，书中案例众多，有利于高职同学的理解与自我阅读学习，也有利于教师上课时进行案例讨论等各种教学方法的运用。

本书提供 PPT 电子课件等各种资料，能大大地降低任课教师的备课工作量。望使用本教材的老师联系出版社索取。

本书的编写由以下人员完成：

模块一：王雅丽（南京工业职业技术学院，副教授）

模块二：陈洁（江苏经贸职业技术学院，讲师）

模块三：李建（江苏经贸职业技术学院，副教授）

最后，由于时间紧张，同时也由于编著人员水平有限，书中的错漏之处在所难免，欢迎大家批评斧正，在此不胜感激！

李　建

2017 年 5 月

CONTENTS 目 录

模块一

金融营销基础

任务一　认知金融产品

【知识目标】

了解金融产品的含义、特征及其类别；掌握金融产品营销的含义和特点；掌握金融产品营销的内容。

【能力目标】

能够运用所学知识正确地区分各类金融产品。

【素质目标】

建立金融营销的意识，能确实将各类金融产品的营销与普通营销进行区分。

【引导案例】

中国农业银行金融产品简介及相关知识

金钥匙

1. 品牌释义：

这是一把开创中国农业银行个人金融品牌辉煌时代的"金钥匙"。金钥匙忠实传承"大行德广 伴您成长"的企业灵魂，镂空部分双侧的心型通过农行行徽紧密相连，寓意金钥匙品牌与客户心心相通，金钥匙齿部由特色古钱币"刀币"排列演化而成，寓示金钥匙品牌将以渠道便利、品种齐全、功能强大的个人金融产品和服务满足客户多元化、个性化的金融需求。

这是一把中国农业银行为亿万尊贵客户打造的开启财富新天地和美好新未来的"金钥匙"。农行行徽，权杖、皇冠等元素巧妙融嵌于金钥匙整体造型之中，金色徽芒蕴聚高贵与富有，彰显华美与热烈，标志着金钥匙品牌将成为帮助客户开启成功之殿、通向美好生活的关键。

标志图形与中英文字艺术化融为一体，融汇传统与现代，贯通今朝与未来，昭示信誉和成就，象征荣耀和合作，品牌识别性和趋势感极强，给客户以安全、高效、信赖、勃发的强烈感受。

2. 宣传语：开启财富 引领生活

"开启"一词秉承"金钥匙"的特性，形象传达品牌寓意。

开启财富：金钥匙开启客户财富成长之路，实现客户一生的财富规划；

引领生活：有金钥匙专业相助，客户可以轻松享受财富乐趣、追求美满生活。

金光道

1. 品牌释义：

金光道，指中国农业银行以客户需求为导向，通过创新产品与服务，全面整合各类本外币存贷款及中间业务，为客户提供专业的对公金融服务品牌。

金光道是中国农业银行品牌下的二级品牌，隶属于中国农业银行五金品牌工程。它传承中国农业银行"承诺是金，一诺千金；专业是金，智汇于金；合作是金，点时成金；服务是金，同心如金；价值是金，笃行铸金"的"金理念"，打造综合性全方位企业金融服务平台，与客户真诚相伴，共同成长，成就宏图远景。

金光道的"光"，意指光明；寓意农行专业于企业金融服务，专注于企业未来发展，成就企业光明前景。

"道"，意指中国农业银行的专业金融服务之道，也是企业成功之道，寓意中国农业银行愿与企业互相扶携，助力企业驶入发展坦途。

中国农业银行以综合性全方位的金融解决方案服务对公客户，为客户打开便利之门，创造更多价值，助客户通达成功之道。

2. 品牌理念：

【全方位的金融服务】

【客户专业金融伙伴】

3. 宣传语：智通道合，偕行以远

"智通道合"，首先以谐音"志同道合"体现中国农业银行与客户是具有共同发展志向的知音和伙伴，其次"智通"又突出农行与客户心意相通，彼此信任。

"偕行以远"突出了中国农业银行的专业，专注为企业，以及与企业真诚相伴，成功致远，构筑永恒发展的长远伙伴关系。同时，也正因为农行和企业"智通道合"，才能共赢共进，"偕行以远"。

广告语大气，而不失亲切感，利于增强品牌好感度。

金 e 顺

1. 品牌释义

金 e 顺是中国农业银行基于现代电子信息技术的在线金融服务品牌，主要包括网上银行、电话银行、手机银行、自助银行、电视银行（家居银行）等在内的交易渠道体系，以及客户服务中心、消息服务和经营门户网站等在内的服务渠道体系。以"全面的账户管理，灵活的资金调度，轻松的投资理财，安全的技术保障"为基本特征。

金 e 顺，是中国农业银行品牌旗下的二级品牌，隶属于中国农业银行五金工程，它传承中国农业银行"承诺是金，一诺千金；专业是金，智汇于金；合作是金，点时成金；服务是金，同心如金；价值是金，笃行铸金"的"金理念"，打造便捷安全的在线金融服务，让客户畅享自在人生。

金e顺，其名称体现金融电子渠道特征。

金，传承五金品牌体系冠名特点。e，体现电子银行的特性，同时e谐音"易"寓意金e顺便捷、高效的自助金融服务。顺，含义美好，寓意便捷顺畅的业务办理和广阔无阻的在线平台，饱含农行与客户携手共赢，相伴永恒的美好希冀。

2. 品牌理念：

【e路安全】

【e路快捷】

【e路高效】

3. 宣传语：轻松在线，拥有无限

"轻松在线"一语道出金e顺快捷周到的电子银行服务，无论是集团企业、一般企业、金融同业还是个人客户，都可以轻松自如、安享自助金融服务。

"拥有无限"，体现了农行锐意创新，为客户创造恒久价值的品牌愿景。中国农业银行将凭借强大的科技实力，广泛的服务网点，优质的金融服务，持久的创新能力，进一步提高电子银行服务质量，不断推出方便客户的金融产品及服务，中国农业银行愿伴随广大客户共同成长，共创无限美好未来。

金益农

1. 品牌释义：

金益农，中国农业银行针对三农客户推出的中国第一个三农金融服务品牌，其金融产品涵盖农民生产生活服务、为发展现代农业服务、为农村商品流通服务、为农村中小企业服务、为农村基础设施建设与资源开发服务、为农村城镇化建设服务、为农村社会事业发展服务、加强与其他金融机构的合作八大领域。

金益农，"益"涵盖两层含义。一是益友良伴，体现金益农品牌定位，是三农群体的益友，是同心同行的伙伴。二是互益共赢；实现三农、社会与农行的三方共赢，鲜明地秉承农业银行"大行德广、伴您成长"的企业文化宗旨。

金益农，名称通俗明了，突出目标客户三农群体，容易为公众领会和接受。

2. 品牌理念：

【益农】

【益行】

【益国】

3. 宣传语：惠农天下，益农万家

广告语体现农行大行风范，凸显农行社会责任。

"惠"，给予好处，体现农行以实实在在的金融服务切实为三农服务。

"益农"体现金益农品牌内涵，让三农客户受益。

运用"天下""万家"字眼体现出农行服务中国数量最多的客户群体，与最广泛的三农受众一起携手共进，互益共赢的品牌愿景。

金穗卡

1. 品牌释义：

金穗卡，中国农业银行银行卡产品品牌，包含信用卡、借记卡两大产品体系，以先进的电子化手段为依托，实现以城市为中心覆盖全国的服务网络，充分满足不同客户群体消费、支付结算、汇兑、储蓄、代理业务、投资、理财等多种金融需求。

金穗卡根据功能侧重点不同，分为金穗借记卡与金穗信用卡两大产品体系。

金穗借记卡是中国农业银行发行的具有存取现金、转账结算、消费、理财等全部或部分功能的金融支付工具。以用户的需求为中心，金穗借记卡形成多层次的产品体系，包括：金穗借记卡普卡、金穗借记卡金卡、金穗借记卡贵宾卡、金穗星座卡和金穗校园卡等全国统一品牌。

金穗信用卡拥有金穗贷记卡和金穗准贷记卡两大产品系列。

2. 品牌理念：

民心所享，金穗所想

民心即是中心。

以客户为中心，以服务为导向。作为便利大众民生的金融平台，金穗卡时刻将持卡客户的需求与利益放在核心位置，以全面贴心的服务，为持卡人提供着便捷、高效、细致的金融服务。

所享超越所想。

从日常的存取现金、转账结算、消费到理财规划，金穗卡不仅满足客户的现时所需，更能洞察客户未来所愿，不断创新着金穗卡服务体系、完善产品线，引领客户金融需求，创享更美好金融生活。

3. 宣传语：卡随心动，金随卡行

"随"体现了一个长期的过程，表达金穗卡一直伴随客户，已深入融入到客户的生活。同时，"随"与"穗"同音，"金随卡行"巧妙的谐音为"金穗卡行"，体现了对金穗卡的一种高度认可。

"卡随心动"，体现金穗卡能够随着客户的需要而满足客户的需求，充分体现以客户需求为导向。"金随卡行"体现了资金在金穗卡中流通，资金在金穗卡中伴随客户通行天下。

"动、行"表明金穗卡一直在为客户的美好生活不懈努力、创新着，让整句 Slogan 充满动力。展现了金穗卡发展无限，服务无止境。

（资料来源：中国农业银行网站）

1.1　金融产品相关概念

金融产品（Financial Products）指资金融通过程的各种载体，它包括货币、黄金、外汇、有价证券等。就是说，这些金融产品就是金融市场的买卖对象，供求双方通过市场竞争原则形成金融产品价格，如利率或收益率，最终完成交易，达到融通资金的目的。如股票、期货、期权、保单等就是金融资产（Financial Assets），也叫金融工具（Financial Instruments）和有价证券（Securities）。

1.1.1 金融产品的层次划分

1. 核心产品

核心产品是指消费者购买某种产品时所追求的利益和效用，是顾客真正要买的东西。如银行信用卡，其核心产品是形成即时信贷，花明天的钱享受今天的产品。

2. 形式产品

形式产品是指金融产品的具体形式，展现核心产品的外部特征以满足不同消费者的需求。例如，广东发展银行银行卡部门专门为吸引女性顾客设计并推出了紫色透明的"女人卡"和可以做项链的迷你卡。形式产品包含了产品品牌，外观形状、包装、大小、厚薄、功能等。

3. 附加产品

附加产品也称延伸产品，是指为了使得其产品与其他对手有所差别，给其核心产品加入附加值。例如，银行为每个活期储蓄存款户免费发放借记信用卡，增加了转账、消费功能；保险公司的分红保险，保险公司将其实际经营成果优于定价假设的盈余，按一定比例向保单持有人进行分配的人寿保险产品等。附加产品实际上是顾客所能得到的额外利益。

4. 期望产品

期望产品是指客户在购买某种具体的金融服务产品或消费其提供的能够满足核心利益的服务时，期望这些产品或服务所具备的一些属性和条件，如获取产品的便利性、查询有关信息、提供咨询或建议等。

5. 潜在产品

潜在产品指现有产品中包括所有附加产品在内的、可能发展成为未来最终产品的潜在状态的产品。例如，预见客户的需要、保持前摄作用，并在他们出现前提供。

【案例】

深圳发展银行推出"e借易还"个人自主消费贷款产品
——想借就借想还就还

《渠道创新 市场细分——深圳发展银行个人贷款"e借易还"产品营销案例》获得2008－2009 年度中国杰出营销奖总决赛铜奖，送选公司是深圳发展银行。

2009 年 4 月，深圳发展银行（以下简称深发展）对于希望足不出户就能随时拿到贷款和还款的客户推出了不受时间和空间限制的个人贷款创新产品"e借易还"。该产品规定，无论客户是按揭贷款还是房产抵押贷款，只要办理了该行的"e借易还"，即可通过网上银行等电子自助渠道不受时间和空间限制地自助办理借款和还款。

据深发展零售贷款部有关负责人介绍，"e借易还"适用范围非常广泛，所有想足不出户就能从银行马上借款和还款的客户，不论是买房按揭，还是将现有房产抵押消费或经营的，均可申请办理；而且对于已经是深圳发展银行的房贷客户申请此项服务的，更有多重优惠。

通过办理"e借易还"，客户可以享有以下几个明显的好处：

一是贷款不再跑银行，不受时、空限制，方便快捷。"e借易还"使客户免去了传统上每次贷款都必须去银行办理申请、审批手续，还易受银行办公时间限制的不便，如今，客户只需安坐家中，轻点鼠标，就可以实现即时借、还款，从而彻底解放了客户的时间和空间。

二是轻点鼠标，贷款即时到账！当客户有贷款需求时，可随时通过深发展网上银行等自助渠道借款，贷款在1分钟内立即到账，满足随时用款需求。

三是用款才付息，想还就还，帮客户省息！当客户手头有余钱时，可随时通过网上银行等自助设备部分提前还款或全部提前还款，所还资金当天就不用向银行付利息，最大限度地帮助客户省钱，到客户想用的时候再随时从银行借出来。

四是一次申请，循环使用。客户只要将房子一次抵押给银行（包括还在按揭的房产），开通"e借易还"，就可以在银行核定的限额内反复使用，无需重复审批，贷款手续极为简便。"当然，贷款的用途必须用于合法消费或经营，不得用于证券投资等国家明令禁止的领域，银行也会通过一系列的管理措施来防范这一风险"。

（资料来源：上海金融学院金融营销学精品课程网站）

1.1.2　金融产品的特征

1. 无形性

顾客在购买金融产品时无法看到，也无法感觉。只能通过文字、数据等方式进行交流。

2. 不可分割性

金融产品的提供与服务的分配具有同时性，两者不能分开。

3. 累加性

获得金融产品的客户可以享受多种多样的金融服务。

4. 差异性

金融产品的质量因地、因人而异。

5. 易模仿性

金融产品容易模仿，且模仿速度快。

6. 季节性

金融产品的需求因为时间而异，体现出较强的季节性特征。

7. 增值性

人们购买金融产品的主要目的是期望所投入的资金带来超额回报。

具备优良金融产品的条件：

（1）保证投资者投资安全。

（2）有适当的利息率，能够为筹资人和投资人双方接受。

（3）流动性。

1.1.3 金融产品构成要素

一个金融产品是一系列具体规定和约定的组合。虽然不同的金融产品有着不同的具体规定和约定，但是，每一个金融产品通常都应具备至少如下方面的内容。

1. 发行者

任何金融产品都必须有其卖主，即发行者。债券的发行者就是债务人，没有债务人的债务关系自然是无法想象的。股票也一样，必需要有特定的发行企业，这一企业是股票认购者的共同财产。发行者通过出售金融产品取得收入，但不是任何个人或企业都可以向社会发行金融产品取得收入。与这样的金融收入相对应，发行者要承担既定的义务。

为了保证这些义务的履行，大多数金融产品的发行者在发行时要符合一定的条件，在发行后要接受金融管理机构和投资者的监督（如信息公开、业务活动的某些限制等）。

筹资企业在设计金融产品时首先要弄清楚，有权发行哪些产品。投资者也一样，在认购金融产品之前要明确对方有没有权利发行这样的产品。

2. 认购者

不是所有的投资者都可以从金融市场上购买他想买的任何金融产品。有些市场（如银行间同业拆借市场）只向一小部分金融机构开放。因此投资者在认购某一金融产品之前，首先应当了解自己有没有权利购买这一产品，企业在发行某一金融产品之前也应当知道这一产品的可能投资者以便估计潜在的资金来源。

3. 期限

金融产品的期限有长短之分，在一般情况下，货币市场上的产品期限比较短，资本市场上的产品期限比较长。金融产品的期限还可分为有限和无限。大部分债券和所有的货币市场产品都是有期限的。至于股票，从理论上说是无期限的，其存在的时间和企业存在的时间同样长。

筹资企业应当根据需要选择适当期限的金融产品。对于投资者也一样，认购的金融产品期限应当根据其资金的可投资年限来决定，过短或过长都分别要冒利率下跌或上升的风险。

4. 价格和收益

价格是金融产品的核心要素，因为筹资者出售金融产品的目的是为了得到相当于产品价格的收入，投资者的投资额正好等于他购入的金融产品的价格。

在金融产品的价格上，应当区分票面价格和市场价格。

票面价格是合同中规定的名义价格。债券的票面价格通常相当于本金，与票面利息率一起构成每期利息额的依据。股票的票面价格在企业的资产负债表中用于计算企业的注册资本额。

市场价格是金融产品在市场上的成交价格，相当于认购者实付，发行者实收的价格。

市场价格还有一级市场价格和二级市场价格的区分。一级市场的价格和票面价格有一定的联系。如债券的票面价格与市场价格之间的关系，取决于票面利率与市场利率的差别、债券的偿还方式、债券的偿还期限长短等因素。但在二级市场上，市场价格的变动不再受票面价格的限制。

收益率是金融产品的另一个核心要素，它表示该产品给其持有者带来的收入占其投资的比率。金融产品的收益包括两种：一是证券利息收入，简称收入或经常性收入；二是资本增益或损益。利息收入是指在金融产品持有期内获得的利息收入，如债券按期支付债息的收入或股票按期支付股息的收入等。资本增益或损益则是指由于所持证券价格的升降变动而带来的本金的升值或减值。

5. 风险

一般都把风险看成是一种危险，或看成一种带来损失或失败的可能性。可以认为金融产品的投资风险是由于对未来的不确定性而产生的预期收益损失的可能。在市场上存在着四种风险与收益组合而成的投资机会：

（1）高风险与低收益。

（2）低风险与高收益。

（3）高风险与高收益。

（4）低风险与低收益。

对于投资者来说，要获取高的收益，就必须承受高的风险，高收益必然伴随高风险。但反过来，若投资者承担了高风险，却不一定能确保高收益，因为高风险的含意本身就是不确定。高风险的结果可能是高收益，也可能是低收益，甚至可能是高损失。收益显然是以风险作为代价的。

6. 流通性

流通性是一种资产转换为货币的能力，某种资产一经需要可随即转换为货币，交易费用很低，且不承担本金的损失，该资产就具有较高的流动性；反之，资产的流动性就较低。绝大多数的金融产品都可以在次级市场上自由流通，如私人持有的普通股票、债券等。但也有一部分金融产品不可以流通，或者在流通时要满足特定的条件，如平常的定期存折不能流通，用作抵押担保的金融产品，以及所有在发行时规定不可流通的产品。还有一些金融产品只在某些特定的情况下才能流通。

流通性是金融产品的一大质量指标，那些不可流通的金融产品在市场上只能以较低的价格发行。同理，即使是可以流通的金融产品，如果其流通条件很差（如日成交量特别小），也只能以较低的价格流通。

7. 权力

金融产品作为一种财产权凭证，可以赋予持有人与该产品类别相对应的权力，比如债券持有人作为债权人，拥有到期时获得本金和利息的权利，以及公司破产时剩余财产的优先索偿权。股票持有人作为公司的股东，有权参加股东大会，有权选举公司董事以及有权参与公司重大事项的决策等。

1.2 金融产品分类

对于金融产品，可以从不同角度加以分类，我们这里叙述几种主要的分类方法。

（一）根据产品形态不同可分为三类，即货币、有形产品，无形产品

1. 货币

随着货币制度的变化，它的形态也发生变化，从实物货币如贝壳、布帛等发展到金属货币如金、银、铜，最后出现了代用货币即纸币。

2. 有形产品

有形产品种类繁多，包括公债、短期国债、外债、民间债、公司债券、短期国库券、流通存单、银行承兑汇票、商业票据、本票、预填日期支票、以实物偿还的债券、有奖债券、股票、支票、保险单、储蓄等。

3. 无形产品

无形产品即金融服务，大体分为八个方面：放款、存款、国外服务、储蓄、地点或时间性服务、信用服务等。

（二）按发行者的性质划分，金融产品可分为直接金融产品和间接金融产品

1. 直接金融产品

直接金融产品是指最后贷款人与最后借款人之间直接进行融资活动所使用的工具，由公司、企业、政府机构等非金融机构发行或签署。主要有以下几类：公司债、股票、抵押契约，公债券和国库券。

2. 间接金融产品

间接金融产品是指金融机构在最后贷款人与最后借款人之间充当媒介，进行间接融资活动所使用的工具。主要有以下几类：银行券、银行票据、可转让存款单、人寿保险、金融债券、各种借据。

（三）以信用关系存续的时间长短，可分为短期金融产品和长期金融产品

1. 短期金融产品

短期金融产品一般是指偿还期限在一年以内的货币市场的信用工具。主要有以下几类：各种票据、可转让存款单、国库券。

2. 长期金融产品

长期金融产品则是指偿还期限在一年以上的资本市场的信用工具。主要有以下几类：股票、债券、各种基金。

（四）根据服务行业不同可分为

银行类金融产品、保险类金融产品、信托类金融产品、证券类金融产品、财务公司类金融产品和租赁类金融产品。

1.2.1 银行产品

银行产品是指银行金融机构向市场提供的能满足人们某种愿望和需求的，与货币相关的一切商品，是金融产品的重要组成部分。与一般的产品不同的是，银行产品在很大程度上是无形的服务，是在交收过程中产生并在交收结束时停止存在——尽管在服务本身终止后，来源于服务的收益是可以继续下去的。广义上的银行产品，不仅是指银行提供的各种服务，也包括银行提供服务所需的中介，以及银行提供服务的渠道，甚至为提供服务而开发的银行金融工具等。例如，银行提供的存款服务，往往需要借助银行账户、存折、银行卡等服务中介，以及柜面操作系统、电话银行系统、网上银行系统等服务渠道等。

（一）从银行产品的业务划分上可以分为负债业务产品、资产业务产品和中间业务产品三大类。

1. 负债业务产品

负债业务就是资金的使用权从客户转移到银行，构成了银行对客户的负债。如日常所说的存款就是主要是银行负债业务，是客户将资金交付银行使用，由银行付给存款人利息的一种行为。银行设计和生产了许多银行产品，用以办理负债业务，如各种储蓄存款、单位存款、同业存放以及清算占用等。

2. 资产业务产品

与负债业务相反，资产业务是银行把资金出让给客户使用，并从中收取一定利息的业务。为了办理资产类业务，银行也设计生产了许多银行产品，如各种贷款、票据贴现以及金融租赁等。

3. 中间业务产品

中间业务产品是银行为满足向客户提供各类中间业务服务而设计开发的产品，这类产品通常不需要占用银行资金，主要是通过银行自身资源为客户服务来收取手续费。如传统的结算、汇兑、担保，以及新兴的代理保险、代客买卖外汇、基金等理财产品，还包括咨询评估服务等。

（二）从银行产品的层次来划分可以分为基础业务产品、衍生业务产品和组合银行产品三大类：

1. 基础业务产品

基础业务产品主要指传统的银行业务产品，包括存款、贷款、票据、投资业务产品，结算、担保、代理、咨询四大类中间业务产品，以及信托、租赁业务产品等。

2. 衍生业务产品

衍生业务产品是依靠某种资产作为基础来表现其自身价值而派生出来的银行产品。主要包括远期契约、期货、期权、互换等产品等。

3. 组合银行产品

组合银行产品是一种跨越市场的产品，它可能跨越债券市场、外汇市场、股票市场以及商品市场中两个以上市场。如证券存托凭证、股指导期货，以及资产债券化和结构化银行产品等。

【案例】

光大银行荣获"最佳私人银行品牌""最佳创新银行理财产品"两项大奖

在上海举办的"2016中国最佳财富管理机构评选颁奖盛典"上，中国光大银行荣获"2016中国最佳私人银行品牌"奖；同时，该行"私人银行家族办公室"荣获"2016中国最佳创新银行理财产品"奖。

由《证券时报》主办的"中国最佳财富管理机构评选"活动，秉承"公平、公正、公开"原则，采取"专业评价指标＋专家评审＋网络投票"相结合的形式，评出最终获奖名单。两项沉甸甸的大奖，充分肯定了中国光大银行在私人银行领域取得的杰出成绩。

基于"阳光理财""阳光财富"品牌的厚积薄发，光大银行自2011年起正式推出私人银行业务，秉承"专业、私密、尊贵、安全"的服务理念，以做"企业与家族的伙伴"为目标，为资产在600万元以上的高净值客户提供全方位、个性化、私密性的综合财富管理服务。2016年，光大私人银行正式推出"家族办公室"业务，以"家族信托""高端保险"为载体，旨在为超高净值客户提供包括投融资、税务筹划、法律咨询等服务在内的"一站式"综合需求解决方案。

据悉，截至2016年8月，该行已经在全国26个核心城市设立了私人银行机构，基本覆盖了全国主要经济区域，服务的私人银行客户数量超过2.7万，管理客户资产超过2500亿元。

(资料来源：新浪新闻中心)

1.2.2 保险产品

保险产品是保险公司为市场提供的有形产品和无形服务的综合体。保险产品在狭义上是指由保险公司创造、可供客户选择在保险市场进行交易的金融工具；在广义上是指保险公司向市场提供并可由客户取得、利用或消费的一切产品和服务，都属于保险产品服务的范畴。进一步讲，保险产品是由保险人提供给保险市场的，能够引起人们注意、购买，从而满足人们减少风险和转移风险，必要时能得到一定的经济补偿需要的承诺性组合。从营销学的角度讲，保险产品包括保险合同和相关服务的全过程。

保险产品的真正含义是满足消费者保障与补偿的需要。保险产品保障被保险人在发生不幸事故时仍能拥有生活下去的基本条件，并能使人们以最小的代价获得最大的经济补偿。

一种产品要能够在市场上顺利流通，必须既有一般产品的共性，又有其特性。理想的保险产品，既要满足保险服务提供者的需要，又要满足保险服务需求者的需要。因此，优良的保险产品还应具有以下条件：是被保险人真正需要的；能保证被保险人的利益不受侵害；费率合理公正，能令双方接受。

（一）保险产品的主要特征：

（1）各个保险公司可以不用对同一市场提供服务，因此各保险公司签订的保险合同的范围与种类不同。

（2）保险产品没有统一标准。

（3）保险的目的在于提供保障或投资。

（4）保险产品的创新速度非常快。

（二）保险产品的构成要素

保险产品的构成要素一般包括保险责任、保险费率、保费交付方式、保险期限、保险赔款或保险金给付方式。

1. 保险责任（和除外责任）

保险责任是保险人所承担责任的风险范围，即保险产品中约定的风险发生后，保险人承担赔偿或给付保险金的责任，除外责任是保险人不负责赔偿或给付保险金责任的范围。

2. 保险费率

保险费是保险人向投保人收取的费用，以作为保险人承担保险责任的报酬。保险费率是指单位保险金额中保险人应收取的保险费。在保险实务中，保险费率通常是以千分数来表示的。保险费率的确定是依据保险标的的风险程度、损失概率、保险责任范围、保险期限和保险人的经营管理费用等因素来综合加以考虑的。

3. 保费交付方式

保险费的交付一般有两种方式：一种是合同成立时投保人一次交纳，即趸缴；另一种是投保人分期交纳保费。

4. 保险期限

保险期限是指保险人对保险标的承担保险责任的时间范围，或者说是保险责任开始到终止的有效期间。保险期限是保险产品的重要内容，也是确定保险事故的重要依据。财产保险产品的保险期限较短，通常为一年；人寿保险产品的保险期限较长。在实践中，保险人一般允许续保，即投保人可在旧保单期满后继续缴纳保险费，并规定续保期限。

5. 保险赔款或保险金给付方式

在保险有效期内发生责任范围内的损失或事件时，保险人要按照合同的约定向被保险人或受益人支付保险赔款或保险金。被保险人或受益人领取保险赔款或保险金的方式在财产保险与人寿保险中存在一定的区别。在财产保险中，一旦保险事故发生，被保险人可以一次性领取保险赔款。在人寿保险中，被保险人或受益人领取保险金可以采取以下三种方式中的任意一种：一次性领取保险金；以年金方式分期领取保险金；将上述两种方式混合使用，即保险金的一部分一次性领取，剩余部分以年金形式领取。

【案例】

"爱家之约"家庭保障计划（幸福版）产品简介："爱家之约"

——一张保单保全家

突破了传统寿险中以"个人"为投保单位的方式，是以家庭为投保单位，以家庭经济支柱为投保人，家庭所有成员均可成为被保险人的保险，可以满足全家人的保障需求，大大简化了投保手续，也方便保险单的后期管理。而且还能随着家庭需求的变化，时时优化，不断升级。

"爱家之约家庭保障计划（幸福版）"的三大特点：

一张保单保全家，省钱、省事又省心。

省钱：平均为家庭节省10%～20%的保费。

省事：投保简便，一人买主险，全家附险随便选。

省心：附险可独立延续，保单可升级。

"爱家之约家庭保障计划（幸福版）"七大优势：

1. 一张保单保全家

"爱家之约"突破传统寿险的以"个人"为投保单位的陈式，以"家庭"为投保单位，涵盖身价、意外、重疾、养老、教育、医疗保障及保费豁免、理财等多种功能。让家庭拥有全面的保障且更加快捷、简单、实惠，也方便后期管理。

2. 一人选主险，全家附险随便选

在"爱家之约"保单中，只要有一人购买主险，其他家庭成员均可添加实惠的意外、医疗等附加险。突破以往客户不能单独购买附加险的限制，从而避免家庭成员保障的缺失，还大大减轻了保费的负担，这正是给予客户的最大优惠。

3. 随心选择，量身定做

功能齐全，自由选择：涵盖了意外、身价、健康、教育、养老、理财等功能，客户可根据自身的情况灵活搭配，用最少的投入获得最大的保障利益。

4. 附险延续，长期受益

在传统保单中，主险缴费期满，附险随之即停。而"爱家之约"主险缴费期满后，附加险仍可续保，充分延续保险利益。

5. 多重豁免，人性关怀

家庭经济支柱如果一旦遭遇不测导致身故、重疾或残疾，即可免缴"爱家之约"（幸福版）中成员的长期险保险费，且保险利益继续有效。这是最人性的、最深刻的诠释了保险真谛，为保单上保险。

6. 专属产品，独享优势

《爱家之约（幸福版）》新增专属附加险：《附加如意宝医疗费用保险》，费用特惠。并特设《爱家万能保险》以最低的费用，让客户拥有稳健收益的万能账户，轻松理财。

7. 保单升级，魅力无限

随着人们保险意识的提升、家庭结构的变化、家庭收入的不断提高，保险需求也会随之变化，而传统寿险很难满足这种保障需求的提升和优化。爱家之约可以通过完善的服务在一张保单上不断升级，实现新增被保险人、险种及保额，而不用新增保单。

"爱家之约家庭保障计划（幸福版）"五大组合：

"爱家之约"可以根据不同需求，量身定做符合家庭需求的保障计划。下面按医疗、养老、教育、理财的需求，设计了五款保障计划。

家庭保障需求	侧重健康	侧重对象	"爱家之约健康保障计划"
	侧重养老		"爱家之约养老保障计划"
	侧重教育		"爱家之约教育保障计划"
	侧重理财		"爱家之约幸福保障计划"
	特殊需求		"爱家之约自选保障计划"

（资料来源：泰康人寿保险公司网站）

1.2.3　证券产品

证券产品主要包括股票、债券和基金。

股票是代表股权的一种有价证券。股票的基本特征如下：

1. 不偿还性

股票是一种无偿还期的有价证券，投资者认购了股票后，不能再要求退股，只能到二级市场进行转让。

2. 参与性

股票持有者的投资意志和享有的经济利益，通常是通过行使股东参与权来实现的。

3. 股东参与公司决策的权利大小，取决于持有股份的多少。

4. 收益性

股东凭借其持有的股票产品，有权从公司领取股息或红利，获取投资收益。

5. 流通性

股票的流通性是指股票在不同投资者之间的可转让性。

6. 价格波动性和风险性

股票在交易市场上作为交易对象，有自己的市场行情和市场价格。

【案例】

中信证券产品一览表

现金管理类产品

1. 现金增值

每天收盘后，自动将证券账户余额划归，并以2%~4%的浮动利率计息，并于第二日上午9点归还金额，不影响买卖股票使用。

2. 货币基金

利息3%~5%浮动，随存随取方便灵活，适合机构客户。

固定收益类产品

一、短期理财

1. 天天利财

1000元起点，约定年化收益率5%~7%不定，期限7天、14天、28天、56天可选，每日上午8：50发售，可随时赎回。

优点：起点低，期限短，方便灵活，没有募集期。适合短期闲置资金，对流动性

14

要求较高的客户。

缺点：每日发售收益率不确定，每日额度较少，如果遇到较高利率6%以上时，比较难抢到。

二、中长期理财

1. 假日理财

5万元起，预期年化收益率5.5%~5.8%，期限多为90天，每周发行。

优点：收益率稍高，稳定，适合3个月左右的闲置资金，无募集期，今日购买，明日计息，到期日连本带息归还证券账户。

缺点：起点增高，时间稍长。

2. 信盈系列

20万起，预期年化收益率5.8%~6%，期限多为90天或180天，不定每周发行。

优点：收益率较高，适合3—6个月不用的闲置资金，无募集期，中信旗下名牌产品，风险低，收益有保障。

缺点：起点较高，时间长。产品发行时间不确定，并非每周都有。

3. 信泽系列

100万起，预期6个月年化收益率6.5%，12个月年化收益率7.2%。不定每周发行。

优点：收益率高，适合中长期不用闲置资金，中信旗下王牌产品，风险低，收益有保障，并且可用作临时抵押贷款，方便客户资金使用。

缺点：起点高，时间长。

4. 信托系列

100万起点，期限12个月或24个月，预期年化收益率9%~10%，投向地产项目或政府平台项目。中信旗下发行信托产品风控严格，风险系数较低，有垫付先例，安全可靠。

三、权益类产品

1. 公募基金

1000元起点，主要投向股票或债券市场，通过公开发售，对外信息披露有着非常严格的要求，在投资品种、投资比例、投资与基金类型的匹配上有严格的限制，不收取业绩报酬，只收取管理费。申购、赎回无限制，一般收益较低。

2. 私募基金

100万起点，主要投向股票市场，向少数的特定投资者，通过非公开方式募集，对信息披露要求较低，具有保密性，只收取很少的管理费，基金业绩是基金管理公司报酬的基础。具有一定风险，但是收益率较高，在目前行情下大部分私募基金年收益率达到30%~50%，适合有一定风险承受能力的高净值客户。

随着近两年股票市场行情的火爆，私募基金也是大放异彩。知名基金管理公司，或明星基金经理所管理的产品异常火爆。如原公募基金经理一姐王茹远，转投私募后，2014年12月首发产品大浪潮一号，开售5分钟内16亿额度销售一空。

通过中信证券渠道推荐的私募基金，经过总部严格的风控把关，具有相对风险较低，操作稳定，收益较高的特点，如民森投资，拾贝投资，易鑫安投资等。也有操作手法较为激进，适合更高风险偏好者的如明星基金经理赵丹阳赤子之心、原点基金等。

（资料来源：中信证券网站）

1.3　金融产品营销的内涵

1.3.1　营销的含义

营销即市场营销，是一门新兴的企业经营管理学科。它起源于美国，后传至欧洲、日本等经济发达国家，并逐渐被世界各国工商企业所运用，成为指导企业经营管理的重要工具。

美国市场营销协会对市场营销的定义是：市场营销是个人或组织对商品、服务以及思想的构想、定义、促销、分销的计划或执行过程，以达到个人或组织目标的交易。

彼得·F·德鲁克是这样理解营销的：营销的目的就是要使推销成为多余。

菲利浦·科特勒教授定义营销：营销是个人和集体通过创造、提供出售并与别人交换产品和价值，以获得其所需所欲之物的一种社会和管理过程。

1.3.2　金融产品营销

金融产品营销是营销管理与金融产品相结合的产物，是营销管理理论在金融产品上的全过程运用，包括金融业务市场细分、选择目标市场、价值定位、开发特定产品、确立价格和分销、品牌经营直至促销推广的全过程。

具体来说，金融产品营销是指金融企业以金融市场为导向，对用户从人文、心理以及行为上的差异进行细分，选择对自身最有利可图的目标市场，设计出"合适的"金融产品和服务，运用整体营销手段传递并提供目标客户，以获得、保持、增加顾客，在满足客户的需要和欲望的过程中实现自身利益目标的过程。

【案例】

中国金融营销金栗子奖评选结果揭晓

金融营销是伴随着金融市场的完善和金融企业的成熟而逐步发展的，金融营销的水平反映了金融业的整体发展水平。改革开放30多年来，我国金融业蓬勃发展，金融企业逐步成为自主经营、自负盈亏的独立法人机构。在激烈的市场竞争中，金融企业结合金融行业的特殊性，研究客户需要，规划产品与服务，通过整体营销活动满足不同客户的需求，营销意识不断提高，营销实践不断丰富。

由中国金融认证中心（CFCA）联合70多家商业银行主办的"第四届金融品牌峰会暨2016中国电子银行联合宣传年启动仪式"在北京举行，会上公布了2016金融业社会化营销大赛——"中国金融营销金栗子奖"评选结果。

据举办方中国电子银行网介绍，本次评选分为网络投票和专家评审两部分构成，权重占比各 50%。大赛全程历时两个多月，其中网上投票历时 20 余天，共收到将近600 万张网友投票，评审团则由 23 名资深传媒人士组成。

据统计，报名"2016 金融业十大社会化营销案例"的银行达 34 家，总数较 2015年增长 42%，投票总数高达 328 万，同比增长 4.5 倍。报名"2016 金融业社会化营销最佳平台"有 25 家，投票总数高达 266 万，较 2015 年同比增 3.5 倍；平台投稿作品总数较 2015 年增长 64.8%。

清华大学经济管理学院副院长、市场营销系教授陈煜波在会上表示，中国企业当今面临的转型问题是跑马圈地的粗放式经营，转为寻找最有价值的客户；而企业运用大数据的最大价值，就是挖掘最有价值的客户，并发现客户的潜在需求，这对银行业转型发展同样适用。

"统计结果显示，获取新用户所花的成本是维护老用户的 5 倍，但新用户创造的经济效益却是老用户的 1/10。现在的业务发展方向是从销售导向变为市场导向，即不是要为产品发现客户，而是要为你的客户发现适合的产品。因此，任何企业的目标市场一定是特定的一部分客户，而不是所有用户。"陈煜波说。

在活动中，共向参选银行颁发了五大类奖项。民生银行将线上、线下、社会热点、节日、互联网流行等等因素自然结合，通过情感路线、借着"双 11"全民电商消费节之势将社会化营销能力发挥到极致。最终，民生银行荣获"最佳整合奖"。

社会化营销比拼的不仅是营销能力，创意点也是重要参考因素。为此，各家银行纷纷打开脑洞，开启烧脑模式，只为给参与者带去创意无限的新鲜感。广发银行、青岛银行、北京银行、苏州银行、长沙银行在创意点上下足功夫，揽获"最佳创意奖"。

在网络投票环节中，南京银行和郑州银行受到火热追捧。"2016 金融业十大社会化营销案例"评选中南京银行、郑州银行分别得票 19 万多与 17 万多；"2016 金融业社会化营销最佳平台"评选中南京银行也得到了 21 万多的高票数。网友对它们的喜爱和重视程度可见一斑，两家银行携手"最佳人气奖"可谓实至名归。

花样繁多，传播才火。华融湘江银行、哈尔滨银行、江西银行、广州农商银行、云南省农村信用社这五家银行通过各种传播方式与角度，将线上分享、线下 O2O 相结合，均达到了不俗的传播效果，因此荣获"最佳传播奖"。

天津银行、河北银行、汉口银行、渤海银行、杭州银行、常熟农商银行则另辟蹊径，努力调动大家参与活动的积极性，提高参与度，带动广大粉丝一起"玩"在其中，互动效果突出，荣获"最佳互动奖"。

（资料来源：南方报道网 2016－04－02）

金融产品营销是金融企业在金融产品层面上展开的营销管理活动，是金融企业营销的一个组成部分，其特点表现在：

1. 金融产品营销注重企业形象

金融产品的特殊性，不是实体，是无形的，客户的购买行为建立在对金融企业的信任基础上。客户对金融产品及其知名度的认识首先是对其提供者——金融企业的认识开始的，客户如何在众多的具有同性质的金融产品中做出选择，在绝大程度上取决于他对金融机构的信任程度与好感程度，因而，金融产品营销中，商业银行、保险公司等金融机构都非常注重自身形象。

2. 金融产品营销注重人性化、注重情感

金融产品营销要求所有营销人员面对不同的客户，能迅速判断识别出客户的个性化需求，有选择地对本企业的金融产品推荐给客户并将产品的相关特性与客户的需求匹配起来传递给客户，最大限度地满足客户的需求，为客户提供更人性化的服务。金融机构在金融产品营销时，必须注重加强人性方面的情感价值，通过附加某种特定的文化，使之与目标客户群体的价值观、信仰等产生共鸣。

3. 金融产品营销注重品牌营销

由于金融产品的同质性，不同的金融机构提供的同一类型的金融产品在功能上差别不大，客户在选择金融产品或服务的时候往往首先不是被金融产品功能带来的服务赢利或便利所吸引，而是首先被其所熟知的满意的品牌所吸引。

4. 金融产品营销注重全员的营销

金融产品营销纵向上涉及总行、分行、支行和网点，横向上涉及信用卡、会计、办公室等众多部门，需要全员的共同协作，进行整体营销。

1.3.3　金融产品营销的阶段

1. 金融产品营销价值选择阶段

通过市场营销调研分析和了解消费者需求，细分市场，选择对自己最有利可图的目标市场，进行产品定位和研究开发。

2. 金融产品营销价值提供阶段

金融企业在选择好目标市场后，即准备提供满足价值工作。

3. 金融产品营销价值传播阶段

金融企业组织销售力量，通过分销、促销、广告和其他推广工作，使设计出的金融产品为目标市场所知。

1.3.4　金融产品营销的基本内容

金融产品营销是市场营销在个人金融产品上的全过程运用，是市场营销与金融产品结合的产物，是金融企业营销管理的一个组成部分。根据菲利浦·科特勒教授的营销理论，营销的基本内容可以概括为十个"P's"，即营销战略的四个"P's"、营销战术及其扩展的六个"P's"。

1. 营销战略的四个"P's"

（1）市场分析

市场分析主要解决的问题是明确客户的需求情况，了解金融产品的现实市场和潜在市场，捕捉市场机会，降低决策风险。

（2）市场细分

对金融产品市场进行进一步的划分，结合自身实际确定需要营销的目标市场，为市场决策人员确定顾客间的差异。

（3）目标市场

在细分市场的基础上，选择那些能发挥企业优势又能达到最佳或满意的经济利润的细分部分作为自己的目标市场。

（4）市场定位

金融企业根据自身的实际，在选定目标市场的基础上，对金融产品进行设计，向客户提供金融产品和服务的全过程。

2. 营销战术的六个"P's"

（1）产品策略

选择什么样的金融产品满足客户的需求。

（2）价格策略

充分考虑我国金融市场的发育程度、市场对该类型金融产品的需求及竞争情况。

（3）分销策略

通过什么样的分销渠道将金融产品从金融企业转移到消费者。

（4）促销策略

通过广告、人员推销、公共关系、营业推广、定向促销等促销手段的综合运用，提高目标客户对金融产品的认知度。

（5）政治权利策略

运用政治权利策略，找到金融、工商管理等主管部门有权掌握"钥匙"的人。

（6）公共关系策略

与大量感兴趣的公众建立良好关系，加强公众对金融企业的了解与合作。

【拓展案例】

金融产品创新

金融产品创新是指金融资源的分配形式与金融交易载体发生的变革与创新。金融产品创新是金融资源供给与需求各方金融要求多样化、金融交易制度与金融技术创新的必然结果。一方面，金融产品的创新活动最大限度地动员和分配了可支配的金融资源，满足了社会经济发展对金融资源的需要；另一方面，金融产品创新适应了社会财富不断增长的背景下，金融投资者对投资产品的多样化需要和投资风险管理的各种要求。

贷款类金融创新工具：目前国际上流行的贷款类金融创新工具有可调整利率的抵押贷款、浮动利率贷款、背靠背贷款、可转让贷款合同等。债券类金融创新工具：国际流行的浮动利率债券、零息债券、垃圾债券、可转换债券等。资产管理类创新工具：目前国际上已有股权化资产、债务——股权互换、资产证券化、无追索权之资产销售等多种形式。表外业务创新工具：国际上已存有期货、期权、互换、远期利率协定、信用证、各种票据发行工具、对各种证券增强信用的担保等名目繁多的表外业务创新工具。

　　金融资产的本质特性是其收益性、流动性和安全性的组合，不同的组合，代表了不同的资产。金融产品创新的结果，从其实质来看，或是新产品能以更低的成本达到其他资产能够达到的目标，或是新产品能够实现已有的产品无法实现的目标，从这个意义上讲，这些产品都能真正创造价值。前者使市场更有效率，后者使市场更加完全。

　　远期合约的出现，就能够实现锁定资产价格、规避市场风险的目的，而在此之前，没有任何工具能够实现这个目标。远期合约的出现，使市场更加完全。

　　而指数基金、交易所交易基金等，可以满足投资者以较低的成本购买股票指数的目的。如果没有指数基金、交易所交易基金，投资者必须在市场中进行很多次交易才能购买到指数，时间成本和资金成本都很高，而指数基金、交易所交易基金的出现，极大地方便了投资者购头股票指数的需求，降低了交易成本，使市场更有效率。

　　从概念上讲，金融产品创新，就是创造不同流动性、收益性和安全性的金融产品的组合，满足企业和投资者需求，比如降低代理成本和交易成本、提高交易效率和便捷性、增加金融产品流动性、重新配置风险等。投资者的各种偏好，比如规避金融管制、合理避税等，也应得以满足。而金融创新的目标，就是满足企业和投资者的需求。

　　1. 规避风险

　　机构规避风险的需求。机构规避风险的目的是为了减少损失，使将来可能的损失限定在一定范围之内。但这不等于完全避免损失。规避金融风险即管理风险。我们不能够控制风险，因为风险的发生不以人的意志为转移。但是，我们希望能够管理风险，使风险发生的后果能够被接受，而不至于彻底输掉生存的机会。为了管理风险，我们就需要金融工具。

　　2. 利用市场缺陷

　　金融理论告诉我们，当市场有效时，市场不存在套利机会。虽然现实的市场套利机会存在的时间确实不长，但是，资产的市场价格并不总是能够保证市场不存在套利机会。利用市场缺陷获利的金融创新，需要开发必要的交易手段和交易产品。

　　3. 克服市场摩擦

　　市场存在摩擦，通常是因为存在金融管制，或者是因为交易成本很高。金融产品创新，就是希望能够提供克服市场摩擦的产品。

　　产品创新，就是满足需求。设计新的金融产品，可以创造新价值。产品创新可以是从无到有的创新，也可以是对已经存在的金融产品进行适当的分解或组合，创造出新的金融产品。

　　概括地说，金融产品创新技术就是改变现有产品的流行性、安全性和收益性的一个、两个或全部。根据金融创新需求的环境因素和企业内部因素，改变金融产品特性，满足企业的需求。改变的方法有产品分解和产品合成。基本途径是对金融资产合同条款进行修改，逐步衍生、产生新型产品。基本的做法，是对远期、期货、互换和期权等最基本的衍生产品合约进行修改，获得不同的产品。其他的产品创新方法有合成衍生产品与基础资产、衍生产品与衍生产品产生新产品；分解产品产生新产品；增加产品的合同条款等。

（资料来源：百度百科）

问题：

（1）我国的金融产品创新有哪些？

（2）我国金融产品创新未来的发展趋势如何？

实训：

金融产品认知

实训项目：引导学生关注银行、证券、保险等最新产品的发布情况，并能够正确区分各类金融产品。

实训目的：了解最新的金融产品名称，包括创新产品。了解每种金融产品的特色及其提供的服务。了解金融产品的广告宣传以及营销方法。

实训要求：对金融产品的类别进行分类，根据每类产品的特色及其功能写出报告。

任务二　金融市场调研

【知识目标】

了解金融市场的含义、特征及其类别；掌握金融市场调研的概念、功能及作用；掌握金融市场调研的程序。

【能力目标】

能够运用金融市场调研的各种方法进行金融市场调研。

【素质目标】

树立客观的金融市场调研态度，能根据金融产品的不同类别选择适当的方法进行金融市场调研。

【引导案例】

2015 年版中国互联网金融行业发展现状调研及投资前景分析报告概述

互联网金融从 2013 年 6 月 25 日余额宝的出世，走过了一年半的风雨和争议。2014 年 12 月 12 日，阿里以每单 20 元的补贴成本，驱动支付宝正式进军线下收单市场，银联曾经固守多年的 90% 线下收单市场告破，新的市场切割模式启动。

互联网金融并不是简单的传统金融行业与互联网结合的新兴体，而是不断创造出新的商业模式。互联网与金融业走入大融合，在颠覆和冲击传统金融业的同时，通过资产证券化、金融产品的迭代、互联网金融生态圈的跨界打造等模式，引领我们进入了一个全新的时代。今天，互联金融呈现出多样化、多层级发展的形态。在传统在线理财（如网销货币基金中的阿里早期的余额宝和国美的美盈宝）的基础上，还不断涌现出 P2P、众筹、征信、互联网券商、基金、三方支付等新兴的互联金融产品。

另外，跨界型合作在互联网企业与银行、券商、保险等多渠道间加速蔓延。其中，BAT 三巨头内外的动作最为频繁。除去此前三公司合作成立的众安保险，阿里收购了恒生电子，腾讯及百度则同时又选择了与中山证券（锦龙股份旗下）的合作。市场预期，曾经的线上理财、线下消费的黑白分界，将在政策的推进和企业扩张的交织中，向全方位的互联网金融生态圈扩散。

据中国产业调研网发布的《2015年版中国互联网金融行业发展现状调研及投资前景分析报告》显示，互联网金融前景美好，但是道路依然曲折。据"网贷之家"统计的数据，仅2015年1月以来就有116家网贷问题平台发生停业、无法兑现甚至跑路现象。

可以肯定的是，这种现象是2014年出现网贷平台"跑路潮"的继续。如何防控互联网金融风险成为关注的重点。中国融资租赁研究院专家委员会委员黄震表示，问题平台出现有平台自身经营不善，对资金的筹措和人员的管理欠佳；安全技术未过关、触及法律的底线，非法集资等原因。在互联网金融几家欢乐几家愁的局面中，基于融资租赁企业已有业务形成的应收债权转让而诞生的互联网金融平台却风景这边独好。融资租赁公司在租赁期内拥有租赁物件的所有权，承租人拥有租赁物件的使用权和收益权。因此融资租赁项目大都是基于企业的真实融资需求，并以具体的动产作为租赁资产，真实交易，担保措施较为全面，为互联网金融的交易提供了一定的保障。由于融资租赁通过包括设备在内的动产，与实体经济结合极为紧密，而互联网金融的本质也是支持实体经济的发展，因此，从互联网金融诞生不久，融资租赁企业就开始尝试与互联网金融平台合作，转让应收的租赁债权。不过由于互联网金融投资者对于收益有很高的预期，这也无形中抬高了资金的成本，因此融资租赁与互联网金融结合大规模的开展还需假以时日。正是由于此种情况的存在，从2014年开始，许多融资租赁企业和融资租赁从业者纷纷投身互联网金融领域。目前已经有狮桥租赁、钰诚租赁等融资租赁企业投资建了自己的互联网金融平台，并出现了拾财贷、红象网等具有代表性的第三方专业融资租赁互联网债权转让平台。以红象网为例，其对接平安租赁等大型融资租赁企业的租赁项目，由租赁企业承诺本息保障，通过第三方支付托管，平台不触碰客户资金。这类互联网平台以真实交易为基础，受到投资者的认可。业内人士认为，2015年将有更多的融资租赁企业进入互联网金融领域，而专业的第三方融资租赁互联网金融平台将继续做大做强。

《2015年版中国互联网金融行业发展现状调研及投资前景分析报告》对互联网金融市场的分析由大入小，从宏观到微观，以数据为基础，深入地分析了互联网金融行业在市场中的定位、互联网金融行业发展现状、互联网金融市场动态、互联网金融重点企业经营状况、互联网金融相关政策以及互联网金融产业链影响等。

《2015年版中国互联网金融行业发展现状调研及投资前景分析报告》还向投资人全面地呈现了各大互联网金融公司和互联网金融行业相关项目现状、互联网金融未来发展潜力，互联网金融投资进入机会、互联网金融风险控制、以及应对风险对策等。

（资料来源：中国产业调研网）

2.1 市场的内涵

市场起源于古时人类对于固定时段或地点进行交易的场所的称呼，指买卖双方进行交易的场所。发展到现在，市场具备了两种意义：一个意义是交易场所，如传统市场、股票市场、期货市场等等，另一个意义为交易行为的总称。即市场一词不仅仅指交易场所，还包括了所有的交易行为。故当谈论到市场大小时，并不仅仅指场所的大小，还包括了消费行为是否活跃。广义上，所有产权发生转移和交换的关系都可以成为市场。

决定市场规模和容量的三要素：购买者，购买力，购买欲望。

同时，市场在其发育和壮大过程中，也推动着社会分工和商品经济的进一步发展。市场通过信息反馈，直接影响着人们生产什么、生产多少以及上市时间、产品销售状况等。联结商品经济发展过程中产、供、销各方，为产、供、销各方提供交换场所、交换时间和其他交换条件，以此实现商品生产者、经营者和消费者各自的经济利益。

在交换双方中，如果一方比另一方更主动、更积极地寻求交换，则前者称为市场营销者，后者称为潜在顾客。所谓市场营销者，是指希望从别人那里取得资源并愿意以某种有价之物作为交换的人。市场营销者可以是卖主，也可以是买主。在另一种场合，买卖双方都在积极寻求交换，那么，我们就把双方都称为市场营销者，并把这种情况称为相互市场营销。

2.2 金融市场的定义、构成及特征

金融市场是指资金供应者和资金需求者双方通过信用工具进行交易而融通资金的市场，广而言之，是实现货币借贷和资金融通、办理各种票据和有价证券交易活动的市场。比较完善的金融市场定义是：金融市场是交易金融资产并确定金融资产价格的一种机制。

金融市场的构成十分复杂，它是由许多不同的市场组成的一个庞大体系。但是，一般根据金融市场上交易工具的期限，把金融市场分为货币市场和资本市场两大类。货币市场是融通短期（一年以内）资金的市场，资本市场是融通长期（一年以上）资金的市场。货币市场和资本市场又可以进一步分为若干不同的子市场。货币市场包括金融同业拆借市场、回购协议市场、商业票据市场、银行承兑汇票市场、短期政府债券市场、大面额可转让存单市场等。资本市场包括中长期信贷市场和证券市场。中长期信贷市场是金融机构与工商企业之间的贷款市场；证券市场是通过证券的发行与交易进行融资的市场，包括债券市场、股票市场、基金市场、融资租赁市场等。

和其他市场相比，金融市场具有自己独特的特征：

（1）市场参与者之间的关系是借贷关系和委托代理关系，是以信用为基础的资金的使用权和所有权的暂时分离或有条件的让渡。

（2）金融市场的交易对象不是普通商品，而是特殊的商品——货币资金及其衍生物。

（3）金融市场的交易方式具有特殊性。

（4）金融市场的价格决定较为复杂，影响因素很多并且波动巨大。

（5）市场交易的场所在大部分情况下是无形的。

2.3　金融市场调研的概念及功能

对金融产品的市场调研是指对金融产品从金融机构到达客户的过程中所发生的全部经营活动资料进行系统、客观的搜集、整理、分析和评估，以了解金融产品的现实市场和潜在市场，并得出结论，为金融机构开发何种金融产品，如何开发等决策的建立提供客观依据。金融机构进行市场调研的最主要目的，就是在为客户提供满意的金融产品以获取较高的利润与保持较低的运营成本之间寻找一个平衡点。通过市场调研，金融机构可以了解经营环境的变化，寻找市场机会，开发出目前市场中最需要的金融产品。当然这种行为的最终目标就是创造利润，提高金融机构的经营效益。

金融市场调研的一个基本功能是信息功能，即金融机构采用一定的方法和手段，收集、加工、提供各种市场信息。金融机构从事产品开发，必须以市场信息和环境信息为依据。但是市场信息和环境信息不会自动到达产品开发人员的手中，因此市场调研是获取信息的基本手段和途径。

金融市场调研的另一个基本功能是认识功能，即消除产品开发人员对市场、营销环境以及金融机构本身状况的不确定性认识。由于市场及其环境的复杂性和多变性，金融产品开发人员对其认识总会或多或少地带有一些不确定性，这种不确定性将会影响产品开发的整个过程。因此如何消除这种不确定性是开展金融产品开发的必要条件。市场调研所提供的信息可以有效地消除这种不确定性，使产品开发人员正确认识到自己在开发金融产品过程中所面临的内外部条件。

【案例】

2015 年中国信用卡行业年报

中国领先个人金融门户网站——我爱卡网根据国内 4 家国有银行、11 家股份制银行以及 2 家城市商业银行以及中国银联、人民银行等权威金融机构发布的 2014 年相关信用卡行业数据为依据。配合对我爱卡网近 30 万用户专业的调查分析结果发布《2015中国信用卡行业报告》。针对国内信用卡用户需求及市场现状并深度解析，揭示未来信用卡行业发展新趋势。

截至 2014 年末，全国累计发行银行卡 49.36 亿张，其中信用卡累计发卡 4.55 亿张。全国人均持有信用卡 0.34 张，较上年末增长 17.24%。北京、上海信用卡人均拥有量仍远高于全国平均水平，分别达到 1.70 张和 1.33 张。

信用卡信贷总额随着卡量增长而增长，2014 年底信用卡授信总额为 5.60 万亿元，同比增长 22.50%；信用卡期末应偿信贷总额为 2.34 万亿元，同比增长 26.75%。但是逾期半年未偿信贷总额增长速度过快，2014 年底达到了 357.64 亿元，是 2010 年的 4 倍，值得警惕。

2014 年发卡银行在卡量座次与 2013 年相比排位顺序没有变化，工行、建行、招商银行继续处于前三位领跑。各行增长速度与 2013 年相比涨跌互现，工行突破了 1 亿张信用卡；华夏银行以 40% 的增长率位居第一，但是因为总量仅为 589 万张，市场份额过低；居于第二位的建设银行以 26% 的增长率，继续保持强劲增长势头，拉开与招商银行的差距。

工行、建行、中行、农行、交行、招商、广发已经成为中国信用卡市场的主力军，其发卡总量已经占了公布的信用卡总量 70% 以上，对于其他发卡银行，信用卡市场的空间已经非常狭小，这就逼迫他们必须要改变原有的经营理念，否则要想在信用卡市场获得自我发展将是难上加难了。

从已公布信用卡透支余额的银行数据中，招商银行以 41% 的增速位居第一，交通银行以 36% 居次。各银行的透支余额都有不同程度的增长，间接地反映了银行的发卡策略的调整，同时也是卡均消费额或活卡率增长的重要指标。

经过对各家银行微信公众账号的功能测试，其中建行、农行、交行、招行、浦发、广发、光大、平安 8 家银行提供服务比较全面，而中国银行信用卡是目前仅存的不支持网络申请信用卡的银行。

经统计，2014 年工商银行、农业银行、交通银行成为我爱卡网用户申请信用卡最多的 3 家银行。另外交通银行标准卡以 7% 的申请比例成为 2014 年我爱卡用户申请最多的信用卡产品。

广东以绝对优势成为了 2014 年国内网络申请信用卡最多的地区，另外北京和上海两个直辖市也入围 2014 申卡最多的地区 top10。

（资料来源：凤凰财经）

2.4　金融市场调研的作用

市场调研可以在市场和金融机构之间建立一个沟通的渠道，将市场中的数据及时反映给金融机构，使金融机构更加了解市场，更加了解目前的金融产品状况。

对于金融机构开发金融产品来说，市场调研主要有以下几种作用。

2.4.1　进行正确的市场定位

市场定位是金融机构根据自身的经营资源和经营能力等内部条件，以及市场需求和营销环境等外部条件，经过科学决策，正确选定自己的目标市场的行为和过程。金融机构内部条件和外部条件的分析都需要经过市场调研，了解和掌握市场以及影响因素的基本状况以及发展趋势。市场调研开展得越好，越有利于金融机构进行正确的市场定位。

2.4.2　了解金融市场环境、发现市场机会

金融市场环境是金融机构开发金融产品的外部影响因素，也就是金融机构无法控制的因素，它包括经济政策的走向、客户状况、国民生产总值、其他金融产品发展动向等。金融产品的开发与金融市场环境息息相关，每种金融产品都有其对应的市场进入时间，在这个时间的市场环境是最适宜该金融产品营销和发展的。因此，市场调研能提供信息，帮助金融企业了解金融市场环境，确定金融产品进入市场的最佳时机。另外通过市场调研针对目前的金融市场环境，金融机构可以发现市场机会和问题，对市场进行细分，找出目标市场，有的放矢地开发出适宜目前金融市场环境的金融产品。另外市场调研可以帮助金融机构实行正确的产品开发策略，产品开发策略正确与否直接影响和制约着产品能否顺利销售出去，能否取得良好的经济效益。实行正确的产品开发策略，关键是正确地掌握客户的需求特点，尤其是目标市场客户的需求特点，这些都需要市场调研的帮助。

2.4.3　监测和评估现有产品成果

金融机构可以根据市场调研所收集的数据资料及反馈信息对客户需求的满足程度、顾客需求变动趋向做出评价，并据此对现行的金融产品方案能否继续实施做出判断。金融产品的开发者需要通过市场调研了解客户和潜在的竞争者，掌握自己所占市场份额的大小，分析自己在市场上的优势和劣势，对现有的产品成果做出评价。通过监测和评估现有产品成果可以评价金融机构的影响力，追踪金融机构的形象、知名度和认知度。定期对市场结构和市场份额进行研究可以了解金融机构目前产品的市场表现，为开发何种类型的新产品提供参考依据。

2.4.4　预测未来

通过分析市场结构、产品生命周期、客户需求以及宏观经济环境，对市场未来发展趋势进行分析、研究与判断，为产品开发提供指导。完全精确地预测金融市场的未来是极不可能的，但是市场调研所提供的信息可以帮助金融机构对金融市场的变化趋势做出比较准确的估计，从而开发适宜的金融产品。

2.5　金融市场调研流程

金融市场调研流程分为调研计划撰写—调研问卷设计—调研问卷实施—调研问卷收集、整理—数据分析—调研报告撰写等步骤，具体说来，金融市场调研流程分为11个步骤：

（1）确定市场调研的必要性。

（2）定义问题。

（3）确立调研目标。

（4）确定调研设计方案。

（5）确定信息的类型和来源。

（6）确定收集资料。

（7）问卷设计。

（8）确定抽样方案及样本容量。

（9）收集资料。

（10）分析资料。

（11）撰写调研报告。

明确调查目的是调查设计的首要问题，只有确定了调查目的，才能确定调查的范围、内容和方法，否则就会列入一些无关紧要的调查项目，而漏掉一些重要的调查项目，无法满足调查的要求。确定调查目的，就是明确在调查中要解决哪些问题，通过调查要取得什么样的资料，取得这些资料有什么用途等问题。衡量一个调查设计是否科学的标准，主要就是看方案的设计是否体现调查目的的要求，是否符合客观实际。

明确了调查目的之后，就要确定调查对象和调查单位，这主要是为了解决向谁调查和由谁来具体提供资料的问题。调查对象就是根据调查目的、任务确定调查的范围以及所要调查的总体，它是由某些性质上相同的许多调查单位所组成的。调查单位就是所要调查的社会经济现象总体中的个体，即调查对象中的一个一个具体单位，它是调查中要调查登记的各个调查项目的承担者。

在确定调查项目时，除要考虑调查目的和调查对象的特点外，还要注意以下几个问题：

（1）确定的调查项目应当既是调查任务所需，又是能够取得答案的。凡是调查目的需要又可以取得的调查项目要充分满足，否则不应列入。

（2）项目的表达必须明确，要使答案具有确定的表示形式，如数字式、是否式或文字式等。否则，会使被调查者产生不同理解而做出不同的答案，造成汇总时的困难。

（3）确定调查项目应尽可能做到项目之间相互关联，使取得的资料相互对照，以便了解现象发生变化的原因、条件和后果，便于检查答案的准确性。

（4）调查项目的涵义要明确、肯定，必要时可附以调查项目解释。

当调查项目确定后，可将调查项目科学地分类、排列，构成调查提纲或调查表，方便调查登记和汇总。调查表式分单一表和一览表两种，单一表是每张调查表式只登记一个调查单位的资料，常在调查项目较多时使用。它的优点是便于分组整理，缺点是每张表都注有调查地点、时间及其他共同事项，造成人力、物力和时间的耗费较大。一览表是一张调查表式可登记多个单位的调查资料，它的优点是当调查项目不多时，应用一览表能使人一目了然，还可将调查表中各有关单位的资料相互核对，其缺点是对每个调查单位不能登记更多的项目。

调查表拟定后，为便于正确填表、统一规格，还要附填表说明。内容包括调查表中各个项目的解释，有关计算方法以及填表时应注意的事项等，填表说明应力求准确、简明扼要、通俗易懂。

【案例】

2013 手机银行调查报告：手机银行业务使用率达52%

研究方法

1. 调研总体

本次调查对象为中国手机上网的 15 岁及以上常住居民，不包括在金融、银行等相关领域工作的人群，样本覆盖中国大陆31个省、自治区、直辖市。

2. 调查内容

本次调查侧重了解手机银行用户的人口统计特征、使用行为和对手机银行的期望等情况。

3. 调查方法

本次调查采用在线调查的方式进行，问卷通过 3G 门户科技频道网站于 2013 年 6 月 1 日—6 月 30 日期间进行在线调研。本次调查共收集问卷份，其中，有效问卷 1762 份，有效回收率为 87.5%。

4. 分析方法

（1）本次分析报告继承了 2011 年 2 月采用的指数分析方法（TGI 指数分析）。TGI 指数分析即"目标群体指数"，可反映目标群体在特定研究范围（如地理区域、人口统计领域、媒体受众、产品消费者）内的强势或弱势。通常可以认为大于 115 或者小于 85 的指数具有显著性特征。其计算方法是：TGI 指数 =［目标群体中具有某一特征的群体所占比例/总体中具有相同特征的群体所占比例］×100。

（2）在 2011 年 2 月和之前的研究结果基础上，在可以做比较的方面做了纵向的比较。这对手机银行发展趋势的研究具有非常重要的意义。

主要结论

1. 使用人群的趋势变化

手机银行业务在手机网民中的使用率基本保持不变，维持在 52% 左右。同时，手机银行业务正显著地向收入高、购买力强的中年人群扩散。与 2011 年 2 月的调查结果相比，18－29 岁用户的比例显著减少，尤其是 18－24 岁的用户比例减少了 10.6%。同时，30－39 岁用户的数量显著增加。手机银行用户的成熟和用户结构的优化，预示着此业务良好的发展前景。

2. 工商银行和建设银行

工商银行手机银行的使用率依然最高，达 44.3%，其次是建设银行，为 36.0%。这一排名与 2011 年 2 月的调查结果基本保持一致。但是，值得注意的是，经过近两年的发展，工商银行手机银行的使用率相比 2011 年 2 月的调查结果（35.1%）有了大幅提升，而建设银行手机银行的使用率仅有小幅增长，两者的差距悬殊，工商银行手机银行的优势日益明显。

3. 农业银行和中国银行

农业银行与中国银行的使用率都有所增长，但中国银行的提升幅度更大。中国银行在不断拉大与第五名差距的同时，还努力缩小与行业领跑者的差距。

4. 手机银行业务竞争格局初显

调查显示，四大银行手机银行的用户占到了全体用户的88.4%。手机银行业务初步形成了以工商银行为首、四大银行为主的竞争格局。可以预见，在未来一段时间内，这一竞争格局将得以维持。另外，四大银行手机银行的用户占到了全体用户的88.4%。可以预见，手机银行业务在未来一段时间内还将维持这一竞争格局。

5. 手机银行功能分群

对不同人群经常使用手机银行功能的指数分析表明，在校学生、农民/进城务工人员更倾向于商城购物，很少使用理财交易功能；行政/事业单位、国企干部更倾向于使用手机银行的转账汇款功能与资金归集、理财交易、本地生活服务和银行服务信息查询功能；三资/民营/私营企业中高级主管和职员、个体经营者、自由职业者也更倾向于理财交易功能；专业技术人员倾向于转账汇款、缴费、商城购物和本地生活服务功能，而对理财交易和银行服务信息查询的使用倾向较低。

6. 用户对手机银行的评价

用户对正在使用的手机银行较为满意。超过四成的用户认为手机银行业务很好很强大，功能丰富，使用也方便。但同时，56.8%的用户希望手机银行有更多的安全措施；51.8%的人希望界面设计更好，操作起来更快捷更容易；37.8%的用户希望开通手机银行不要这么麻烦。由此可见，安全、易操作、易开通是手机银行亟需改进的三大方面。

7. 深度用户分析

在手机银行用户中，每周至少使用四次手机银行的用户占到了16.4%。这一群体是手机银行业务的深度用户，也是各大银行手机银行业务最核心的使用人群。相比其他用户，手机银行深度用户的受教育程度更高，他们开通手机银行业务的时间更早。在职业分布上，三资/民营/私营企业中高级主管、三资/民营/私营企业职员、个体经营者、自由职业者中的深度用户所占比例显著偏高。

（资料来源：和讯银行）

调查时间是指调查资料所属的时间。如果所要调查的是时期现象，就要明确规定资料所反映的是调查对象从何时起到何时止的资料。如果所要调查的是时点现象，就要明确规定统一的标准调查时点。

调查期限是规定调查工作的开始时间和结束时间。包括从调查方案设计到提交调查报告的整个工作时间，也包括各个阶段的起始时间，其目的是使调查工作能及时开展、按时完成。为了提高信息资料的时效性，在可能的情况下，调查期限应适当缩短。

在调查方案中，还要明确规定调查地点。调查地点与调查单位通常是一致的，但也有不一致的情况，当不一致时，尤有必要规定调查地点。

在调查方案中，还要规定采用什么组织方式和方法取得调查资料，搜集调查资料的方式。

撰写金融市场调研报告必须要注意以下几方面因素：

（1）必须掌握符合实际的丰富确凿的材料，这是调研报告的生命。丰富确凿的材料一方面来自于实地考察，一方面来自于书报、杂志和互联网。在知识爆炸的时代，获得间接资料似乎比较容易，难得的是深入实地获取第一手资料。掌握大量的符合实际的第一手资料，这是写好调研报告的前提，必须下大功夫。

（2）对于获得的大量的直接和间接资料，要做艰苦细致的辨别真伪的工作，从中找出事物的内在规律性，这是不容易的事。调研报告切忌面面俱到。在第一手材料中，筛选出最典型、最能说明问题的材料，对其进行分析，从中揭示出事物的本质或找出事物的内在规律，得出正确的结论，总结出有价值的东西，这是写调研报告时应特别注意的。

（3）用词力求准确，文风朴实。写调研报告，应该用概念成熟的专业用语，非专业用语应力求准确易懂。通俗应该是提倡的。特别是被调查对象反映事物的典型语言，应在调研报告中选用。

（4）逻辑严谨，条理清晰。调研报告要做到观点鲜明，立论有据。论据和观点要有严密的逻辑关系，条理清晰。论据不单是列举事例，讲故事，逻辑关系是指论据和观点之间内在的必然联系。结构上的创新只是形式问题，不能把主要精力放在追求报告的形式上。调研报告的结构可以不拘一格。

（5）要有扎实的专业知识和思想素质。好的调研报告，是由调研人员的基本素质决定的。调研人员既要有深厚的理论基础，又要有丰富的专业知识。调研人员一定要具备透过现象洞察事物本质的能力。

2.6　金融市场调研的方法

根据调研目的、调研内容和调研对象的不同，在具体调研过程中可以选择不同的调研方法。通常来说，金融市场营销调研有文献调研法、现场观察法、实验法、询问调研法和问卷调研法等。

2.6.1　文献调研法

文献调研法又叫二手资料调研，它是指通过查询和阅读有关资料掌握相关信息的过程。采用文献法进行调研时，所获得的信息资料相对较多，资料的获取相对也比较容易，所花费的时间也较少，而且调研的费用也较低。但是，采用文献法调研有一定的局限性，主要表现在：二手资料原本为其他目的而收集的，因此在收集时要判断资料的有效性；二手资料大多都是不完整的，很多时候无法满足企业的实际需要。有些资料由于内容的缺失，已经丧失了资料的时效性和可信度；某些二手资料在印刷、翻印、转载、翻译的过程中，很容易出现谬误，在具体引用时需要进一步分析判断。

2.6.2 现场观察法

现场观察法是调研人员在金融市场活动现场对调研对象观察、记录,并取得相关信息的方法。利用现场观察法进行调研时,调研人员不必与被调查对象直接接触,而是利用自身器官或某些设备,对调查对象的活动或现场事实做必要的考察记录,从而取得第一手资料的方法。现场观察法简单灵活,成本费用较低,受外界的干扰因素相对较小,被观察者又处于自然状态,因而取得的资料更具真实性。但是,在利用现场观察法进行调研时,观察的只能是表面现象,对其内在因素不能深入了解,比如说消费者的心理变化和市场变化的原因和动机等。

一般来说,现场观察法具有以下几种:

1. 直接观察法

直接观察法是调研人员到场观察被调查者的行动来收集情报资料的一种方法。比如市场调研人员在商品展销会、订货会、博览会上,或是在工厂、商店等消费者集中的场所或其他场合,直接对市场活动进行观察,从而取得第一手资料。事实上,由于直接观察法简单易行,方便灵活,在市场调研中应用比较广泛。

2. 现场计数法

现场计数法,是指在市场活动现场,通过一定时间的观察计数,从而得到定量的信息。一般来说,采用现场计数法进行调研时,计数的工作量较大,工作内容也比较单调、枯燥,因此,在安排调研人员时,要尽量选择那些工作态度认真、责任心强的员工承担此项工作。

3. 痕迹观察法

痕迹观察法并不是观察市场活动本身,而是通过观察市场上特定活动留下的痕迹来收集市场信息。有时观察被者活动的痕迹比观察活动本身更能取得准确的信息。如通过意见簿、回执单和优惠卡等,可以了解市场的反映,就可以收集到一些难以直接获取的信息。

除此而外,还可以运用观察法了解消费者的爱好、兴趣、价值观,了解城市人员流量、客流量,借此判断市场发展的趋势,这是预测市场潜力的重要依据。在采用这种方法进行观察时,最好在一个时期内只集中精力观察一种现象,避免干扰;在观察的同时,要对观察的结果进行及时的记录和整理,调研人员互相之间要核实检查,要尽量减少误差;另外,在调研时要尽量不影响被调研者的活动,要让其保持自然状态,只有这样,调研的信息才能更真实有效。

2.6.3 实验法

它是通过实际的、小规模的营销活动来调查关于某一产品或某项营销措施执行效果等市场信息的方法。实验的主要内容有产品的质量、品种、商标、外观、价格,促销方式及销售渠道等。它常用于新产品的试销和展销。

通常来说,采用实验法进行调研,其优点主要表现在:由于预先在小规模的市场环境中进行实际实验，可以提高工作的预见性，减少盲目性，同时也有利于企业内部进行管理；同时，通过小规模的实验所取得的数据一般地说比较客观，可靠性比较强，可信度较高，排除了主观推论的偏差，比较科学合理。但是，在看到实验法优点的同时，也应该看到它的不足。实验法的优点是相对的，事实上，在实践中影响调研的因素很多，也可能由于某些非实验因素不可控制，导致最终实验结果受一定影响。实验法的缺陷在于只适合于对当前市场变量的观察和分析，无法研究过去的情况，也无法收集到未来的市场变化信息，并且，采用这种方法费用较高。

2.6.4　询问调研法

询问调研法就是调查人员通过各种方式向被调查者发问或征求意见来搜集市场信息的一种方法。它可分为深度访谈、GI 座谈会、问卷调查等方法，其中问卷调查又可分为电话访问、邮寄调查、留置问卷调查、入户访问、街头拦访等调查形式。

这种方法在我们的金融调研中运用得较多。采用此方法时应注意：所提问题确属必要，被访问者有能力回答所提问题，访问的时间不能过长，询问的语气、措词、态度、气氛必须合适。

1. 传统的电话访问

传统的电话访问就是按照样本名单，选择一个调查者，拨通电话，询问一系列的问题。访问员（调查员）按照问卷，在答案纸记录被访者的回答。调查员集中在某个场所或专门的电话访问间，在固定的时间内开始面访工作，现场有督导人员进行管理。调查员都是经过专门训练的，一般以兼职的大学生为主，或其他一些人员。

2. 计算机辅助电话访问（CATI）

在发达国家，特别是在美国，集中在某一中心地点进行的计算机辅助电话访问比传统的电话访问更为普遍。目前在国内有少数调查公司采用。计算机辅助电话访问使用一份按计算机设计方法设计的问卷，用电话向被调查者进行访问。计算机问卷可以利用大型机、微型机或个人用计算机来设计生成，调查员坐在 CRT 终端（与总控计算机相联的带屏幕和键盘的终端设备）对面，头戴小型耳机式电话。CRT 代替了问卷、答案纸和铅笔。通过计算机拨打所要的号码，电话接通之后，调查员就读出 CRT 屏幕上显示出的问答题并直接将被调查者的回答（用号码表示）用键盘记入计算机的记忆库之中。计算机会系统地指引调查员工作。在 CRT 屏幕上，一个问答题只出现一次。计算机会检查答案的适当性和一致性。数据的收集过程是自然的、平稳的，而且访问时间大大缩减，数据质量得到了加强，数据的编码和录入等过程也不再需要。由于回答是直接输入计算机的，关于数据收集和结果的阶段性的和最新的报告几乎可以立刻就得到。

3. 入户访问

入户访问指调查员到被调查者的家中或工作单位进行访问，直接与被调查者接触。然后或是利用访问式问卷逐个问题进行询问，并记录下对方的回答；或是将自填式问卷交给被调查者，讲明方法后，等待对方填写完毕或稍后再回来收取问卷的调查方式。

调查的户或单位都是按照一定的随机抽样准则抽取的，入户以后确定的访问对象也有一定的法则。

4. 拦截访问

拦截访问是指在某个场所（一般是较繁华的商业区）拦截在场的一些人进行面访调查。这种方法常用于商业性的消费者意向调查中。拦截面访的好处在于效率高，但是，无论如何控制样本及调查的质量，收集的数据都无法证明对总体有很好的代表性。这是拦截访问的最大问题。

5. 小组（焦点）座谈

小组（焦点）座谈（Focus Group）是由一个经过训练的主持人以一种无结构的自然的形式与一个小组的被调查者交谈。主持人负责组织讨论。小组座谈法的主要目的，是通过倾听一组从调研者所要研究的目标市场中选择来的被调查者，从而获取对一些有关问题的深入了解。这种方法的价值在于常常可以从自由进行的小组讨论中得到一些意想不到的发现。

6. 深度访谈法

深度访谈法是一种无结构的、直接的、个人的访问，在访问过程中，一个掌握高级技巧的调查员深入地访谈一个被调查者，以揭示对某一问题的潜在动机、信念、态度和感情。比较常用的深度访谈技术主要有三种：阶梯前进、隐蔽问题探寻以及象征性分析。深度访谈主要也是用于获取对问题的理解和深层了解的探索性研究。

7. 投影技法

投影技法是一种无结构的非直接的询问形式，可以鼓励被调查者将他们对所关心问题的潜在动机、信仰、态度或感情投射出来。在投影技法中，并不要求被调查者描述自己的行为，而是要他们解释其他人的行为。在解释他人的行为时，被调查者就间接地将他们自己的动机、信仰、态度或感情投影到了有关的情景之中。因此，通过分析被调查者对那些没有结构的、不明确而且模棱两可的"剧本"的反应，他们的态度也就被揭示出来了。剧情越模糊，被调查者就更多地投影他们的感情、需要、动机、态度和价值观，就像在心理咨询诊所中利用投影技法来分析患者的心理那样。和心理学中的分类一样，投影技法可分成联想技法、完成技法、结构技法和表现技法。

2.6.5 问卷调查法

问卷调查法是最常用的一种调查方法。采用问卷调查可以了解人们对产品的认识程度和喜好程度等。采用问卷调查有许多有利之处，主要表现在：有利于扩大调查区域，增加调查对象的数量，而且不受调查地域的限制；由于被调查者有比较充裕的时间作答，因而所收集的信息质量相对较高；由于问卷是由被调查者自由填写，这样就可以避免面谈调查中受调研人员态度、情绪影响的弊端，信息更客观，更真实，并可以消除调研人员的错误记录和偏见；调研费用相对较低。采用问卷调查的方法不仅可以节省大量的费用，且还可以节省大量的人力。

采用问卷调查的不足之处表现在：问卷调查一般费的时间较长，如果不能进行很好的控制，就很容易使资料失去有效性；问卷的回收率较低。由于被调查者对调查的内容缺乏兴趣，或是被调查者嫌麻烦，不愿意填写，这样，很多问卷往往不能按期回收；容易产生差错。如果问卷的问题设置不够合理，就很容易引起被调查者的误解，另外，由于个人素质等因素的影响，不同的被调查者对调查项目的理解并不一致，这样也容易产生误解。

【案例】

海通证券客户调查表

客户姓名：

性别：　　　年龄：　　　职业：　　　学历：　　　毕业院校：

电话：　　　传真：　　　电子邮件：　　QQ：

住址：

调查人：李×× 　　　执业证书全国统一编号：××××××

日期：

1. 您业余喜欢从事什么？（可多选）

　A. 健身　　　　　　　　　B. 旅游

　C. 交友　　　　　　　　　D. 读书

　E. 上网

2. 您进行投资股票或者其他理财方式的投资经验有多久？

　A. 从未有过投资经验　　　B. 2 年以内

　C. 3～5 年　　　　　　　　D. 5 年以上

3. 以下理财方式中，您最偏向哪一类？

　A. 股票，期货等投资类　　B. 基金，保险等保障类

　C. 储蓄，黄金等储蓄类　　D. 混合型理财

4. 您目前在进行哪方面投资或已经开户？（可多选）

　A. 黄金　　　　　　　　　B. 股票

　C. 期货　　　　　　　　　D. 保险

5. 迄今为止，您进行股票或者其他理财方式投资是否有所赢利？

　A. 亏损较大　　　　　　　B. 基本平衡

　C. 略有赢利　　　　　　　D. 赢利丰富

6. 您对您之前的投资赢利情况是否满意？

　A. 非常满意　　　　　　　B. 满意

　C. 不满意　　　　　　　　D. 非常不满意

7. 您一般投入多少资金在股市上面？

　A. 0 万～5 万　　　　　　B. 5 万～20 万

　C. 20 万～50 万　　　　　D. 50 万以上

8. 您期望的股票投资年化收益率大概是多少?
    A. 能赚钱就好   B. 一年 0%~20%
    C. 年 20%~50%   D. 50% 以上

9. 您是否有时间盯盘,操作股票?
    A. 很有时间,随时都可以看盘买卖股票
    B. 比较有时间,能在收到资讯信息以后及时买卖股票
    C. 比较没时间,工作时间内不允许买卖股票
    D. 非常没时间,一般都是买了股票就放着

10. 您身边的炒股朋友多吗?
    A. 非常多,资金量惊人   B. 比较多
    C. 一般   D. 比较少

11. 您一般的操盘手法是如何?
    A. 短线型,追求刺激,承受风险能力高
    B. 中线型,寻求稳健增长
    C. 中长线型,价值投资
    D. 无固定手法,能赚钱就好

12. 您对之前的投资过程中自己的投资心态是怎么评价的?
    A. 心态较差,经常追涨杀跌,或者被套之后不舍得解套,导致亏损
    B. 不太关注股市资讯,不能有效把握市场动态
    C. 基本满意,符合自己投资期望
    D. 非常满意,投资赢利

13. 请选择您对之前的投资过程中自己的投资心态是怎么评价的?如果您希望改善目前的投资情况,您最希望得到哪方面的帮助?
    A. 来自证券公司的专业服务,比如股票资讯、市场动态等
    B. 来自理财经理对您的一对一理财服务,基于理财经理的个人专业知识而提供的市场买卖期、个股推荐等
    C. 来自于网络等媒体的一些民间投资资讯
    D. 与其他股民之间的交流

14. 如果理财经理对您提供 1 对 1 的理财服务,您希望以下哪种方式?
    A. 当面交流
    B. 电子邮件、电话交流、QQ 交流等
    C. 手机短信
    D. 理财经理创建一个平台如 QQ 群等为客户群提供交流场所

15. 理财经理对您提供服务时,您希望通过以下哪种方式?
    A. 本人需要股票资讯时才主动联系理财经理,其他时间不希望被打扰
    B. 理财经理主动发送有价值的股票资讯,并且在股市重要时期不定时主动联系您
    C. 理财经理主动发送有价值的股票资讯,并且经常性的在 QQ 或者电话里面交流股

票心得

  D. 既有理财经理自发性的短信资讯服务，又能主动联系理财经理获取资讯

16. 如果您在理财经理的帮助下获得不错的投资收益，您会追加投资吗？

  A. 会，闲置资金较多，股市有收益会追加投资

  B. 会，不过要等到自己有更多的闲置资金

  C. 不会

  D. 看情况而言

17. 近期您有哪些投资计划？（可多选）

A. 购买汽车	B. 购买保险
C. 投资股票	D. 投资期货
E. 投资黄金	F. 投资基金

18. 您需要哪些方面的帮助？（可多选）

A. 汽车	B. 保险
C. 股票	D. 期货
E. 黄金	F. 基金

19. 您了解目前我们有哪些优惠措施？（可多选）

A. 开户免费	B. 开户收费
C. 开户送大礼	D. 证券转托管费报销

20. 您对我们证券公司有何意见或建议？

_____

  非常感谢您的理解和配合，谢谢！

（资料来源：海通证券公司网站）

【拓展案例】

<h2 align="center">金融投资理财调查问卷</h2>

您好！

  为深入了解个人投资者对金融知识的掌握与熟悉情况，探究当前经济环境下投资者的理财行为习惯与投资偏好，深圳中金黄金投资管理股份有限公司于10月25号至11月1号举办2011年金融投资理财系列调查活动。待本次调查活动结束后，将对本次问卷调查的各位积极参与者表示感谢，所有填写问卷者均赠送纪念品一份，对问卷及资料填写准确者将从中抽取幸运一、二、三等奖30名，以深表谢意：

1. 您的性别：

    男   女

2. 您的年龄段：

15～20	21～25	26～30	31～40
41～50	51～60	60以上	

3. 您的职业：

公司职员　　　　　　事业单位　　　　　　创业主

待业或离休　　　　　高端人士　　　　　　其他

4. 您的月收入：

5000 元以下　　　　　　　　　　5000 元～10000 元

10000 元～10 万元　　　　　　　10 万元以上

5. 您对理财情况的了解程度：

不了解也不感兴趣　　　　　　　不了解但是有兴趣想了解

有一定的了解　　　　　　　　　精通而且有投资

6. 您一般会使用或想了解哪种投资理财产品：

银行各类存款　　　　　　　　　投资基金、股票、债券

信托产品　　　　　　　　　　　黄金外汇

房地产　　　　　　　　　　　　金融衍生品

其他

7. 对于个人理财，您准备采取什么方式：

自己操作　　　　　　　　　　　委托机构操作

两者结合

8. 您会将您收入中的多大比例购买理财产品：

10% 以下　　　　　　　　　　　10%～20%

20%～50%　　　　　　　　　　50% 以上

9. 您参与投资理财的目的：

将回报作为生活来源　　　　　　将回报作为消费资金（如结婚、买房）

为家庭或者个人提供一份未来的生活保障

10. 如果您尚未选择购买理财产品，原因是：

对理财产品缺乏了解　　　　　　金融机构推出的理财产品缺乏吸引力

金融机构推出的产品可信度低　　受于资金面的问题

其他

11. 当面临选择银行、基金、保险、证券、黄金等投资机构的理财产品时，您考虑的是：

对其的了解程度　　　　　　　　金融机构的信誉

产品的收益及安全性　　　　　　周围人的选择

其他

12. 如果您有一定的可支配资金，您会选择哪类风险型的投资理财产品：

年收益正负 3% 以内的产品　　　　年收益正负 3% 至正负 5% 的产品

年收益正负 5% 至正负 10% 的产品　年收益正负 10% 至正负 20% 的产品

年收益正负 20% 以内的产品

13. 对于选择具体的理财产品，您会考虑的是：

产品的信誉　　　　　　　　　　投资该产品所需的资金

收益性以及安全性　　　　　　　　产品的服务

文化附加值其他

14. 您对以下哪些增值服务比较感兴趣：

提供个性化专业理财咨询服务　　　定期举办专业的知识讲座

定期举办交流活动　　　　　　　　定期赠送精美图书

其他

15. 投资理财产品，您最多可承担的损失是多少：

跌幅超过50%　　　　　　　　　　25%～50%

5%～25%　　　　　　　　　　　　不超过5%

难以承受任何风险

16. 您对理财产品的投资期限是：

1年以内　　　　　　　　　　　　1年～3年

3年～7年　　　　　　　　　　　　7年以上

17. 投资有风险，在金融危机下，市场大幅波动，投资产品可能会大幅下跌，您的承受的极限是：

跌幅超过50%　　　　　　　　　　25%～50%

5%～25%　　　　　　　　　　　　不超过5%

难以承受任何风险

18. 您主要是通过哪种途径掌握金融知识：

购买理财书籍　　　　　　　　　　会议讲座

与亲人朋友交流　　　　　　　　　通过电视、网络、媒体等报道

其他

19. 您之前有了解过深圳市中黄金投资股份有限公司吗？

有过了解　　　　　　　　　　　　没听说

请准确填写您本人的姓名_____联系电话_____，以方便通知您是否幸运获奖。

预祝好运，欢迎您继续关注我们的活动。感谢您的参与！

问题：

（1）金融投资理财调查运用问卷调查法有哪些好处？

（2）此份金融投资理财调查问卷还存在哪些不足？如何进行改进？

实训：

金融产品问卷调查设计

实训项目：分组进行金融产品问卷调查的设计。

实训目的：使学生掌握金融产品调查问卷设计的基本技巧和方法，同时培养学生的团队协作能力。

实训要求：制作一份金融产品调查问卷，要求主旨明确、格式规范、思路清晰，问卷的设计有一定的实证研究价值。

任务三　金融营销环境分析

【知识目标】

掌握金融产品营销环境的概念、特征；掌握金融产品宏观营销环境的内容；掌握金融产品微观营销环境的内容。

【能力目标】

能够运用金融产品营销环境的知识分析银行产品的营销环境；能够运用金融产品营销环境的知识分析保险产品的营销环境；能够运用金融产品营销环境的知识分析证券产品的营销环境。

【素质目标】

运用金融营销环境的分析方法，能针对某一创新金融产品进行详细的营销环境分析。

【引导案例】

影响保险产品营销的原因分析

一、社会文化因素

社会文化因素主要是指保险营销人员所处社会环境中的整体伦理水准、人文素质、文化水平。任何保险企业及其营销人员均在一定的社会环境中生存和发展，受到社会环境中人文、文化、道德和社会价值观的影响和制约。如保险营销中的高佣金，高返还和高手续费等行为，已成为达成交易的通常条件。

二、市场行业因素

市场行业因素是指在一定社会经济发展水平下，市场经济发达程度、保险市场体系与市场机制发育程度及市场供求状况的变化趋势。当市场经济发达程度较高，保险市场体系与市场机制较成熟和完善时，公平竞争与诚信原则获得充分发展。当保险市场趋势呈现出供大于求的格局，市场竞争越激烈，保险营销人员在竞争中的行为越是受到其他竞争者和消费者的监督和制约，就越使其感到提高营销理论水平的紧迫性。市场和行业因素的优化，将为保险营销理论的建设提供良好的市场环境。反之，如果市场经济发达程度较低，保险经营主体难以在市场中进行公平竞争，导致"恶币驱逐良币"，不道德的营销思想将会乘机侵入保险营销人员的头脑。

三、政府法制因素

保险营销立法调控体系是否健全，政府及保险监管部门对保险营销人员的资格管理、执业管理、违法及违德行为采取何种态度至关重要。如果政府及保险监管部门立法完善，执法机构健全，监管严格有效，这对保险企业及营销人员将形成一种强制性的威慑压力，如"黑名单"制度的建立，使保险营销人员感到，如果不按市场法则和政府立法从事营销活动，必然遭到市场规律和政府法律的制裁。反之，如果政府对于保险营销立法滞后，规定不健全、执法不严，必然为某些保险营销人员违法违德行为提供可乘之机。

四、外部监管因素

保险营销过程中出现的非道德行为，除了保险监管部门的监管，是否还受到其他外部"压力集团"的监督，也将影响保险营销人员的抉择。外部监管因素，如消费者协会、行业公会以及新闻媒体的监督与规范，也将在一定程度上影响保险营销人员的抉择。此外，消费者的消费观念、对保险商品的识别能力、对自身权益的保护意识也都会对保险营销人员的决策产生影响。

我国人寿保险业近年发展很快，得益于我国经济发展水平的不断提升，使得消费者拥有富余的收入去购买人寿保险；我国已经进入老龄化社会的现实促使更多的消费者通过购买人寿保险来减轻赡养父母的经济负担；我国人均寿命的不断增长有助于消费者决定购买人寿保险来保障生活的稳定。但是我国文化中风险自留，养老由儿女负责的一些观念使得很多消费者认为不需要购买人寿保险，所以我国仍需普及基本的人寿保险常识，纠正这些落后观念；而且我国保险业在快速发展中还有很多不规范问题，使得人寿保险消费者对人寿保险收益的不确定性和风险的不确定性心存疑虑、销售误导引起的纠纷、理赔细则不清、理赔程序和时间相当长等问题都阻止了人寿保险的健康发展。所以国家应该尽快形成更好的监督机制，保障投保人的合法权益，进而更好地促进人寿保险和整个保险业的发展。

（资料来源：中国保险学会网）

3.1　金融营销环境概述

金融营销环境广义上是指所有能影响金融企业实现其经营目标的一切因素的总和。美国著名营销学家菲利普·科特勒将营销环境定义为："企业的营销环境是由企业营销管理职能外部的因素和力量组成的，这些因素的力量影响营销管理者成功地保持与其目标市场顾客交换的能力。"即营销环境是指与企业营销活动相关的所有外部因素与力量之和。这一定义对于金融企业也同样适用，因此，金融营销环境是指金融企业生存和发展所需的、独立于企业之外的、对企业营销绩效起着潜在影响并约束其行为的各种外部因素或力量的总和。

按照对企业影响的程度及范围的大小，将环境划分为两大类：宏观市场营销环境与微观市场营销环境。

金融营销环境具有：客观性、变动性、复合性、差异性特点。

3.2　宏观环境分析

宏观环境包括政治法律环境、经济环境、人口环境、自然环境、技术环境、社会文化环境等。

3.2.1 政治法律环境

政治法律环境是指一个国家或地区的政治制度、体制、方针政策、法律法规等方面。这些因素常常制约、影响企业的经营行为，尤其是影响企业较长期的投资行为。具体来说，政治环境主要包括国家的政治制度与体制，政局的稳定性以及政府对外来企业的态度等因素；法律环境主要包括政府制定的对企业经营具有刚性约束力的法律、法规，如反不正当竞争法、税法、环境保护法以及外贸法规等因素。如果企业实施国际化战略，则它还需要对国际政治法律环境进行分析，例如，分析国际政治局势、国际关系、目标国的国内政治环境以及国际法所规定的国际法律环境和目标国的国内法律环境。

3.2.2 经济环境

经济环境是指构成企业生存和发展的社会经济状况，社会经济状况包括经济要素的性质、水平、结构、变动趋势等多方面的内容，涉及国家、社会、市场及自然等多个领域。构成经济环境的关键战略因素包括 GDP 的发展趋势、利率水平的高低、财政货币政策的松紧、通货膨胀程度及其趋势、失业率水平、居民可支配收入水平、汇率升降情况、能源供给成本、市场机制的完善程度、市场需求情况等。这些因素往往直接影响着企业的经营，如利率上升很可能会使企业使用资金的成本上升；市场机制的完善对企业而言意味着更为正确的价格信号、更多的行业进入机会等。企业的经济环境分析就是要对以上因素进行分析，运用各种指标，准确地分析宏观经济环境对企业的影响，从而使其战略与经济环境的变化相匹配。

1. 消费者收入分析

收入因素是构成市场的重要因素，甚至是更为重要的因素。因为市场规模的大小，归根结底取决于消费者的购买力大小，而消费者的购买力取决于他们收入的多少。企业必须从市场营销的角度来研究消费者收入，通常从以下四个方面进行分析。

（1）国民生产总值

国民生产总值是衡量一个国家经济实力与购买力的重要指标。国民生产总值增长越快，对商品的需求和购买力就越大；反之，就越小。

（2）人均国民收入

人均国民收入指用国民收入总量除以总人口的比值。这个指标大体反映了一个国家人民生活水平的高低，也在一定程度上决定商品需求的构成。一般来说，人均收入增长，对商品的需求和购买力就大，反之就小。

（3）个人可支配收入

个人可支配收入指在个人收入中扣除消费者个人缴纳的各种税款和交给政府的非商业性开支后剩余的部分，可用于消费或储蓄的那部分个人收入，它构成实际购买力。个人可支配收入是影响消费者购买生活必需品的决定性因素。

（4）个人可任意支配收入

个人可任意支配收入指在个人可支配收入中减去消费者用于购买生活必需品的费用支出（如房租、水电、食物、衣着等项开支）后剩余的部分。这部分收入是消费需求变化中最活跃的因素，也是企业开展营销活动时所要考虑的主要对象。这部分收入一般用于购买高档耐用消费品、娱乐、教育、旅游等。

（5）家庭收入

家庭收入家庭收入的高低会影响很多产品的市场需求。一般来讲，家庭收入高，对消费品需求大，购买力也大；反之，需求小，购买力也小。另外，要注意分析消费者实际收入的变化。注意区分货币收入和实际收入。

2. 消费者支出分析

随着消费者收入的变化，消费者支出会发生相应变化，继而使一个国家或地区的消费结构也会发生变化。

（1）消费结构

德国统计学家恩斯特·恩格尔于1857年发现了消费者收入变化与支出模式，即消费结构变化之间的规律性。

（2）恩格尔系数

恩格尔所揭示的这种消费结构的变化通常用恩格尔系数来表示，即

恩格尔系数＝食品支出金额/家庭消费支出总金额

恩格尔系数越小，食品支出所占比重越小，表明生活富裕，生活质量高；恩格尔系数越大，食品支出所占比重越高，表明生活贫困，生活质量低。恩格尔系数是衡量一个国家、地区、城市、家庭生活水平高低的重要参数。企业从恩格尔系数可以了解目前市场的消费水平，也可以推知今后消费变化的趋势及对企业营销活动的影响。

3. 消费者储蓄分析

消费者的储蓄行为直接制约着市场消费量购买的大小。当收入一定时，如果储蓄增多，现实购买量就减少；反之，如果用于储蓄的收入减少，现实购买量就增加。居民储蓄倾向是受到利率、物价等因素变化所致。人们储蓄目的也是不同的，有的是为了养老，有的是为未来的购买而积累，当然储蓄的最终目的主要也是为了消费。企业应关注居民储蓄的增减变化，了解居民储蓄的不同动机，制订相应的营销策略，获取更多的商机。

4. 消费者信贷分析

消费者信贷，也称信用消费，指消费者凭信用先取得商品的使用权，然后按期归还贷款，完成商品购买的一种方式。信用消费允许人们购买超过自己现实购买力的商品，创造了更多的消费需求。随着我国商品经济的日益发达，人们的消费观念大为改变，信贷消费方式在我国逐步流行起来，值得企业去研究。

3.2.3　人口环境

人口是市场的第一要素。人口数量直接决定市场规模和潜在容量，人口的性别、年龄、民族、婚姻状况、职业、居住分布等也对市场格局产生着深刻影响，从而影响

着企业的营销活动。企业应重视对人口环境的研究，密切关注人口特性及其发展动向，及时地调整营销策略以适应人口环境的变化。

人口数量是决定市场规模的一个基本要素。如果收入水平不变，人口越多，对食物、衣着、日用品的需要量也越多，市场也就越大。企业营销首先要关注所在国家或地区的人口数量及其变化，尤其对人们生活必需品的需求内容和数量影响很大。

人口结构分析对金融营销也非常重要。

1. 年龄结构

不同年龄的消费者对商品和服务的需求是不一样的。不同年龄结构就形成了具有年龄特色的市场。企业了解不同年龄结构所具有的需求特点，就可以决定企业产品的投向，寻找目标市场。

2. 性别结构

性别差异会给人们的消费需求带来显著的差别，反映到市场上就会出现男性用品市场和女性用品市场。企业可以针对不同性别的不同需求，生产适销对路的产品，制定有效的营销策略，开发更大的市场。

3. 教育与职业结构

人口的教育程度与职业不同，对市场需求表现出不同的倾向。随着高等教育规模的扩大，人口的受教育程度普遍提高，收入水平也逐步增加。企业应关注人们对报刊、书籍、计算机这类商品的需求的变化。

4. 家庭结构

家庭是商品购买和消费的基本单位。一个国家或地区的家庭单位的多少以及家庭平均人员的多少，可以直接影响到某些消费品的需求数量；同时，不同类型的家庭往往有不同的消费需求。

5. 社会结构

我国绝大部分人口为农业人口，农业人口约占总人口的80%。这样的社会结构要求企业营销应充分考虑到农村这个大市场。

6. 民族结构

我国是一个多民族的国家。民族不同，其文化传统、生活习性也不相同。具体表现在饮食、居住、服饰、礼仪等方面的消费需求都有自己的风俗习惯。企业营销要重视民族市场的特点，开发适合民族特性、受其欢迎的商品。

3.2.4 自然环境

企业的自然环境（或物质环境）的发展变化也会给企业造成一些环境威胁和市场机会，这个方面的主要动向表现为以下几点。

1. 某些自然资源短缺或即将短缺

地球上的自然资源有三大类：①取之不尽、用之不竭的资源，如空气、水等；②有限但可以更新的资源，如森林、粮食等；③有限又不能更新的资源，如石油和煤等矿物。

2. 环境污染日益严重

许多国家对自然资源管理的干预日益加强。环境保护意识与市场营销观念相结合所形成的绿色市场营销观念，正成为 20 世纪 90 年代和 21 世纪市场营销的新主流。绿色市场营销观念要求企业在开展市场营销活动的同时，努力消除和减少生产经营对生态环境的破坏和影响。这就是强调企业在进行市场营销活动时，要努力把经济效益与环境效益结合起来，尽量保持人与环境的和谐，不断改善人类的生存环境。

3.2.5　技术环境

技术环境指的是企业所处的社会环境中的技术要素，及与该要素直接相关的各种社会现象的集合，技术不仅是指那些引起时代革命性变化的发明，而且还指与企业生产有关的新技术、新工艺、新材料的出现和发展趋势以及应用前景。变革性的技术正对企业的经营活动发生着巨大的影响，这些技术包括网络、基因、纳米、通信、智能计算机、超导、电子等方面。技术进步创造新的市场，改变企业在行业中的相对成本及竞争位置，为企业带来更为强大的竞争优势。企业要密切关注与本企业产品有关的科学技术的现有水平、发展趋势及发展速度，对于相关的新技术，如新材料、新工艺、新设备或现代管理思想、管理方法、管理技术等，企业必须随时跟踪，尤其对高科技行业来说，识别和评价关键的技术机会与威胁是宏观环境分析中最为重要的部分。

【案例】

未来互联网金融的另一个方向：围绕线下＋线上生态圈

对于目前的互联网金融生态而言，不论是电商小贷、支付、在线理财，还是 P2P，众筹以及数据征信，虽然服务的客户主要还是传统的商铺和投融资需求的客户，包括 P2P 的个人信用贷款，抵押担保借款，项目融资，以及创业类的众筹融资，但是这些客户的投融资服务需求大多还是来自于线下，除了阿里小贷、京东小贷等拥有较大的电商平台的生态金融圈，圈内的服务主要是来自于线上的融资需求以外，更多的潜在投融资服务还没有从线下转移到线上来；而这也成为了未来互联网金融发展的另一种细分方向：从线下的成熟生态圈逐渐走到线上，通过线上的数据集合和投融资服务提高效率，降低成本。

在布局互联网金融这个领域，就是一个很好的从线下生态走入线上生态的案例。这也和中国目前主流的信用环境有很大关联。目前国内的信用数据积累是破碎化的，基本上存在公共数据、商业数据、支付数据以及其他健康数据等各个小的种类，分别由央行、人行、政府部门、商业集团等等各个部门管理，但是又很少缺乏交集。因此央行才要迫不及待地通知阿里芝麻信用和腾讯征信等公司做好接入央行征信数据库的准备。现在要做的就是搭建好这样的电商或者是 O2O 的转移框架，给用户和商户一个入口，然后做好周边的增值服务，将这个渠道维护好，积累与大消费有关的数据，为日后做个人信用、消费贷款和商户的 POS 循环贷款等产品做好准备。

从目前的趋势看，线上的移动支付已经表现出了这方面的野心：那就是利用移动支付为突破口，将消费和非消费的公共服务逐步导入到自己的支付全渠道上来，而后再以这个支付媒介为进一步延伸服务的渠道，做支付基础上的投融资服务等，或者是和其他商业机构进行合作，

通过支付打通一切。

如果说互联网公司的互联网金融生态圈是从线上走入，渗透至线下，并且以获取线下的生态和数据为目标，那么传统行业的线下互联网化之路就是在做好自身线下服务的同时，做好自己的差异化，做好全渠道的流程管控，在线下的生态服务上尽可能做到闭环，最后慢慢迁移到线上。而在这个过程中，不论是线上还是线下，其实都完成了从单一服务到综合服务的过渡。

（资料来源：新浪财经 2015 年 6 月）

3.2.6　社会文化环境

社会文化环境是指企业所在社会中成员的民族特征、文化传统、价值观念、宗教信仰、教育水平以及风俗习惯等因素。从影响企业战略制定的角度来看，社会文化环境可分解为人口、文化两个方面。人口因素对企业战略的制定有着重大的影响。例如，人口总数直接影响着社会生产总规模；人口的地理分布影响着企业的厂址选择；人口的性别比例和年龄结构在一定程度上决定了社会需求结构，进而影响社会供给结构和企业生产；人口的教育文化水平直接影响着企业的人力资源状况。文化环境对企业的影响是间接的、潜在的和持久的，文化的基本要素包括哲学、宗教、语言与文字、文学艺术等，它们共同构筑成文化系统，对企业文化有重大的影响。企业对文化环境分析的目的是要把社会文化内化为企业的内部文化，使企业的一切生产经营活动都符合环境文化的价值检验。另外，企业对文化的分析与关注最终要落实到对人的关注上，从而有效地激励员工，有效地为顾客服务。

企业的最高管理层做出市场营销决策时必须研究这种文化动向：

1. 国际市场营销决策必须了解和考虑各国的文化差异。不同国家的人们各有不同的态度或看法、风俗习惯。

2. 市场营销决策还要着重调查研究亚文化群的动向

每一种社会或文化内部都包含若干亚文化群，如青少年、知识分子等。这些不同的人群也是消费者群。由于他们各有不同的生活经验和环境，又有一些不同的信念、价值观念、风俗习惯、兴趣等，因而他们各有不同的欲望和行为。

3. 图腾文化与市场营销禁忌

图腾文化是民族文化的主要源头，它渗入市场营销工作的全过程，往往决定着市场营销活动的成败。图腾文化影响着一个社会的方方面面，包括影响工商企业的行为并构成企业文化的基础。

【案例】

文化对营销的影响

语言文字是文化的载体，也是文化的要素之一。据语言学家称，目前世界上起码

有 3000 多种语言。其实，每种语言就是某种文化的代表，依此类推，当今世界亦有 3000 多种文化。企业在开展国际营销活动时，应充分重视对语言文字的研究。语言文字是人们在国际营销中相互沟通的主要工具。通信联系、洽谈合同、广告宣传等都离不开语言文字。要搞好国际营销必须十分注意语言文字的适用性。

还应注意语言文字的翻译问题。翻译实际上是两种文化的交流，稍有不慎便可能出现错误。例如，美国通用汽车公司生产的"Nova"牌汽车，在美国很畅销，但是销往拉丁美洲却无人问津，原因是拉美许多国家都讲西班牙语。而"Nova"一词在西班牙语中意为"不动"，试想一下，谁愿意买"不动"牌汽车呢？相反，"Benz"和"BMW"这两个汽车品牌在翻译成中文时却翻译得恰到好处，"Benz"译为"奔驰"，"BMW"译为"宝马"，"奔驰"和"宝马"都给人一种快的感觉，这种品牌的汽车，让人听起来就舒服。

不同国家的人们对于某些数字往往也有喜好和禁忌之分，认为某些数字吉利或不吉利。我国和非洲许多国家的人们传统上喜欢双数；日本人喜欢用三或五为一套；西方人惯以"打"（dozen）为计数单位；我国不少地区认为"8"是幸运的数字。特别值得注意的是不同地区对某些数字的禁忌。在我国、日本、韩国等一些东方国家，不少人把"4"视为预示会带来厄运的数字；印度认为以"0"结尾是不祥之兆；"13"这个数字在西方基督教徒较多的国家里最让人们忌讳，在这些国家，很多宾馆、办公大厦没有第 13 层，12 层上面就是 14 层。开展国际营销时，经常要与数字打交道，比如商品计价、商品编配、宴请人数等，都不能忽视这些细节。

美国可口可乐公司在我国春节期间向台湾推出了一部广告片：红墙红瓦的闽南式建筑，身穿中国蓝色小长衫的胖男孩儿，红色墙上写着巨大的"福"字，在可口可乐诱人的泡沫中叠映出贴春联、烧佳肴、亲朋好友开怀畅饮的画图。这部广告片的成功在于它的文化创意，其中对色彩的准确使用发挥了重要作用，正是对红与蓝中国传统色彩的认同，才使得东西方文化的交融、古老与现代生活的交融得到认可，并愉快地表现出来。这样的广告一定会达到良好的促销目的，目前占据台湾饮料市场的 90% 以上份额就是最好的证明。

色彩禁忌在世界各国之间有很大的不同，主要表现如白色在亚洲一些国家常与死亡有关，成为丧服色，但在欧洲却代表着纯洁、神圣；黄色在欧美、阿拉伯地区成为禁忌，是绝望和死亡的象征，而在亚洲一些国家它则是一种高贵的颜色，代表着智慧和财富；红色在阿拉伯地区、非洲一些国家如尼日利亚以及美洲的墨西哥不受欢迎，被认为有晦气之义，但在亚洲的中国、印度等国，红色则是吉祥色，意味着喜庆和幸福；蓝色在阿拉伯地区是死亡的象征色，在欧美基督教国家则是天国的象征色；紫色在拉美地区大多数国家不被喜欢，因为它与死亡联系在一起，但在亚洲的中国和日本紫色却是高贵而庄重的颜色，受到了人们的喜爱。诸如此类，不一而足。

由于古文化中对牛的崇拜，一些民族至今不吃牛肉；由于古文化中对猪的厌恶，伊斯兰教徒们不食猪肉。再例如，中华民族对龙凤呈祥、松鹤延年的美好祈盼，在消费者对产品设计、包装、商标、色彩和推销方式的特殊心理偏好上都有反映。例如，中国、新加坡、日本等亚洲国家都相信风水，美国凯悦旅馆在新加坡建旅馆时是按照标准设计的，没有遵从这种习俗，旅馆开业之后旅客甚少，后来不得不重新设计，使旅馆的设计符合当地的风水习俗。印度人视牛为神，美国麦当劳公司根据这一文化禁忌，在印度仅销售鸡、鱼和蔬菜汉堡包，而不供应牛肉汉堡包，同样取得了良好的业绩。然而如果缺乏对不同文化禁忌的了解和尊重，如与泰国人谈判中双腿交叉使鞋底对准对方，或与科威特等阿拉伯国家的人谈判时拒绝对方提供的咖啡，都会影响沟通效果甚至生意的成交。

（资料来源：苏超，社会文化对企业营销的影响研究，新浪博客）

3.3 微观环境分析

微观环境是指对企业服务其顾客的能力构成直接影响的各种力量，包括企业本身及其市场营销渠道企业、市场、竞争者和各种公众，这些都会影响企业为其目标市场服务的能力。

3.3.1 客户

客户是指使用进入消费领域的最终产品或劳务的消费者和生产者，也是企业营销活动的最终目标市场。客户对企业营销的影响程度远远超过前述的环境因素。客户是市场的主体，任何企业的产品和服务，只有得到了客户的认可，才能赢得这个市场，现代营销强调把满足客户需要作为企业营销管理的核心。

客户分为企业客户和个人客户。

1. 企业客户

如果客户以公司、单位、机构的名义签约，就是企业客户。

2. 个人客户

如果客户以个人的名义签约，就是个人客户。这是由客户本身的性质决定的。

3.3.2 竞争者

竞争是商品经济的必然现象。在商品经济条件下，任何企业在目标市场进行营销活动时，不可避免地会遇到竞争对手的挑战。即使在某个市场上只有一个企业在提供产品或服务，没有"显在"的对手，也很难断定在这个市场上没有潜在的竞争企业。

企业竞争对手的状况将直接影响企业营销活动。如竞争对手的营销策略及营销活动的变化就会直接影响企业营销，最为明显的是竞争对手的产品价格、广告宣传、促销手段的变化，以及产品的开发、销售服务的加强都将直接对企业造成威胁。为此，企业在制定营销策略前必须先弄清竞争对手，特别是同行业竞争对手的生产经营状况，做到知己知彼，有效地开展营销活动。

金融企业营销中的竞争包括银行企业与非银行金融机构间的金融竞争、金融企业间的同业竞争。

1. 银行企业与非银行金融机构间的竞争

一是造成我国银行企业的储蓄存款不断下降，增加银行的储蓄竞争与营销。二是促使我国金融业向低利和微利方向发展，失去了行业优势。

2. 金融企业间的同业竞争

随着我国金融改革的不断深入，我国金融企业的机构和成分增多。一是打破了国有金融企业一统天下的垄断局面，激发和增强了金融竞争；二是外资银行的进入，给我国带来了世界一流的、最新的金融企业经营管理理论、方法、手段、技术等。

3.3.3　金融企业本身

企业开展营销活动要充分考虑到企业内部的环境力量和因素。企业是组织生产和经营的经济单位，是一个系统组织。企业内部一般设立计划、技术、采购、生产、营销、质检、财务、后勤等部门。企业内部各职能部门的工作及其相互之间的协调关系，直接影响企业的整个营销活动。

营销部门与企业其他部门之间既有多方面的合作，也经常与生产、技术、财务等部门发生矛盾。由于各部门各自的工作重点不同，有些矛盾往往难以协调。如生产部门关注的是长期生产的定型产品，要求品种规格少、批量大、标准订单、较稳定的质量管理，而营销部门注重的是能适应市场变化、满足目标消费者需求的"短、平、快"产品，则要求多品种规格、少批量、个性化订单、特殊的质量管理。所以，企业在制订营销计划，开展营销活动时，必须协调和处理好各部门之间的矛盾和关系。这就要求进行有效沟通，协调、处理好各部门的关系，营造良好的企业环境，更好地实现营销目标。

3.3.4　社会公众

社会公众是企业营销活动中与企业营销活动发生关系的各种群体的总称。公众对企业的态度，会对其营销活动产生巨大的影响，它既可能有助于企业树立良好的形象，也可能妨碍企业的形象。所以企业必须采取处理好与主要公众的关系，争取公众的支持和偏爱，为自己营造和谐、宽松的社会环境。

社会公众分析的对象如下：

1. 金融公众

金融公众主要包括银行、投资公司、证券公司、股东等，他们对企业的融资能力有重要的影响。

2. 媒介公众

媒介公众主要包括报纸、杂志、电台、电视台等传播媒介，他们掌握传媒工具，有着广泛的社会联系，能直接影响社会舆论对企业的认识和评价。

3. 政府公众

政府公众主要指与企业营销活动有关的各级政府机构部门，他们所制定的方针、政策、对企业营销活动或是限制，或是机遇。

4. 社团公众

社团公众主要指与企业营销活动有关的非政府机构，如消费者组织、环境保护组织，以及其他群众团体。企业营销活动涉及到社会各方面的利益，来自这些社团公众的意见、建议，往往对企业营销决策有着十分重要的影响作用。

5. 社区公众

社区公众主要指企业所在地附近的居民和社区团体。社区是企业的邻里，企业保持与社区的良好关系，为社区的发展做一定的贡献，会受到社区居民的好评，他们的口碑能帮助企业在社会上树立形象。

6. 内部公众

内部公众指企业内部的管理人员及一般员工，企业的营销活动离不开内部公众的支持。应该处理好与广大员工的关系，调动他们开展市场营销活动的积极性和创造性。

3.3.5 营销中介

营销中介是指为企业营销活动提供各种服务的企业或部门的总称。

营销中介对企业营销产生直接的、重大的影响，只有通过有关营销中介所提供的服务，企业才能把产品顺利地送达到目标消费者手中。营销中介的主要功能是帮助企业推广和分销产品。

营销中介分析的主要对象如下。

1. 中间商

中间商指把产品从生产商流向消费者的中间环节或渠道，它主要包括批发商和零售商两大类。中间商对企业营销具有极其重要的影响，它能帮助企业寻找目标顾客，为产品打开销路，为顾客创造地点效用、时间效用和持有效用。一般企业都需要与中间商合作，来完成企业营销目标。为此，企业需要选择适合自己营销的合格中间商，必须与中间商建立良好的合作关系，必须了解和分析其经营活动，并采取一些激励性措施来推动其业务活动的开展。

2. 营销服务机构

营销服务机构指企业营销中提供专业服务的机构，包括广告公司、广告媒介经营公司、市场调研公司、营销咨询公司、财务公司等。这些机构对企业的营销活动会产生直接的影响，它们主要任务是协助企业确立市场定位，进行市场推广，提供活动方便。一些大企业或公司往往有自己的广告和市场调研部门，但大多数企业则以合同方式委托这些专业公司来办理有关事务。为此，企业需要关注、分析这些服务机构，选择最能为本企业提供有效服务的机构。

3. 物资分销机构

物资分销机构指帮助企业进行保管、储存、运输的物流机构，包括仓储公司、运输公司等。物资分销机构主要任务是协助企业将产品实体运往销售目的地，完成产品空间位置的移动。到达目的地之后，还有一段待售时间，还要协助保管和储存。这些物流机构是否安全、便利、经济直接影响企业营销效果。因此，在企业营销活动中，必须了解和研究物资分销机构及其业务变化动态。

4. 金融机构

金融机构指企业营销活动中进行资金融通的机构，包括银行、信托公司、保险公司等。金融机构的主要功能是为企业营销活动提供融资及保险服务。在现代化社会中，任何企业都要通过金融机构开展经营业务往来。金融机构业务活动的变化还会影响企业的营销活动，比如银行贷款利率上升，会使企业成本增加；信贷资金来源受到限制，会使企业经营陷入困境。为此，企业应与这些公司保持良好的关系，以保证融资及信贷业务的稳定和渠道的畅通。

3.4　金融市场宏观、微观环境分析法

3.4.1　环境发展趋势分析法

环境发展趋势基本上分为两大类：一类是环境威胁；另一类是市场营销机会。环境威胁是指环境中一种不利的发展趋势所形成的挑战，如果不采取果断的市场营销行动，这种不利趋势将伤害到企业的市场地位。

市场营销机会是指对企业市场营销管理富有吸引力的领域。在该领域内，企业将拥有竞争优势。这些机会可以按其吸引力以及每一个机会可能获得成功的概率来加以分类。任何企业都面临着若干环境威胁和市场机会。

企业最高管理层可以用"环境威胁矩阵图"和"市场机会矩阵图"来加以分析、评价。可能会出现四种不同的结果：

①理想业务，即高机会和低威胁的业务。

②冒险业务，即高机会和高威胁的业务。

③成熟业务，即低机会和低威胁的业务。

④困难业务，即低机会和高威胁的业务。

企业对所面临的主要威胁有三种可能选择的对策：

①反抗，即试图限制或扭转不利因素的发展。

②减轻，即通过调整市场营销组合等来改善环境适应，以减轻环境威胁的严重性。

③转移，即决定转移到其他赢利更多的行业或市场。

3.4.2　"SWOT"分析法

环境分析的方法常采用"SWOT分析法"。

"SWOT分析法"是将对企业内部和外部条件各方面内容进行综合和概括，进而分析组织的优势与劣势、面临的机会和威胁的一种方法。具体内容表示如下：

"S"——Strength（优势）

"W" ——Weakness（劣势）

"O" ——Opportunity（机会）

"T" ——Threats（威胁）

其中，优势（S）与劣势（W）主要分析企业自身的实力及其与竞争对手的比较，而机会（O）和威胁（T）则将注意力放在外部环境的变化及对企业可能受到的影响上。

【案例】

山东农村信用社网上银行营销策略及其市场环境分析

山东农村信用社的网上银行业务在 2011 年 5 月 24 日正式推出。网上银行业务的推出，标志着山东农村信用社通过信息科技创新进一步提高了金融服务水平，使其在金融市场的竞争中更加具有优势。如何将此项业务成功地向客户营销，并使客户从中受益，从而实现互利共赢是我们认真思考和研究的课题。

1. 网上银行的营销推广策略

（1）网上银行的广告营销策略。农村信用社的网上银行业务的推广，采用了多种形式的广告营销方式，为信息的有效传递发挥了重大作用。不仅通过 DM 单、POP 立式广告、设立路牌广告等广告营销策略，近距离地将广告信息传递给消费者；同时也可通过山东省农信网站、LED 电子显示屏以及短信平台等科技媒介方式，向客户介绍最新产品，让消费者对网上银行业务有了全方位的了解，从而刺激消费者的购买需求。

（2）网上银行的其他营销策略。网上银行的推广，除了广告营销策略之外，还少不了内部员工的积极营销与推广。外勤人员积极向客户介绍网上银行的相关信息，积极促成网上银行业务的成功办理。此外，柜面日常营销也是网上银行营销策略的重要组成部分。

2. 农村信用社网上银行市场的 SWOT 矩阵分析

随着社会经济的发展，金融行业更是展开激烈的竞争。农信社正确分析了所处的环境，不断地发展创新，开发了网上银行业务，以此提高自身在金融市场上的竞争力。下面通过 SWOT 矩阵分析网上银行业务推广面临的机会与威胁，从而扬长避短，利用自身的强项成功推广网上银行业务。农村信用社网上银行市场 SWOT 分析如下：

（1）优势（Strengths）。山东农村信用社是全省营业网点和从业人员最多、服务范围最广、资金规模最大的综合性、多功能地方金融机构；在服务范围内有相当数量的客户群体；网上银行的推出以制定低于其他金融机构手续费为优惠方案，以低价格制胜；网上银行业务的开展以良好的科技服务平台为支撑。

（2）劣势（Weaknesses）。网上银行处于产品开发初期，开始推广阶段，相关服务项目仍需要改进和完善；农村信用社以服务"三农"为宗旨，很多客户群体都是中小企业和农村、农民，其安全意识较强，对网络存在一些不信任感，可能会影响到网上银行的开展。

（3）机会（Opportunities）。农村信用社通过网上银行的技术开发，为拓展市场、增加客户群体带来机会；有利的政治、金融环境；"新生代农民工"成为农民大军的主力，其文化知识水平较高、接受新事物的能力较强，愿意尝试新产品带来的便捷；农村信用社网上银行市场的机会，还来源于农村信用社快速、便捷的服务理念和对现有发展战略及发展目标的坚持。

（4）威胁（Threats）。激励的金融市场竞争；其他商业银行完善的网上银行服务，是来自外部环境的最大威胁；网络的不安全性，是众多客户不愿选择网上银行业务的原因之一。

企业发展的环境是不断地发展变化的，环境的变化给企业带来机会和威胁，也是企业创新的动力源泉，正确的营销策略具有影响环境变化的能动作用。在网上银行的推广过程中，充分利用农村信用社的强项，以信息科技创新为支撑，用自身的竞争优势在网上银行市场上占有大量的客户源，在金融市场的激烈竞争中立于不败之地。

（资料来源：临沂资讯网）

3.4.3 "PEST"分析法

"PEST"为一种企业所处宏观环境分析模型。具体标示内容如下：

"P"——Political（政治）

"E"—— Economic（经济）

"S"——Social（社会）

"T"——Technological（科技）

这些是企业的外部环境，一般不受企业掌握，这些因素也被戏称为"pest（有害物）"。

【拓展案例】

影响中国银行业经营环境重要法规评述

党的十八届四中全会提出，建设中国特色社会主义法治体系，必须坚持立法先行，发挥立法的引领和推动作用。2013年、2014年十二届全国人大常委会通过了与银行业经营管理密切相关的多部法律，相关政策规范也陆续出台。《中国银行业政策评估与观察报告（2015年）》对过往两年中影响中国银行业经营环境的重要政策法规进行了梳理，并选取了13项予以简要评述，其中摘选如下：

使用个人信用商业银行不能再"任性"

——《征信业管理条例》颁布 规范征信行业发展

2012年12月26日国务院第228次常务会议通过《征信业管理条例》（下称《征信条例》），并于2013年3月15日起实施。

该《条例》明确了征信经营的范围及监管机关，加强了征信机构准入和退出管理，强化了对个人信息的保护，严格规范个人征信业务运营规则、禁止和限制征信机构采集个人信息，同时规定个人对本人信息享有查询、异议和投诉的权利。

《征信条例》的施行不仅有利于促进征信业健康发展，也有利于对商业银行保护客户信用信息，防范客户投诉和诉讼法律风险。商业银行应充分利用企业、个人有效征信信息，开展各项业务，还应采取针对性的措施保护企业和个人信息，建立健全客户高效的客户信息异议和投诉机制，防范在征信活动中出现操作风险和法律风险。《征信条例》的施行还将大幅度减少商业银行因信用报告不当或使用不当所引发的诉讼纠纷与投诉。

更有利于保护商业银行商标权

——修订《商标法》保护商标专用权

现行《商标法》于1982年制定，并先后于1993.2001年进行了两次修改。2013年8月30日，十二届全国人大第四次会议表决通过了《关于修改〈中华人民共和国商标法〉的决定》，再次修改了该法，并于2014年5月1日施行。

《商标法》修改的主要内容包括：简化商标申请手续，优化商标注册制度；明确商标审理时限，完善商标异议制度；明确未注册商标使用权，规范驰名商标的认定使用；完善商标使用制度；引入商标侵权惩罚性赔偿制度，细化商标违法行为的行政惩罚措施，强化对商标专用权的保护力度。

《商标法》的修订，为商业银行依法申请、使用、维护商标指明了方向，有利于商业银行完善商标管理制度，规范商标注册和使用行为，或许银行业金融机构相似相近的以"铜钱"为核心的LOGO争议会越来越少。

打破商业银行的资本拜物

——适应经济发展修订《公司法》放宽公司注册资本制度

2013年12月28日，第十二届全国人大常委会第六次会员表决通过了修订的《公司法》，并于2014年3月1日起实施。

修订后的《公司法》取消了注册资本最低限额、注册资本缴纳期限等规定，放宽了公司注册条件，取消了验资程序，简化了公司登记事项。《公司法》的修订，有利于激发市场活力，有利于减轻投资人的负担，对银行业经营管理尤其是授信业务产生了重要的影响：一是商业银行必须加强对新设公司的注册资本核查；二是商业银行加强客户信息资料的收集与积累；三是商业银行传统验资业务将大幅度减少。

《公司法》修订落地有声

——公司登记制度改革 相关配套政策发布

随着《公司法》的修订，2014年2月，国务院发布《关于印发注册资本登记制度改革方案》。一是该《方案》确立了"便捷高效、规范统一、宽进严管"的原则，取消了市场主体有关资本限额、验资程序以及年检等要求，推出简化经营场所登记要求、推行电子营业执照等提高企业准入便捷性的措施；二是改革方案明确了构建和完善市场主体信用信息公示等制度，加强对市场主体的监督管理。

为适应《公司法》的修订和注册资本登记制度改革方案实施，商业银行应改变注册"资本拜物教"等传统观念，修订对客户风险评价和管理制度，并积极探讨在新的公司登记制度条件下如何防范客户授信风险，助推中小企业健康发展。

企业信息公示成为银行防范信用风险的利器

——《企业信息公示暂行条例》发布 建立企业信息公示制度

党的十八大报告指出，倡导诚信的社会主义核心价值观，深入开展道德领域突出问题专项教育和治理，加强政务诚信、商务诚信、社会诚信和司法公信建设。2014 年 8 月，国务院发布《企业信息公示暂行条例》（以下简称条例），针对企业信息公示事项提出较为全面的规范要求，并于 2014 年 10 月 1 日起实施。

《条例》的主要内容包括：一是该《条例》规定企业应当按年通过企业信用信息公示系统向工商行政管理部门报送相关信息，并要求对特定信息进行公示；二是工商行政管理部门及其他政府部门也应当公示其履职过程中产生的相关企业信息。对于信息公示中存在问题的企业，通过建立经营异常名录制度和严重违法企业名单制度进行惩戒。

该《条例》的出台对于加强企业社会监督、转变政府管理方式具有重要意义，商业银行应当充分利用企业信用信息公示系统，丰富贷前调查及贷后管理手段，提高风险防控水平。

债务、资本、投融资新政再为商业银行设限

——强化地方政府债务管理 规范社会资本合作模式

2014 年 9 月，国务院出台《关于加强地方政府性债务管理的意见》（以下简称《意见》），对地方政府性债务管理做出全面安排。《意见》提出了地方政府性债务管理的基本原则，明确规定了不同层级地方政府的举债权限，要求地方政府采取政府债券方式举借债务。同时，该《意见》还强化了对银行等金融机构的约束，要求金融机构不得违法违规向地方政府提供融资，不得要求地方政府违法违规提供担保。

2014 年 9 月，财政部发布《关于推广运用政府和社会资本合作模式有关问题的通知》，明确了政府与社会资本合作（PPP）模式下的"使用人付费"和"政府适度补贴"原则，并对较新 PPP 模式的适用范围、融资管理、项目监管等事项做了规定。为了改善企业境外投资管理，控制境外投融资风险，2014 年 4 月 8 日国家发展改革委发布《境外投资项目核准和备案管理办法》（5 月 8 日实施），2014 年 9 月 6 日商务部发布《境外投资管理办法》（10 月 6 日实施），两个《办法》明确了境内企业境外投资应遵循的基本原则，调整境外投资核准和备案的权限和范围，对企业境外投资应履行的社会责任、环境责任等提出要求。

两个《办法》的实施对商业银行完善涉及境外信贷项目审批、控制境外投资项目融资风险具有积极的意义。

不动产登记商业银行抵押业务的春天

——规范不动产登记制度登记暂行条例发布

2014 年 11 月，国务院发布《不动产登记暂行条例》（下称《条例》），对不动产统一登记制度做出比较全面的规定，并于 2015 年 3 月 1 日正式实施。

该《条例》确立了"严格管理、稳定连续和方便群众"的不动产登记原则，对不动产登记权利范围、登记管理部门和登记程序加以明确，要求建立不动产登记信息共享制度，提高不动产登记信息的透明度，发挥不动产登记信息在社会管理和市场经济活动中的功能。

完善不动产登记法律制度对于保护商业银行合法权益，规范商业银行登记行为具有特殊意义，商业银行应借助不动产统一登记制度，尽快修订授信业务流程和具体操作制度，防范授信业务涉及不动产登记的操作风险和法律风险相关风险。诚然，《不动产登记暂行条例》规定还过于原则，商业银行在期待其配套实施细则出台同时，尚需积极建言国家有关部门充分考虑我国金融市场实际，尽快制定《不动产登记条例实施细则》，遏制在不动产登记过程中损害当事人意思自治等违法行为，让商业银行抵押业务的春天早日到来。

（资料来源：卜祥瑞，《中国银行业》杂志 2015 年第 6 期）

问题：

（1）本文进行分析的是宏观环境还是微观环境？还可以从哪些方面进行进一步分析？

（2）法律法规对金融产品营销有哪些影响？

实训：

金融产品市场环境分析

实训项目： 分组进行不同类别金融产品的市场环境分析。

实训目的： 使学生掌握金融产品市场宏观环境和微观环境分析的基本技巧和方法，同时培养学生的全局意识。

实训要求： 制作一份金融产品市场环境调查报告，要求思路清晰，方法得当，分析合理。

任务四 金融客户分析

【知识目标】

了解金融客户的类型；掌握影响客户购买的主要因素；掌握购买决策的类型以及购买过程的具体步骤。

【能力目标】

能够运用所学知识正确地区别对待影响金融客户购买的各类因素。

【素质目标】

树立全面的分析意识，能确实分析影响各类金融客户购买的主要因素，进行各类金融产品的营销。

【引导案例】

女性信用卡营销方案（自创策划方案）

——打造知性女性信用卡品牌

打造知性女性信用卡，女性与蜕变·新生卡相伴成长蜕变新生卡卡面设计理念可分为标准卡和异形卡两种卡面蜕变标准卡：

一半如蚕茧包裹，磨砂质感；一半光滑闪耀。在靠近光滑处的蚕茧有断裂的蚕丝飘散出来，增加灵动感。卡面简洁，有动感。卡面的含义：破茧新生，一半的磨砂表面代表尚待磨砺的人生，代表被烦恼缠绕的人生，断裂飘逸的蚕丝是破茧而出的希望。

异形卡：

破茧而出的透明质感蝴蝶，卡面较小。针对群体23～29岁的女性群体，有工作，收入2000＋/月，经济不是特别宽裕，但想法多，行动力强，消费欲旺盛。

蜕变·新生宣言：改变，现在开始

Change，Begin now 蜕变卡

一、设计理念：

信用卡越来越被人们接收之后，信用卡的使用必然会从一开始盲目和狂热中清醒过来。一个推销者的推销远不如一个友好朋友的推荐有说服力，蜕变卡的设计理念就是从鼓励人们疯狂消费推销者转变成提倡客户理性消费，合理理财，擅用信用卡，让蜕变卡成为年轻女性的好朋友。

二、特色权益

1. 越蜕变越美丽。根据各城市的合作商户，让蜕变卡具有折扣或双倍积分功能，提供让女性心动的各类美容美发优惠和活动。

2. 越学习越快乐。通过调查发现，六个城市的女性生活报告中，高达76%的女性都有进修，再学习计划；而90%的在职女性都希望利用业余时间充电，蜕变卡鼓励女性从内心开始得到成长，与各城市成熟的再教育机构合作，或提供客户专项女性再教育分期。

3. 生活在别处。与携程网或芒果网合作，开展开心自助游活动。可与如家，七天连锁酒店等开展一系列在旅游中必须消费商户的合作。（设计安全，有趣的蜕变卡专属旅游路线，消费路线，优惠而专享的酒店预定，便宜的机票订购以及积分换里程活动等。）

4. 越运动越自信。提供运动商店折扣，以及运动会馆活动。定制运动特惠套餐，套餐价值满1000元，可申请做分期付款，模式可参照大润发龙卡，降低信用额度调高分期额度。

5. 每年给蜕变卡客户发送个人信用报告一份，让女性客户对自己的信用报告时时掌握，针对年轻女性收入不是特别高，消费欲望又比较旺盛的特点，设计几类符合该年龄段女性理财需求的理财计划书，并为根据客户情况发送个性化的理财计划供客户参考。

6. 专享蜕变·新生网站服务，（专属链接，不造成CCB网站风险），可通过网站查询各地的营销活动，蜕变卡专项活动资讯，以及商户优惠卷，等等。开始网上理财专栏（与杂志理财专栏配合），开放蜕变论坛，让女性可以通过论坛更好了解蜕变·新生卡，达到增加交流的目的。

7. 优质蜕变卡客户，到期换卡，完成华丽新生。蜕变卡客户保持一个良好的用卡记录，卡片到期后自动升级为新生卡用户。

三、营销活动与方法

1. 与大城市最流行的时尚杂志联合推广（时尚杂志的广告受众群体多半由杂志的定位决定，通过寻找合适的时尚杂志合作者，可以将信用卡的客户做一个初略的筛选。），开辟蜕变新生卡理财专栏，倡导客户理性用卡的同时，向客户推出这款新型理念的信用卡。（办卡成功，客户可选择7折订购全年自己喜欢的杂志一本，通过蜕变卡代扣）

2. 办卡成功，可在蜕变卡合作的运动会馆得到超值运动套餐。并享有专有运动分期。

3. 现在大假期分裂为小假期，每个节日都必然有一定的消费高峰，蜕变卡应该在各个节日适时地推出优惠活动满足女性购物需求。（例如，七夕情人，刷蜕变卡购2张电影票，赠三倍或双倍积分。）

4. 开展"蜕变·内外兼修"大型展示活动。女人可以有很多面，有很多才华，喜欢绘画写作的，喜欢舞蹈唱歌的，善于打扮自己的，无论是具有哪一类型才华的女性，只要有值得别人欣赏和得到人们推崇的，可以将其打造成受网络或杂志追捧的蜕变女生。（可根据各分行情况不同，开展形式不同的蜕变榜样展示）让使用蜕变信用卡的女性得以展示的机会，提高蜕变卡的使用率和忠诚度。（该活动主要目的不在于竞赛，在于展示）

5. 与全国性连锁影楼合作，拍摄特惠蜕变系列主题写真，为蜕变卡女性带来直接的蜕变视觉冲击。

四、特色服务

1. 每月寄送关怀邮件（账单），为自行设计的白色信封，除告知每月账单外，同时加入同城活动邀约。（如女性保健知识讲座，女性读书会，化妆护肤知识讲座等，主要是合作商户开展的活动。）

2. 根据客户要求，或是公司对女性客户用卡和收入情况，做一个预警消费线。为女性客户监测每月的用卡情况。（超过预警消费，短信提醒）

3. 理财小贴士，根据客户财力状况推荐适合年轻女性的建设银行理财产品（包括稳健型的基金，股票或国债）

4. 国外消费无论金额大小，均享有短信提醒业务。

5. 蜕变关怀日，特别刊物邮寄（蜕变论坛上半年好文章，女性关怀提示集合，可由合作杂志设计美工。）。并在大城市发送关怀卡，可到合作医院免费体检。

蜕变故事：

蜕变卡，带20岁的你寻找美好人生的答案。

每个女孩必然有一段烦恼忧郁的20岁，20多岁的时候觉得烦恼、疑惑或是觉得麻烦，怎么也找不到答案，缩手缩脚停滞不前，这都是普遍现象。在20多岁，我们尝尽了"怎么就是做不好呢"的滋味，不断地烦恼中的我们，不知道在努力挣扎的我们，其实是在寻找一次变得美好起来的机会。

这就是蜕变，蜕变就是这样一件痛苦，但又值得期待的事情。被烦恼纠缠的我们，为了新生不断的挣扎，其实只是在寻找适合自己的事物，这时的我们需要值得依靠和信赖的伙伴。

蜕变卡就是这样一个可以依靠和值得信赖而又品位出众的伙伴，陪你走过烦恼和忧郁，走向从容和优雅的最佳的伙伴。

五、客户分析

蜕变卡要求更温馨、体贴的服务体验。与满足最大需求就能达到最高满意度的男性顾客相比，蜕变卡开展的活动越多，女性要求越苛刻，任何一个环节上得不到良好的服务体验，感性为主的女性客户的忠诚度都会受到影响。该卡侧重于女性的多重体验，活动过程与设计应尽量贴心细致。

在组合了我行的多项营销活动（原有商户开展的优惠活动，如携程网，七天酒店的特惠活动组合），也有了不少营销活动创新。某些创新营销活动可以开展试点活动，如"蜕变·内外兼修"这样的大型展示活动，而设立蜕变·新生网站，则需要美术设计和技术支持维护。集合信用卡使用和合理理财教育功能为一体的蜕变卡，可以推广我行的其他理财产品，但需要分行与信用卡中心通力合作。创新活动的开展有一定风险和一定难度。

24～30女性是最冲动，最有消费欲望的群体，消费群体庞大。特别而新颖的理财功能信用卡，在感性杂志的宣传和活动宣传，相信能为银行吸引很多优质的白领，粉领女性客户。

［备　注］：高成本路线

1. 明星代言：

蔡依林本身就是蜕变的代表人物，从一个普通女生，通过努力，成为时尚坐标，且工作成绩斐然。

2. 卡面名家设计：

邀请香港或国外设计师设计卡面

3. 广告设计：

参照惠普笔记本，打造最个性化的消费路线

（资料来源：百度文库）

客户是金融机构的金融产品的购买者，金融机构若想开发出市场需要的金融产品就要研究客户的心理和行为，对客户进行分析。开发产品前要知道客户的类型、客户的需求、客户的行为，这些信息都是金融机构开发金融产品的基本依据。金融机构进行产品开发的一切活动都要以满足客户需求为中心，因为只有满足了客户需求的金融产品才是好的金融产品，才是具有赢利能力的金融产品。

4.1　金融机构客户类型

金融市场上的交易主体均是金融机构的客户，他们是个人、家庭、企业、金融机构、政府，还包括一些事业单位和社会团体。这些金融机构的交易主体对金融产品有着不同的需求，根据需求的不同，我们可以从另一个角度对金融机构的客户进行分类。

4.1.1　投资者

投资者是金融市场上的资金盈余者，他们出让资金的使用权，保留资金的拥有权，以取得获取报偿达到资产增值的目的。投资者包括各种存单的持有者，债券的持有者，股票、基金的持有者等。根据不同的投资对象，投资者所承受的风险，得到的回报也各不相同。

4.1.2　筹资者

筹资者是金融市场上的资金短缺者，他们通过金融机构在金融市场上筹集资金，使用投资者的资金，但是不对资金具有拥有权。只有符合条件的资金短缺者才能成为筹资者，例如，向银行借款必须满足一定的信用条件，在证券市场上筹集资金也要通过严格的审核。

4.1.3　套利者

套利者也是以获取回报为目的的出资人，但是与投资者不同的是，套利者以投机为主要目的，投机往往可以获取比投资更高的资金回报率，但是风险也更高。投机者的泛滥会给金融市场带来极大的混乱，阻碍金融市场的健康发展。因此政府和金融市场的监管部门需要通过管理和监督抑制过度投机，维持金融市场的正常秩序。

4.1.4　保值者

这类客户并不以获取资金回报为目的，他们只求自己的资金不贬值即可，因此保值者会持有一些具有保值功能的金融产品，如政府金边债券、国库券、保值储蓄等。

4.1.5　投保者

这类客户就是保险公司的保险受益凭证的持有者。在投保者向保险公司支付了保费并签订了保险合约后，就有权利要求保险公司按照保险凭证事项对其保险标的物履行保险责任。

4.1.6　信用中介者

主要是指在投资者和筹资者之间发挥着信用保证作用的机构，如银行。信用中介者可以弥补投资者的信息不对称性，使其放心进行投资，保证其在投资期满时可以按时收回本金和利息。

4.1.7　佣金获取者

在金融市场中存在一些专门以获取佣金为目的的客户，主要是指发挥证券发行代理、承销、经纪和咨询等作用的金融中介机构，如证券公司、金融咨询公司等。

由上述分类我们可以看出，金融机构的客户需求主要有三类，一类是资金的供给者，目的有投资、投机、保值和保险；一类是资金的需求者，目的是获取资金的使用权；一类是既不提供资金也不使用资金的中间人，他们以获取佣金、手续费、代理费为目的。

另外从金融机构客户的交易量大小也可以将金融机构的客户分成两类：

1. 散户

散户主要是指交易相对分散且交易量小的客户，如一些小企业、小机构等，但主要指的是社会公众。同大宗客户一样，散户可能是资金的供给者也可能是资金的需求者，但从总体看来，散户一般是资金的供给者，是社会中的一般投资者，我们称散户市场为客户市场。散户由于交易次数多而且每次交易量较小，需要金融机构投入更多的人力物力，因此成本相对较高，利润较低。但是由于散户数量众多，因此如果能吸引大部分的散户，其利润也是可观的，因此金融机构也可以开发出适合散户的金融产品以获取利润。

2. 大宗客户

大宗客户主要是指交易相对集中且交易量较大的客户，如政府、各种企业、金融机构等。这些大宗客户可能是资金的供给者也可能是资金的需求者，我们称大宗客户市场为组织市场。金融机构可以从大宗客户对金融产品的购买中获取较高的利润，因此如何吸引大宗客户的"眼球"是金融机构开发金融产品必须考虑的因素。

4.2　影响客户购买的主要因素

客户对金融产品的购买决策在很大程度上受到社会文化、个人经历、心理等因素的影响，它们对客户购买行为的影响程度各不相同，客户的购买决策是多种影响因素共同作用的结果。

4.2.1　文化因素

文化因素对客户的购买行为具有最广泛和最深远的影响，文化因素包括文化、亚文化和社会阶层。

1. 文化

文化是人类社会历史实践过程中所创造的物质财富和精神财富的总和，它既包括人们的信仰、行为准则、价值观、风俗习惯，也包括社会环境和物质环境。文化是影响人类欲望和行为的最基本的决定因素。金融产品开发人员必须深刻认识到客户所处的文化环境，并时刻注意其的变化。例如，在某些国家保险意识弱，那么在这种地区开发保险产品就是不明智之举。还比如，在香港，50～60岁的人很少购买人寿保险，因中国人有一种传统的说法，即在这一年龄买人寿保险是坏运气的前兆，这将极大地妨碍这一年龄段的人寿保险产品的购买。因此50～60岁年龄段的人们对保险产品的消费就产生部分的空白，如何开发新的金融产品填补这块空白是产品开发人员需要深入考虑的问题。

2. 亚文化

每种文化都包含着更小的亚文化。亚文化反映同一社会中各种群体的不同特征，如不同的价值观念、消费习惯、生活习惯和风俗习惯等。亚文化群体共分四种类型：民族群体、宗教群体、种族群体和地理区域群体。例如，在一些普遍认为是比较贫困的地区也会存在部分富有的人，这些人们也会对某些金融产品产生需求，针对这部分人开发出的金融产品就是对亚文化分析的结果。

3. 社会阶层

社会阶层是指在社会范围内依照一定标准划分的社会等级，可见社会阶层即社会等级，不同的阶层对金融产品的需求是不同的，因此产品开发需要对不同阶层进行分析。不同阶层的需求差别更多地存在于各阶层使用金融产品的强度上而不是在阶层内部。一般认为较低的社会阶层的人趋向于借入资金供自身消费，对新型的储蓄方式要求不多；较高社会阶层的人则趋向于以消费以外的其他目的借入资金，如提高家庭的生活质量的贷款等，这些人对信贷的态度比其他人更加积极。对社会阶层的分析可以帮助产品开发人员了解客户不同的价值观、信仰和购买的类型及其形成原因，有助于分析人员进行市场细分和客户行为预测。

4.2.2 社会因素

社会方面的因素包括参照群体、家庭、社会角色和地位。

1. 参照群体

参照群体是指那些直接或间接影响客户看法和行为的群体，他们对客户的看法和行为起诱导和带动的作用。参照群体可以通过直接或间接的途径向客户传递某种有用的信息，客户也往往会效仿参照群体的行为。因此把这些参照群体的因素考虑到产品开发中来，可以带动更多的消费群体。

"参考群体"分为三种类型。

（1）成员资格型参考群体。

（2）接触型参考群体。

（3）向往型的参考群体。

2. 家庭

家庭是社会最基本的组织细胞，也是最典型的消费单位，家庭对购买行为的影响主要取决于家庭规模、家庭的性质，以及家庭的购买决策等几个方面。

家庭的生命周期可划分为八个主要阶段。

（1）单身阶段。

（2）备婚阶段。

（3）新婚阶段。

（4）育婴阶段（满巢1）。

（5）育儿阶段（满巢2）。

（6）未分阶段（满巢3）。

（7）空巢阶段。

（8）鳏寡阶段。

家庭决策分为集中与分散决策、独断决策与协商决策、男主型与女主型。

家庭对客户的购买行为具有重要的影响，因为人们的价值观、兴趣、爱好和生活习惯在很大程度上是在家庭生活中形成的。例如，父母会对小孩子开立哪种账户产生影响，成熟的子女也会给父母对金融产品的选择产生影响。不同类型的家庭具有不同的消费倾向，在子女较小的家庭中，有关教育类的金融产品可能会受到青睐；在收入较高的家庭中，消费信贷具有广阔的市场。有的家庭需要方便、快捷的金融服务；有的家庭则倾向于对可以带来稳定收入的金融产品的购买。

【案例】

中国人寿全家福保险

中国人寿全家福保险全称为中国人寿如E全家福保险计划，是一款意外保险计划。

中国人寿全家福保险基本介绍：

保险金额：意外伤害保险金额最高可达24万元，意外伤害住院医疗保险金额最高可达3.9万元。

保险期间：一年

保费：93~759元

投保范围：

凡出生28日以上、年龄在65周岁以下，身体健康，能正常学习、生活、工作的家庭成员，可作为被保险人。家庭成员中具有完全民事行为能力的被保险人可作为投保人。如被保险人未满18周岁，投保人须为被保险人的父母。

中国人寿全家福保险保障内容：

保障项目	可选保障额度
意外伤害身故/伤残	3万元，6万元，12万元，18万元，24万元，共5种额度
意外伤害住院医疗	0.3万元，0.6万元，0.9万元，1.8万元，3.9万元，共5种额度

注：1. 中国人寿对每一被保险人所负给付身故保险金、伤残保险金的责任以人均意外伤害保险金额为限。人均意外伤害保险金额等于如E全家福保险计划约定的意外伤害保险金额除以参加如E全家福保险计划的被保险人人数。

2. 中国人寿对每一被保险人给付住院医疗保险金的责任以人均意外伤害住院医疗保险金额为限。人均意外伤害住院医疗保险金额等于如E全家福保险计划约定的意外伤害住院医疗保险金额除以参加如E全家福保险计划的被保险人人数。

3. 意外伤害住院医疗保险金的免赔额为100元、给付百分比为80%。

（资料来源：中国人寿保险公司网站）

3. 社会角色和地位

随着一个人的成长，他将在不同的社会群体中扮演不同的社会角色，每一个角色都对应着一种社会地位。一个人对金融产品的购买行为在某种程度上受其担当的角色和社会地位的影响。在转换角色的同时，贯穿整个生命周期的客户行为也会随之改变，因而购买决定也会发生改变。金融机构必须分离出这些特定的市场细分区，针对不同的市场细分区开发不同的金融产品。

4.2.3 个人因素

1. 年龄

不同年龄段的客户对金融产品有着不同的需求，这一点与前述个别因素有些重复。年龄因素对客户对金融产品消费的影响主要有：年龄较小的孩子需要家长为其挑选教育类的金融产品；年轻夫妇一般则选择消费信贷和保险等金融产品；具有稳定收入的年老者更需要金融机构提供的储蓄投资等服务。

2. 职业

职业会影响一个人的收入，进而影响其消费模式。经济状况是客户个人购买能力的决定因素。收入高的人可能会将富余的资金拿出来投资，而且收入高的人一般生活水平也较高，他们可能会为了进一步提高生活质量而积极地参与消费信贷；而收入低的人在满足基本生活需求之后没有多少富余的资金，他们一般将其储蓄起来，为将来储备。另外从事不同职业的人往往思维方式也不相同，对金融产品的理解也存在一定的差异，如从事风险性较高的职业的人会对保险险种的需求更大。

3. 生活方式

具有不同生活方式的客户对金融产品的需求各不相同。喜欢追赶潮流的人可能会大胆尝试对新的金融产品购买；因循守旧生活的人喜欢购买一些具有保值功能的金融产品……，了解不同客户的生活方式，对金融产品开发活动很有意义。

4.2.4 心理因素

客户的购买行为除了受上述因素影响之外，还受心理因素的影响。心理因素包括动机、知觉、学习、信念和态度等方面的内容。要了解客户购买行为的动机，就要研究这些心理过程。

动机是指引起人们某种行为、维持该行为并将该行为导向一定目标的心理过程。动机是人的行为的直接原因，动机能够及时引导人们去探求满足需要的目标，因为未满足的需要会形成动机。因此金融产品开发者只有深入研究客户的不同消费动机，才能设计出满足客户不同层次需要的金融产品。

知觉是个体通过其感官对外在刺激和被感知对象形成整体印象的过程。人们对客观事物的知觉是积极主动的，这种积极主动的知觉会影响客户的行为。因此金融机构在产品开发过程中一定要注意以下几点：开发的新产品要符合本机构一贯的形象，符合长期发展战略；与客户做好沟通，消除客户种种疑虑；通过各种途径减少新的金融产品在客户心中的不确定性和担心，这样可以培养客户对金融机构良好的形象知觉、产品知觉和风险知觉。

信念和态度也会影响客户的购买行为。信念是顾客在思想上对某刺激物的信任程度。例如，同一金融机构发行的3年和5年的债券，某人可能就认为3年期的债券期限适中，利率较高，因此他就会购买3年期的债券。金融机构应关注客户对金融产品形成的信念，将这个因素加入到金融产品当中，这样的金融产品才与客户的购买行为相适应。态度是顾客对某刺激物的倾向性评价和行为。例如，有的人认为对金融产品的投资安全性最重要，因此他就可能会投资于国债之类的金融产品；有的人认为收益性最重要，因此他就可能会投资于风险较高但利润也高的期货类金融产品。

【案例】

2016 浅析消费者心理对营销管理的影响

心理学是研究人们的心理、意识和行为以及个体如何作为一个整体，与其周围的自然环境和社会环境发生关系的一门学科。其研究对象是人，而人正是市场营销活动的主体，也是市场营销学研究的对象之一。由于心理学和市场营销学的研究对象存在相同之处，因此两者的关系十分密切，心理学的应用贯穿了整个市场营销管理的过程。

人们一般都认为，成功的营销取决于产品的质量、性能、价格、企业的知名度和美誉度、广告宣传以及营销人员的营销技巧等，但往往却忽视了一个潜在的最重要的深层因素——消费者心理。而研究消费者的心理经常借助的手段是进行市场调研。首先，市场调研充分利用了心理学的研究方法，在市场调研中，通常所采取的方法，如观察法、实验法、问卷调查、深层交谈和投射法等，都是心理学的研究方法。其次，在对消费者购买行为的分析中，应用了心理学的认知理论和动机理论。通过分析消费者对产品和服务的知觉、注意、态度、兴趣、体验和记忆等认知过程以及消费者购买动机，解释为什么消费者愿意购买这种产品而不愿意选购其他产品。成功的营销一般都是通过市场调研、分析，充分了解消费者的心理需要及其对消费者购买行为的影响，从而了解产品的销售市场，进行产品设计、包装、销售等环节。

消费者的购买行为是在一定的购买动机的作用下产生的，而购买动机又产生于某种尚未得到满足的需要，这种需要包括生理方面的需要，又包括心理方面的需要。随着人们生活水平和需求层次的不断提高，心理方面的需要较之生理方面的需要对购买动机及其购买行为所起的作用更加重要。正如马斯洛需求层次理论的分析，人们在生理的、安全的物质需求满足后，社会的、自我的、自我表现的精神需求的满足就日益重要。

当前，消费者对商品的价值观念变了，他们既关注商品的使用价值与交换价值，更重视购买商品的心理享受与精神满足。如今的消费者在消费商品时更加重视通过消费获得个性的满足、精神的愉悦、舒适及优越感。这些特征说明人们的购买行为发生了很大变化，购买热点发生了转移。消费者购买商品时产生的好奇心理、求新心理、求名心理、求美心理就说明了这一点。

1. 好奇、求新心理

通常人们对新鲜事物往往总是有一种好奇感和新鲜感，容易被新奇事物所吸引，新奇的商品交易可以使消费者产生一种强烈的购买兴趣和欲望，新的东西往往很容易在人的心目中达到"先入为主"的效果，而对已有的事物往往觉得习以为常而不会给予很多的注意。这种"喜新厌旧"的心理，恐怕难以改变，然而正是这种需求心理，成为了推动人类社会进步的重要力量。具有这种心理的消费者崇尚个性化的独特风格，作为经营者来说，就只有去满足消费者这种心理需求而不是去违背它。这就要求经营者必须有一种市场领先的勇气和追求第一的精神，而不是在领先者后面进行模仿，即要求企业经营者要有创新精神，并要立志于"永远争第一"。

2. 求名心理

随着消费者收入的提高，很多高收入者和赶时髦者，在购买商品时追求名牌，信任名牌，甚至忠诚于名牌，而对其他非名牌的同类商品，往往不屑一顾。同时他们对商品的品牌往往非常敏感，名牌形象一旦受损，他们就可能放弃购买此类商品，而转向购买另外的名牌。新一代的消费者有强烈的品牌意识，求名心理一般来说最多表现在人们对轿车、服饰、烟酒等品牌的追求上。消费者一旦形成了对某个品牌的认知，就能从品牌中满足自我形象、社会地位等方面的需要，同时通过移情作用，获得情感上的寄托和心理上的共鸣，对品牌产生情感，从而转化为对品牌的忠诚。这些心理学观点是制定品牌策略及进行品牌资产运营的重要依据。

3. 求美心理

爱美之心人皆有之，这是一种长盛不衰的购买心理，因为人们对美的追求是永恒的。消费者在购买商品时往往会被精美的商品所吸引而不由自主地买了下来，即使是消费者本身并不需要的商品，但由于它的可爱和美观使人们想把它占为己有，相信大多数的人都有这种经历。事实上，现代的消费者，早已按照自己的审美意识去审识商品、挑选商品。那种纯粹以商品的性能来满足消费者需要的时代已经成为过去。随着人们生活水平的进一步提高，这种审美化的消费趋势，必将越来越明显。

心理学的应用贯穿了整个市场营销管理的过程，任何企业的营销活动都离不开对消费者心理的研究与应用。有人将消费者心理形象地喻为暗箱（BLACK Box），谁能通过消费者外在的表象洞察消费者内在的心理秘密，并遵循一定的原则应用于企业的具体营销活动之中，谁就能真正掌握市场的主动，真正做到在满足消费者需求的基础之上实现企业最终的存续与发展，这才是现代企业应有的经营哲学与经营理念。

（资料来源：何善秀，商业时代，知网，2016 年）

4.3　购买决策

金融市场营销者需了解消费者如何真正做出购买决策，即了解谁做出购买决策，购买决策的类型以及购买过程的具体步骤。

4.3.1 参与购买的角色

人们在购买决策过程中可能扮演不同的角色，包括发起者、影响者、决策者、购买者、使用者。

4.3.2 购买行为类型

根据参与者的介入程度和品牌间的差异程度，可将消费者购买行为分为四种
（1）习惯性购买行为。
（2）寻求多样化购买行为。
（3）化解不协调购买行为。
（4）复杂购买行为。

4.3.3 购买决策过程

在复杂购买行为中，消费者的购买决策是一个动态发展的过程，一般可将其分为五个阶段：确认问题、收集信息、评价方案、做出决策、买后行为。
（1）确认问题。指消费者所追求的某种需要的满足。
需要的满足根据其性质的不同可分为几种不同的类型。
①日常问题 。
②紧急问题。
③计划解决的问题。
④逐步解决的问题。
（2）收集信息。就是寻找和分析与满足需要有关的商品和服务的资料。
消费者一般会通过以下几种途径去获取其所需要的信息。
①个人来源。
②商业来源。
③公共来源。
④经验来源。
消费者所收集的信息主要有以下三个方面的内容。
①恰当的评估标准。
②已经存在的各种解决问题的方法。
③各种解决问题的方法所具备的特征。
（3）评价方案。主要对所收集的各种信息进行整理，形成不同的购买方案，然后按照一定的评估标准进行评价和选择。
评价案分为以下几种情况：
①单因素独立评价。
②多因素联合评价。
③词典编辑式评价。

④互补式评价。

（4）做出决策。进行评价和选择后，形成购买意图，最终进入做出购买决策和实施购买阶段。

在形成购买意图和做出决策之间，仍有一些因素会使消费者临时改变其购买决策，主要来自两个方面，一是他人的态度，二是意料之外的变故。

决定进行购买以后，还会在执行购买的问题上进行一些决策，大体包括几方面。

①支付方式决策。

②数量决策。

③实践决策。

④品种决策。

（5）购买后的感觉和行为。消费者的评价行为一般要涉及以下几个问题。

①产品属性，即产品能够满足消费者需要的特性。

②属性权重，即消费者对产品有关属性所赋予的不同的重要性权数。

③品牌信念，即消费者对某种品牌优劣程度的总的看法。

④效用函数，即描述消费者所期望的产品满足感随产品属性的不同而有所变化的函数关系。

⑤评价模型，即消费者对不同品牌进行评价和选择的程序和方法。

4.4 以客户为中心的组织结构

4.4.1 以客户为中心的原因

客户关系管理对企业竞争力有至关重要的影响。

企业以客户为中心的原因主要表现在以下几个方面。

（1）客户关系管理大大缓解了高度波动的市场环境下企业的经营风险。

（2）客户关系管理极大地提高了企业的赢利能力。

（3）客户关系管理是企业的独特优势。

（4）客户关系管理大大增强了企业在新经济环境中的竞争力。

4.4.2 以客户为导向的特点

客户关系导向的企业战略作为一种新的企业战略思维，主要具有以下特点。

（1）客户关系导向的企业战略是建立在无形资源基础上的。

（2）客户关系导向的企业战略强调竞争合作，追求非零和合作博弈的竞争结果。

（3）客户关系导向的企业战略具有更多的柔性，可以随着环境和客户需求的变化而迅速调整适应。

（4）客户关系导向的企业战略偏重于动态分析，更加注重环境方面的动态化，即注重外部环境不连续变化时企业的竞争优势分析。

4.4.3　依据客户导向构建组织结构

随着我国经济体制改革的逐步深入和市场化进程的不断加快，中资银行所面临的外部经营环境发生了根本性的变化。

（1）服务市场由过去的以产品为主转向以客户为主。

（2）服务功能由过去的单一性转向全面性。

（3）这一切均催促中资银行改革的步伐，组织结构市场化再造就是要适应经营环境的变化，在现有的体制框架下，通过经营范式的转换，提高经营管理水平。

4.5　金融企业客户忠诚度的维护

忠诚客户管理是顾客关系管理的核心和关键。

忠诚顾客是指对特定的金融企业或其某位员工、经理、某种产品服务产生较厚的感情，长期地、经常性地来企业办理业务，表现出特有的喜爱与惠顾，而对竞争者企业的营销活动具有免疫能力，并能主动地向其周围的人推荐该企业及其主管、产品服务的老顾客。

4.5.1　管理忠诚顾客的注意点

1. 了解影响顾客忠诚度的因素。

影响顾客忠诚度的因素主要有金融机构的覆盖面与顾客流动性、现有业务。

2. 在顾客与本企业发生业务联系和顾客生命周期的每一个阶段，都抓住开发顾客忠诚度的机会。特别要在创造、开发新顾客的早期就开始培养顾客的忠诚度。

3. 促成顾客偏好。

4. 建立顾客信赖关系。

4.5.2　建立金融企业的忠诚文化，培养忠诚的员工

4.5.3　确定以忠诚为基础的关系战略

管理忠诚顾客不仅要掌握顾客心态与行为，更要注意建立长期、互信的顾客关系，这就需要制定明确的关系战略。

一般情况下，这种关系战略包括如下内容：

（1）确定目标。

（2）识别顾客需要及其忠诚倾向。

（3）建立顾客忠诚的途径。

（4）确定资格标准与细分市场。

（5）保持关系营销能力。

（6）测试效果。

【拓展案例】

银行个人客户消费行为及心理分析

本文主要探讨银行个人客户关系管理中涉及的个人客户消费心理及行为的研究。摘自中国工商银行一级支行长行长管理课程资料。

一、网点负责人为何需要了解个人客户消费心理及行为

对于营业网点而言，个人客户是最主要的服务客户群体，而优质客户、高端客户又是各家银行关注和竞争的焦点。网点负责人作为客户经理团队的管理者，必须要清楚地了解和掌握个人客户的消费心理及行为模式，唯其如此，才能更好地指导、监控和管理客户经理团队，做好对个人客户尤其是个人优质客户的服务和维护。

一般而言，网点负责人需要从两个层面做好对个人客户的分析和了解。一个层面是宏观层面，网点负责人需要了解本网点的客户结构，如普通客户、中端客户、高端客户、私人银行客户的数量和占比各是多少；需要了解本网点客户的产品使用情况，如理财产品、信用卡、电子银行等的渗透率，以及使用多个产品的客户占比情况；需要了解网点所在地段和区域的客户群的职业、收入等特点以及其对金融消费的偏好等，掌握这些指标有助于网点负责人游刃有余地开展网点的经营和市场开拓。

另一个层面是微观层面，网点负责人不仅需要通过客户经理例会、游走管理、个人客户营销系统等方式，动态地掌握各个客户经理服务和维护客户的状况，指导客户经理开展接触营销、实施交叉销售和顾问式销售，还要亲自对网点的重点客户进行跟进，提供更高层次的服务和维护，以提升客户的满意度和忠诚度。但是我们也看到，很多网点负责人在与众多的个人客户打交道的时候，都会发现，不同的个人客户表现出来的差异是很大的，比如有些客户喜欢把资产平均分配到几个网点，和不同的客户经理保持联系；有些客户从来不被银行的邀请和维护打动，和银行保持遥远的距离；有些客户喜欢比较不同银行的服务，在不同的银行间游离摇摆；有些客户一边投诉我们一边忠诚地使用我们的产品和服务；有些客户只喜欢定期；有些客户不断追逐高利润的收益；有些客户很难缠；有些客户总爱缠银行；有些客户对优惠价格非常敏感；有些客户无论我们怎么谈优惠价格和条件也不为所动；有些客户很爽快当场就购买，第二天又悔改了；有些购买前很犹豫的客户，购买后却很坚定；有些客户只用一次就能营销成功；也有些客户无论我们怎么营销但都似乎永远也不可能开卡、买基金、办网银。

面对金融消费行为差异这么大的客户，适用于某类客户的营销方法和方式，也许用在另一类客户身上就会碰一鼻子灰。而且客户有那么多，如何让目标客户选择我们？如何留住和吸引客户？如何持续提升客户满意度和忠诚度？如何不断优化我们的客户结构？所有这些问题，都需要网点负责人必须分析客户的消费行为，了解和把握客户的消费心理。

二、客户消费行为分析

消费者行为是指消费者为获得、使用、处置消费物品所采取的各种行动以及先于且决定这些行动的决策过程，其具有复杂性、多样性和可诱导性等特点。消费者行为成为有系统的理论研究并成为一个独立的学科是近几十年开始的，比较重要的理论有需求层次理论、需求规律、效用理论、恩格尔定律、学习理论、习惯养成理论、认知协调理论、家庭消费理论、传播理论。从20世纪20年代开始，随着各种应用心理学的发展，消费者心理和行为研究进入应用阶段。

一般来说，消费者的购买行为主要有五种形式：复杂的、不协调减少的、寻求多样化的、常规或习惯性的以及冲动性的。总体而言，文化因素、社会因素、个人因素和心理因素都会对消费者的购买行为产生影响。具体来说，对消费行为产生影响的消费者的个人因素包括以下五个方面。

（一）年龄

人的生理、心理状况和社会、家庭角色等，都是人自身年龄的函数。年龄因素对消费行为有重大影响：首先，处于不同年龄层的人的需要不同，除了新陈代谢功能、生理需要会发生变化外，生活目标、精神需要也会发生变化；其次，不同年龄层的人心理状态也有许多差异；再次，不同年龄的人在社会中和家庭中的地位往往不同，因此就会有不同的经济收入与消费决策权。

（二）性别

性别差异随着年龄的增长，家庭生活、社会生活的开展而日益显现出来。男女之间有许多生理和心理上的差异。如女性感情丰富细腻、敏感、想象力丰富、耐力强，但抽象、逻辑思维能力、体力等，大都不如男性。男性会较多地考虑利害关系，注重家庭的长远生活目标。性别差异对消费行为有很大影响，比如男性爱吃、女性爱穿，男性购物时注重功能、质量，女性更注重美观、使用方便。

（三）个性

个性是指个人带有倾向性的、本质的、比较稳定的心理特征和心理倾向。心理特征包括能力、气质和性格。能力是保证消费者成功地完成某种活动的潜能系统，气质是消费者个体心理活动的动力特征，性格是消费者个体在反映客观现实时表现出来的稳定的心理风格和习惯的行为方式。心理倾向是指消费者在进行有选择的活动中，涉及的一系列倾向的特征。它包括需要、兴趣、爱好、价值观、自我意识等。由于需要与行为之间有明显的对应关系，因而作为行为的基础已有讨论。这里主要讨论能力、气质、性格、价值观、自我意识等几个个性内容。

1. 能力

能力是与能顺利地完成某种活动有关的心理特征。能力由认识能力、活动能力、特殊能力等构成。能力是有差异的，能力差异是导致消费行为差异的一个因素。能力的差异对消费行为在反应速度、反应正确性、反应内容等方面有一些影响。

2. 气质

气质是人们典型的、稳定的心理特征。俗称"性情""脾气"，无好坏之分。每一种气质以一种同样方式表现在各种各样心理活动的动力上，而且不以活动的内容、目的和动机为转移。古希腊医生希波克拉特提出四种体液的气质学说。四种体液分别是血液、黏液、黄胆汁、黑胆汁。气质的基本类型——多血质、黏液质、胆汁质、抑郁质。

气质类型及其特征如下表所示：

气质类型	体内占优势的体液	特征
多血质	血液	活泼、好动、外向
黏液质	黏液	安静、稳重、内向
胆汁质	黄胆汁	直率、热情、外向
抑郁质	黑胆汁	孤僻、迟钝、内向

内向型：关注内心世界，喜静、不善于外交，孤僻害羞，不自信、勤于思考，善于内省。

外向型：关注外部世界，好动、爱外交，开朗乐观，独立性、适应能力强，但较轻率、缺乏自我深省的能力。

3. 性格

性格是一项重要的个性心理特征，人与人之间的差异首先表现在性格上。性格与气质之间互相渗透、互相制约。性格可以改造气质，如通过良好教育、培训可以使不同类型的人具备积极的、乐观的、理智的性格特征。

性格受遗传因素影响，但环境才是性格形成的决定性因素，家庭、学校、社会、工作等环境对性格有很大影响，但性格形成后具备稳定性，除非受较大刺激，否则很难改变。

性格对消费行为的影响主要有：

（1）理智型消费者在消费活动中主要受理智支配，会对各有关因素进行细致的分析思考，再做出决定，以期获得最佳消费效果；

（2）外向型消费者喜欢通过面对面的信息沟通和社会交往来帮助自己做出决策，热情较高；

（3）顺从型消费者在消费行为上的特点是缺乏主见，容易不加批判地接受别人的意见，应变能力差。

4. 价值观

价值观是指人对事物的是非、善恶及其重要性的判断、评价以及行为取向。价值评价决定价值取向，通过对价值取向的观察和分析可以辨别和认识价值评价。价值评价和价值取向构成一个人的价值观。

5. 自我的构成和境界

自我，又称自我意识，它是指个体对自身及其自身与外部环境关系的认识、评价、态度等心理倾向。不同的人对自身的认识、评价、态度大致有两种：一是强调自身的主体地位；二是强调环境的制约作用。

自我的四个基本构成状态：

一是生理的自我。这是一种低水平、低层次的自我境界。表现为注重自己的生理属性，强调自己的物质要求，以生理和物质方面的优越与否作为评价自己的依据。

二是社会的自我。这是一种较高水平、较高层次的自我境界。表现为强调人的社会属性，强调社会对人的制约作用。因此，它是以个人是否能与周围环境、与环境中的人和睦相处作为评价自己的依据的。

三是精神的自我。这是一种更高水平、更高层次的自我境界。表现为把精神上的追求放在第一位，受自己的精神方面的信念、理想支配，不太为个人的一时利害得失和外部环境的不利评价所动摇。

四是和谐自我的境界。它兼具前三种自我的特点。它是充分发掘个体生理和物质方面潜质的自我；它是了解和掌握社会对人的要求和期望的自我；它是精神上有寄托、有追求的自我。

（四）家庭文化和生活方式的影响

家庭文化是指家庭成员奉行和遵守的价值观念、生活目标、行为准则和生活方式等，是十分复杂的范畴。对家庭和个人消费行为起重大影响的有以下一些因素：

1. 家庭的基本消费价值观。它是指人们对一些基本消费问题的意义的评价体系。

2. 家庭生活目标。家庭生活目标是指家庭需要努力达到的消费水平，使家庭生活美好起来的各种愿望等等。任何一个家庭都有三种目标，即家庭的社会目标、个人目标和团体目标。

3. 行为准则。在基本消费价值观和生活目标的影响下，每个家庭都有其独特的行为准则，并直接指导着日常的消费活动。

4. 生活方式。生活方式就是在人的活动、兴趣和意见上表现出的生活模式。根据日本人的四种主要社会因素（即"混乱与秩序"和"外向与内向"）区分出四种生活方式。另外，两种个人因素（个人对环境的归属、个人同他人的关系）对生活方式也有重要影响。

（五）家庭社会地位或社会阶层的影响

不同的家庭社会地位对其家庭及其成员的消费行为具有影响。当这种影响具有某种共性时，这就说明存在着社会阶层这一亚文化因素。

社会地位是由家庭各成员特别是家长的家族声望、富裕程度、权力、职业、教育程度等多种因素共同决定的。具有类似社会地位的家庭或成员，当然就同属于某一社会阶层。社会阶层是一个等级结构，可以从高到低排列；属于同一社会阶层中的人的行为，要比两个不同社会阶层中的人的行为更为相近；同一社会阶层的人相处更为容易。

家庭地位或社会阶层应该是由多种因素综合决定的，因此在划分时要同时考虑家庭声望、职业、收入、教育四大因素。这样还可以考虑如下的划分方法：

1. 四高型：如荣氏家族。

2. 三高型：著名教授、著名演艺员、大儒商、高级官员。

3. 二高型：演艺界、运动名星、大学教师、普通企业家。

4. 单高型：个体户。

5. 普通型（上）：一般白领、小学教师。

6. 普通型（中）：技术工人、半技术工人、富裕农民。

7. 普通型（下）：普通农业劳动者。

8. 底层：城乡无业、失业、半失业和缺乏劳动能力的农民。

（六）家庭生命周期

家庭生命周期是指一个家庭从建立开始，到家长死亡或家长年老后与成年子女合居，并入子女家庭为止的整个时期。家庭生命周期可以分为若干生命阶段。由于在每个生命阶段包含的因素有明显不同，这就会使处于不同生命阶段的家庭有不同的需要和行为特征。

在不同生命阶段，家庭中的成员年龄、成员数量、收入水平和财富存量，各自的需要特征和相互关系等，都会影响家庭及其各成员的消费行为，但如何划分却比较困难。一般分为如下几个阶段：第一阶段，单身阶段，其特征为单身成员，年龄在34岁以下；第二阶段，新婚阶段，其特征为年青的夫妇，没有孩子，夫妇年龄在34岁以下；第三阶段，"满巢"阶段1，其特征为年青的夫妇，子女年幼，夫妇年龄仍在34岁以下；第四阶段，"满巢"阶段2，其特征为夫妇年龄大约在34—54岁之间，子女年龄也较大；第五阶段，"空巢"阶段，其特征为夫妇年龄在54岁以上，子女已不在家庭中生活了；第六阶段，丧偶独居阶段，其特征为单身的成员，年龄在54岁以上。

上述因素都是影响客户消费行为的成因，作为营销人员和网点负责人，在面对客户的金融消费行为时，可以经常使用年龄、性别、性格、职业、收入、家庭结构、家庭生命周期等手段进行分析，可以得出一些结论，如该客户的金融消费行为是个人行为还是家庭行为，是依赖性强的行为还是判断力、自主能力强的行为，是自信行为还是他信行为。根据这些判断，我们可以在进行营销、服务和维护的过程中，更好地引导和培育客户，指引客户在我行进行综合金融消费，较全面地掌握客户的资产状况和理财投资风格，为我们的交叉销售、顾问式销售提供良好的客户基础。

三、客户消费心理分析

网点在日常的运营中总会面对心理各异的客户，掌握了客户心理的普遍含义，理解客户行为背后的深层次心理因素，对于网点负责人而言，是非常重要的，这不仅是我们指导和管理客户经理开展客户关系维护的基本原则，也是我们网点负责人本身接待、服务、维护和竞争客户的法则和手段。尤其是2006年以来，我国蓬勃发展的资本市场和高涨的物价指数普遍唤起了客户的理财意识，不少中高端客户群体中基金、国债、理财产品的使用数量和使用率均出现了大幅提升，电脑的普及使用和基金的热销也使网银使用率显著提升。在这样的背景下，面对资本市场和个人财富的变动，客户的反应、行为和心理体验都比以前"存款为王"的年代要丰富得多、激烈得多，也要复杂得多。年复一年，日复一日，发生在我们身边的财富现象无穷无尽，显得扑朔迷离。而我们，总是不断尝试着给这些凌乱的财富事件做出合理的解释，并借此预测未来。一种解释财富现象的新视角——从心理学角度研究经济学的理论就出现了。2002年诺贝尔经济学奖获得者、心理学家卡尼曼（Kahneman）带给人们的"前景理论"新方向，让心理学再度吃香。传统经济学崇尚的是基于精密数学模型的理性主义，而心理学则强调实验，认为人的理性是有限的。我们会发现小到个人购物消费、企业的风险决策，大到国家公共政策的制定、社会上林林总总的财富现象，都与心理学有着千丝万缕的联系。

我们研究客户消费心理，更多是在研究客户的金融消费心理，研究客户的理财投资心理。面对投资收益和风险，每个人的心理感受和承受能力都是不一样的，这就需要我们网点负责人必须要了解：第一，人的理性是有限的——这是心理学对经济学的重要影响，人并非如传统经济学定义的那样是"理性人"，很多时候人们在作决策时，并不是去计算一个物品的真正价值，而是用某种比较容易评价的线索来判断。比如很多客户买基金，原因就是看到很多人都在买基金；很多客户卖基金，仅仅是因为股指下跌和身边的人在减持。第二，损失的痛苦大于获得的快乐。人在面临获得的时候，喜欢躲避风险，而在面临损失时，却又倾向于冒险。输赢取决于参照点——这是卡尼曼与特沃斯基（Tversky）的"前景理论"的重要观点。最后，人们最终追求的是幸福，而不是金钱。我们需要有一个严格的理论来研究如何最大化人们的幸福。这一点对营销人员去影响客户、引导客户和获取客户的信任度比较适用，尤其在面对一些高资产的客户时，讨论的可能不是收益率，而更多是如何获取幸福的方式、途径和观念。

在实际工作中，我们经常会发现，很多客户的依赖性很强，对很多投资产品并不十分了解，也不清楚自己的风险偏好和心理承受能力。面对一片看好的行情，在操作时客户会完全听从营销人员的意见，当收益不断提升时，客户当然很高兴，但当市场出现一定的反转，面对收益减少甚至出现亏损时，客户的表现就各有不同了，有的能理解，有的不能理解，有的当面指责营销人员，有的干脆直接把资金搬家。所以，我们必须了解客户的投资理财心理，了解人性中贪婪和恐惧的存在，这些因素会经常跑出来，影响客户的行为，进而对我们的营销、服务和维护造成很大的困难和障碍。在面对客户"买还是不买，卖还是不卖"的问题时，考验的不仅是营销人员和网点负责人的专业水平，更多的是在考验营销人员和网点负责人对客户金融消费和投资理财心理的掌握和控制的能力。

为了方便我们营销产品和开展客户关系管理，我们以价值观和生活形态为依据，把客户划分为九类群体：传统居家型、价值追求型、积极信奉型、虔诚制造型、弱势挣扎型、领导成就型、小富即安型、另类新潮型和文化传承者型。这九类群体中，每个客户群体在背景、性格特征或消费习惯方面都与其他群体有一定的差异。

（一）客户群体分析

在九类群体中，价值追求型、另类新潮型和积极信奉型是最活跃的消费群体，相对其他群体，他们的忠诚度最低，更加倾向于主动了解业务的信息。同时，价值追求型、另类新潮型对我行的总体满意度最低，价值追求型对我行最不满意的是服务收费高，另类新潮型对服务品种最不满意，其次才是服务收费高。由于这两类群体比较活跃，不满意的程度相对较高。因此，他们是我行最容易流失的客户。

虔诚制造型、领导成就型和小富即安型是最稳定的消费群体，他们的忠诚度最高，对我行的满意程度也最高。除了我行网点数量多这个要素，虔诚制造型对我行服务的各要素满意程度都不高，领导成就型对我行的服务态度和服务效率的满意度较高，小富即安型则非常满意我行的产品品种。弱势挣扎型客户比较稳定，其稳定并非建立在他们对银行的服务满意，而是他们不会主动了解有关的信息。由于领导成就型的收入最高同时也最稳定，因此这种类型的客户是我行的核心客户。

（二）机遇与挑战

根据研究的结果，工商银行未来将面临以下几个重要机遇：

1. 成为投资产品的超级市场

在客户对银行的忠诚度方面，大部分被访者都表示可能会转换银行，数据显示，被访者对银行的网点数量、个人金融产品品种数量、服务态度、服务效率、服务技术的先进性、个人金融产品使用方便性以及服务费用这七个方面的满意度高低与他们未来是否会转换银行存在着正相关关系。

2. 23—39岁客户是银行最主要的客户群

23—39岁客户相对于年龄段更大的客户在未来更加倾向于采用网上银行的方式进行交易也更加愿意接受新的、高增值的产品。因此，随着互联网的普及，我行目前固有的网点优势在这群年轻的客户群中将会减少。尽管工商银行近年大力发展网上银行业务，并取得良好的成绩，但如何采取更加有力的措施留住这群客户，并且吸引更多的2339岁的中青年客户，也是我行未来面临的挑战之一。

3. 打造专业个人理财服务品牌

被访者中，大部分被访者都表示愿意接受银行的付费理财服务方式，其中年轻人相对于老年人来说，接受程度更高。恰好中青年客户又是工商银行的最主要和最有价值的客户群。因此，对于刚刚在国内起步的个人理财服务来说，客户（尤其是年轻客户）较高的接受程度的确成为了工商银行先入为主、打造专业个人理财服务品牌的良好机遇。价值追求型、虔诚制造型和小富即安型三个群体将可以成为工商银行塑造品牌的首选目标市场。

4. 价值追求型和另类新潮型是活跃客户群

价值追求型和另类新潮型两类顾客对工商银行的总体满意度最低，同时，这两类顾客也是非常活跃的消费群体，他们的忠诚度也低于所调查的客户的平均水平，值得注意的是，价值追求型客户中2339岁年龄段的顾客占了81%，该比例明显高于其他群体，而且该群体的收入水平也高于平均值。因此，在留住自身客户的同时，其他银行的价值追求型和另类新潮型两类顾客将是我行吸引的首选目标。

5. 高收入和高学历顾客的需求未完全满足

虽然相对而言，工商银行获得的总体评价和在网点数量方面获得的评价略高于其他银行，但高收入和高学历的群体对工商银行的评价略低于平均水平，这显示工商银行需要针对高收入和高素质客户的需要，设计更加合适的产品和服务。

四、从销售到营销的跨越

分析当前状况，我们目前营销的症结主要表现为以下几点：

1. 任务导向。过于沉迷销售，过于关注规模和数量。

2. 团队建设。柜员、大堂经理是我们的短板，营业经理的作用没有被发挥，团队建设存在不足。

3. 被动接受客户，主动选择客户的力量不够。

要实现从销售到营销的跨越，就要尽力做到：

首先，有效的销售不单是道出姓名和微笑，它应具备信任和诚实，当客户与我们之间是友善及有信任关系时，客户会更谅解，甚至很少将异样转成不满的情绪，这就是"融洽"的关系。

其次，合拍。合拍是达致融洽的最好工具，是进入他人的内心世界，映照他们的身体语言、说话/修辞、感受/心情，使他们与你融洽相处，并表示让他人知道你和他们相似的地方。然而，建立密切关系是需要时间的。怎样可以在短时间内与客户或陌生人达到关系融洽？专家的提议是：利用合拍去建立融洽关系，可以在三方面与他人合拍：第一，身体语言；第二，说话/修辞；第三，感受/心情。设身处地/同理心表示了解别人的感受、心情，也是合拍的重要技巧。设身处地/同理心并不表示赞同客户，只是你明白对方的感受/想法。设身处地/同理心的回应包括两方面：事实的回应和对方心情上的回应；设身处地/同理心于处理客户的异议亦十分有用，若你立刻反对客户的诉求，他们会十分反感而对你的解释充耳不闻。

我们要掌握、管理、控制客户经理的销售行为，就必须了解金融消费者的消费行为，网点负责人必须学会分析客户、掌握客户分析的方法。我们研究消费者行为和心理，并不是要我们成为心理专家，而是应用其中的研究成果和理论，以及大量的实例，帮助我们更好地了解客户，更好地分析客户，最终也是帮助我们更好地接近、影响和赢得客户，甚至也可以帮助我们更好地了解自己，帮助我们做好团队管理，做好员工的培养和管理工作。

（资料来源：陈伟谊，新浪博客，http：//blog. sina. com. cn/chinapgc，2011 - 07 - 21）

问题：

1. 银行客户经理为什么要进行客户分析？

2. 金融客户分析包括哪些内容，对金融营销活动具有哪些影响？

实训：

金融客户分析

实训项目：分组进行不同类型的金融客户分析。

实训目的：使学生掌握影响金融客户决策的基本因素，同时树立学生的"以客户为中心"的管理意识。

实训要求：制作一份金融客户分析报告，要求能明确体现不同类型金融产品客户的特点。

任务五 金融营销 STP 战略

【知识目标】

了解金融营销 STP 战略的概念；掌握金融市场细分；掌握目标市场的选择。

【能力目标】

能够运用所学知识正确的进行金融市场细分。

【素质目标】

建立金融营销 STP 战略意识，能将所学知识运用到金融产品营销中去。

【引导案例】

余额宝 STP 分析

STP 即目标市场营销，是指企业根据一定的标准对整体市场进行细分后，从中选择一个或者多个细分市场作为自身的目标市场，并针对目标市场进行市场定位。

S——Segmentation（市场细分）

T——Targeting（目标市场选择）

P——Positioning（产品定位）

一、市场细分

支付宝将针对余额宝用户推出预期收益率达 7% 的保险理财产品。业内人士透露，该保险理财产品的合作方为珠江人寿，产品类型为万能险，投资年限为一年，保本保底，该产品的总规模为 3 亿元左右。

该类产品的推出表面上将分流余额宝背后的基金规模，但在业内人士看来，余额宝在取得规模优势之后，再通过细分服务，将获取更大的用户黏性。此前，有媒体报道称，支付宝将在元宵节期间推出所谓的"定期宝"产品，并已完成内部测试。上证报记者从支付宝内部人士获悉，支付宝内部并未有所谓的"定期宝"产品，而其元宵节所推出的即为上述收益率为 7% 的保险理财产品。支付宝内部人士称，虽然余额宝给4900 万户的用户带来了不菲的收益，但不同的用户有着不同的财富增值需求。"该产品主要针对那些有着相对长期理财需求、收益较高且稳定的客户而开发。"

支付宝在推出余额宝产品之后，截至本月 15 日，其规模已超过 2500 亿元，用户数超过 4900 万户，这也使得天弘基金增利宝货币基金在短短几个月内之内，一跃成为中国最大的货币基金。该人士称，余额宝存在三重功能：由于对接货币基金，能在一定时期给客户带来不错的收益；具备消费支付的功能；财富增值的作用。"此次开发的产品主要是为了实现其财富增值的功能，通过余额宝购买其他理财产品，实现收益的无缝对接。"业内人士称，目前市场上很多类余额宝产品都具备了余额宝产品前两个功能，比如 T+0、不错的收益和消费功能。"但许多类余额宝并不提供财富增值这块的功能，"该人士表示，因为这意味着资金从余额宝里投向了另外一种类型的理财产品，这会为与基金公司的合作带来一定的困扰。

二、目标市场选择

余额宝的目标消费群体以年轻、时尚、对网络熟悉的消费一族为主，是相对成熟有一定资源和物质积累的消费群体。消费者大多是一些文化水平层次较高且经济条件较好的消费者，而且经济相对宽裕，且有受过良好教育熟悉网络的知识分子。另外还有各个大学的在校生。由于经常接触淘宝，对支付宝平台熟悉，其中剩余资金可用于投资。

余额宝潜在消费群

随着互联网金融产品概念不断深入人心，将有更多年龄更大的消费者对余额宝产生兴趣。他们在网络操作熟悉以后，会转为余额宝消费者。在目前基金普遍亏损的背景下，对于风险较为厌恶的散户投资者，为规避风险而追求更稳定的收益，将资金从基金等市场撤出转而投资余额宝。为了追求更高收益以及流动性，小额存款持有人会将银行内的部分存款转入余额宝。

三、产品定位

余额宝是支付宝在基于其原有用户基础、平台基础，并分析以往平台中滞留余额而开发的一款网络金融产品。基本定位在通过提供增利性、网络便捷性以及资金流动性，是吸引消费者，特别以流动性区别于传统金融产品。余额宝致力于以支付利息形式，吸收支付宝用户数目惊人的闲散资金，用于其背后基金公司投资来获益。

（资料来源：百度文库）

5.1　金融营销 STP 战略概述

市场细分（Market Segmentation）的概念是美国营销学家温德尔·史密斯（Wended Smith）在 1956 年最早提出的，此后，美国营销学家菲利浦·科特勒进一步发展和完善了温德尔·史密斯的理论并最终形成了成熟的 STP 理论（市场细分（Segmentation）、目标市场选择（Targeting）和市场定位（Positioning））。它是战略营销的核心内容。

金融服务的 STP 战略：具体是指 S——Segmentation（市场细分）、T——Targeting（目标市场选择）、P——Positioning（产品定位）。

STP 理论是指企业在一定的市场细分的基础上，确定自己的目标市场，最后把产品或服务定位在目标市场中的确定位置上。具体而言，市场细分是指根据顾客需求上的差异把某个产品或服务的市场划分为一系列细分市场的过程。目标市场是指企业从细分后的市场中选择出来的决定进入的细分市场，也是对企业最有利的市场组成部分；而市场定位就是在营销过程中把其产品或服务确定在目标市场中的一定位置上，即确定自己产品或服务在目标市场上的竞争地位，也叫"竞争性定位"。

其中需要注意的是目标市场和定位的区别在于能否为自己的产品树立特定的形象，使之与众不同，在消费者的心目中为公司的品牌选择一个占据这重要位置的过程，其过程需要结合自身的实力合理地确定经营目标，顺应国际市场的变化，提供综合化服务。确定产品市场大小、发展潜力及空间，然后再根据目标市场、公司的实际情况来定位。

STP 理论的根本要义在于选择确定目标消费者或客户，或称市场定位理论。根据 STP 理论，市场是一个综合体，是多层次、多元化的消费需求集合体，任何企业都无法满足所有的需求，企业应该根据不同需求、购买力等因素把市场分为由相似需求构成的消费群，即若干子市场。这就是市场细分。企业可以根据自身战略和产品情况从子市场中选取有一定规模和发展前景，并且符合公司的目标和能力的细分市场作为公司的目标市场。随后，企业需要将产品定位在目标消费者所偏好的位置上，并通过一系列营销活动向目标消费者传达这一定位信息，让他们注意到品牌，并感知到这就是他们所需要的。

STP 战略优势在于有助于企业发掘市场机会，开拓市场并且企业能够充分利用现有资源，获得竞争优势，还有利于企业了解各细分市场的特点，制定并调整营销组合策略。具体地说有以下几点：

5.1.1　有利于选择目标市场和制定市场营销策略

市场细分后的子市场比较具体，比较容易了解消费者的需求，企业可以根据自己经营思想、方针及生产技术和营销力量，确定自己的服务对象，即目标市场。针对着较小的目标市场，便于制定特殊的营销策略。同时，在细分的市场上，信息容易了解和反馈，一旦消费者的需求发生变化，企业可迅速改变营销策略，制定相应的对策，以适应市场需求的变化，提高企业的应变能力和竞争力。

5.1.2　有利于发掘市场机会，开拓新市场

通过市场细分，企业可以对每一个细分市场的购买潜力、满足程度、竞争情况等进行分析对比，探索出有利于本企业的市场机会，使企业及时做出投产、移地销售决策或根据本企业的生产技术条件编制新产品开拓计划，进行必要的产品技术储备，掌握产品更新换代的主动权，开拓新市场，以更好适应市场的需要。

5.1.3　有利于集中人力、物力投入目标市场

任何一个企业的资源、人力、物力、资金都是有限的。通过细分市场，选择了适合自己的目标市场，企业可以集中人、财、物及资源，去争取局部市场上的优势，然后再占领自己的目标市场。

5.1.4　有利于企业提高经济效益

前面三个方面的作用都能使企业提高经济效益。除此之外，企业通过市场细分后，可以面对自己的目标市场，生产出适销对路的产品，既能满足市场需要，又可增加企业的收入；产品适销对路可以加速商品流转，加大生产批量，降低企业的生产销售成本，提高生产工人的劳动熟练程度，提高产品质量，全面提高企业的经济效益。

5.2　金融市场细分

市场细分是指营销者通过市场调研，依据消费者的需要和欲望、购买行为和购买习惯等方面的差异，把某一产品的市场整体划分为若干消费者群的市场分类过程。每一个消费者群就是一个细分市场，每一个细分市场都是具有类似需求倾向的消费者构成的群体。

市场细分包括四个条件。

（1）每一个细分市场的特性必须是可确定的和可度量的。

（2）每个子市场都应当可以通过适当的营销策略有效获得。

（3）每个子市场都必须具有产生利润的潜力。

（4）不同的子市场单独对应不同的营销活动。

金融营销市场细分的基础：是指"用于将消费者分类的消费者某个特征或某组特征"。细分的基础广义上可分为两类："特定的消费者"基础和"特定的情况"基础。

市场细分的利益：首先，市场细分有利于企业发现最好的市场机会，提高市场占有率；其次，市场细分还可以使企业用最少的经营费用取得最大的经营效益。

5.2.1　按地理因素细分（Geographical Segmentation）

按地理因素细分，就是按消费者所在的地理位置、地理环境等变数来细分市场。因为处在不同地理环境下的消费者，对于同一类产品往往会有不同的需要与偏好，例如，对农业保险标的物的选购，南方和北方的农作物差别非常大。因此，对消费品市场进行地理细分是非常必要的。

1. 地理位置

可以按照行政区划来进行细分，如在我国，可以划分为东北、华北、西北、西南、华东和华南几个地区；也可以按照地理区域来进行细分，如划分为省、自治区、市、县等，或内地、沿海、城市、农村等。在不同地区，消费者的需求显然存在较大差异。

2. 城镇大小

可划分为大城市、中等城市、小城市和乡镇。处在不同规模城镇的消费者，在消费结构方面存在较大差异。

3. 地形和气候

按地形可划分为平原、丘陵、山区、沙漠地带等；按气候可分为热带、亚热带、温带、寒带等。

5.2.2　按人口因素细分（Demographic Segmentation）

按人品因素细分，就是按性别、年龄、职业、家庭人口、家庭生命周期、民族、宗教、国籍等变数，将市场划分为不同的群体。由于人口变数比其他变数更容易测量，且适用范围比较广，因而人口变数一直是细分消费者市场的重要依据。

按人口因素细分具体内容如下：

1. 性别

按性别可将市场划分为男性市场和女性市场。不少商品在用途上有明显的性别特征。在购买行为、购买动机等方面，男女之间也有很大的差异，如女性比较看重金融产品的外形和相关的积分优惠，男士则是注重金融产品的最大收益，对外观要求不高。

2. 年龄

不同年龄段的消费者，由于生理、性格、爱好、经济状况的不同，对消费品的需求往往存在很大的差异。因此，可按年龄将金融市场划分为许多各具特色的消费者群，如儿童市场、青年市场、中年市场、老年市场等。不同消费群对金融产品的需求不同，例如，儿童市场一般是家长给孩子买相关教育基金或教育保险，青年市场注重个性化服务，中年市场在意的是整体收益，老年市场偏重养老保障等。

3. 家庭人口

据此可分为单身家庭（1人）、单亲家庭（2人）、小家庭（2人~3人）、大家庭（4人~6人，或6人以上）。家庭人口数量不同，在对金融产品的需求等方面都会出现需求差异。

4. 民族

世界上大部分国家都拥有多种民族，我国更是一个多民族的大家庭，除汉族外，还有55个少数民族。这些民族都各有自己的传统习俗、生活方式，从而呈现出各种不同的商品需求，因此在促销时必须了解我国不同民族的相关习俗。如我国西北少数民族饮茶很多、回族不吃猪肉等。

5. 职业

不同职业的消费者，由于知识水平、工作条件和生活方式等不同，其消费需求存在很大的差异，如教师比较注重实际操作性，文艺工作者则比较注重美观等方面的需求。

6. 教育状况

受教育程度不同的消费者，在志趣、生活方式、文化素养、价值观念等方面都会有所不同，因而会影响他们的购买种类、购买行为、购买习惯。

7. 收入

收入的变化将直接影响消费者的需求欲望和支出模式。根据平均收入水平的高低，可将消费者划分为高收入、次高收入、中等收入、次低收入、低收入五个群体。收入高的消费者就比收入低的消费者购买更高价的产品。

【案例】

加拿大皇家银行客户精准细分案例分析

加拿大皇家银行（Royal Bank of Canada，下文简称RBC），总部位于多伦多，全球拥有超过1200万的客户、210万在线客户和58000名雇员，是加拿大目前资产规模最大的银行，同时也是北美洲地区提供多元化财务金融产品服务的金融机构之一。主要业务包括个人和商业的银行服务、资产管理业务、保险业务、企业组织及融资业务，以及投资银行等业务，服务客户和分支机构遍布全球。

精细的客户细分，说来容易做到难，但 RBC 可能就是少数真正做到这一点的银行之一。如果银行选择客户像孩子们在球场上凑伙挑边一样，那么18—35岁年龄段上的客户可能会是最后被选中的人群。因为这些人的收入在这个人生阶段相对较低，个人收支的帐单盈余不够宽裕，并且大部分还有高额学生贷款尚未偿还。总之，这个年轻客户群体实际上不是大多数银行所垂青的那类客户类型。

然而在 RBC，领导层认识到，这些身无分文的年轻人很可能以后会变成富有的、给银行带来利润增长点的客户。于是 RBC 的分析师仔细分析了这些年轻客户的数据资料，为这类未来收入有着快速增长强劲潜力的人群做了进一步的客户细分。他们的数据分析师把目标锁定在医学院或牙科学校在读学生，以及那些实习医师人群身上——他们一旦成为银行的客户，那么未来就会给银行带来巨大利润，这部分人群在 RBC 看来有着巨大的回报潜力。于是2004年银行发起了一个融资产品计划，用来满足处于借贷状况的年轻医学从业者个人及职业发展融资需求。这个计划所采取的方式具体包括：通过助学贷款、为新开业的从业者提供医疗设备贷款，以及为他们的第一个诊所提供发起贷款等。一年之内，RBC 针对这类用户群体所定制业务的市场份额从2%快速上升到了18%，而且，现在这类客户群平均每位客户给银行带来的收入是公司整体平均水平的3.7倍。RBC 金融集团（RBCFinancialGroup）的副总裁兼 CIO 就 MartinLippert 说，银行为这些年轻职业从业者提供资金帮助的良好意愿开始赢得来自客户的回报和嘉奖——这些努力已经转变成客户流失率不断降低。

（资料来源：百度文库）

5.2.3　按心理因素细分（Psychographic Segmentation）

按心理因素细分，就是将消费者按其生活方式、性格、购买动机、态度等变数细分成不同的群体。

1. 生活方式

生活方式是人们对工作、消费、娱乐的特定习惯和模式，不同的生活方式会产生不同的需求偏好，如"传统型""新潮型""节俭型""奢侈型"等。这种细分方法能显示出不同群体对同种商品在心理需求方面的差异性。

2. 性格

消费者的性格对产品的情爱有很大的关系。性格可以用外向与内向、乐观与悲观、自信、顺从、保守、急进、热情、老成等词句来描述。性格外向、容易感情冲动的消费者往往好表现自己，因而他们喜欢购买能表现自己个性的产品；性格内向的消费者则喜欢大众化，往往购买比较平常的产品；富于创造性和冒险心理的消费者，则对新奇、刺激性强的商品特别感兴趣。

3. 购买动机

即按消费者追求的利益来进行细分。消费者对所购产品追求的利益主要有求实、求廉、求新、求美、求名、求安等，这些都可作为细分的变量。因此，企业可对市场按利益变数进行细分，确定目标市场。

5.2.4 按行为因素细分（Behavioral Segmentation）

根据购买者对产品的了解程度、态度、使用情况及反应等将他们划分成不同的群体，叫行为细分。许多人认为，行为变数能更直接地反映消费者的需求差异，因而成为市场细分的最佳起点。按行为变量细分市场主要包括以下几方面：

1. 购买时机

根据消费者提出需要、购买和使用产品的不同时机，将他们划分成不同的群体。

2. 追求利益

消费者购买某种产品总是为了解决某类问题，满足某种需要。然而，产品提供的利益往往并不是单一的，而是多方面的。消费者对这些利益的追求时有侧重，如对办不同档次的信用卡有的追求经济实惠、方便快捷，有的追求提前消费，还有的则偏向于使用显示出社会地位等不一而足。

3. 使用者状况

根据顾客是否使用和使用程度细分市场。通常可分为经常购买者、首次购买者、潜在购买者、非购买者。大公司往往注重将潜在使用者变为实际使用者，较小的公司则注重于保持现有使用者，并设法吸引使用竞争产品的顾客转而使用本公司产品。

4. 使用数量

根据消费者使用某一产品的数量大小细分市场。通常可分为大量使用者、中度使用者和轻度使用者。大量使用者人数可能并不很多，但他们的消费量在全部消费量中占很大的比重。

5. 品牌忠诚程度

企业还可根据消费者对产品的忠诚程度细分市场。有些消费者经常变换品牌，另外一些消费者则在较长时期内专注于某一或少数几个品牌。通过了解消费者品牌忠诚情况和品牌忠诚者与品牌转换者的各种行为与心理特征，不仅可为企业细分市场提供一个基础，同时也有助于企业了解为什么有些消费者忠诚本企业产品，而另外一些消费者则忠诚于竞争企业的产品，从而为企业选择目标市场提供启示。

6. 购买的准备阶段

消费者对各种产品了解程度往往因人而异。有的消费者可能对某一产品确有需要，但并不知道该产品的存在；还有的消费者虽已知道产品的存在，但对产品的价值、稳定性等还存在疑虑；另外一些消费者则可能正在考虑购买。针对处于不同购买阶段的消费群体，企业进行市场细分并采用不同的营销策略。

7. 态度

企业还可根据市场上顾客对产品的热心程度来细分市场。不同消费者对同一产品的态度可能有很大差异，如有的很喜欢持肯定态度，有的持否定态度，还有的则处于既不肯定也不否定的无所谓态度。针对持不同态度的消费群体进行市场细分并在广告、促销等方面应当有所不同。

【案例】

工商银行的客户市场细分和市场定位

（一）从公司客户市场看，"大而优"的市场定位应予以延伸，"抓好抓优、大小并举"乃是工商银行的明智选择

1. "大而优"是工商银行当然的重点目标客户。工商银行一直将"大而优"作为客户市场定位。这类客户不仅拥有相关产品的较大市场份额，而且在价格升降、新产品导入及促销强度方面都占据同行业的主导地位，市场增长率高，资金流量大，效益好，对银行的需求旺，是银行效益增长的主要来源。目前，这些客户主要包括规模大、信誉佳、效益显著的国有和非国有企业集团，电力、邮电、通讯、交通、城建、社保、土管和教育等各大系统，以及部分机关事业单位和部门。这些"大而优"的客户既是工商银行的重点目标客户，市场同样也是其他各家商业银行争夺的焦点，工商银行应该努力创建一流服务水平，成为这些客户的首选银行。

2. "小而优"也应该是工商银行重要的竞争客户。

（二）从个人客户市场看，以中等收入阶层为核心，以吸存、中间业务和消费信贷并列发展的金融多元化服务是工商银行看好的个人金融业务市场

青年（20～35岁）客户存款市场。由于该客户群没有经过战争和经济困难时期，他们有朝气，关心社会和环境；他们向往更高的生活质量。但同时他们面临着失业的威胁，缺少足够的物质基础，并容易愤世嫉俗；由于经济收入有限，他们喜欢购买价格低廉的商品，并对诸如快餐、啤酒、电脑等产品有兴趣。就银行产品而言，他们更喜欢"包装"奇特、新颖、额小、期短的短线存款产品。

中年（35～50岁）客户存款市场。该客户群经过经济困难时期和政治运动的"洗礼"，政治和生活已走向成熟和稳定，是社会的主要劳动力；他们有家室，并拥有自己的房子，收入和消费都处于最高峰；面对改革的冲击，他们或以一种稳定的、合理的方式生活、思考，或以一种拼搏的态度去尝试和实现自己更高的人生目标和理想。对银行金融产品的需求表现得更实际、更实惠。该客户群是目前工商银行应瞄准的重点客户群。

老年（50岁以上）客户存款市场。该客户群是一个稳定的、平缓的客户群，他们存款的动机只是为了使晚年过得更好，银行的品牌和可信度是该客户群选择的首要标准，并且该客户群的存款市场受证券、直接融资及利率等因素的影响小，存款稳定性强；随着人口老龄化的逐步推进，这一客户群体将进一步扩大，并将为各家银行所关注。因此，该市场是工商银行不可忽视的一个存款市场。

（资料来源：中国工商银行浙江省台州市分行课题组，金融论坛）

市场细分的有效标志主要有：①可测量性，即各子市场的购买力能够被测量；

②可进入性，即企业有能力进入所选定的子市场；③可赢利性，即企业进行市场细分后所选定的子市场的规模足以使企业有利可图。

市场细分作为一个比较、分类、选择的过程，应该按照一定的程序来进行，通常有这样几步：

1. 正确选择市场范围

企业根据自身的经营条件和经营能力确定进入市场的范围，如进入什么行业，生产什么产品，提供什么服务。

2. 列出市场范围内所有潜在顾客的需求情况

根据细分标准，比较全面地列出潜在顾客的基本需求，作为以后深入研究的基本资料和依据。

3. 分析潜在顾客的不同需求，初步划分市场

企业将所列出的各种需求通过抽样调查进一步搜集有关市场信息与顾客背景资料，然后初步划分出一些差异最大的细分市场，至少从中选出三个分市场。

4. 筛选

根据有效市场细分的条件，对所有细分市场进行分析研究，剔除不合要求、无用的细分市场。

5. 为细分市场定名

为便于操作，可结合各细分市场上顾客的特点，用形象化、直观化的方法为细分市场定如某旅游市场分为商人型、舒适型、好奇型、冒险型、享受型、经常外出型等。

6. 复核

进一步对细分后选择的市场进行调查研究，充分认识各细分市场的特点，本企业所开发的细分市场的规模、潜在需求，还需要对哪些特点进一步分析研究等。

7. 决定细分市场规模，选定目标市场

企业在各子市场中选择与本企业经营优势和特色一致的子市场，作为目标市场。没有这一步，就没有达到细分市场的目的。

经过以上七个步骤，企业便完成了市场细分的工作，就可以根据自身的实际情况确定目标市场并采取相应的目标市场策略。

5.3　目标市场选择

著名的市场营销学者麦卡锡提出了应当把消费者看作一个特定的群体，称为目标市场。通过市场细分，有利于明确目标市场，通过市场营销策略的应用，有利于满足目标市场的需要。即目标市场就是通过市场细分后，企业准备以相应的产品和服务满足其需要的一个或几个子市场。目标市场，就是企业决定要进入的那个市场部分，也就是企业拟投其所好，为之服务的那个顾客群。

确定目标市场涵盖战略时，有三种选择：无差异策略、差异性策略和集中性策略。

5.3.1　无差异策略

无差异策略，又称无差别市场策略、无差异性市场营销，是指金融企业将整个市场视为一个目标市场，用单一的营销策略开拓市场，即用一种产品、一种市场营销组合满足市场上所有客户的需求，其理论基础是成本的经济性。实质是金融企业不进行市场细分，把整个市场视作一个大的、同质单独目标市场。企业向整体市场提供标准化的产品，采取单一的营销组合，并通过强有力的促销吸引尽可能多的购买者，这样不仅可以增强消费者对产品的印象，也会使管理工作变得简单而有效率。

无差异化营销的依据如下。

1. 差异性小

市场细分虽然是寻找整体市场差异化的过程，但企业有可能在整体市场进行细分后，发现各子市场之间的相似性超过了差异化，各子市场的差异较小，此时，在不同的市场才采用不同的措施没有多大的实际意义，反而会造成资源浪费。

2. 同质产品

企业所经营的产品，客观上具有纯粹的市场同质性，市场对产品的要求是一样的或者是非常接近的，所以，只能采取无差异化的营销措施。

3. 成本较低

企业通过评估各细分子市场，发现整合营销比有针对性的营销所需的成本明显较低时就应该进行无差异化营销。

无差异化营销的最大优点在于成本的经济性，就像制造上的"大量生产"与"标准化"一样：单一产品线可减少生产、存货和运输成本；无差异的广告计划能使企业经由大量使用而获得媒体的价格折扣；不必进行市场细分化所需的营销研究与规划，可降低营销研究的成本与管理费用。

但这种策略可能引起激烈的竞争，实行无差异营销的直销商一般针对整体市场，当同行中有许多人如法炮制之后，可能发生大市场内竞争过度，而小市场却乏人问津的情况。

5.3.2　差异性策略

差异性策略，是指金融企业把某种产品总市场分成若干个子市场后，从中选取两个或两个以上的子市场作为自己的目标市场，并分别为每一个目标市场设计一个专门的营销组合。市场细分差异性策略对风险较小，能更充分地利用目标市场的各种经营要素。其缺点表现在成本费用较高。所以，这种策略一般为大中型金融企业所采用。

差异化营销，核心思想是"细分市场，针对目标消费群进行定位，导入品牌，树立形象"。是在市场细分的基础上，针对目标市场的个性化需求，通过品牌定位与传播，赋予品牌独特的价值，树立鲜明的形象，建立品牌的差异化和个性化核心竞争优势。差异化营销的关键是积极寻找市场空白点，选择目标市场，挖掘消费者尚未满足的个性化需求，开发产品的新功能，赋予品牌新的价值。差异化营销的依据，是市场消费需求的多样化特性。不同的消费者具有不同的爱好、不同的个性、不同的价值取向、不同的收入水平和不同的消费理念等，从而决定了他们对产品品牌有不同的需求侧重，这就是为什么需要进行差异化营销的原因。

差异化营销不是某个营销层面、某种营销手段的创新，而是产品、概念、价值、形象、推广手段、促销方法等多方位、系统性的营销创新，并在创新的基础上实现品牌在细分市场上的目标聚焦，取得战略性的领先优势。

企业采用差异化营销策略，可以使顾客的不同需求得到更好的满足，也使每个子市场的销售潜力得到最大限度的挖掘，从而有利于扩大企业的市场占有率。同时也大大降低了经营风险，一个子市场的失败，不会导致整个企业陷入困境。差异化营销策略大大提高了企业的竞争能力，企业树立的几个品牌，可以大大提高消费者对企业产品的信赖感和购买率。多样化的广告、多渠道的分销、多种市场调研费用、管理费用等，都是限制小企业进入的壁垒，所以，对于雄厚财力、强大技术、拥有高质量的产品的企业，差异化营销是良好的选择。

同时，差异化具有自身的局限性，最大的缺点就是营销成本过高，生产一般为小批量，使单位产品的成本相对上升，不具经济性。另外，市场调研、销售分析、促销计划、渠道建立、广告宣传、物流配送等许多方面的成本都无疑会大幅度的增加。这也是为什么很多企业做差异化营销，市场占有率扩大了，销量增加了，利润却降低了的原因所在。

5.3.3 集中性策略

集中性策略，金融企业把某种产品总市场按一定标准细分为若干个子市场后，从中选择一个子市场作为目标市场，针对这一目标市场，只设计一个营销组合，集中人力、物力、财力投入到这一目标市场。

集中性策略就是在细分后的市场上，选择两个或少数几个细分市场作为目标市场，实行专业化生产和销售。在个别少数市场上发挥优势，提高市场占有率。采用这种策略的企业对目标市场有较深的了解，这是大部分中小型企业应当采用的策略。集中性策略能更仔细、更透彻地分析和熟悉目标顾客的要求，能集中精力、集中资源于某个子市场，效果更明显，其所设计出的营销组合更能贴近客户的需求，从而能使金融企业在子市场或某一专业获得垄断地位。这一方法适用于资源不多的中小金融企业。

采用集中性策略，能集中优势力量，有利于产品适销对路，降低成本，提高企业和产品的知名度。但有较大的经营风险，因为它的目标市场范围小，品种单一。如果目标市场的消费者需求和爱好发生变化，企业就可能因应变不及时而陷入困境。同时，当强有力的竞争者打入目标市场时，企业就要受到严重影响。因此，许多中小企业为了分散风险，仍应选择一定数量的细分市场为自己的目标市场。

综上所述，三种目标市场策略各有利弊。选择目标市场时，必须考虑企业面临的各种因素和条件，如企业规模和原料的供应、产品类似性、市场类似性、产品寿命周期、竞争的目标市场等。

选择适合本企业的目标市场策略是一个复杂多变的工作。企业内部条件和外部环境在不断发展变化，经营者要不断通过市场调查和预测，掌握和分析市场变化趋势与竞争对手的条件，扬长避短，发挥优势，把握时机，采取灵活的适应市场态势的策略，去争取较大的利益。

5.4　产品定位

企业为了使自己生产或销售的产品获得稳定的销路，要从各方面为产品培养一定的特色，树立一定的市场形象，以求在顾客心目中形成一种特殊的偏爱。这就是市场定位。企业通过为自己的产品创立鲜明的特色和个性，从而塑造出独特的市场形象。

市场定位的主要方法有：根据属性和利益定位价格和质量定位、用途定位、使用者定位、产品档次定位、竞争局势定位，以及各种方法组合定位等。

企业在重新定位前，尚需考虑两个主要因素：一是企业将自己的品牌定位从一个子市场转移到另一个子市场时的全部费用；二是企业将自己的品牌定在新位置上的收入有多少。

【拓展案例】

基于金融客户细分的银行理财产品高效营销

随着公司信贷业务对银行利润贡献率的下降，特别是公司业务存贷利差不断缩小导致的利润减少，中国商业银行都通过学习外国发达国家大型商业银行的经验，都纷纷从以公司业务为主导的盈利方式转向以"公司业务与个人业务"并重发展的盈利方式，个人业务逐渐成为商业银行实现盈利的重要渠道。银行个人四大业务中的银行卡、消费信贷、个人外汇随着中国加入世贸后都得到不同程度的发展，因为受到国家金融政策的影响，银行个人业务中理财业务是受到限制和约束的，所以银行理财业务是银行个人四大业务中发展较慢的（其他三项业务早在2000年开始便在发展），同时又最能给银行带来可观的新的利润增长点的重要业务。

随着国家对城乡居民经济收入的调整和国家经济的持续发展，我国城乡居民的经济收入不断提高，居民的个人金融消费激增，但人民可选择的投资方式却十分有限，近两三年来中国国内A股市场熊冠全球，黄金市场也不能起到规避通胀的作用，房地产则受到国家政策影响表现平平，因而越来越多的客户通过银行这个新渠道来指导和管理他们的资金，这样便促进了银行理财业务的飞速发展。据不完全统计，2012年，各大商业银行共发行银行理财产品约27800款，超过2011年发行总量的15%。但客户理财需求的井喷与银行理财产品的营销业绩和营销效果并不成正比，银行理财经理往往在井喷一样的客户市场中达不成银行要求下的KPI指标。究其原因，一方面是大部分的金融消费者还没有形成选择银行作为投资渠道的行为习惯，另一方面是商业银行的理财营销模式存在着明显的不足之处。

现有中国商业银行理财产品的营销模式一般有以下四种形式：一是面对银行所有

金融消费客户的广告营销；二是针对银行自有金融客户的数据库短信营销；三是针对银行目标需求对象的主动营销；四是针对明确需求客户的引导营销。这四种营销方法对于理财产品的营销只能起到了"找对人"的目的，但不能保证"做对事"（往往不能有效地将理财产品营销出去并达到客户的满意）。当目标的理财客户都聚集在银行时，不能说服和打动客户接受银行的理财产品，那么此前的工作便是无用功。就像是好不容易通过鱼饵将鱼吸引过来，但最后一条鱼也没上勾，此前的鱼饵和投入的精力便是徒劳。往往许多客户到银行或通过理财经理了解了理财产品后并不感兴趣，更有甚且理财经理到客户处讲解了半天，但最后的结果是不了了之，客户并不接受。因为理财产品的营销失利，一方面会影响客户的感知，让客户以后很难接受银行的其它新产品，另一方面也影响了理财经理的营销积极性，影响银行理财产品的销售业绩。因而在银行理财产品的营销中，"做对事"比"找对人"更为重要，提升理财经理在面对目标对象的营销能力便变得十分的重要。

亚瑟·梅丹1984年对商业银行市场营销定义为：把可盈利的银行服务引导流向经选定的用户的管理活动。这个概念其实也体现了现代营销的核心STP营销－，即细分（semgneting）、目标（Targeting）、定位（positioning）的原理，有效的理财产品营销应是基于目标客户细分的营销模式。"做对事"的关键在于能根据理财客户的价值进行细分再采取差异化的营销以确保理财产品营销的效率。

笔者根据自己多年的国内银行咨询经验和香港银行的从业经验，提出三种基于理财客户细分的银行理财产品营销策略：

策略一：基于理财产品特性的细分营销策略

目前银行理财产品的营销存在以下的问题：一是任何一家银行的理财产品种类繁多，每项理财产品之间的区分度不大。如中国银行山西分行2012年12月发行的18款中银稳富和10款中银债富，除了发行编号，发行的时间有一些区别以外，从本质上没有什么区别（收益是在4%～4.5%之间），而且中银稳富和中银债富（或是中银基智通或中银集富）之间除了银行投资方向区别外，也体验不出区别；这样会让理财客户觉得银行的营销更多是为了银行本身，客户更多的是被动的选择，没有让客户觉得有针对性投资之感。二、银行理财产品无论是卖点与收益与竞争银行的理财产品没有明显的区别，差异化不大。如前所提到的中银稳富和中银债富，产品无论是和其它四大商业银行还是股分制银行的理财产品没有明显的差异，客户在选择中就会产生选择障碍，也影响客户理性决策的可能性。

故而有效的理财产品营销应是基于理财产品特性进行细分，做成银行理财小超市，让不同的理财产品像不同的商品一样放置在超市的不同展架上，然后让客户根据自身的情况进行理性自由选择。商业银行可以根据三个维度来进行细分，分别从理财产品的特点、理财产品价值点和理财产品的目标客户相结合来进行产品细分。维度一：从理财产品的特点来考虑：分别考虑不同理财产品的投资方向、起点金额、期限、利率和风险评级；维度二：理财产品的价值点来考虑：不同的理财产品对于不同客户的优点，相比于竞争对手产品的优点；不同理财产品对于不同客户的利益，相比于竞争对手的利益；不同的理财产品对于不同客户的价值证据，相比于竞争对手的价值证据；维度三：理财产品的目标客户：客户的价值细分可分为：有关系有价值客户，有关系无价值客户、无关系有价值客户，无关系无价值客户，再根据这四路类型客户来进行深度细分，然后针对四种类型客户匹配相应的理财产品。通过三个维度相结合综合的细分来优化不同理财产品所对应的目标客户，从而整体上提升理财产品的价值匹配性。

策略二：基于理财客户投资风格的细分营销策略：

本人曾在香港银行从事过理财经理和理财规划师的工作多年，深感香港的理财营销模式值得中国的商业银行理财经理学习。香港银行的理财经理和理财规划总监在营销理财产品之前一般会进行客户投资风格的细分，然后再根据客户的理财风格来进行顾问式的营销。在香港的外资银行如汇丰、渣打、澳新或花旗，无论你是新客户还是老客户或是竞争对手的客户，当你想购买银行的理财产品时，理财经理一般会让你进行投资理财风格问卷调研，在汇丰还会进行一对一访谈，以全面了解你的基本情况、资金情况、过往投资情况、投资期望、风险承受、未来投资预期、投资假设等因素，以便能明确你所处在的投资类型（有的银行分五类，有的分六类如花旗，一般分为低风险投资型、低到中型、中风险型、中至高风险型、高风险型，汇丰则分类保守投资型、一般投资型、平衡投资型、进取投资型和高风险投资型）。在明确了目标客户的投资风格以后，理财经理还会通过顾问式提问的方式来印证你参与调研所确定的投资风格是否正确，然后再根据客户的需求来进行量身裁衣，提供个性化的解决方案。在这样的针对性营销推动下，往往有明显需求的客户很难拒绝自己选择的理财产品，隐性需求的客户往往被引导到自己想要的理财产品。这种基于理财客户投资风格的顾问式营销方式虽然目前在中国有部分银行已经学习，如中国银行和工商银行等，但目前国内银行一般存在三大问题：一是投资风格的调查表并不科学，不能准确地判定客户的投资风格；二、理财经理往往不是进行顾问式的营销，而是直接的说服式营销；三、往往不能提供针对性的解决方案，而仅是一两个理财产品的组合。

策略三：基于客户理财目标的细分营销策略

目前银行理财产品的有三大特点：一是时间相对于存款短；二是收益相比存款多；三是风险相对较少；但自从2012年开始，银行理财的收益相对变少，对理财客户的吸引度有限，这因为一方面，随着监管层强化银信合作和资产投向监管，理财产品的投向不断向低风险的货币市场工具和短期债券集中；另一方面，股市及楼市的回暖也将分流一部分资金，这些因素都会带动理财产品预期收益率水平不断下行。因而只是简单地向通过短信群发，或是营业网点主动营销和理财经理的电话营销效果并不明显，因为随着理财产品收益的减少，三年的定期收益差不多，当然还可以进行国债和保险型产品投资，而对于资金周转率较大的客户则可选择股票。因而在营销理财产品过程中，为了能让理财产品有效率营销，可根据金融客户的理财目标来进行细分，从而以满足客户的理财目标来促进理财产品的营销。目前理财产品根据客户的收益目标，可以分为三大类：一、银行理财产品：低收益低风险者，能跑赢通胀的目标客户，为理财客户选择银行自己发行的风险低的理财产品；二、保险理财：中收益中风险者，为理财客户选择投连险、万能险和分红险三种类型理财保险，建议推荐分红险；三、信托理财：高收益高风险者，为理财客户选择固定收益类信托产品，如房地产信托、基建信托、工商企业信托、矿产信托、艺术品信托。而到于银行理财产品的低收益低风险者的客户，有可根据目标客户的金融目标进行六类细分：一是活期存款较多者；二是资金周转较多者；三是追求收益略高于存款者；四是新增大量资金处理者；五是有投资经验者但没时间者；六、有组合理财需求的投资者；根据六大的细分客户其金融目标情况进行针对性的营销，从而推动银行理财产品的精准营销，总之，商业银行理财产品的有效营销一定是基于金融客户的细分来进行针对性营销，是否如上述三种方法进行细分并不重要，重要的是不同的商业银行应根据自身银行的特点和银行客户的特点来进行金融客户的细分，为顾问式营销和解决方案式的营销提供最基础的前提保障，从而高效地提升银行理财产品的营销业绩。

（资料来源：梁启明，http：//liangqiming. chinaceot. com）

问题：

（1）银行理财产品应如何运用 STP 战略？

（2）我国商业银行理财产品如何进行有效营销？

实训：

金融营销 STP 战略的运用

实训项目：选择一种金融产品，分组进行该产品金融营销 STP 战略的设计。

实训目的：使学生掌握金融营销 STP 战略的基本方法，使学生能够亲自制作一份策划书，真正地学以致用。

实训要求：制作一份金融产品的 STP 战略策划报告，要求策划需符合该金融产品的特征和行业背景，具有一定的可操作性。

任务六 金融营销策略选择

【知识目标】

了解金融营销策略的概念；掌握金融营销传统策略。

【能力目标】

能够运用所学知识正确地进行各类金融产品不同营销策略的选择。

【素质目标】

建立适合中国特色地金融营销策略意识，能针对各类金融产品进行不同策略的选择。

【引导案例】

城市商业银行营销策略研究

（资料来源：钟声，河北金融学院）

城市商业银行是中国银行业的重要组成和特殊群体，20 世纪 90 年代中期，中央以城市信用社为基础，组建城市商业银行。城市商业银行为所在城市的中小企业及个体经营者提供金融支持，为地方经济搭桥铺路，促进了当地经济的发展。

一、营销策略

1. 市场定位策略

市场定位策略是企业常常采取一种营销策略，使用市场定位策略，能够准确地区分出目标市场，能过减少盲目的市场营销。城市商业银行是我国银行业高速发展的产物。当前我国国有银行已经和大型企业形成了良好的业务关系，建立了广泛的销售网络，在客户综合服务方面具有明显的优势；股份制商业银行逐渐确立了以创新能力和先进的服务理念为核心的竞争优势，而城市商业银行则坚持"服务地方经济、服务中小企业和服务城市居民"的经营特色。随着时代的发展，银行跨区经营逐渐兴起，城市商业银行也紧接着采取跨区经营战略。在这方面城市商业银行虽有很多成功的例子，然而也不乏因为市场定位不足，盲目扩张，导致体系风险急剧增长的城市商业银行案例。因此城市商业银行要坚持"立足本地、服务小微、打牢基础、形成特色、错位竞争"的经营策略，其中北京银行就是成功的典范。

北京经济的显著特点是科技型企业比较发达，而科技型企业多是中小企业，这些中小企业的创业与创新，离不开银行的支持。同时，中小企业也是北京银行业的一块新的竞争"热土"。北京银行将服务中小企业作为立行之本、发展之源，并塑造了优质的金融品牌。经过十余年的管理体制、经营机制、金融产品、业务流程、队伍建设等各方面的不断创新，北京银行在服务中小企业方面塑造形成了鲜明的特色，并在支持科技型企业、文化创意企业、节能减排项目等领域打造了优质的金融品牌。

2. 中间业务策略

中间业务是构成现代商业银行业务的三大支柱之一，也是衡量现代商业银行竞争能力的重要指标之一。通过发展中间业务，为城市商业银行提供了低成本的稳定收入来源。由于城市商业银行在办理中间业务时，通常不运用或不直接运用自己的资金，大大降低了商业银行的经营成本。中间业务收入为非利息收入，不受存款利率和贷款利率变动的影响。随着财富的积累、物质生活和文化生活的日益丰富，不管是企业还是个人，对个人理财、企业理财、咨询、外汇买卖、证券买卖等各个方面均存在较大需求，发展中间业务也是完善了城市商业银行的服务功能。当前金融业竞争激烈，已经突破了原有竞争形式，中间业务的竞争逐渐成为竞争的核心环节，更主要的是中间业务的竞争有利于不断发展创新金融产品，有利于新市场的开拓。国内城市商业银行的经验表明，中间业务是城市商业银行一种见效快、收益高、风险小的重要经营途径，在我国，城市商业银行在中间业务上也取得了一定的成绩。

江苏银行坚持"以个贷业务为主体，以银行卡和个人理财为两翼"的发展策略，强化公私联动，促进零售业务全面发展。至2010年末，全行个人存贷款余额分别为670.6亿元和212.7亿元，当年实现个人中间业务收入1.41亿元。

3. 分销渠道策略

城市商业银行分销渠道建设是金融产品从银行到客户手上，所必须经历的流通途径。分销渠道的通畅和覆盖范围，往往是体现城市商业银行竞争能力和市场占有率的重要表现，因此城市商业银行在分销渠道上的选择与管理，对银行的发展具有很大的意义。从短期看自城市商业银行兴起以来，在原有分支机构基础上不断扩张分支机构，是银行在成立初期分销渠道建设主要选择。但随着分支机构的数量不断增加，在同一地区内出现了机构重叠，密度过高、效率降低等问题。从长远的发展上看，传统分支机构设立成本高，不利于城市商业银行竞争能力提高。因此要改变城市商业银行现有的分销渠道方式，裁并重复网点、大力发展电子化的分销渠道建设、增加网上和自助银行的数量、完善网点布局，从而为客户提供便捷优质金融服务。

截至 2012 年末，宁波银行所属营业机构总数为 173 家，比年初增加 27 家，自助网点共投放 ATM 和 CRS 设备 444 台，其中在行式设备 332 台、离行式设备 112 台。这些分销渠道的建设，为客户提供高效便捷的金融服务，也为提高宁波银行的渠道建设积累经验。

6.1 营销战略概述

营销战略，是指企业以顾客需要为出发点，根据经验获得顾客需求量以及购买力的信息、商业界的期望值，有计划地组织各项经营活动，通过相互协调一致的产品策略、价格策略、渠道策略和促销策略，为顾客提供满意的商品和服务而实现企业目标的过程。

【案例】

深发展的市场营销战略

深发展（现为平安银行）面对四大国有银行以及其他各类银行的激烈竞争，在信用卡业务领域发展出了一套有效的市场营销战略，并有效地进行了细分市场、找准目标市场并准确定位的策略。

在市场营销战略方面，深发展首先推进客层优化策略。逐步实施包括白金卡等产品在内的多层次的产品战略，同时推动信用卡与财富管理业务，与银联系统，与全行升级的"发展借记卡"平台，与商户、员工四个方向的结合：致力提升信用卡业务的服务水平。其次是推进渠道优化策略，实现战略联盟渠道、电话营销渠道、分行渠道、直销渠道等渠道网络的全面构建。三是推进资产组合策略。未来信用卡业务要从提升边际利润的方向强化收益、缩减损失和推动中间业务净收入增长。在中间业务净收入增长方面，要进一步深入开展交叉销售，提高交叉销售产品的覆盖率。四是推进核心竞争力策略，逐步实现信用卡业务风险评估管理水平、客户分析水平、产品营销能力的整体提升。五是推进成本效率驱动策略，在科学控制新卡获取成本、系统平台成本和运营成本的基础上实现信用卡边际利润的增长。

在产品开发上，深发展信用卡将自己的目标市场准确细分并准确定位。主要凸显"三个靓点"。

一是"环保"靓点。众所周知，地球环境问题已成为国际社会共同面对和亟待解决的一项重要课题。2009 年 1 月环保主题信用卡——靓绿信用卡。同时，"深发展靓绿园"在北京、上海、深圳、广州、杭州等城市的建立，持卡人能参与"靓绿园"的以自己或家庭命名的植树活动，从而享受青山绿水间的舒畅体验，更使深发展成为了国内金融同业在环保事业上的行为典范，信用卡产品成为了国内环保信用卡的代言。

二是"时尚"靓点。中国大陆信用卡的诞生不过短短数年，信用卡业务具有"年轻"的特点。我行推出的"靓"系列产品，都彰显了这一特色。通过对靓绿卡"春影""夏韵""秋实""冬晴"四个版本的设计，使环保卡的理念更好地与乾坤运转、四季变迁融为一体。

三是"健康"靓点。在这里高端信用卡的开发得到了体现。以 2009 年 4 月推出的白金至尊卡为例，既为持卡人专门设计了"健康至尊服务"，又给予了持卡人根据自身偏好对三个不同的至尊服务进行自由选择的权力，使客户在感受时尚的同时体会到深发展信用卡对客户健康的关怀。

（资料来源：深圳发展银行网站）

6.1.1　4P′s 营销策略组合

20 世纪 60 年代，是市场营销学的兴旺发达时期，突出标志是市场态势和企业经营观念的变化，即市场态势完成了卖方市场向买方市场的转变，企业经营观念实现了由传统经营观念向新型经营观念的转变。与此相适应，营销手段也多种多样，且十分复杂。1960 年，美国市场营销专家麦卡锡（E. J. Macarthy）教授在人们营销实践的基础上，提出了著名的 4P 营销策略组合理论，即产品（Product）、定价（Price）、渠道（Place）、促销（Promotion）。"4P′s"是营销策略组合通俗经典的简称，奠定了营销策略组合在市场营销理论中的重要地位，它为企业实现营销目标提供了最优手段，即最佳综合性营销活动，也称整体市场营销。

6.1.2　6P′s 营销策略组合

20 世纪 80 年代以来，世界经济走向滞缓发展，市场竞争日益激烈，政治和社会因素对市场营销的影响和制约越来越大。这就是说，一般营销策略组合的 4P 不仅要受到企业本身资源及目标的影响，而且更受企业外部不可控因素的影响和制约。一般市场营销理论只看到外部环境对市场营销活动的影响和制约，而忽视了企业经营活动也可以影响外部环境，另一个方面，克服一般营销观念的局限，大市场营销策略应运而生。1986 年美国著名市场营销学家菲利浦·科特勒教授提出了大市场营销策略，在原 4P 组合的基础上增加两个 P，即权力（Power）和公共关系（Public Relations），简称 6P′S。

科特勒给大市场营销下的定义为：为了成功地进入特定市场，在策略上必须协调地施用经济心理、政治和公共关系等手段，以取得外国或地方有关方面的合作和支持。此处所指特定的市场，主要是指壁垒森严的封闭型或保护型的市场。贸易保护主义的回潮和政府干预的加强，是国际、国内贸易中大市场营销存在的客观基础。要打入这样的特定市场，除了做出较多的让步外，还必须运用大市场营销策略即 6P 组合。大市场营销概念的要点在于当代营销者日益需要借助政治力量和公共关系技巧去排除产品通往目标市场的各种障碍，取得有关方面的支持与合作，实现企业营销目标。

大市场营销理论与常规的营销理论即 "4P's" 相比，有两个明显的特点。

（1）十分注重调合企业与外部各方面的关系，以排除来自人为的（主要是政治方面的）障碍，打通产品的市场通道。这就要求企业在分析满足目标顾客需要的同时，必须研究来自各方面的阻力，制定对策，这在相当程度上依赖于公共关系工作去完成。

（2）打破了传统的关于环境因素之间的分界线。也就是突破了市场营销环境是不可控因素，重新认识市场营销环境及其作用，某些环境因素可以通过企业的各种活动施加影响或运用权力疏通关系来加以改变。

6.1.3 11P's 营销策略组合

1986 年 6 月，美国著名市场营销学家菲利浦·科特勒教授又提出了 11P 营销理念，即在大营销 6P 之外加上探查、分割、优先、定位和人，并将产品、定价、渠道、促销称为 "战术 4P"，将探查、分割、优先、定位称为 "战略 4P"。该理论认为，企业在 "战术 4P" 和 "战略 4P" 的支撑下，运用 "权力" 和 "公共关系" 这 2P，可以排除通往目标市场的各种障碍。

11P 分别是：

（1）产品（Product），质量、功能、款式、品牌、包装。

（2）价格（Price），合适的定价，在产品不同的生命周期内制定相应的价格。

（3）促销（Promotion），尤其是好的广告。

（4）分销（Place），建立合适的销售渠道。

（5）政府权力（Power），依靠两个国家政府之间的谈判，打开别外一个国家市场的大门，依靠政府人脉，打通各方面的关系，在中国所谓的官商即是暗含此理。

（6）公共关系（Public Relations），利用新闻宣传媒体的力量，树立对企业有利的形象报道，消除或减缓对企业不利的形象报道。

（7）探查（Probe），即探索，就是市场调研，通过调研了解市场对某种产品的需求状况如何，有什么更具体的要求。

（8）分割（Partition），即市场细分的过程。按影响消费者需求的因素进行分割。

（9）优先（Proration），即选出我的目标市场。

（10）定位（Position），即为自己生产的产品赋予一定的特色，在消费者心目中形成一定的印象。或者说就是确立产品竞争优势的过程。

（11）员工（People），"只有发现需求，才能满足需求"，这个过程要靠员工实现。因此，企业就想方设法调动员工的积极性。这里的 people 不单单指员工，也指顾客。顾客也是企业营销过程的一部分，比如网上银行，客户参与性就很强。

6.2　传统营销策略

6.2.1　整合营销策略

金融营销观念应是整合营销观念的思想，发挥营销职能的各个部门应统一指挥，在产品、价格、渠道、促销等方面协调行动，以取得综合经济效益。为此，金融企业要树立"大市场"观念，即突破传统的时空界限，树立起全方位、全时点服务。从传统的同质化、大规模营销观念转变为个性化的营销理念。

6.2.2　新产品开发策略

金融新产品开发要找准"利基点"，以满足客户利益为倾向，设法多增加产品功能。具体可采取仿效法、组合法和创新法等不同方法。在这方面也可借鉴国外银行成功经验。为满足客户的新的需求和银行自身发展的需要，应注重产品的组合开发，以及服务的更新。

6.2.3　促销策略

入世以后，面对强大的竞争对手，我国金融企业在促销策略运用上一方面应加大投入，形成规模；另一方面则应把各种好的促销手段，把这一系列促销手段加以有机组合、统一策划、统一组织，以便收到良好的整体效果。促销的主要策略有一是广告促销、二是营销促进，国内外金融业常用的促销工具有有奖销售、赠品、配套优惠、免费服务、关系行销、联合促销等等。三是人员推销。四是公共宣传与公共关系。

【案例】

中行贺新春·好礼滚滚来

——关于 2013 年个金板块"开门红"主题营销宣传活动的通知

为落实省行《关于 2013 年个金板块"开门红"主题营销宣传活动相关事项的通知》，推动 xw 支行个金板块开门红期间业务发展，特制定 xw 支行开门红主题营销方案。

活动主题：中行贺新春·好礼滚滚来

活动时间：2013 年 1 月 1 日至 3 月 31 日

活动范围：xw 支行辖内各网点

活动介绍

好礼一、进门有礼：活动期间到辖内网点办理业务，可获得红包、对联、福字、利是封等新年礼品，数量有限，先到先得！

好礼二、存款有礼：活动期间凡在 xw 支行各网点办理定期存款的客户，可活动精美礼品，规则如下：

新增定期存款	奖励礼品	市场价
2万	多功能钥匙扣	15
	米老鼠喜庆套装	15
5万	食用油（900ml）	18
	青花高层饭盒	25
	电影票	25
	哆啦a梦果汁壶	30
	SNOOPY洗浴套装	35
25万	交叉点餐具三件套	121
	蜜语花言花茶套装	179
50万	无线鼠标+移动电源（5000A）	297
	多功能貂绒毯	354
100万	羊毛被	514
	名物食品大礼盒	569

好礼三、理财有礼：

1. 参与对象：

A：新增定期存款2万元以上的客户；

B：购买理财产品、基金、保险、纸黄金、纸白银、双向宝、券商集合计划等产品达到5万元（含）或购买中银保险卡满600元（含）的客户；

C：自助银行、网上银行、手机银行、电话银行向他人汇款人民币5000元（含）或在柜台汇款达1万元（含）的客户；

D：信用卡当月累计消费达2013元或办理卡分期的客户；

E：购买贵金属累计达2万元的客户。

2. 参与方式：

A类客户：因省行抽奖系统所示礼品并未配送，故不是客户现场录入抽奖系统抽奖，而是现场领取礼品、事后统一录入抽奖系统以便参加省行的三类抽奖。理财经理在赠送新增存款2万元以上的客户相关礼品时，将客户信息录入《开门红主题营销活动礼品领取名单》，客户签字。理财经理每周将此信息录入到省行抽奖系统（省行网站个金板块"开门红专栏"上）。

B、C、D、E类客户短信报名参与或银行大堂报名：

编辑短信内容："我要抽奖+姓名+业务名称+身份证号码"（例如客户张明购买贵金属达2万元可编辑短信"我要抽奖张明贵金属身份证号码"即可参加活动），移动发送至"106573095566"，联通发送至"10655795566"，电信发送至"106596095566"。

或由客户自行到大堂经理处报名，大堂经理在系统内录入客户信息，但并不派发礼品。

3. 礼品内容：

（1）万事如意奖：每周每网点从参与"合家欢乐奖"的客户中抽取1名客户，赠送联嘉云购物卡100元。

（2）福星高照奖：5克蛇年金钱（活动期间全省由抽奖系统抽取，全省500份）

（3）五福同庆奖：IPHONE 5 手机（活动期间全省由抽奖系统抽取，全省50份）。

（资料来源：中国银行网站）

6.2.4　品牌经理营销策略

如何在保持金融企业整体形象、价值观念和企业文化的前提下，或者说在一个总品牌形象下，塑造品牌的各自特色，形成各自品牌的忠实消费群体，为金融企业赢得更为广阔的市场和生存空间，避免出现一个金融企业的品牌族群互相矛盾及冲突的尴尬局面。

我国目前的金融营销现状正反映了金融企业还未对金融营销有深入的了解，没有看到它与其他产品营销之间的不同。因此也就未加重视，这也为今后开展金融营销提出了新的要求，那就是必须深入了解其内涵才能有的放矢地做好金融营销。

通过改善和提高影响品牌的各项要素，通过各种形式的宣传，提高品牌知名度和美誉度的策略。提升品牌，既要求量，同时更要求质。求量，即不断地扩大知名度求质，不断地提高美誉度。

【案例】

"为您而备、全家共享、助您进取"渣打银行"优先理财"

——全方位体贴照顾财富管理需求

2012 年，渣打银行（中国）有限公司乘中国个人金融市场对外资银行开放的契机，延续"优先理财"的环球品牌服务定位"为您而备、全家共享、助您进取"连续推出多项重要的市场营销活动并且同时配合推出多项创新理财产品，在新开放的人民币市场中成功地加深其品牌影响力：

（1）"为您而备"——成功推出多项财富管理产品。

（2）"全家共享"——"怀柔策略"市场营销活动深植人心。

（3）"助您进取"——联手高端品牌和专业金融媒体打造商业契机。

其策略引起市场热烈关注，主要基于如下原因：

（1）目标市场明确。

（2）服务定位清晰全面。

（3）实施整合营销进行推广。

（4）以文艺活动及子女教育为主题推出全国市场营销活动扩大知名度，为国内市场提供国际标准的服务质量和品牌定位。

（资料来源：渣打银行网站）

6.2.5　动态营销策略

动态营销策略就是要根据市场中各种要素的变化，不断地调整营销思路，改进营销措施，使营销活动动态地适应市场变化。动态营销策略的核心是掌握市场中各种因素的变化，而要掌握各种因素的变化就要进行调研。

1. 功效优先策略

国人购买动机中列于首位的是求实动机。任何营销要想取得成功，首要的是要有一个功效好的产品。因此，市场营销第一位的策略是功效优先策略，即要将产品的功效视为影响营销效果的第一因素，优先考虑产品的质量及功效优化。

2. 价格适众策略

价格的定位，也是影响营销成败的重要因素。对于求实、求廉心理很重的中国消费者，价格高低直接影响着他们的购买行为。所谓适众，一是产品的价位要得到产品所定位的消费群体大众的认同；二是产品的价值要与同类型的众多产品的价位相当；三是确定销售价格后，所得利润率要与经营同类产品的众多经营者相当。

3. 刺激源头策略

刺激源头策略就是将消费者视为营销的源头，通过营销活动，不断地刺激消费者购买需求及欲望，实现最大限度地服务消费者的策略。

4. 现身说法策略

现身说法策略就是用真实的人使用某种产品产生良好效果的事实作为案例，通过宣传手段向其他消费者进行传播，达到刺激消费者购买欲望的策略。通常利用现身说法策略的形式有小报、宣销活动、案例电视专题等。

5. 媒体组合策略

媒体组合策略就是将宣传品牌的各类广告媒体按适当的比例合理地组合使用，刺激消费者购买欲望，树立和提升品牌形象。

6. 单一诉求策略

单一诉求策略就是根据产品的功效特征，选准消费群体，准确地提出最能反映产品功效，又能让消费者满意的诉求点。

7. 终端包装策略

终端包装就是根据产品的性能、功效，在直接同消费者进行交易的场所进行各种形式的宣传。终端包装的主要形式：一是在终端张贴介绍产品或品牌的宣传画；二是在终端拉起宣传产品功效的横幅；三是在终端悬挂印有品牌标记的店面牌或门前灯箱、广告牌等；四是对终端营业员进行情感沟通，影响营业员，提高营业员对产品的宣传介绍推荐程度。调查显示，20%的保健品购买者要征求营业员的意见。

【案例】

深圳发展银行"天玑财富"高端理财推广

天玑：智慧之星，财富之星。它是北斗七星中最闪亮的一颗。

天玑财富是深圳发展银行为高端人群度身设计的一项革新理财服务，它体现的是一种"东方智慧 承传创新"的品牌内涵。让高端理财人士在理财中领悟到东方理财文化精髓，享受到"边品雪茄，边理财"，"边赏名画，边理财"的个性化的贴心理财服务。

广告围绕"专于智赢于诚"的传播理念，展开整合营销推广，将"天玑财富"所彰显的洞悉先机，精明睿智的个性形象深深植入到目标人群的心目之中，一举成为深圳发展银行的高端代言产品，成为金融理财界中的佼佼者，在当年金融评比中获得"中国最佳理财产品品牌奖""中国金融营销十佳奖"。

（资料来源：深圳发展银行网站）

6.3　基于大数据的营销策略选择与使用

在数字时代，人们的生活方式和思考方式在发生一系列的变化，这种变化同样也使得人们的消费观念发生较大的转变。它赋予消费者更广阔的视野，同时也在提高着消费者的自主意识。这些影响足够消费者不再完全相信传统营销"轰炸式"的传播和灌输，他们更加倾向于受到质疑的品牌和产品，他们能够在基础上发表自己的观点，影响到其他的人群。在这种时代环境下，如果企业和厂商对他们的观点是漠视的态度，那么他们将会失去大量的关注人群，也使得传统的营销模式传播的影响力大打折扣。

根据调查研究，在我国有着超过一半的企业每天的数据生成量达到1T以上，有着一成企业的数据量每日达到10T以上，随着数字时代的不断成熟完善，这些数据还在大幅度的提高。由此可见，大数字时代已经成为时代的重点，在某些行业，数据就是业务，它已经成为企业与国家的战略资源。

大数据应用开始显现出巨大的商业价值，触角已延伸到零售、金融、教育、医疗、体育、制造、影视、政府等各行各业。随着中国企业数据存储量的快速增长，非结构化数据呈指数级增长，有效地处理和分析结构化数据和非结构化数据中所富含的对企业和政府有价值的信息将带动新的盈利模式、管理模式、创新模式以及思维模式。

在维克托·迈尔·舍恩伯格的《大数据时代》一书中解释，大数据是指不用随机分析法（抽样调查）这样的捷径，而采用所有数据的方法。随着云时代的来临，大数据也吸引了越来越多的关注。大数据是继云计算、物联网之后IT产业又一次颠覆性的技术变革，消费者的网络足迹是互联网基因，网络中的足迹、点击、浏览、留言直接反映消费者的性格、偏好、意愿等，互联网交互大数据就是研究每个用户碎片行为的过程。大数据对于经济发展、企业决策、组织和业务流程，对个人生活方式等都将产生巨大的影响。

6.3.1　数据的意义

数据对于现代的社会环境而言，已经成为一种新的经济资产，如同黄金等货币一样。数据已成为现如今主体的信息载体，它被运用到各个方面，像人工智能等技术，利用数据处理的自然语言和识别模式以及机器学习等技术，能够使得计算机更加容易接受，同时数据也为互联网时代的数字营销打开了新的思路。

"大数据"的大字并不仅仅局限于容量，更重要的是在对海量信息数据处理、整合以及分析之后创造的价值。在 IDC 和麦肯锡在对大数据的研究中指出，大数据至少能够在四个方面能够创造出巨大的商业价值：其一，对顾客用户的群体细分，它能够针对每个群体实现不同的行动；其二，运用大数据模拟实境，实现新的需求获取和提高回报率；其三，提高大数据在各个部门的共享程度，这样能够提高管理链条和产业链条的投入回报率；其四，实现商业模式以及产品和服务的创新。

6.3.2 大数据发现需求和价值

在碎片化的网络世界，营销者需要在表象的分散和碎片背后，找到那些因兴趣或者共同的需求而重新聚集起来的东西，能捕捉到这种注意力，就会找到新的集中。"大数据"是这个趋势实现过程中的利器。

1. 更快更低成本的数据采集

社会科学领域通常是用抽样的方式来研究消费者，即按照随机或者配额的原则来寻找消费者，并使用调查的方式获得数据；但是，大数据时代，则是通过实时监测或者追踪消费者在互联网上产生的海量行为数据，整个过程不仅快，而且成本几乎为零。

2. 更精细的人群细分

传统营销大多以人口统计学特性来概括目标消费者，如消费习惯、心理特征、兴趣爱好这样的深度数据则需仰仗专业市场调查公司，而借助大数据技术，营销者可以无限的接近、近乎准确的判断每一个人的属性，这些属性不单单包括人口自然属性，还包括兴趣喜好、行为轨迹、购物经历等等。一些创新型的互联网广告公司通过灵活组合这些数据，利用共同的属性去组建用户群组，进行目标人群定向，实现精准营销及优化。

3. 更完整全面的消费者描述

社会化浪潮驱动传统互联网平台向社会化方向转型，消费者每天都在论坛、微博、社交网络等社区讨论品牌和产品，这些数据对于营销者来说同样重要，是深度洞察内心需求的关键所在。

如英国葛兰素史克 GSK 公司，通过定位那些谈论过旗下子品牌的人们，并且追踪他们在公开论坛上所谈到的所有其他东西，来建立消费者描述，而这些外部数据会和营销部门已有的数据进行整合，从而设定更为精准的优惠和促销，吸引人们来到对应的子品牌网站。

6.3.3 大数据时代的金融营销

人们认为，今天消费者的注意力不是被减弱而是高度聚焦，媒体虽然是高度分散的，但对于更有价值更有吸引力的信息，其实是可以更聚焦的，毕竟传播的内容才是介质。要做到聚焦，前提是传播的信息要有吸引力，而这就涉及到金融营销中的创意。大数据的技术消除了创意的边界，使新的可能得以诞生，那些传统的作业模式渐渐衰落甚至消失。

1. 实时数据萌发创意

在数据挖掘与分析的基础上直接把数据转变为创意，在戛纳创意节的获奖案例上已经有所体现。当训练有素的技术与数据分析团队嫁接了纯粹的创意才能，数据也变得美好起来。The Museum of Me 是由 Intel 推出的趣味网站，是一个将 19 世纪盛行的博物馆理念转变为如今的私人纪念馆的项目，利用 Facebook 上的记录创建属于自己的虚拟博物馆，将自己丰富多彩的社交网络生活拍摄成为一部超炫的影片传记。

2. 为消费者量身定制创意

将大数据用于数字营销，则出现了动态创意这个技术。在营销传播中，可按不同受众的特性，实时"组装"不同的创意呈现出来。动态创意可支持多种广告形式，包括横幅广告、手机广告以及视频。除按受众的兴趣以及上网地点来发送量身创意外，还可通过不同的定向条件，如人口属性、上网时间、当地天气等，想出不同的创意，做更量身的传播。

3. 广告公司传统作业模式被颠覆

奥美广告亚太区总裁韦棠梦表示说，他们在发布威士忌品牌尊尼获加"语路计划"之后，每隔几天就根据消费者在社交媒体上的热点话题创作出一个新创意，"以前我们可能会用三个月的时间做一个海报，但现在可能必须用两天的时间做出来，之后根据这个项目在社交媒体上的表现，不断做出新的创意，项目的作业团队也会更精简。"

这就是大数据带来的变化，基于实时的数据挖掘技术，广告公司可以根据表现不断更换创意，必要时，甚至可以使用上百个不同创意的广告来量身投放针对单独的受众投放定向广告。新的规则出现，新的可能性得以诞生，传统的生产模式到了必须要做出改变的时候了，既熟悉网络媒体特性，还懂得技术和数据挖掘，并且在此基础上提供内容创意，将是传统广告公司的转型方向。

【案例】

大数据在营销领域的应用方向

大数据作为当下非常火爆的一个词，其价值不言而喻，今天，《互联网周刊》不谈价值，通过聚拢一些实实在在的应用，如电商，传统金融，互联网金融三大领域的案例，进而衍射出大数据内在的应用逻辑。

1. "用户画像"直击零售商需求

在如此激烈而又庞大的市场中，电商们迫切想知道的想必就是用户需求。当这个用户登陆网站的瞬间，就能猜出来这个用户今天为何而来，然后从电商的商品库里面把合适的商品找出来并推荐给他，进而展现出符合客户需求的产品都有哪几款。这种服务是消费者想要的，但是谁能帮助电商们做到呢？

随着互联网和电子商务的快速发展，"用户画像"这个概念悄然而生，它抽象地描述了一个用户的信息全貌，是进行个性化推荐、精准营销、广告投放等应用的基础。

如某电子商务平台通过客户的网络浏览记录（点击、链接等）和购买记录等掌握客户的消费模式，从而分析并分类客户的消费相关特性如收入、家庭特征、购买习惯等，最终掌握客户特征，并基于这些特征判断其可能关注的产品与服务，从消费者进入网站开始，在列表页、单品页、购物车页等四个页面，部署了五种应用不同算法的推荐栏为其推荐感兴趣的商品，从提高商品曝光，促进交叉/向上销售连个角度对网站进行全面的优化，应用后商城提升下定订单转化率增长 66.7%、下定商品转化率增长 18%、推荐栏上线前后动销量增长 46%。将消除个人信息后的数据魔方卖给商家，方便商家调整产品投放策略，提升服务，精准挽留客户，进而提高客户粘性。

还有，在互联网冲击下，大部分传统零售商必须要做改变，大数据下的用户思维便成为符合其需求的一种互联网思维方式和实际体验。那何为大数据体系下的用户思维呢？其实就是以"用户画像"最为核心和基础，通过线上、线下，交易、交互等各种结构化和非结构化的数据，让用户更加完整的展现在企业面前，该用户是谁？他在哪里？怎么联系到她？她需要什么产品？她通过哪些渠道购买？她的购买习惯是怎样的？在完整的用户画像面前，用户需要什么，怎么获取，怎么营销一目了然，大数据时代的来临，让用户画像有了基础，用户画像的完善更让零售商有了连接线上和线下，用互联网方式进行商业运营的可能，传统零售商互联网运营管理的时代算也已悄然来临。

然而，随着大数据应用的发展，隐私保护的问题和概念也在不断地发展，网络用户在互联网的评论、图片、视频、个人信息、兴趣爱好、交易信息、访问的网站等等均被企业记录在案。企业掌握了大量消费者的行为数据，对大数据进行整合和分析，从而可以发现新的商机，创造新的价值。然而这些数据经常包含消费者的真实信息，如在淘宝网上交易时的真实姓名、家庭住址以及银行账号等重要的真实信息，逐渐引起了我们对个人隐私的担忧。正如美国著名的计算机专家迪博德所言，在信息时代，计算机内的每一个数据、每一个字节，都是构成一个隐私的血肉。信息加总和数据整合，对隐私的穿透力不仅仅是"1 + 1 = 2"的，很多时候，是大于 2 的。因此，针对隐私保护方面的问题，电子商务企业应该恪守行业道德，不能将消费者的个人信息进行交易和泄露，我们国家也应该尽快制定并完善与之相应的隐私保护的法律和法规，确实保护公民的隐私权。

2. 客户价值最大化 破冰传统金融业

在大数据时代，越来越多的企业管理者已意识到了业务分析的重要性。业务分析洞察已经成为了企业转型的有利抓手。当然，银行也不例外，从以产品为中心，也就是销售产品和服务转向现在以客户为中心，更像零售业和制造商。对于以客户为中心的企业，最重要的一点是了解到客户到底是谁，以及客户到底有怎样的需求。

当下，银行业都在大力投入资金做着以下三件事：一是建立客户的单一视窗，将以前不同银行部门所了解的客户情况集成在一起；二是按照用户行为对用户进行分类，将之前按照地理区域、年龄、收入分类改为按照用户行为来对用户进行分类；三是为客户提供质量一致的客户体验，不管用户通过银行网点、移动设备还是社交媒体等渠道来使用银行服务，都要为客户提供质量一致的体验。

随着互联网，特别是移动互联网的不断发展，互联网金融也在给传统金融业带来不小的冲击，不过，互联网金融是否会对银行等传统机构构成威胁仍无法得出定论。但是，这并不表示银行业可以忽视这股冲击的浪潮，在这个大数据不断壮大的时代，传统金融业如何利用大数据来不断创新与变革，如何借助大数据降低金融风险，提升客户体验，进而挖掘客户价值最大化是每个企业都应该深入思考的问题。

如某金融全牌照集团公司希望学习美国花旗集团对已有客户价值挖掘最大化的经验，对现有保险客户进行深度分析，通过对已有客户的大数据分析及问卷调查来细分人群、刻画人群需求特征，从而制定针对不同客户群体的集保险、银行、投资、证券、资产管理、信托等一揽子综合金融产品策略，为客户提供一站式财务金融解决方案，以期得到每个客户最大价值。

在选用大数据解决方案后，通过分析已有××及外部调研问卷，将人群细分为统计学上显著区别的人群；根据群体规模、年龄、性别、教育水平、家庭特征、现阶段的收入、消费、理财等行为模式以及他们所处的生命与财富阶段，精准分析群体的需求动因后制定有针对性的产品策略及营销策略。

但是，面对来势汹汹的互联网企业，传统金融业们也在加快步伐，但还是没有互联网企业动作快。目前，互联网金融业正从单纯的支付业务向转账汇款、跨境结算、小额信贷、现金管理、资产管理、供应链金融、基金和保险代销、信用卡还款等传统银行业务领域渗透。除了存款，银行的主要业务几乎已遇到全面挑战。互联网金融正在叫板传统金融，传统金融业又该何去何从？值得思考。

3. 精准营销 加速互联网金融冲刺

在国外，大数据金融领域的应用相对成熟，我们先来回顾一下在美国做得非常典型的大数据金融的三大案例。

人们习惯性地认为，只有银行才能建立信用体系，然而在大数据时代，互联网公司运用大数据控制信贷风险已初露端倪。

在进行数据处理之前，对业务的理解、对数据的理解非常重要，这决定了要选取哪些数据源进行数据挖掘，而且越来越多的互联网在线动态大数据被添加进来。例如一个虚假的借款申请人信息就可以通过分析网络行为痕迹被识别出来，一个真实的互联网用户总会在网络上留下蛛丝马迹。对征信有用的数据的时效性也非常关键，通常被征信行业公认的有效的动态数据通常是从现在开始倒推 24 个月的数据。

通过多渠道获得的数据来源，利用数学运算和统计学的模型进行分析，从而评估出借款者的信用风险，典型的企业是美国的 ZestFinance。这家企业的大部分员工是数据科学家，他们并不特别地依赖于信用担保行业，用大数据分析进行风险控制是 Zest-Finance 的核心技术。他们的原始数据来源非常广泛。他们的数据工厂的核心技术和机密是他们开发的 10 个基于学习机器的分析模型，对每位信贷申请人的超过 1 万条原始信息数据进行分析，并得出超过 7 万个可对其行为做出测量的指标，而这一过程在 5 秒钟内就能全部完成。事实上，在美国，征信公司或者大数据挖掘公司的产品不仅用于提供给相关企业用于降低金融信贷行业的风险，同时也用于帮助做决策判断和市场营销。

还有，利用社交网站的大数据进行网络借贷的典型是美国的 Lending Club。Lending club 于 2007 年 5 月 24 日在 facebook 上开张，通过在上面镶嵌的一款应用搭建借贷双方平台。利用社交网络关系数据和朋友之间的相互信任聚合人气。借款人被分为若干信用等级，但是却不必公布自己的信用历史。

还有一家在美国为网上商家提供金融信贷服务的公司 Kabbage，于 2010 年 4 月上线，主要目标客户是 ebay、Amazon、PayPal 等电商。它的奇特之处在于，其通过获取 ebay 等公司的网店店主的销售、信用记录、顾客流量、评论、商品价格和存货等信息，以及他们在 Facebook 和 Twitter 上与客户的互动信息，借助数据挖掘技术，把这些店主分成不同的风险等级，以此来确定提供贷款金额数量与贷款利率水平，风险过高则拒绝，风险高低与利率成正比，与贷款金额成反比。

显然，若以银行体系来评价这类网上商家大多数都不符合银行的贷款资格，不过在互联网时代，Kabbage 的案例说明了运用大量数据足以支撑这些小微企业信用评价体系。当然，Kabbage 的这种模式也在国内被成功运用，其中，宜信的互联网金融产品就是以互联网为获客主要渠道，除了借贷信用记录，还结合大数据分析技术，捕捉来自大众点评、豆瓣等社交网络上的有用信息，帮助信用审核人员多维度分析借款客户的信用状况。

大数据对于互联网金融的助推作用首要体现在寻找合适的目标用户，实现精准营销。互联网金融领域的新创企业或做贷款，或卖产品，凭借高额收益率，手续费优惠，吸引用户选择自己。然而，在越来越多同类企业吹响混战号角的同时，互联网金融企业也不得不面对来自同行业的竞争。欲在竞争激烈的市场中占有一席之地，互联网金融企业需要更精准地定位产品，并推送给自己的目标人群。谁是潜在的购买者？如何找到他们？并让他们产生兴趣？精准营销的实现程度是互联网金融企业存活与崛起的关键所在，这个领域虽然未达到成熟的发展状态，但确实已经有一些有参考价值的营销案例。

（资料来源：谢然，互联网周刊，2015.2.2）

6.4　自媒体营销策略

自媒体（外文名：We Media）又称"公民媒体"或"个人媒体"，是指私人化、平民化、普泛化、自主化的传播者，以现代化、电子化的手段，向不特定的大多数或者特定的单个人传递规范性及非规范性信息的新媒体的总称。自媒体平台包括：博客、微博、微信、百度官方贴吧、论坛/BBS 等网络社区。

美国新闻学会媒体中心于 2003 年 7 月发布了由谢因波曼与克里斯威理斯两位联合提出的"We Media（自媒体）"研究报告，里面对"We Media"下了一个十分严谨的定义："We Media 是普通大众经由数字科技强化、与全球知识体系相连之后，一种开始理解普通大众如何提供与分享他们自身的事实、新闻的途径。"简言之，即公民用以发布自己亲眼所见、亲耳所闻事件的载体，如博客、微博、微信、论坛/BBS 等网络社区。

在自媒体时代，各种不同的声音来自四面八方，"主流媒体"的声音逐渐变弱，人们不再接受被一个"统一的声音"告知对或错，每一个人都在从独立获得的资讯中，对事物做出判断。自媒体有别于由专业媒体机构主导的信息传播，它是由普通大众主导的信息传播活动，由传统的"点到面"的传播，转化为"点到点"的一种对等的传播概念。同时，它也是指为个体提供信息生产、积累、共享、传播内容兼具私密性和公开性的信息传播方式。

6.4.1　表现渠道

论坛、博客、微博、微信以及新兴的视频网站构成了自媒体现存的主要表达渠道，然而随着个人用户对互联网的深度使用，以阔地网络为代表的个人门户类网站将成为自媒体的新兴载体。理由在于：

其一，除了传统博客的信息发布功能，个人门户的个性化聚合功能还能精准并即时地获取信息，从而构成一条双向的即时信息通道。这种通道的存在有利于培养更加广大的信息受众，从而支持起更加旺盛的信息表达诉求。

其二，个人门户能够将数据挖掘和智能推送结合在一起，从而通过一种用户乐于接受的方式推动自媒体的传播，例如阔地首创的阔地热闻模式，会自动将每天推荐人数最多的并且是用户感兴趣领域的内容自动推动给用户。而传统的博客虽然也有排行榜显示信息的热度，但是无法达到信息推送的智能程度。

其三，个人门户建立的社区生态链加强了用户之间的联系纽带，使得信息的发布者与接受者们沟通更加紧密，联系也更加稳固。我们都知道，每一个成功的自媒体背后必然存在一拨支持群体，博客所能提供的简单留言评论的方式已不足以满足建议一个忠实粉丝圈的需求，传统的做法是再辅以论坛和即时通讯，但是所有这些功能需求都已经被聚合到个人门户这种新兴载体中，因此个人门户理所当然地将成为自媒体的最佳表达途径。

6.4.2　特征

自媒体之所以爆发出如此大的能量和对传统媒体有如此大的威慑力，从根本上说取决于其传播主体的多样化、平民化和普泛化。

1. 多样化

自媒体的传播主体来自各行各业，这相对于传统媒体从业人员单个行业的知晓能力来说，可以说是覆盖面更广。在一定程度上，他们对于新闻事件的综合把握可以更具体、更清楚、更切合实际，位于"尾部"的他们的专业水准并不比位于"头部"的媒体从业人员差，甚至还更有优势。在华南虎事件中，位于"尾部"的动物学、植物学专家以及非政府组织、摄像家以及图片处理专业人士等都在揭发假华南虎的过程中发挥了重要作用。他们或从老虎的体态出发，或从老虎周围的植被出发，利用各自专业知识，做出了详细的技术论证。

2. 平民化

自媒体的传播主体来自社会底层，自媒体的传播者因此被定义为"草根阶层"。这些业余的新闻爱好者相对于传统媒体的从业人员来说体现出更强烈的无功利性，他们的参与带有更少的预设立场和偏见，他们对新闻事件的判断往往更客观、公正。

3. 普泛化

自媒体最重要的作用是：它授话语权给草根阶层，给普通民众，它张扬自我、助力个性成长，铸就个体价值，体现了民意。这种普泛化的特点使"自我声音"的表达愈来愈成为一种趋势。然而伴随着自媒体主体的普泛化程度的日益提高，这条"尾巴"的力量愈来愈积聚成长。

6.4.3 表现形式

自媒体平台包括但不限于个人微博、个人日志、个人主页等，其中最有代表性的托管平台是美国的 Facebook 和 Twitter，中国的 QQ 空间、新浪微博、腾讯微博、微信朋友圈、微信公众平台、人人网、百度贴吧等。

还有众多科技博客（主要指专注互联网和科技的新闻资讯网站），有的脱胎于门户；有的是传统媒体人出来做的；有的脱胎于传统媒体，但是因为团队的局限，所以特色并不明确。[1]

自媒体分广义的自媒体和狭义的自媒体，广义的自媒体可以追溯到上世纪末，当时的个人主页、BBS 个人专辑都可以叫自媒体，然后就是博客、微博等。而狭义的自媒体则是可以微信公众号为标志，再加上之后的百度百家、搜狐、网易、腾讯等自媒体写作平台。

1. 微信微博平台

自媒体正在迅猛生长，一些涵盖各行各业的专业人员正以他们独特的公众账号发声，向所有对他们感兴趣的读者传播那些你无法在公开世界里看到的信息。2012 年 8 月中旬，微信推出了微信公众平台；同年 11 月下旬，平台开放了自定义回复接口，围绕这个自定义接口出现了很多公众账号。

2. 微博自媒体

2014 年 6 月 12 日，微博自媒体计划正式启动，该计划面向具备一定影响力的微博自媒体用户，单月阅读时在 300 万以上的微博自媒体均可进行申请。同时，该计划还将额外召集大量优秀自媒体人，为起提供覆盖 23 个垂直领域的品牌广告等业务机会，除了已经入驻的 1300 多位优秀作者外，还计划在年底实现 3000 位优秀作者的入驻目标。

3. 科技博客

科技博客曾经作为众多博客类型中的一个分支，科技博客大多是由一些资深 IT 从业者凭兴趣撰写。他们有的脱胎于门户，比如创事记、腾讯科技；有的是传统媒体人出来做的、如钛媒体、虎嗅网、川南在线、海纳在线等，所以更偏重评论和商业分析；

有的脱胎于传统媒体，如创业家、21 世纪商业评论、极客公园、泸州的泸透社等，因为团队的局限，特色并不明确。

自媒体在整个市场当中还是相对火热的，但是和火热的自媒体整体市场相比，竞争也很大，仅从科技类来看，整体自媒体的数量就达到四五百位左右，而其他类目的自媒体人亦不在少数，所以要想在这么多自媒体人当中找到自己的一席之地，可以从三个方面来做，内容、运营、定位这三个是做好自媒体的主要关键点。能"面面俱到"的自媒体少之又少，随着自媒体的发展，细化是必然的结果，所以，给自媒体自身的定位是非常关键的，你给自己的定位是什么，内容定位、传播定位、读者定位。内容绝对是自媒体运营者的核心。自媒体将自己的信息、价值、理念传播出去，靠的是内容，而文字、视频、音频等介质均为载体，视频、音频介质上，自媒体在 2014 年已经取得了很大的突破，内容是根本。

以微信公众号为例，微信公众号内容的来源一般有几个方面：第一，通过多方信息的整理、加工（类似于信息搬运工）后，融合自己的观点、想法等，将外部的信息变成自己的内容；第二，通过采访、参会的形式，对外部信息的获取后，整理成自己的内容；第三，广泛的阅读量以及自己通过实际操作经验沉淀下来的内容整理后形成自己风格的内容。

自媒体从宪法上来看是个人言论自由权的延伸，从一诞生就受到了诸多法律的限制。作为一种权利，自媒体当然有很多的界限是不能突破的。个人有千姿百态，代表着个人的自媒体也良莠不齐。优秀的自媒体可以让受众得到生活的启发或者有助于事业的成功，让人们发现生活的意义与价值。相对于西方"自媒体"的迅猛发展，中国的"自媒体"显然处于起步阶段。网民应该学习在这个言论最自由的地方如何作负责任的表述，行使权利的同时不忘义务，使我国自媒体朝着健康的方向发展。

【案例】

自媒体平台推荐

1. 微信公众平台

微信？好像也没啥可说的了，大家都知道。载体是微信手机客户端，海量用户，营销效果超好，它的公众平台是目前最热的。

地址：https：//mp. weixin. qq. com

2. 米聊订阅发布平台

VIP 账号订阅发布平台，目前米聊注册用户 27000 万，VIP 账号采取邀请制。

地址：http：//vip. miliao. com/

3. 搜狐新闻自媒体平台

据说搜狐新闻客户端安装量第一，它弄的自媒体平台也很给力，后台很简洁，发布也很方便。

地址：http：//mp. k. sohu. com/server/openquicklogin. jsp

4. 网易新闻媒体开放平台

你发布的文章会出现在网易新闻手机客户端中，而网易新闻是必装的一款 APP，里面的编辑都很会挑事。

地址：http：//open. m. 163. com/

5. 网易云阅读开放平台

强烈推荐这个平台，云阅读采取的是抓取网站 RSS 源，这样站长省去了更新内容的烦恼，如果你有网站直接 RSS 输出到云阅读了。注册过程还是挺顺利，但没有任何推荐的情况下，流量也很少。

地址：http：//open. yuedu. 163. com/

6. 360 自媒体平台

最近更新有点慢哦，可能是对自媒体不重视的原因，但从 360 来的流量入口很多，文章获得流量不菲。

地址：http：//wemedia. so. com/

7. 百度百家自媒体平台

百度联盟的广告全部分给自媒体人，申请貌似较难。

地址：http：//baijia. baidu. com/

8. 今日头条媒体平台

文章人工审核，发布速度比较慢，但是数据特别亮眼，往往一些趣味性的文章可以达到 60 万的阅读量，上千的收藏量。

地址：http：//mp. toutiao. com/

9. 微淘公众平台

早起进入微淘的都能得到官方推荐，现在有点点晚了，但很适合淘宝卖家、淘宝客注册使用。用淘宝 ID 登录后台，这个信息流的账号运营者将来自淘宝商家、媒体机构，或来自某个消费领域的意见领袖等。

地址：http：//we. taobao. com/

10. 新浪微博粉丝服务平台

新浪旗下公众账号，点击我的主页－－管理即可找到该功能，仅限＋V 用户。信息都是以私信的形式发送。信息达到率较高。

地址：http：//weibo. com

11. 易信公众平台

这个，其实聚集听众还挺难，主要是营销人太多，真正用户较少。网易与中国电信推出的"易信"，除了具备微信的大多数功能之外，易信与微信最大的区别可通过易信给用户发送手机短信。

地址：https：//plus. yixin. im/login

12. 飞信公众平台

牛逼之处在于它还能以短信的形式推送到手机上，这是优势，但感觉不太好。中国移动推出的公众平台，认证非常麻烦，还要填表格、提交营业执照、加盖公章等。

地址：http：//gz. feixin. 10086. cn/

13. 腾讯媒体公众平台

它和微信公众平台可同步发布，主要面向腾讯新闻客户端推送，但是服务做的比较一般

地址：http：//om. qq. com/

14. 一点 i 媒体平台

新兴的自媒体平台，目前做的也比较好，点击率阅读量都还不错

地址：http：//www. yidianzixun. com/mp

15. 凤凰新闻媒体开放平台

注册和审核都比较顺利，但是局限性较大。

地址：http：//zmt. ifeng. com/

（资料来源：http：//lusongsong. com/reed/992. html）

6.5　网络店铺营销策略

　　网店，作为电子商务的一种形式，是一种能够让人们在浏览的同时进行购买，且通过各种在线支付手段进行支付完成交易的网站。网店大多数都是使用淘宝、易趣、拍拍、京东、购铺商城 购物等大型网络贸易平台完成交易的。

　　网络购物平台是以当前商务的网络化、快速化实际需求为背景，实现商品购买的方便、快捷、送货上门等服务为前提综合信息服务系统的设计；实现通过 Internet 互联网对商品购买的相关信息进行发布及商品查询、商品介绍、商品细节浏览等功能。消费者通过购物平台进行商品的网上购物和网上支付等活动，这样即方便了消费者，又节约了企业成本。倡导"用户是伙伴，为用户着想"的新型客户服务理念。网上购物的优势在于选择面大、价格便宜、交易方便、节省时间和精力等。整个城市商场一片繁荣，在这种情况下，网店的加入无疑将使得竞争更加激烈，但从另一个方面看，只有在这种激烈的竞争下，网上商店的优势才能得以体现。

6.5.1　优势

1. 方便快捷

不用装修采购等等的普通店铺必须要经过的过程，点点鼠标打开键盘就可以开个网店。

2. 交易迅速

买卖双方达成意向之后可以立刻付款交易，通过物流把货品送到买家的手中。

3. 不易压货

你可以没有实体店铺，也不用注册公司，而仅仅开一个网络店铺，就可以把宝贝卖给全国，这也是网店吸引人的一个特点。

4. 打理方便

不需要你请店员看店然后还要跑老远上货，摆放货架，一切都是在网上进行，看到你的货品下架只需要点击一下鼠标就可以重新上货。

5. 形式多样

无论卖什么都可以找到合适的形式，你如果有比较大的资金可以选择选用通用的网店程序进行搭建，也可以选择比较好的网店服务提供商进行注册然后交易。网店形式多种多样。

6. 安全方便

线上交易不能提供实实在在的亲身体验，造成买家往往喜欢与自己更信任的商家交易。所以，如果第一次交易顺利买家回头率更高，网店需要提供更多的信任体验机会。

7. 应用广泛

所有人都可以在网上买到您称心如意的商品，只要您可以上网，有网上银行卡，就可以在全国范围内随时购买，省去了您的不少路费。

8. 分销渠道

可以到分销网站进行分销，成为供货者的分销者，分销只用进行上架，然后就可以卖了，最主要找到好的供货商，可以教你如何做，品牌商品，创意商好，采购价便宜，赚钱效应明显，并且比较潮流的商品都可以在分销找到。

6.5.2　前期准备

网上开店的意思就是拥有一个具有在线购物功能的网站，所以首先必须具备一个网站的基本基础设施：网站空间，可以是虚拟主机，也可以是独立主机或 VPS 主机域名数据库，对于静态网站，无需具备数据库，但是网店必须要用数据库来存放商品、客户、订单等信息网店系统，是一套软件程序，运行在网站服务器上，为了管理网站，您还要在自己的电脑上配备一些软件，其中最重要的是 ftp 软件。ftp 是一种网络工具，可以让您管理网站空间上的文件。常见的 ftp 软件有 FlashFXP、cuteftp、CuteFTP Pro 等。最主要是你的货源。

开店前期：

1. 18 周岁以上公民持本人身份证到银行柜台办理一张有网银功能的银行卡。

注册网店平台会员，并进行实名认证。

申请网店注册

网店装修、上架宝贝、设置价格、等候顾客。

6.5.3　3C 定位

1. 顾客（consumer）

你的网店的客户群是哪一些？他们有什么特征、特点？客户群的需求有是什么样？他们的消费趋势又是如何？消费能力怎么样？金融行业的客户特征尤其明显，需要进行认真细致的分析。

2. 自己/公司（company）

银行（公司）的未来目标是什么？同时银行具有什么样的资源，这些资源对业务发展的帮助是在哪里？有没有能够寻找到更加有利的其它优势？银行（公司）所经营的项目的特征是什么、行业特点又是如何？银行（公司）的产品的成本是否有优势？分析出银行（公司）的长短处来，至少让自己心中有数。

3. 竞争（competition）

网店涉及各行各业，竞争激烈。要想胜出那么我们需要分析竞争对手，我们首先要知道对手谁，寻找到与自己相近的竞品（或者行业的前几名），分析研究对手，对比分析出自己的优劣长短出来，同时要分析出行业发展状况，知道自己与对手的优劣势更要明白在行业中所处的竞争位置。在分析完这些问题之后，制定适合的营销策略，并细分任务制定可行的有利的战术配合完成整个战略。当然这里面还存在着节奏的掌握，也就是说，战术的利用方法、力度、时间、策略等等都要结合竞争对手和行业的变化，之后这样才能够真正的做到好的效果。

6.5.4　4P定位

4P是营销学中的一个很重要的名词，简单的来说就是产品、价格、渠道、促销。随着营销学和商业运动的蓬勃发展4P逐渐延伸发展成6P、4C等等更加宽广和符合现代商业的多角度名词，但是4P还是商业行为中的最基本的内容。

1. 产品（product）

产品不仅仅只是说的质量，还包括产品的效用、外观、式样、品牌、包装和规格，还包括服务和保证等因素。由于金融业的特殊性，有几个因素可能会更加重要，比如服务、包装等。

2. 价格（price）

在很多人的心目中可能理解的就是网店就是价格便宜，确实很多来网购的朋友都是奔着便宜来的。然而更重要的是性价比，它包含基本的价格和折扣价格。而在电子商务中基本价格每天都在接受着不断新加入的卖家低价的考验，怎么样让自己的产品既有利润又能畅销，真是一个大学问，由此可见正确的定位自己产品的价格是每一个网店卖家必须好好思考的课题。

3. 渠道（place）

在4P中渠道主要是指的营销网络和流通渠道，可以分成是进货渠道和物流配送，金融行业的网店销售主要考虑的是网上分销。

4. 促销（promotion）

促销包括人员的促销、广告、宣传折扣等等。促销该怎么去做、活动该怎么去进行，必须对店铺进行分析，不同的阶段不同的定位做不同的促销。

【案例】

马云：互联网适合卖任何金融产品

马明哲：互联网上卖一切金融产品也许要等一千年

对于互联网保险公司能否取代传统保险公司，马明哲认为，金融和保险哪些是适合在互联网上做的。按照它的难易度，金融业里首先是基金最适合在网上销售。第二个是证券，买卖股票，第三个是银行，第四个是保险，第五个是信托和投行业务。

"所以保险来讲，它的排名是在第四，因为保险还是有很多个性化的风险的选择，保险经过了七百年的发展，它有了一定的积累，很不容易。"马明哲说。

马明哲指出，如果在保险里面又划分四个，第一个是人寿保险，第二个是养老保险，第三个是健康保险，第四个是财产保险。人寿保险比较困难，这个难度是最大的，短期的意外健康险是可以的，长期的人寿保险，它涉及到人的财务规划、家庭规划，一个保险往往是要谈好多次才谈得出来。

"我们反复讨论，众安切入，四个保险方面，首先切入什么？财产保险，因为财产保险里面，我们看看这个市场，70%是个人业务，30%是对公业务。那么个人业务里面有机会50%可以搬到网上去，这是有机会的。"马明哲认为。

但马云认为，原则上那些传统保险公司可干的活，众安都能干，只是什么时候干好而已。

"我实在想象不出，今天保险复杂在哪里。我自己也觉得淘宝也没那么复杂，天猫也没那么复杂，我本来以为微信很复杂，做着做着也没那么复杂。只要你相信，只要你不断去完善，这些人持久地做下去，总是会有结果的。一些复杂的事情，我们要用技术去解决。"马云说。

马化腾似乎更倾向于马云的观点。他介绍，一年多前他们在谈众安的时候，大家都觉得这个事情太新了，大家也很兴奋，因为以前谈的是互联网银行，但是只听到雨声，遥遥无期，都是没谱的事，那时候互联网金融的概念也没热。

"过了一年多之后，我们才发现我们是全球第一个互联网保险的牌照公司，就这么诞生了。所以我们觉得这个速度也不用一千年，一念就有这么大的变化，再过一年两年、五年，一定会有相当大的变化，但是什么叫做颠覆，什么叫做升级换代，都不清楚，但是我觉得互联网的魅力就在于它一切都有可能。所以这也是我们投身在这个行业里面最有意思的地方，都有可能。"马化腾说。

（资料来源：高改芳，中国证券报，2013.11）

【拓展案例】

品评当前各家银行卡营销策略

（资料来源：百度文库）

银行卡业务在银行众多的现营业务品种当中属于非常年轻的一种，也是同广大民众密切接触、与整个社会紧密关联、市场化程度比较高的一个业务品种。因此，这项业务的经营手段从一开始就不同于银行的传统业务，促销从银行卡这个产品诞生之日起就一直伴随着它。

开展促销活动的效果如何直接影响着银行卡业务的发展进程。故此，许多有识之士都认识到，必须建立起经常性的促销机制，以巩固银行卡业务所取得的成果。当然，促销工作是一项比较复杂，需要相当技巧的工作。

一、当前市场上常见促销活动分类

科特勒在《营销管理》一书中将营销计划的内容分为八个部分：执行概要和目录表、当前营销状况、机会和问题分析、营销战略、行动方案、财务目标、执行控制。这些组成部分有的可以通过发起促销活动者的对外公告看到，有的则在制定者的手中，有的则隐含在某项条款内，并不是面面俱到。由于当前市场上开展的促销活动很多，可以按照不同的口径分为多种类型。而我们出于实用目的，仅仅按照促销的组织者以及影响对象进行简单的划分。

1. 组织促销型

由于银行卡面向整个社会，像利用卡交纳公共事业费项目接关系到广大群众，并且提倡使用银行卡可以减少现金流量，具有安全、卫生等多种优势。因此，一些地方政府十分关心本地的银行卡业务的发展；一些行业性的组织为了节约资源，发挥联动效应，往往会在政府的直接指导下，在本地开展一些促销活动。例如，为加快北京市银行卡联网通用工作、明显改善银行卡受理环境、使银行卡应用达到较高水平，由北京市银行卡应用发展联席会议办公室组织，17 家发卡机构和 6000 多家银行卡特约商户共同参与，推出为期 2 年的"北京市银行卡刷卡消费抽奖活动"，推进北京市"刷卡消费无障碍"工作。其活动范围是北京市辖内所有银行机构及邮政储汇局发行的个人银行卡系列（不包括单位卡），在全市所有入网 POS 的刷卡消费（不包括 ATM 存取款），无金额起点限制，均可参与这次抽奖活动，每一条成功的消费记录为一抽奖单位。设置了"刷卡人奖"和"幸运收银员奖"。类似的促销活动在其他地方还经常可以见到。

2. （与）旅游（相结合）型

银行卡是一种支付工具。因此，与一些旅游公司相结合，让持卡人用卡以优惠的价格获取旅游、节省的双重快乐，十分有利于培养持卡人用卡的好习惯。例如，建设银行举办的"龙卡贷记卡夏秋之旅"活动，向本行持卡人推荐"e 龙"旅行网的酒店预定服务，凡使用龙卡贷记卡卡号通过"e 龙"旅行网预定并入住酒店，即可获得贴心旅游装备：探路者——米格挂包、西班牙真皮 LAKEN－皮水袋。同时，10 月 31 日前凭龙卡贷记卡在 e 龙协议酒店刷卡结算将有机会参加抽奖活动，赢取免费旅游大奖：动感之都——港澳全景 5 日游。另外，招商银行举办类似活动也比较多，在 2004 年曾经开展过"丽江古城特惠自由行"、"非常香港自由行"，都取得了良好效果。

3. 与航空飞行有关的活动

这些活动大多是通过联名卡的消费积分转换而实现的。由于联名卡本身的主要特性，就是给予申请者以折扣和优惠，所以与促销活动有着千丝万缕的联系。航空联名卡消费积分与航空里程相互转换的模式都是大同小异的，一般都是将持卡人消费的积分按照一定的比例转换为航空里程积分，各家公司所不同的主要是在兑换的标准。据了解，现在相当部分发行了信用卡的银行都已经与相应的航空公司签订了发行联名卡的协议。其目标主要是盯在了那些在日常工作中经常性地作公务出差的人士，希望他们在旅途中经常是使用本行的卡片，同时利用航空联名卡的优惠锁定这些人士不再选择使用他行卡。经常出差公干的人士，他们具有流动性大、日常开支大、公款占总支出的份额大等特点，利用他们所具有的特点虽然有"挖（公家）墙角"的嫌疑，但是这种"嫌疑"是公开的，合理合法的，经济并且安全的。据了解，国航、海航、上航、东航、南航、厦航等航空公司都与发卡银行签订了发行航空联名卡的协议，并借助发卡银行的业务发展拓展自己的市场，在一定程度上达到了双赢的目的。

4. 针对航空票务市场的促销活动

这项活动主要是为了解决持卡人用卡买机票的问题。由于航空售票市场的销售空间相对比较狭小，并且由于多种原因，银行卡要想进入这一领域并非易事。在售票点设置 POS 的行为并没有得到广泛推广，在这种情况下，发卡银行与携程等旅行网联手合作，为签约行信用卡持卡人提供多种旅行服务，为其出行提供便利，持卡人可直接凭信用卡或信用卡卡号预订携程等旅行网的各项服务，具体包括机票预订、酒店预订、度假产品预订服务及相关的奖励积分等优惠服务，并可享有不低于旅行网会员的待遇。这种看似不起眼的用卡消费活动，极大地促进了发卡银行的用卡消费额，同时一些旅行网借助于这些交易迅速在本行业内崛起。

5. 专题促销活动

实际上，上述的每一个类型的促销活动都可以算作是专题促销活动。但是，为了突出重点，我们将当前市场上结合某一时点或者主题，例如，"广发卡谢师恩"教师办卡优惠活动，规定在教师节前后，广发银行为感谢教师的耕耘，让教师充分享受广发卡的尊贵、便利的消费时尚，广州分行特针对市内广大教师群体开展优惠发卡活动：申办各款广发卡（南航明珠卡除外）免年费；免费上门办卡和上门送卡；又如，中国银行开展的"相知相伴18载，长城卡见证我的幸福"的促销活动。

6. 商户促销活动

顾名思义，这类活动是由发卡银行和特约商户共同开展的促销活动。例如，招商银行推出的"莎莎网新年购物大优惠"活动，规定"所有商品95折，购物满75美元，即可享有全球免费送货服务"。

7. 业务促销活动

开展这类活动显然是为了促进业务的发展，其特点都是紧紧围绕银行卡业务，在一段时间内，实现某个目标。具有时间性、主题突出等特点。

（1）开卡有礼奖。

（2）"新年取现更优惠"。

（3）"自动还款抽大奖"。

（4）"信用卡年末大升级"。

（5）"刷卡六次，免次年年费"。

（6）"不用天天刷，好礼家家拿"。

二、促销活动的宣传和传播途径

我们以上列举的促销类型基本上都是从各发卡银行的网站上搜集而来的。由此，使得我们在关注促销方案的设计质量的同时，也在注意这些信息的传播途径来。

1. 传统方式

无非是电视、广播、文字，三条重要的传媒途径。无论是让广播上有声（在收音机里做广告或者报道），还是电视里有影，抑或文字有形（在报纸期刊上做广告），都需要发卡机构为此支出相当的费用。在银行卡业务尚未全面盈利，正处于大量投入期的当口，广告费用对于发卡机构而言绝不是轻而易举的事情，况且目前信用卡的广告费、业务宣传费的税前列支办法仍然执行金融企业财务税务制度，其中广告费不得超过收入的 2%（不含金融企业往来收入）、业务宣传费不得超过收入的 1.5‰，否则要进行纳税调整。其实，信用卡业务是零售业务，它与传统的批发贷款业务的盈利模式并不相同。但是，这一制约却是客观事实。所以，在采用以上传统手段时，绝大多数发卡机构还是比较审慎的。

2. 新途径

银行卡业务需要面对千千万万的客户和潜在客户，是一个需要广为宣传、极力营销的产业，限额过低限制了银行卡业务的发展。但是，人的智慧是无穷的。在实践当中，人们创造性地开发出一些费用低廉的广告宣传方式。

（1）手机短信

利用手机短信传递业务信息的方式，有免费的，也有收费的。但是，无论收费还是免费，都是发卡机构密切联系持卡人的一条重要渠道。这是许多发卡机构在发卡时就做好的准备，收集了客户的个人信息。利用这种方式传递信息，发卡机构始终处于一种主动的地位，可以直接地将信息实时地传递给目标客户。

目前，这种方式在股份制商业银行中得到了广泛采用。这种方式目前存在的主要缺点是信息缺乏生动性，仅仅行使了一个告知义务，没有诱惑力，感情色彩，缺乏必要的审批和管理。

（2）对账单

过去无论是信用卡还是借记卡的对账单都是一面使用，另一面是空白。一些有心的发卡机构觉得不能浪费这块宝贵的展示场地，有促销活动时就将方案简要地印制在对账单的背面，充分利用了原有闲置的资源。

有些同志将这一做法推而广之，将广告做到 POS 打印单、ATM 客户凭条上面；并且有时候还会让出一部分"版面"为关系单位做广告。

（3）自办广告式期刊

曾经有过发卡机构向有关部门申请文号，以广告专刊的形式宣传业务。其具体做法发是，以刊登商品广告的收入来养刊物。并且，所刊广告重点以特约商户的需求为主。其发行以向重点客户赠阅，在重要场所摆放为主。

（4）阵地宣传

所谓阵地，就是指发卡银行自有的营业网点、网站以及其他拥有自主性操作的空间。这块阵地属于经营单位自有的，在相关法规的约束下宣传业务，不仅经济，而且也具有与客户直接面对面，可引导客户直接申请、操作等优势。与其他传播途径相比，这块阵地的潜力还远远没有被充分挖掘出来。前文所谈到的网站现象就是一个具体事例。

（5）其他

传播途径分为很多种，有主动的，也有非主动的，例如，民众的口碑相传。一张银行卡能够最大限度地照顾持卡人的利益，那么持卡人自然会注意到它，譬如在春节期间，有人就会向回家、出门旅游的朋友介绍，某行的银行卡取现不收手续费，某行的网点多、特约商户多，等等。这些宣传的效果远胜于发卡机构的主动宣传，因为这些信息都是传播者曾经体验过的，是具有一定真实性、可信度的。但是，这些宣传是建立在发卡机构的优质服务的基础上的。

三、促销点评

（一）国外同行的经验

我们国内的银行卡业务发展，在很多方面都是借鉴、参照国外的一些做法而来的。所以，在此将国外促销的通常做法列出，以作对比和参照。

国外同行的主要做法有七种：一是给回扣，按消费金额的 1%～2% 提现给持卡人。二是赠送旅行保险，即以卡买机票可得 30 万美元的意外保险。在机上用卡消费的每一元钱还可以进行里数折算，购机票时可以享受优惠。三是租车保险，用卡租汽车，自动含碰撞保险。四是用卡购买的商品可以延长"三包"期。五是每月付 10 美元，持卡人可以享受法律咨询服务。六是 20 年后，将透支利息全部归还；但前提是在这 20 年内，持卡人必须始终持有这张卡进行购物消费，中途不再变更。七是信用卡保险，每月支付一次，等持卡人失业时该保险可代付每月最低的到期金额。

除此之外，还有万事达曾搞过贴心服务：年度理财分析报表、快速发卡、免费法律咨询、免费医疗咨询、电话预借现金、海外紧急救援、特约百货公司免费停车、免费赠品回馈、生日/节令贺卡、代缴公用事业费用、旅游平安保险、全球购物保障、特约折扣商店等活动。

（二）国内的优秀促销思路

1. 中国银行的"长城国际卡消费积分奖励计划"。在诸多的与航空相关联的促销方案中，笔者认为中国银行的"长城国际卡消费积分奖励计划"一枝独秀，其作法非常值得其他发卡机构重视。

与国内其他发卡机构所规定的，持卡人的消费积分只能固定兑换一家航空公司的飞行里程不同，长城国际卡的持卡人用消费积分除可换取长城国际卡主卡当年年费减免优惠外，还可换领"国航知音"、"南航明珠俱乐部""东方万里行""亚洲万里通"的飞行里程。对于持卡人来讲，可供兑换的空间和自由度更大了。对于那些经常性乘机旅行、出差的客户来讲，这一点无疑具有非常大的吸引力。

总体来讲，国内发卡机构开展联合营销的规模比较有局限性，参加的机构和活动开展的范围不够广阔；当然，包括联名卡现行的做法也还是比较初级的，一张银行卡一般只做到了与一家合作单位联名，搞得客户为了得到某种利益或优惠，不得不申请多张银行卡，这样做不仅是一种资源的严重浪费，也加重了发卡机构的经营负担，加深了银行卡快速发展的难度。

2. 招商银行应对市场需求的灵活表现。在我们搜寻促销方案的过程中，我们注意到招商银行信用卡网站有"特惠活动栏目"。不仅醒目，而且操作十分简便，对于偶然光顾该网站的浏览者来讲，其文字和版面设计具有一定的视觉冲击力和诱惑力（详见下表）。每一项计划的设计步骤比较清晰，市场化的气息非常浓厚。例如，"新年取现更优惠"这个活动就是结合中国的国情。现在，全国一年的用卡消费量占全年社会商品零销总额的比例不足3%。民众在节假日使用现金是不可避免的事情，并且是高发期。下调取现金的手续费，不仅能够提高发卡机构的收益，而且显得那么具有亲民性，让人感到温馨。

招商银行信用卡网站促销活动名称一览表

免息分期邮购

招商银行信用卡—积分永久有效

莎莎网新年购物大优惠

丽江古城特惠自由行

新年取现更优惠

非常香港自由行

不用天天刷，好礼家家拿

信用卡年末大升级

自动还款抽大奖

百盛购物信用卡－刷卡有礼

总体感觉，招商银行信用卡促销方案目的性强，或者说是主题突出，与外界因素结合得比较紧密。特别是能够很好地利用节假日，抓住时间点，与消费者的支出高潮同步。

抓住节假日，与时间同步这一点很值得国内同业深思和借鉴。

问题：

（1）作者认为中国信用卡品牌营销战略性选择有哪些？你如何评价？

（2）联系实际，你认为中国信用卡品牌营销战略性选择应该怎样？

实训：

金融营销策略分析

实训项目： 选择一种类型的金融产品，分组进行金融营销策略分析。

实训目的： 使学生掌握金融营销策略的类型，使学生能够准确选择适合中国国情和现实环境的营销策略。

实训要求： 制作一份金融产品的策略选择报告，要求策略需符合现实金融营销环境。

模块二

金融产品销售技巧

任务七　销售团队管理

【知识目标】

掌握金融销售团队的组建、金融销售人员的招聘、选拔、培训以及金融销售团队绩效考核和激励的方法

【能力目标】

能够采用适当的方法进行金融销售团队的组建。

能够建立有效的金融销售团队绩效考核体系和激励机制。

【素质目标】

能够在某一组织中，按照某一个目标，组建一个金融销售团队，并通过建立适当的绩效

考核体系和激励机制，对金融销售人员进行有效的管理，从而达到团队目标。

【引导案例】

大学生保险营销团队成长史

在中国人寿保险股份有限公司北京市分公司，有一支完全由大学生组成的新型营销团队，这就是直属销售部。今年的 8 月 1 日，这支以"高学历、高素质、高产能、高绩效、高收入"为追求目标的"五高型"团队即将迎来她 4 岁生日。

截止到 2010 年 6 月，直属部持证人力已达到 274 人，团队平均年龄为 27 岁，91% 的人具有本科以上学历，其中具有硕士学历和海外留学经历的有 22 人。团队现有主管 28 人，初级以上理财师 180 人，团队留存率达到 79.8 %，人均期交保单 6.5 件，人均首年期交保费 19.3 万元，人均月收入达 6850 元，同比增长 18.1 %。

2006 年，随着中国保险业的高速发展，市场细分程度日益精深，高端客户因其巨大的发展潜力和业务价值成为了各家寿险公司争夺的目标客户，也成为公司销售渠道致胜的关键所在。

　　早在北京分公司直属部成立之前，部分同业公司也已经构建了类似的团队，在北京，这样的团队就有五六个。不过，许多同业公司的尝试在遇到阻力后，纷纷选择了放弃或者员工化。面对严峻的市场挑战，北京市分公司确定了直属部的发展愿景：建立一套未来可以复制的营销团队日常经营与管理体系，建立一支能开拓和服务于中高端客户的高素质销售团队，培养一批有利于北京分公司销售渠道持续健康发展的营销主管和管理人才，对北京中高端客户市场进行强势渗透，树立绝对优势的主导品牌，积极为公司销售业绩改善和销售队伍转型积累经验。

　　围绕上级的定位要求，并结合部门愿景，黄华兵制定了详细的高端团队建设5年规划，不论面对何种困难，直属部都要始终按照既定方向，坚定不移地走下去。他还提出，直属部在5年内一定要实现投入产出持平。为实现这一目标，黄华兵的目标是把高端团队建设成为一支"高学历、高素质、高产能、高绩效、高收入"的"五高型"团队，并把"高绩效"和"高收入"作为团队经营的核心重点，用高产能锻造人，以高绩效成就人，用高收入留住人。

　　今年（2010年）上半年，中国人寿北京分公司直属部取得了较理想的业绩，各项任务指标达成率均名列前茅。截至6月底，直属部实现总保费收入8825.09万元，同比增长34%；长险新单保费收入6176.73万元，同比增长8.19%；长险首年期交保费收入3504.25万元，同比增长49.04%；10年期以上首年期交保费达到424.46万元，占首年期交总保费的12.1%；短险保费收入211.91万元，同比增长490.6%。

　　直属部业务发展，团队也进一步壮大。"对一个营销新人来说，最重要的是培养他们自我生存和发展的能力。在北京这样一个消费水平较高的大城市，如果他们没有良好的业绩和收入，生存问题都解决不了，还如何谈发展？事实上，这几年来，我们工作的重心就是从实际出发，从基础工作入手，以业绩的增长培植大家的自信心和荣誉感，不好高骛远，不建空中楼阁，重视与加强团队精神建设，团队的向心力有了，营销人员有了安全感，别的工作也就相对容易了。"黄华兵这样看待直属部的进步与成长。

　　据了解，直属部对增员过程和质量实行严格管控，应聘人员一般要通过四次面试才可以办理入职手续，对学历、资质不符合要求的，坚决予以淘汰。遵循营销团队的经营周期规律，直属部围绕日、周、月、季、年制定各阶段的目标和工作要求，并创新使用《团队周经营管理表》，规范了早会、二早、高手促进会、爱心激励会和产品说明会等会议经营，并积极响应市公司号召，推广标准化服务流程，充分利用活动量管理和绩效考核工具，提高团队的销售水平和专业形象。与此同时，各级主管注重因材施教，将人员分为绩优、中等、待改进三类，采取不同的激励措施，在竞赛动员、问题诊断等经营节点分层级召开会议，有的放矢，产生了良好的管理效果。

　　直属部目前已经培养了一批高绩效的保险营销员，他们都具有一定的自主经营能力，心态积极，客户开发和掌控能力也较强，但是由于他们普遍年龄不大，自律性较弱，需要外部压力和约束，同时加以科学引导。在历次业务竞赛中，直属部以突击队的形式，吸纳绩优人员，从精神层面倡导集体荣誉感和使命感，通过适度增压、强化管理、思想教育、资源支持、技能指导等措施，在实战中培养销售精英。

执行第一，荣誉最重。执行文化是高端团队文化的核心价值体现，直属部在执行公司党委、总经理室的战略决策上一直全力以赴，不折不扣。他们以公司大局为重，以执行任务为本，以达成目标为荣，建立符合"五高型"团队特点的高执行力文化。不论外部环境如何变化，困难有多大，黄华兵都要求团队中的每个人都要积极应对，切实履行本职，达成各职级目标。通过历次竞赛的检验，尤其是去年第四季度专项产品竞赛，伙伴们深刻体验到了团队统一思想，高效执行为部门和个人带来的荣誉感和成就感，执行文化也进一步得到认可。

"雄关漫道真如铁，而今迈步从头越。"在经历了建部初期的艰辛困苦之后，黄华兵表示，直属销售部未来的路还很长，更多新的问题和矛盾将会不断显现，但不管任务如何艰巨，前进的道路上有什么样的困难，他将一如既往地带领直属销售部向着更高的目标进发，"知难而进，迎难而上，奋发进取，勇争第一"，永远是团队和他共同的信念，这既是公司的要求，也是直属销售部生存与发展的必然选择。

"我们的存在本身就是一个奇迹。但我们的目标是创造更大的、更美丽的奇迹！"

——大学生营销团队组建者黄华兵

【资料来源：中国保险报】

7.1 组建金融销售团队

现代社会，金融与人们生活联系日益紧密，股票、基金是人们常见的投资方式，它的销售不同于有形产品的营销，有其特殊性，是围绕投资人的需要展开的，随着金融证券市场活动的实践而不断变化、开展的。而且，金融市场的产品层出不穷，竞争越来越激烈，一支高效的销售团队是取得成功的必要条件。金融销售团队是由该行业不同金融销售人员汇集起来的，为了共同的目标，彼此协作而组成的群体。

7.1.1 高效的金融销售团队的特征

1. 明确的团队与个人目标

金融销售团队目标主要包括几个方面：销售团队业绩目标、开发服务客户目标、销售团队的支出预算目标、销售团队人员培养目标等；团队的目标将会分解到每一位团队成员身上，成为他们的个人目标。因此，团队总体目标的达成有赖于每位团员个人目标的达成。明确的目标将会成为每位团队成员的工作指引，激发他们的工作积极性，发挥出他们的潜力，达成个人目标，同时达成团队目标。

2. 高昂的士气、激情和团队凝聚力

金融证券行业销售团队需要高昂的士气，这种高昂的士气不仅是在对待客户方面，在自身团队建设和激励方面也发挥着重大作用。这和冷静专业的金融顾问的形象并不

矛盾。此外，销售并不是各自为政的工作，良好的团队凝聚力将有利于形成既有竞争又有合作、共同进步的团队气氛，是创造销售业绩必不可少的条件。

3. 持续专业的学习提升

就销售团队而言，不断地学习、为客户提供优质、专业的服务，是一个团队成长和壮大的首要因素。金融行业由于其规范性、专业性、持续性、适应性、服务性等特征，更是如此。

金融产品销售行业的特征：

（1）规范性

金融行业关系到国家的货币政策、宏观调控，各金融企业和金融销售团队必须在国家政策法规的框架下进行业务。此外，为了保障投资者的利益，金融行业有相应的监管部门进行规范，比如，银行业由中国银行业监督管理委员会进行监管；证券业由中国证券监督管理委员会进行监管；保险业由中国保险监督管理委员会进行监管，销售团队必须严格遵守规定，服从监管。

（2）专业性

金融业客观上要求其销售团队不仅要具有经济、金融、法律的专业知识，而且必须了解国内外宏观经济形势、国家政策，还要广泛了解股票、基金、债券等各种金融工具，在销售过程中将相关知识以服务的方式传递给投资者。

（3）持续性

金融业的销售不是一锤子买卖，具有延续性。比如说银行信贷产品在售后还要进行贷后管理、本金和利息的收回；金融理财产品在售后还涉及到利息、红利的发放和款项的偿还。

（4）适应性

销售人员应根据客户的需求来进行不同产品的推介。比如说，信贷产品必须根据客户的财务状况、信用状况、资金需求等来量身确定方案。金融理财产品的销售必须根据投资人的风险承受能力来进行不同产品的介绍，坚持以客户利益优先。

（5）服务性

金融产品是一种无形的产品，销售人员不仅要向客户说明产品本质，还要以高质量服务增强信誉。

对于销售人员而言，大量的专业性金融理论风险知识都必须烂熟于心，并要不断与时俱进，学习本行业的新知识、新政策，以专业可靠的姿态去面对客户，才是迈向成功的第一步。

7.1.2　高效的金融销售团队的构成

在金融销售团队中，领导者是企业的大脑，员工是企业的血肉，管理系统是企业的骨架。一个金融团队的有序运行离不开有能力的领导者、优秀的员工和合理的管理制度、运行机制。此外，有效的激励机制还能有效地提高每个员工的工作积极性，促进团队目标的实现。

1. 有能力的领导者

领导者对于一个团队的影响非常大，他是整个任务的核心，所有成员都应由他指挥，服从他的命令。领导者在团队中是一个特殊的角色，他并不超越团队，但又必须从一个高瞻远瞩、全面的视角带领整个团队。领导者还必须运用组织赋予的权力，组织、指挥、协调和监督下属人员，包括决策、选人用人、指挥协调、激励等，因此，领导者的领导能力在很大程度上决定了团队的理念、氛围、集聚力和工作效率，从而影响到团队的业绩与发展。

2. 优秀的金融销售人员

一个金融销售团队是由一名名金融销售人员组成的，他们是团队业绩的直接创造者。他们的工作态度、业务能力、工作积极性直接影响到团队业绩。因此，要打造优秀的金融销售团队，必须从选拔、招聘、培训、培养优秀的金融销售人员开始。

3. 严谨的工作流程和制度

在金融销售团队中，既存在销售人员的个人利益，也存在团队的整体利益，还有各种错综复杂的人际关系，在团队管理中如果不能有效地用制度来约束和管理，就会产生很多不必要的麻烦和误会；增加管理的成本，削减团队的斗志，产生不必要的内耗，导致资源的浪费，以至于影响团队业绩。另外，金融业不同于一般的实体销售行业，具有一定风险性和不确定性，比如，贷款的销售人员可能为了追求利润而忽视了贷款的风险，这就需要销售团队用严谨的工作流程和制度进行管理，把风险和不确定性降到最低。工作流程的设置一定要根据自己团队的个性化情况，适合自己的行业和团队的特点，做到合理合规，并且便于操作。

4. 有效的激励机制

合理的激励机制会有效地提高每个员工的工作积极性，能使强者赢得更高的地位和利益，使弱者有压力和向上的动力，最终促进团队目标的实现。

7.2 优秀金融销售人员的招聘选拔和培训

7.2.1 制订招聘标准和工作职责

以下是从51job网摘录的某证券公司客户经理的职位要求和任职标准。

岗位职责：

1. 负责拓展、维护销售渠道，开发新客户，销售公司发行或代销的金融产品。

2. 负责收集市场信息和客户建议，向客户传递公司产品与服务信息。

3. 负责向客户提供与证券经纪业务相关的服务工作。

4. 负责为客户提供各种综合性基础理财咨询服务。

任职要求：

1. 教育背景：具有大专以上学历，金融、会计类专业优先。

2. 工作经验：不限。

3. 资格及职称：证券从业资格。

4. 专业技能：具有相关的证券、金融、法律及财务管理等知识，了解证券市场交易的运行和规则。

5. 职位能力与素质：沟通能力与说服能力、市场开拓能力、团队精神、积极热情。

（资料来源：前程无忧网）

1. 招聘标准

进行人才招聘时，首先要制定招聘人才的标准，也就是对工作职位进行描述和分析。其主要内容包括：

（1）工作要求

工作要求指工作目标和工作衡量标准、以及出差要求等。

（2）工作职责

工作职责主要包括日常工作范围，如市场开拓，销售服务等，需要处理的客户类型、以及需要销售的产品等。

（3）沟通渠道

沟通渠道指明确其在整个企业的沟通渠道当中所处的位置。比如，由谁来安排工作，向谁汇报工作，配合谁的工作，工作成果由谁来评价等。

2. 职位要求

职位要求明确职位对员工所要求的工作经验、工作技能、学历、个人素质等条件。

（1）工作经验

工作经验是指是否有具有与该职位相关的工作经验或同业经验，对于工作经验的要求不同的企业有不同的看法，急于用人的企业通常希望能够招聘具有工作经验的人才，而具有强大的企业文化的企业正好相反，他们通常招聘不具有任何相关同业经验的人。因为他们认为，适应了一种企业文化的人很难去接受另一种企业文化。

（2）工作技能

工作技能是指对职位所需的工作技能做出要求，通常是挑选具有销售经验的人进行技术培训，或者挑选技术人员进行销售培训，通常视产品技术的复杂性而定。金融行业由于专业性较强，通常选拔具有金融专业知识和技能的人员进行销售培训。金融专业知识和技能可以通过金融及相关专业学习背景、金融业从业资格证书、从业经验等体现。

（3）学历要求

学历要求要符合岗位需要。学历过高的人才如果不能提供与其学历相匹配的薪水待遇和发展空间，将会导致跳槽率过高；而学历过低的人才虽然较容易满足现状，但往往不能满足金融行业的专业性要求，影响其提供的金融销售服务的质量。

（4）个人素质

个人素质是指应聘者否积极进取、合作、忠诚等，但一般内在的素质简历上是看不到的，还需要进行面谈观察测试。一般来说，金融销售人员必须具备的个人素质有以下几方面：

一是沟通能力，金融销售人员的工作是和客户直接接触，他们的沟通能力，直接关系到能否得到客户的信任，以及为客户提供服务的质量。另外，在团队当中，团队成员之间也存在合作、监督、管理的关系，良好的沟通能力有利于更好地进行工作。

二是市场开拓能力，金融销售人员的市场开拓能力能为金融企业带来更多的客户和良好的经营业绩。

三是抗压能力，金融企业普遍采用指标考核的方式对销售人员加以考核和激励，良好的抗压能力成为销售人员必须具备的素质。

四是团队合作和人际关系适应能力，金融产品销售人员由于其工作性质，常常需要和客户、同事、领导、管理部门打交道，处理各种错综复杂的人际关系。和谐的人际关系和良好的团队合作能力为工作的顺利开展提供了有利的条件。

五是灵活应变能力，金融销售人员面临的客户多种多样，环境复杂多变，随时需要他们做出多种应对和决策措施。如金融产品销售人员必须根据客户的财务状况、风险承受能力的情况为其量身推荐金融产品的组合，金融企业也会赋予其较大的自主权。因此，他们必须具备较强的灵活应变能力。

7.2.2 招聘渠道

招聘渠道分为外部招聘和内部招聘两种。

1. 外部招聘

（1）人才市场招聘

人才市场是指人才进行求职，企事业单位进行招聘的场所，多为有工作经验的社会人员的招聘市场。分为实体市场和网上市场。实体市场往往定期或不定期地举办，网上市场是通过专门的网络平台进行招聘和求职，随着互联网的普及，其地位越来越重要，比如51job、中华英才网等招聘网站已经成为重要的招聘渠道。

（2）中介机构招聘

是指通过猎头公司等中介机构招聘人才，通常适用于招聘受教育程度高、实践经验丰富、业绩表现出色的中高级销售职位。

（3）同业竞争招聘

是指到竞争的同业公司中挖掘人才。这种方法可以直接获得自己看中的高级人才，避免了内部培养的时间成本、财务成本以及风险，但往往需要付出较高的薪酬和条件，并且可能引起同业公司的不满。高级人才在本公司是否能够带来预期的效益仍有一定的风险。

以上三种方式主要针对已有一定工作经验的社会人员，优势在于灵活机动，可以按照企业的需求招聘相关的人才，并且培训周期短、有的还有自己的人脉关系，但是他们都已经有了自己习惯的思维模式，是否能够融入本公司的企业文化是个未知数。

（4）校园招聘

是指从高校应届毕业生中招聘金融销售人才。应届毕业生通过几年的专业学习，具备了系统的专业理论功底，有许多就业优势。比如说：学习能力强、善于接受新事物；富有热情，对自己的未来充满着憧憬；精力旺盛，家庭拖累少，可以全身心投入到工作；可塑性强，容易接受公司的管理理念和文化。但是也有一些不足，比如缺乏丰富的社会工作经验，培训的周期相对较长；许多大学生对自己适合哪种工作缺乏认识，缺少对未来的职业规划；稳定性差，毕业两三年之内是跳槽率最高的时期；金融企业对他们缺乏了解，很难仅仅凭借简历和考核了解他们。

2．内部招聘

是指对内部人员的潜质加以充分调查，适当进行岗位调整，将有意并适合进行营销的人员补充到金融产品销售岗位上。

内部招聘有其自身的优点，这些人员在公司其他部门的岗位上工作了一段时间，对公司和产品由感性的认识和充足的信心，对企业的忠诚度较高，熟知企业的规章制度并且容易融入企业文化。企业对他们也比较了解，容易发挥出他们的优势。

7.2.3　招聘程序

1．筛选

通过各种渠道向应聘者展示金融企业的市场前景、企业实力、企业文化、薪酬水平等，向他们传达职位要求和招聘标准，以便能够吸引优秀人才的加盟。然后接收简历。对通过各种渠道得到的应聘者的个人工作简历进行核实，按照年龄、学历、工作经验、从业资格、个人素质等标准筛选出可以进一步考核的对象。

2．笔试

笔试主要是金融销售人员的专业知识和个人素质测试。目的是考察应聘者的对金融产品销售的基本专业知识的掌握程度和通过心理性测试考场应聘者的个人素质，包括智商、情商、个人素养等，从中选择一些优秀者。比如说，很多金融企业通过专业能力测试了解应聘者的专业水平，通过霍兰德职业倾向测试了解应聘者的个性特征是否适合从事金融销售工作，通过行政能力测试了解应聘者的知识面、智商等。

3．面试

某金融企业销售人员招聘面试测评要素及评分标准

测试要素	综合分析	语言表达	应变能力	计划组织与协调	人际交往	情绪控制	求职动机与拟任职位	举止仪表
权重	17%	20%	14%	10%	14%	10%	7%	8%
考察要点	对问题的理解正确，分析问题透彻，谈思想谈观点有深度并有独到见解或能自圆其说	理解他人意思，口齿清晰流畅，内容有条理，富有逻辑性，他人能理解并具一定说服力；用词准确、恰当有分寸	分析问题客观，思路清晰，解决问题办法得当，措施可行，操作得当；遇到危机状况时，情绪平稳，沉着应变、对策稳妥	根据目标预见未来并做出计划；看清冲突各方面的关系；做出适当选择；及时做出决策；调配、安置人、物、财等有关资源	人际交往主动，掌握一定的沟通技巧，有团队意识和合作精神；处理问题能够原则性与灵活性结合	在较强的刺激情绪中，表情和言语自然，在受到有意羞辱的场合能保持冷静，为了长远或更高目标，抑制自己的欲望	性格特征、自我认知、价值取向以及表现的各项能力素质等与职位相匹配	穿着打扮得体，言行举止符合一般礼仪，无多余动作

　　经过笔试，选拔出一批笔试成绩合格的应聘者来参加面试。面试的主要目的是确认应聘对象的能力是否与公司的要求相符。面试的内容涉及金融、销售的专业知识、个人的知识面、个人素质和心态。面试可以分成两次，一是由金融产品销售的专业人员对其理论功底、业务知识、能力的考察，二是由人力资源的专业人员对其进行个人心态、情商、智商、个人素质方面的考察。

　　在面试的过程中，应当建立一套严格的、量化评估标准，而不应过多地受到招聘人员主观印象、兴趣爱好的影响。一般来说，金融销售人员应该具备强烈的事业心、扎实的金融基础知识、良好的沟通能力、团队合作能力、客户服务能力等素质，面试时应该将这些素质作为考察的指标、问题，围绕这些指标展开，并进行量化评分，从而对应聘者进行全面的评估。

　　经过以上的几个步骤，根据应聘者笔试、面试的综合情况进行研究评估，决定哪些人需要坚决淘汰，哪些人应给予一定机会，哪些人应作为重点人才培养。最后可以跟相关人员签订协议。

7.2.4　金融销售团队的培训

金融企业要不断的复制优秀的销售模式、取得良好的销售业绩，必须通过经常化、制度化的培训才能做到。另外一个方面，一个金融企业能否留住销售人员，不仅仅取决于高额的薪水、良好的工作环境，能否在该企业得到培训、得到能力提高也是他们所关注的。金融企业培训的内容主要有包括以下几个方面：专业知识、销售技巧、企业文化、素质提升。

1. 专业知识

首先，金融法律知识。金融产品的销售必须在政策、法律的框架下进行，因此，金融销售人员必须具备相关的金融法律知识、熟悉相关的法律、法规、政策。比如：银行的信贷客户经理必须熟悉银行业的法律法规及当前国家的经济政策、货币金融政策、信贷政策、客户所在行业的产业政策等，证券公司的客户经理必须熟悉证券市场的法律法规、国家产业政策和各行业的政策、法规；保险公司的客户经理则应该熟悉保险行业的法律法规；第二，金融产品知识。不管做什么产品的销售，都必须了解自己所销售的产品，以及竞争对手的产品，这样就可以把自己的产品与其它公司的金融产品作比较，分析自身竞争优势，有针对性地向客户推荐金融产品，才能更好地争取顾客、服务顾客。金融产品作为一种无形产品、知识密集型产品，实际上就是销售人员把自己的知识以服务的形式销售给客户；第三、金融市场。金融销售人员要了解金融市场的现状，了解市场需求，掌握市场发展趋势。第四，客户知识。不同金融企业的客户是不一样的，有些面向公司客户，有些面向个人客户，还有一些面向同业客户，不同的客户在规模、实力、产品需求、风险承受能力等方面都具有不同的特点。无论面向哪一类客户、金融销售人员都必须了解客户的相关信息，从而发掘更多的潜在客户，为他们提供更加优质的服务。

2. 销售技巧

金融销售人员还应当进行必要的营销理论知识和销售技能的培训。主要包括消费者行为理论、市场心理学、定位理论、整合营销传播、品牌形象理论、销售技巧、谈判技巧等。在这些培训当中不仅要进行理论知识的学习，还要进行实战演练，如市场调研、客户谈判等，进一步的提升实战水平。

3. 企业介绍、企业文化和企业规章制度

作为金融企业的员工，金融销售人员要了解所在金融企业的历史及发展规模、业务范围、经营模式、未来发展的方向、竞争优势和企业的价值观、发展观、服务理念等，以便培养自己对企业的认同感、归属感。金融企业可以通过介绍、参观学习、岗位轮岗实习等方式帮助金融销售人员更好地了解企业、融入企业。此外，金融销售人员还有必要了解公司的规章制度、员工的行为规范，以便更好地按章办事、服从公司管理。

4. 素质提升

随着金融企业之间竞争的加剧，金融销售工作越来越艰巨，金融销售人员将承受巨大的工作压力。因此，他们必须具备积极的工作态度和人生态度，以开放的心态应对变化、积极进取、顽强不屈，既能独立自主、独当一面，也能够团结合作、争取最大的团队利益。可以通过拓展训练等形式帮助金融销售人员进行这些素质的提升。

7.3　金融销售团队的绩效考核与激励

客户经理绩效百分制指标考核

客户经理百分制指标考核总额的70%考核信贷指标、存款指标、效益指标和风险指标，总行负责制定考核方案、确定目标指标、考核验收结果等，支行负责客户经理任务分配、制定落实目标任务的方案、考核系统基础数据的录入、上报初审考核结果。

客户经理百分制指标考核总额的30%考核其他工作，支行负责制定具体考核方案、考核验收与绩效计酬。总行负责指导与检查。

（一）考核指标

客户经理百分制考核指标分为定量指标和定性指标。

1. 定量指标

定量指标分为信贷类指标、存款类指标、效益类指标和风险类指标。

（1）信贷类指标

设贷款余额净增指标、贷款月平余额净增指标。

（2）存款类指标

设个人任务指标与支行任务指标，均分为存款余额净增与存款月平余额净增两个项目。

个人任务指标由总行统一下达，不纳入支行整体任务指标，个人任务完成情况不纳入支行实际完成情况内。

支行任务指标由支行下达，任务额度纳入支行整体任务指标，由支行下达任务并进行考核。

（3）效益类指标

设贷款利息收入指标。

（4）风险类指标

设年底贷款抵质押率指标（不含小额农户信用贷款、联保贷款）、贷款到期收回率指标、五级不良贷款占比指标、表外不良贷款时效保证率指标。

2. 定性指标

（1）贷款管理指标

①双人调查。落实双人以上上户贷前调查制度；

②面谈面签。落实与借款人（含夫妻双方）、担保人（含夫妻双方）的面谈面签制度；

③完整收集贷款资料。按要求完整收集贷款资料，做好贷款申报资料；

④严格授权审批程序。按照授权权限审批信贷类业务，不得逆程序、超权限或化整为零；

⑤落实贷后检查。严格按照信贷管理办法规定的检查频率和检查内容等实行贷后检查；

⑥落实贷款风险管理。对已经形成风险或明显存在风险的贷款落实如下管理要求，一是按期催收，贷款逾期前15天内催收、逾期3个月内起诉，6个月内申请和执行完毕的；二是保证贷款时效；三是按照总行不良贷款处置办法对不良贷款进行处置。

（2）触犯总行制定"高压线""十不准"的行为。

（二）分值设置

客户经理百分制考核指标分为定量指标和定性指标。

1. 定量指标分值设置

信贷类指标		存款类指标				效益类指标	风险类指标				其他工作指标	合计
个人任务指标			支行任务指标									
贷款余额净增	贷款月平余额净增	存款余额净增	存款月平余额净增	存款余额净增	存款月平余额净增	贷款利息收入	年底贷款抵质押率	贷款到期收回率	不良贷款占比指标	表外不良贷款时效保证率指标		
5	7	2	2	3	3	17	2	25	2	2	30	100

对未管理表外不良贷款的客户经理，其表外不良贷款时效保证率指标分值计入贷款利息收入分值。

2. 定性指标分值设置

定性指标实行扣分制。

（三）定量指标的计分办法

定量指标实行百分制。

1. 信贷类指标

贷款余额净增指标、贷款月平余额净增指标按任务完成情况（百分比）计分。

2. 存款类指标

（1）个人任务指标

个人任务指标分存款余额净增指标与存款月平余额净增指标，具体任务为：一级支行客户经理存款余额净增200万元，存款月平余额净增120万元；二级支行客户经理存款余额净增150万元，存款月平余额净增90万元；三、四级支行客户经理存款余额净增100万元，存款月平余额净增60万元；五级支行客户经理存款余额净增50万元，存款月平余额净增 30 万元。

根据个人存款余额净增与存款月平余额净增任务完成情况（百分比）计分，由支行负责统计，总行负责考核验收。

各支行应设置客户经理组织存款台帐，由柜员登记、会计复核，支行行长确认。

（2）支行任务指标

支行任务指标由支行下达，分存款余额净增指标与存款月平余额净增指标，根据客户经理完成支行下达存款余额净增与存款月平余额净任务情况（百分比）计分，由支行考核计分。

3. 效益类指标

（1）贷款利息收入指标按任务完成情况（百分比）、正常类贷款利息应收尽收比例计分，具体计分公式为：

任务完成比例×（应收已收正常类贷款利息/应收正常类贷款利息）×标准分值

4. 风险类指标

（1）年底贷款抵质押率指标按照任务完成情况计分。

①2011 年底贷款抵质押率小于 100% 的，计分公式为：

（2012 年底实际贷款抵质押率 – 2011 年底贷款抵质押率）／（2012 年底贷款抵质押率任务 – 2011 年底贷款抵质押率）＊标准分值

②2011 年底贷款抵质押率等于 100% 的，根据 2012 年底实际贷款抵质押率实行分段累积扣分，具体如下：

2012 年底贷款抵质押率 99.5%（含）以上，较 100% 每下降 0.1 个百分点扣 0.3 分；年底贷款到期收回率达到 99%（含）以上，较 99.5% 每下降 0.1 个百分点扣 0.1 分。

（2）贷款到期收回率指标

贷款到期收回率在当年新放的贷款当年到期 100% 收回的基础上计分。

①参数确定

基准参数 ＝1 –（截至 2011 年底正常类偏离贷款总额/截至 2012 年底正常类到期贷款总额）。

年底贷款到期收回率 ＝1 –（截至 2012 年底正常类偏离贷款总额/截至 2012 年底正常类到期贷款总额）＋容忍度。

容忍额 ＝2012 年当年到期贷款总额×容忍度

容忍度基数为 1%，根据 2012 年到期未收回贷款尽职情况的考核相应进行调减，容忍度区间为 0 – 1%。

②计分标准

贷款到期收回率按完成比例相应计分，具体分值如下：

1）若基准参数 <100%

A. 年底贷款到期收回率≥基准参数

此种情况中，分年底贷款到期收回率等于基准参数与大于基准参数两段计分，总分25分，其中年底贷款到期收回率大于基准参数部分根据个人任务情况实行浮动分值，浮动所剩分值计入年底贷款到期收回率等于基准参数部分分值内。

a. 年底贷款到期收回率＞基准参数

该部分最高分值为8分，分值确定公式为：

（客户经理个人管理2011年底正常类偏离贷款／全行2011年底客户经理人均管理正常类偏离贷款）×8

实际得分计算公式为：

（年底到期贷款收回率－基准参数）／（100%－基准参数）＊确定分值

b. 年底贷款到期收回率＝基准参数

该部分实际得分计算公式为：25－a部分确定分值

年底贷款到期收回率≥基准参数时，实际得分为a与b部分的合计

B. 支行年底实际贷款到期收回率＜基准参数

此种情况中，总分为17分，实行分段累积扣分，具体如下：

小于0.5个百分点内（含）时，每小于0.1个百分点扣0.8分；小于基准参数0.6—1个百分点（含）范围内时，每小于0.1个百分点扣0.84分；小于1.1—1.5个百分点（含）范围内时，每小于0.1个百分点扣0.96分；小于1.6—2个百分点（含）范围内时，每小于0.1个百分点扣0.8分。

2）若基准参数＝100%

此种情况中，总分为25分，实行分段累积扣分，具体如下：

年底实际贷款到期收回率99.5%（含）以上，较100%每下降0.1个百分点扣1.2分；年底贷款到期收回率达到99%（含）以上，较99.5%每下降0.1个百分点扣1.6分；贷款到期收回率达到98.5%（含）以上，较99%每下降0.1个百分点扣2.2分，98.5%（不含）以下不计分。

（3）五级不良贷款占比指标

①年初五级不良贷款占比大于零的

（年末五级不良贷款占比－年初五级不良贷款占比）／（五级不良贷款占比年末控制任务－年初五级不良贷款占比）×标准分值。

②年初五级不良贷款占比等于零的

年末五级不良贷款占比为零的计标准分值，年末五级不良贷款占比大于零的不计分。

五级不良贷款占比按照各支行实际不良贷款占比考核。

（4）表外不良贷款时效保证率指标

表外不良贷款时效保证率指标任务为100%，以2011年底表外不良贷款情况为基础，2012年新出现一笔及以上的表外不良贷款当年新丧失诉讼时效的，该项指标不计分。

5. 其他工作类指标

其他工作类指标由支行负责设定，并由支行考核计分。

（四）定性指标的计分办法

定性指标实行扣分制。扣分标准如下：

1. 违反贷款管理中第六项关于贷款到期后管理规定的，每人每次扣 5 分；违反贷款管理其他规定的，每人每次扣 2 分。

2. 违反定性指标第二项规定的，每人每次扣 10 分。

（五）定量指标的加分办法

定量指标设加分，加分最高 10 分。

1. 到期贷款收回率指标。

（1）2012 年当年到期正常类贷款全额收回加 3 分。

（2）2012 年初基准参数小于 100%，2012 年底到期贷款收回率达到 100% 的，加 2 分。

2. 贷款利息收入指标。在正常类贷款利息收入应收尽收的前提下，对贷款利息收入超任务的给予加分奖励，加分最高不超过 5 分，具体加分标准如下。

（1）贷款利息收入任务在 200 万元（含）以下的，每超任务 1%，加 0.2 分。

（2）贷款利息收入任务在 200 万元以上 400 万元（含）以下的，每超任务 1%，加 0.4 分。

（3）贷款利息收入任务在 400 万元以上 700 万元（含）以下的，每超任务 1%，加 0.6 分。

（4）贷款利息收入任务在 700 万元以上 1200 万元（含）以下的，每超任务 1%，加 1 分。

（5）贷款利息收入任务在 1200 万元以上的，每超任务 1%，加 1.2 分。

客户经理信贷营销超额部分产生的利息收入，原则上按不超过 50% 的比例计入。

7.3.1　绩效考核的定义

绩效考核指企业在既定的战略目标下，运用特定的标准和指标，对员工的工作行为及取得的工作业绩进行评估，并运用评估的结果对员工将来的工作行为和工作业绩产生正面引导的过程和方法。它本质上是一种过程管理，而不是仅仅对结果的考核。

7.3.2　绩效考核的作用

有效的绩效考核，会对企业业绩的提升起到良好的促进作用，会有效地提高每个员工的工作积极性，能使强者赢得更高的地位和利益，使弱者有压力和向上的动力，最终促进团队目标的实现。

1. 有利于目标的达成

从本质上来讲，绩效考核不仅仅是对工作结果的考核，同时也是对过程的管理。它可以将长期目标分解开来，变成年度指标、季度指标、月度指标，甚至每周指标，不断督促员工来完成这一目标。一个成功的绩效考核体系，能有效地帮助企业来达成目标。

2. 有助于合理利益分配

如果不与利益挂钩，那么绩效考核就没有任何的意义，让员工的绩效工资与考核的结果挂钩，才能提起员工的工作积极性。绩效考核必须和员工的利益挂钩，与利益不挂钩的考核是没有意义的，员工的工资一般都会为两个部分：固定工资和绩效工资。绩效工资的分配与员工的绩效考核得分息息相关，才能做到按照员工的工作表现和业绩分配利益。还可以通过绩效考核，把员工聘用、职务升降、培训发展、劳动薪酬相结合，使得企业激励机制得到充分运用。

3. 有利于发现问题

绩效考核是一个不断的制定计划—执行—修正错误的过程，这也是一个不断发现问题、改进问题的过程。一说起考核，员工的第一反应往往是绩效工资的发放，其实绩效考核的最终目的并不是单纯地进行利益分配，而是促进企业与员工的共同成长。员工可以通过考核发现问题、找到差距，在利益分配的刺激下努力改进问题，进行提升，最后达到双赢。

4. 有利于促进个人与企业的发展和成长

对企业而言，人才的成长是企业不可或缺的部分。而绩效考核的最终目的就是促进企业与员工的共同成长。员工通过在考核过程中不断发现问题、改进问题，不断促进提升；企业通过合理的分配制度留住了优秀的员工，发挥了员工的潜能、达成了目标，从而达到个人和企业的双赢。

金融销售人员作为金融企业经济效益的直接创造者和实现者，在企业中的地位和作用越来越重要，他们已成为金融企业的宝贵财富。只有建立符合金融销售人员工作特点的绩效考核管理体系才能最大限度的发挥其积极性，从而达到企业的销售目标。否则，不仅金融企业难以实现企业目标，而且耗费很大代价招聘、培养的销售人才将大量流失，同时带走自己的客户，会给企业造成巨大损失，导致企业最终失去的竞争力。

7.3.3　金融销售团队的绩效考核

1. 以金融企业营销战略为导向，逐层分解绩效指标

制定销售人员考核指标应以金融企业营销战略为导向，将公司级的关键绩效指标分解至各部门，再由部门细化分解至销售人员，从众多考核指标中选取最主要的考核指标，确保考核指标具有明显的营销战略导向，使考核指标的设计与营销战略相一致。如企业战略目标为扩大市场，则设计指标时应以金融产品销售收入、贷款利息收入等为重点；企业战略目标为维持现有市场，则设计指标时应以客户满意度、客户回头率等为重点。再以学习与成长等方面指标为补充，可以有效地激励销售人员的成长。

2. 定性和定量相结合

指标的设计应以定性和定量相结合的方式，金融销售人员的定量指标为金融产品销售额、贷款到期收回率、金融产品利润率、客户满意度等；定性指标为工作积极性、协作性、责任感、团队精神、创新能力等。只有通过定性与定量的结合，才能更好地

控制住销售人员的绩效过程和结果，以期更客观地评价员工的表现，从而提升公司的效益。

3. 合理设置指标权重

考核指标的权重一般在5%～30%之间。权重过高，会使员工过分关注单一指标；权重过低，则不能员工引起重视。比如银行的信贷产品销售团队如果过于偏重市场占有率的话，将会忽视信贷风险。指标权重的设置影响到考核指标的执行情况。因此需根据战略目标导向来设置指标权重，与公司级战略目标有直接关系的指标权重应偏大。

4. 适时调整考核标准

所有的考核标准都不是一成不变的，金融产品销售情况随着经济环境、政策环境、市场区域等都会有所改变，因此需根据不同的经济、政策、区域来调整不同的考核标准。当外部环境相对不利时，销售目标应相应减少，而外部环境相对有利时，销售目标应相对增加。

5. 团队绩效与个人绩效挂钩

金融销售人员若只注重自己的绩效，会导致团队内部过度竞争，影响金融团队整体绩效，甚至可能影响公司利益。因此绩效考核要将团队绩效与员工绩效紧密结合，使销售人员之间主动学习、互相配合，共同完成部门绩效任务，达到部门绩效和个人绩效共同提升的目标。

6. 建立制度性的工作例会

考核者由于工作性质往往导致他们缺乏对被考核工作过程的了解，考核信息的缺失使考核结果不客观。而金融销售人员在金融行业的第一线工作，因此必须建立制度性的工作例会，加强考核者和被考核者之间的交流。每周进行销售工作的总结和计划，每月进行书面总结汇报，可以使考核者清晰了解、对比各销售人员的工作开展情况，并及时进行客观地监控和指导；同时收集客户对销售人员的满意度调查，建立全面的考核信息收集系统。

7. 建立科学的绩效考核制度

首先要保证考核的公平公正公开性，一切以公开为基础，确保考核过程及结果真实客观；其次建立考核前中后的沟通机制，对金融销售人员及时进行过程沟通，从绩效目标的设定开始，一直到最后的绩效考核，都要保持持续不断的沟通，听取金融销售人员反映的问题，说明改进方法及建议；再次，考核主体应多样化，考核者不能仅限于被考核者直接上级，被考核者的同级、下属都可以成为考核者，可实行360度多角度全面考核，全面收集考核信息；然后建立考核申诉制度，金融销售人员认为绩效考核成绩不符合工作实际情况的可提出申诉，确保考核工作合理化；最后将绩效考核结果应用到实际，与绩效奖励、岗位晋升、培训发展相结合，无论考核结果应用到哪里，其最终目的都是希望通过这种方式不断纠正金融销售人员的行为偏差，激发其工作热情，提高个人和团队的绩效，从而实现企业经营目标。

综上所述，绩效考核作为管理工具，对金融企业意义重大，对实现企业战略目标起重要作用。目前多数金融企业都有自己的绩效考核办法，随着内外部环境的变化，现有的考核方法会不能适应企业现状，我们必须与时俱进，经常进行内部协调与沟通，根据需要对考核指标及办法进行合理地动态调整，才能建立科学的绩效考核体系，提高销售人员的积极性。

7.3.4　金融销售员工的激励

企业的业绩是通过有效的激励推动的。员工激励是指通过各种有效的手段，对员工的各种需要予以不同程度的满足或者限制，以激发员工的需要、动机、欲望，从而使员工形成某一特定目标并在追求这一目标的过程中保持高昂的情绪和持续的积极状态，充分挖掘潜力，全力达到预期目标的过程。

1. 激励的理论基础

（1）马斯洛需求理论

马斯洛于1943年初次提出了"需要层次"理论，他把人类纷繁复杂的需要从低到高分为生理的需要、安全的需要、社会的需要、尊重的需要和自我实现的需要五个层次。

生理需要，维持人类生存所必需的身体需要，如衣食住行等方面，在企业就是工资收入及劳保福利等方面。

安全需要，身心免受伤害的需要。在企业就是稳定的工作职位和工作环境。

社会需要，包括感情、归属、友谊等需要。在企业就是和谐的工作团队。

尊重的需要，包括内在的尊重如自尊心、自主权、成就感等需要，在企业就是地位、职位、认同、受重视等需要。

自我实现的需要，包括个人成长、发挥个人潜能、实现个人理想的需要。在企业就是在挑战性的工作中得到自我价值的实现。

马斯洛认为只有在较低层次的需要被满足的前提下才会产生较高层次的需要，但事实上，在一些情况下，也有跳过较低层次的需要，直接产生较高层次需要的情况。

（2）双因子理论

双因子理论认为，员工的状态是界于非常满意和非常不满意这两个极端的某一个中间状态。

能使员工摆脱非常不满意的状态而留在企业继续工作的因素称为保健因子，通常是一些物质性的因素，如薪水、地位、安全、工作环境和政策等。

能使员工从中间状态推向非常满意状态从而在工作上更加努力地创造绩效的因素称为激励因子，通常是一些精神性的因素，如进步成长、成就感、工作责任和赏识。

（3）人性假设理论

保健因子和激励因子应当如何结合，管理学家们求助于对人性的假设，对人性的假设有两个相对的理论，即X理论和Y理论。

X理论认为，人之初性本恶，所以他们讨厌工作，必须进行强迫和威胁才能完成工作，他们消极被动、缺乏进取心和责任感。

Y理论则认为，人之初性本善，人性基本上是积极的，人们能从工作中激发内心的工作快感，能够主动完成工作。通过激励，就能够使他们积极向上、认同企业、勇于挑起重担、自我引导和自我控制。他们普遍具有创造性的决策能力。

但实际上，员工既不是简单的 X 型也不是简单的 Y 型，而是既有 X 又有 Y，同时存在积极和消极两种品格，因此应当将保健因子和激励因子结合在一起。

（4）期望理论

根据罗森塔期望定律，当人们在得到持久和深厚的期望时，会因受到激励而自信心增强，依靠这种心灵的力量，慢慢成为所期望的样子。

那么根据期望定律，员工的绩效实际上就等于是管理者的期待，管理者希望员工创造出多少绩效，就要给员工多少期望和鼓励，不断去提高对其工作水准的要求，他们就会越来越满足管理者的期待，表现越来越好，创造出更大的绩效。

2. 金融销售人员的工作特点

（1）较高的个人素质、较强的自我价值实现的愿望

不同于一般行业的销售人员，金融行业的特点要求其销售岗位具有较高的门槛，一般需要从业者具有大专及以上学历、银行从业资格、证券从业资格等证书。而且，金融销售人员为了能跟上日益变化的环境，还必须不断地进行学习和培训。因此，金融销售人员一般具有较高的个人素质。他们往往具有较强的事业心和自我价值实现的愿望，用于迎接挑战，将克服困难看作是一种体现自我价值的方式。他们的生理需要和安全需要已经得到了满足，从而转向归属、尊重、自我实现等更高层次的需要。

（2）工作具有更多的不确定性和自主权

金融销售人员的工作是直接面对客户、工作时间、地点均不确定。面临的客户多种多样，金融环境复杂多变，随时需要他们做出多种应对和决策措施。由于其特殊的工作性质，管理人员难以及时了解他们具体的工作过程，因此，应给予他们充分的信任，应该赋予他们较大的自主权，对他们工作过程管理不宜太细，主要通过对工作成果，如销售业绩、客户满意度等的考察来进行评价。

（3）工作具有风险性

与一般的销售岗位不同，金融销售人员的工作不仅是要把金融产品销售给顾客，而且要对其出现的风险问题进行处理。尤其是信贷产品，售前调查工作和售后管理工作的疏忽都可能导致本息难以收回。因此，对他们的评价不能单纯地以金融产品销售量和利润作为评价指标，更要考察其带来的风险性。

（4）人员流动率高

由于金融企业之间产品同质化现象严重，市场竞争越来越激烈。金融企业对销售人员的需求增加，给他们的流动带来了便利。优秀的销售人员熟悉市场，有自己的客户资源，不同金融企业之间工作性质相似使他们的转换成本较低，他们到了新的岗位很快能开展工作。这些都使得他们成为各个金融企业争取的对象。而对于金融企业来说，一直稳定的销售队伍是他们稳定市场和开拓市场必不可少的，过高的流动率将会给金融企业带来很大的负面影响，因此公司应该根据金融销售人员的工作特点，建立合理的激励制度，把流动率控制在合理的水平。

3. 金融销售员工的激励方法

员工激励机制的激励方式一般可分为物质激励和精神激励。物质激励包括工资、奖金等现金激励和股份、保险等非现金激励，物质激励可以满足员工的衣食住行等各方面的生存需要，也可以调动员工的工作积极性；精神激励的方法很多，包括目标激励、荣誉激励、参与激励、情感激励和发展性激励等。精神激励可在较高层次上调动员工的工作积极性，其激励深度大，维持时间也较长。精神激励主要是让员工意识到工作的意义，激发他们自我实现和赢得自尊的心理渴望。

（1）现金和非现金物质激励

物质激励是激励机制中最为重要的一种方式，物质激励的形式有多种，最常用的激励模式有工资、奖金、福利、股权、带薪休假、舒适办公条件等。物质激励分为现金和非现金激励，不仅可以在工资与奖金的分配上进行激励，也可以在股权、商业保险、带薪休假等非现金激励手段中进行选择。

目前各个金融企业均将薪酬作为吸引人才的一个最重要的手段，金融销售人员的流动也主要以薪酬的高低为最基本和重要的条件，其主要组成部份包括工资、奖金、福利等。

金融营销人员作为知识型员工，对他们进行非现金激励也是行之有效的。如员工持股计划，可以使员工分享企业所有权和利润，最大限度获得主人翁感；商业人寿保险，使员工除了正常的养老保险以外，获得更多的保障；住房贷款利息给付，在规定的额度和年限内，员工如果向银行贷款，由其所在金融企业支付利息。此外还有带薪休假、集体活动等。

（2）目标激励

管理学家洛克认为，指向目标的工作意向是激励的一个主要源泉。企业管理者应确定具体的、难度适中的目标，诱发人的动机和行为，使员工认同并内化成他们自己的目标，从而提高员工工作的主动性。一个人只有不断激发对高目标的追求，才能激发奋发向上的内在动力。金融销售员工的目标易于量化，金融企业应在年初对每个金融销售团队、每名员工设定一定的目标，设计的目标难度要适宜，只有那些员工能够接受的目标才能够提高绩效。特别是当个人的目标迫切地需要实现时，他们会对企业的发展产生更为热切的关注，从而对工作产生强大的责任感，这种目标激励就会产生很强大的效果。

（3）荣誉激励

人们希望得到社会或集体的尊重，通过授予员工各种荣誉来对员工进行奖励，这是精神激励中很重要的一种方式。对于那些为社会或团体做出突出贡献的人，给予一定的荣誉，这既能使荣誉获得者经常鞭策自己，又可以为他人树立榜样和奋斗目标。金融企业可以通过授予员工一定的荣誉来调动员工的积极性，企业每年评出一定数量的"明星员工"、"优秀客户经理"、"优秀销售团队"等，评选的数量一般不要过多，否则其激励效果就会降低。同时，荣誉和一定的物质奖励、晋升、外出培训等结合起来，效果会更好。比如，对获得一定级别荣誉的员工安排外出旅游度假，会对员工有很大的吸引力，效果比较理想。

（4）参与激励

现代企业的员工都有参与管理的要求和愿望，员工参加民主管理的程度越高，越有利于调动他们的积极性。通过参与，形成员工对企业的归属感、认同感，可进一步满足自尊和自我实现的需要。因此，管理者应为员工参与民主管理尽可能提供方便，采取多种形式，创造有利条件，使其能真正行使应有的管理权力，充分有效地发挥出工作潜力。金融销售人员虽然不是高层管理者，但如果金融企业制定一系列制度，通过职工代表大会或其他形式，让他们参与企业政策的制定和日常的重要的生产经营管理，让他们明确企业政策制定的目的，会极大调动他们的积极性，从而可促进员工个人目标和企业目标的统一。

（5）情感激励

情感需要是人的基本需要，人们的任何认知和行为，都是在一定的情感推动下完成的，金融企业应从情感上满足员工的需要，对员工尊重、信任、关怀、爱护，从而激发其积极性。尤其是金融销售人员作为知识性员工，他们更大程度追求社会性需要的满足。如果他们感到真正地被尊重，将使他们产生自豪感，感到工作的快乐。其次，金融销售人员的工作具有较大的灵活性和自主性，需要其在很大程度上发挥主观能动性，如果他们感到自己被信任，将会激发出更大的工作激情，不辜负管理者对自己的信任。最后，金融企业是金融销售人员生存的主要空间，如果他们感到被关心，将产生强烈的归属感，把金融企业当成自己的归属。情感激励对金融销售人员的激励作用往往会起到意想不到的效果。

（6）发展激励

金融销售人员大多有着强烈的事业心和自我价值实现的愿望。为了满足他们高层次的需要，金融企业在组织结构上要进行再设计，明确职权与职位等级，使金融销售人员的事业发展具有空间，同时完善晋升机制和培训机制，使员工发展有制度保障。另外，可以通过培训激励员工。员工都希望有机会进修培训，进一步提升自己的能力，使自己更具竞争力。假如管理者能为金融销售人员在个人素质提升、专业知识、销售技巧等方面提供更多的学习机会，他们将会受到很大的激励，从而把更多的精力投入到工作中去。而且通过培训员工不仅可以扩展自己的工作圈，学习到一些新的技能，而且还能为公司带来一些全新的视角。

实训：

大学学习、实践规划

实训项目：
对照自己距离金融销售人员的距离，给自己在大学期间的学习、实践做一个规划。

实训目的：
有针对性地从专业素质、个人素质等多方面进行提高，具备成为金融产品销售人员的条件，为进入金融业工作做好准备。

实训要求：

既可以对照金融产品销售人员的总体要求，也可以先对自己感兴趣的领域，如银行、证券、保险等进行选择，再通过各种途径了解该领域对销售人员的具体要求，对照该具体要求，找出自己目前已经具备的和尚不完全具备的知识、素质和能力，对于自己尚不完全具备的知识、素质和能力，作出学习、实践的具体规划。

将自己的规划在课堂上汇报给老师、同学，相互讨论、并寻求老师、同学的帮助、监督。

任务八　金融产品销售技能的训练与培养

【知识目标】

了解金融产品客户开拓的基本方法及各自的特点。

掌握销售面谈各个阶段即约访、接触、挖掘需求、异议处理、促成、客户维护的方法和技巧。

掌握电话营销的特点及做好电话营销应注意的关键点。

掌握短信营销的特点及技巧。

掌握网络工具促销方法的技巧。

【能力目标】

能够选用合适的方法进行金融产品销售。

能够运用所学方法和技巧进行金融产品销售面谈、电话营销、短信营销和网络营销。

【素质目标】

能技巧性地运用所学方法进行金融产品销售。

【引导案例】

用一个比喻打动客户

简介：原一平，在日本寿险业，他是一个声名显赫的人物。日本有近百万的寿险从业人员，其中很多人不知道全日本20家寿险公司总经理的姓名，却没有一个人不认识原一平。他的一生充满传奇，从被乡里公认为无可救药的小太保，最后成为日本保险业连续15年全国业绩第一的"推销之神"，最穷的时候，他连坐公车的钱都没有，可是最后，他终于凭借自己的毅力，成就了自己的事业。

俗话说："销售全凭一张嘴"，充分说明了嘴上的功夫对一个推销员来说是多么重要，客户会不会购买你的产品？除了看你是否兢兢业业地用力推销以外，更重要的是你能不能充分发挥语言的魅力，打动客户的心。如果你嘴功不到位，客户是不会买你账的。

那些伟大的推销员基本上都是全才，为了能销售更多的产品、吸引更多的客户，必须十八般武艺样样会，不但能说能笑，能读懂客户的心理，还要能讲故事，能打比喻，能以情动人，让客户笑着接受你的产品。原一平当然也不例外，同样是这些技巧运用的高手。

有一位著名的棒球运动员，无论是在运动场上，还是在保险公司推销员的眼里，他都是一个难于攻破的堡垒，因为他对保险、投保之类的事，根本不感趣。而原一平却攻破了这个堡垒。那么，原一平是如何做到的呢？

原一平没有像其他推销员那样唱些令人生厌的老调，也没对保险好处进行宣传，而是对棒球运动表现出极大的兴趣，洗耳恭听对方大谈棒球。而原一平专注地倾听，专注地不时插话，专注于他提出的问题以及他简短的议论，都给这位职业球手留下了深刻的印象。

在一个适当的时候，原一平向这位职业球手提出了一个关键的问题："您对贵队的另一位投手山田君如何评价？"

"山田君？正是有了他，我才能放手投球的，因为他是我的坚强后盾和依靠，万一我的竞技状态不佳，他可以压阵。"

"请原谅我打个比方，您想过没有，如果把您的家庭比做一个球队，您家里是不是也应该有一位山田君这样的人呢？"

"像山田君这样的人？是应该有，那我家里的应该是谁？"

"就是您"。原一平话锋一转，直接指出了他的关键位置，"您想想，您的太太和两个孩子之所以可以'放手投球'，换句话说，能无忧无虑地幸福生活，就是因为有了您，您是他们的坚强后盾和幸福的保证，所以您就好比是他们的山田君。"

"您的意思是……"

"请原谅我的直率，我是说人有旦夕祸福，万一您有个不测，我们就可以帮您的太太和孩子一下。这样，您就可以放心地驰骋球场，无须后顾之忧。所以，从这种意义上说，我们也是您的山田君。"

至此，那位棒球运动员才突然一震，想起了原一平的身份，然而他已经被感动了，露出了会心的笑容。因为原一平形象的比喻使他深刻地领会了他的人身保险与他家庭幸福的关系，这场生意当场就成交了。

由此来看，利用生动而又切合客户心理，使客户容易理解的比喻来说服客户，让客户心领神会地发出微笑，远比说一通客户不愿听而又听不懂的长篇大论有效得多。

推销大师实战秘诀：

1. 对待那些比较固执的客户不能采用通常的说教，要另辟蹊径，找到真正能打动他们的方法。不同客户，具体分析，具体对待。

2. 恰当而又形象的比喻是一个推销员应该掌握的技巧。

3. 跟客户面谈之前，一定要做详细的调查，弄清客户的脾性、工作等一切信息，以制订合理的推销计划。

（资料来源：《世界上最伟大的推销大师实战秘诀》）

8.1　销售准备

8.1.1　寻找客户

金融产品销售的第一步就是寻找潜在客户，这是销售成功的前提条件。现在，金融行业的竞争越来越激烈，产品同质化的趋势也非常明显。金融企业对客户尤其是优质客户的争夺非常激烈。对于许多金融产品的销售，不能仅仅依靠客户上门，还要依靠金融销售人员的大力开拓。

1. 潜在客户的特征

潜在客户是指既有购买所销售的商品或服务的欲望，又有支付能力的个人或组织。在销售活动中，金融销售人员面临的主要问题之一就是把产品卖给谁，即谁是自己的销售目标。金融销售人员在取得客户名单之后，要对其进行鉴定，看其是否具备潜在客户的资格和条件。如果具备，就可以列入正式的潜在客户名单中，并建立相应的档案，作为销售对象。如果不具备资格，就不能算一个合格的潜在客户，也不能将其列为销售对象。一个尚未找到目标客户的企业或销售员，就开始进行狂轰滥炸式的推销，其结果只能是大炮打蚊子似的悲哀。所以，寻找客户是销售工作的重要步骤，也是销售成败的关键性工作。

现代销售学认为，要成为潜在客户，应具备三个条件：

（1）有购买某种产品或服务的需要。

（2）有购买能力。

（3）有购买决定权。

寻找潜在客户，销售员首先必须根据自己所销售的产品特征，提出一些可能成为潜在客户的基本条件，再根据潜在客户的基本条件，通过各种可能的线索和渠道，拟出一份潜在客户的名单，采取科学适当的方法进行客户资格审查，确定入选的合格潜在客户，并做出客户分类，建立客户档案，妥善保管。

2. 潜在客户的类别

金融企业按照不同的标准，可以把潜在客户分为多种类型。

客户分类的方法，大致有如下一些：

（1）按客户性质

按客户性质主要是划分为企业客户和个人客户（或家庭客户），典型的代表是银行。这是一种非常重要和基础的划分，几乎所有的金融企业的业务组织架构都划分成"公司业务（机构业务）"和"个人业务"。

（2）按客户规模

按客户规模需要说明的是，不同行业因为业务不同，对于客户规模的评判标准也不同，对客户规模主要是按资产和收入等标准来划，以此再确定客户的购买能力。

（3）按客户行业

按客户行业这主要是针对企事业单位客户的划分方法，比如按行业可以划分为电力、交通、教育、政府等。

（4）按客户性别、年龄、收入水平以及偏好（如对风险的态度和承受能力）、性格等，这主要针对个人客户或家庭客户。

3. 收集名单

金融产品要想销售量能持续增长，除了维护好老客户以外，还要有源源不断的潜在客户的来源。通过一定渠道收集潜在客户名单是进行客户开拓的基础。通常开发潜在客户有这么几个方向。

（1）现有客户转介绍的名单

现有客户转介绍可以说是发展其他客户的最佳渠道。现有客户和金融销售人员以及金融产品已经产生了一定的信任，请他推荐自己的朋友、同事、亲戚等作为潜在客户，一方面，难度较低；另一方面，客户的推荐比金融企业自己宣传更容易得到信任。如果现有客户是企业客户的话，还可以请他推荐自己的合作伙伴作为潜在客户。

（2）工商名录

工商名录可以从多种途径获得，可以用黄页、工商名册获得，也可以从行业协会获得。如今网络非常发达，从网络上也可以轻松获得各类企业的信息。收集这些名录有利于银行、证券公司、保险公司等金融企业发展公司客户。金融企业还可以根据企业的规模、行业等信息判断客户的购买能力和发展潜力。而且，企业中聚集着大量的工作人员，金融企业也可以发展企业中的中高级管理人员，乃至普通员工成为个人业务的客户。由于他们较为集中，可以发展成团体业务，如果发展个人业务的话，利用员工在同事中的影响力，转介绍非常容易。因此，在他们当中发展个人业务也是事半功倍的。金融企业还可以根据所营销的产品的目标市场对这些企业加以选择。

（3）参加或举办各类活动

参加或举办各类活动，如展会、俱乐部、会所、课程等可以更多地与潜在客户交流、沟通、增进感情、获取信息，也可以更多地在市场上展示公司产品及公司形象，向外界传递公司的信息，让外界了解公司。如果是大型展会的话，还可以搜集更多的和行业相关的状况、了解竞争对手情况，为公司的发展战略及营销模式的调整作依据。但是，举办和参加各类活动的费用高昂，金融企业要认真核算成本。

（4）随时随地通过各种渠道收集

客户资源是无所不在的，只要金融销售人员有心收集客户名单，在日常的工作和生活中有很多途径。比如各类报刊、杂志、报纸、电视进行报道和在这些媒体上刊登广告的企业、发布招聘信息的企业，我们都可以对他们的信息加以收集、整理。金融销售人员还可以和其他公司业务人员互换资源，比如高级健身会所、高尔夫球会的客户也是金融企业优质的潜在客户。金融销售人员在参加朋友聚会、同学聚会、甚至家长会时都可以随时随地地交换名片，从中可能发展出一些客户。只是，通过这些渠道发展客户，客户较为分散，针对性不强。但由于几乎没有什么成本，而且面向的人数众多，坚持收集，也会有很大的成效。

4. 筛选名单

名单收集好之后，要按照潜在客户的轮廓和要求筛选出可能购买的客户。一般来说，按照客户购买的可能性，可以分为有明显购买意图并且有购买能力、有一定程度的购买可能、对是否购买尚有疑问三类。挑选出重点销售的对象，会使销售活动的效果明显增强。因此，名单的筛选是约访之前必须要做好的工作。

5. 维护更新潜在客户卡

潜在客户资料卡要不断地增加和经常更新，不断扩大潜在客户的数量和提高潜在客户的资料才能适应不断变化的金融市场的需求。

8.1.2　心理准备

1. 信心准备

事实证明，金融销售人员的心理素质是衡量其成功与否的重要因素，因此，金融销售人员要突出自己最优越的个性，争取获得客户的信任和喜爱，注意保持积极乐观的心态。

2. 拒绝准备

大部分客户是友善的，换个角度去想，通常在接触陌生人的初期，每个人都会产生本能的抗拒和保护自己的想法，客户一开始的拒绝并不意味着讨厌，更不意味着销售的失败。金融销售人员要用自己优质的服务去打消客户的顾虑、解决客户的问题，从而真正获得客户的信任。

3. 心态准备

在进行销售的过程中，会遇到各种各样的客户，不能急于求成。对于客户的质疑，要耐心说明；遇到困难时，要有所心理准备，要始终保持自信、乐观。对于失败，要分析其原因，如果是自身的原因，则要吸取教训，争取下一次做得更好。

8.1.3　计划准备

在销售中，金融销售人员的计划准备得充分与否，直接关系到销售的成功与否，因此，在拜访之前，计划准备尤为重要。

1. 计划目的

对此次销售的目的进行计划，争取潜在的客户了解自己所销售的金融产品、获得其信任，进而争取销售的成功。

2. 计划任务

金融销售人员的首要任务就是把自己"陌生之客"的立场在短时间内转化成"友好立场"。要实现这个目标，就要对客户性格、需求、财务状况、风险承受能力作出初步分析，选好沟通切入点，计划销售给对方金融产品的种类、数量等。

3. 计划路线

如果通过陌生拜访的方式进行销售，金融销售人员在开展陌生拜访之前，要做好路线规划，这样便于统一安排工作，合理利用时间，提高拜访效率。

4. 计划时间

与客户预约见面应准时到达，过早到达会给客户增加一定的压力，过晚到达会给客户传达"我不尊重你"的信息，同时也会让客户产生不信任感。因此，一般情况下，最好提前5~7分钟到达，这段时间足够做好进门前的准备了。

8.1.4   资料和工具准备

1. 资料准备

资料准备在销售中占据极其重要的分量，人们常说："知己知彼，百战不殆。"因此，金融销售人员要努力收集客户资料，要尽可能地了解客户的情况，并把所搜集到的信息加以整理，装入脑中，当作资料。作为金融销售人员，不仅仅要获得潜在客户的基本情况，比如对方的性格、教育背景、生活水准、兴趣爱好、社交范围、习惯嗜好以及和他要好的朋友的姓名等，还要了解对方目前得意或苦恼的事情，如乔迁新居、结婚、喜得贵子、子女考上大学，或者工作紧张、经济紧张、充满压力、失眠、身体欠佳等。总之，金融销售人员了解得越多，就越容易找到一种最佳的沟通方式来与客户进行交流。此外，对客户情况了解得越多，就越能发现客户的需求。比如说保险销售人员可以从客户喜得贵子、子女考上大学等信息中找到销售机会。银行信贷人员可以从客户财务状况中判断还款能力。此外还要努力掌握同行业的状况、竞争对手的资料等，以便销售时可以更加突出自己的优势。

2. 工具准备

"工欲善其事，必先利其器。"这句话体现了金融销售人员销售的核心思想，要想取得销售的成功，就必须做充分准备，当然也包括工具准备。一位优秀的金融销售人员除了需要具备锲而不舍的精神外，一套完整的销售工具是必不可少的。销售工具通常包括产品说明书、企业宣传资料、名片、计算器、笔记本、钢笔、价格表、宣传品等。金融产品是一种抽象的、具有一定专业性的产品，金融销售人员在拜访客户时，利用销售工具，可以使客户更加直观地了解金融产品。此外，金融工具的展示还在一定程度上体现了销售的专业性、规范性，可以给客户留下较好的印象。

8.1.5   仪表准备

在很多场合，金融销售人员的第一印象是销售成功与否的重要因素。事实上，金融销售人员给客户的第一印象好坏90%取决于仪表，销售要成功，就要选择与产品形象相适应的服装，以体现专业形象。通过良好的个人形象向客户展示品牌形象和企业形象。最好穿公司统一服装，让客户觉得公司很正规，企业文化良好。男士穿公司统一上装，戴公司统一领带，穿深色西裤，黑色平底皮鞋，避免留长发、染色等发型问题，不要佩戴任何饰品。女士穿公司统一上装，戴公司统一领带，穿深色西裤或裙子，黑色皮鞋，避免散发、染发等发型，不要佩戴夸张的饰品。

8.2　金融客户开拓的基本办法

8.2.1　面谈

面谈，顾名思义，是面对面地向客户介绍和销售产品。金融产品大部分具有专业性强的特点，一般的客户如果没有专业人员的指导很难了解；有些金融产品还具有个性化的特点，是金融企业根据客户的情况个性化量身订制的，比如说银行、证券公司、保险公司的理财方案。面谈有助于客户深入地了解金融产品，从而选择、购买金融产品；也有助于金融企业深入全面地了解客户、推荐和销售合适的金融产品，为客户量身定制个性化金融产品，从而提高金融服务的质量。

具体来说，面谈在金融产品的销售中具有以下优缺点：

1. 优点

（1）互动性

双方面对面进行面谈，除了语言讲解以外，金融销售人员可以通过展示各种资料，直观地向客户展示金融产品。客户有任何问题都可以当面提出并得到解答。尤其是较为复杂的金融产品，面谈的方式更有利于向客户讲解产品知识。相比较电话销售，面谈不仅可以从语调、语气中判断对方的心理，也可以从表情、肢体语言看出对方的心理状况。金融销售人员可以通过察言观色来判断或修改对方及自己的谈判策略，非常有利于谈判。面谈的方式在金融销售领域广泛运用于保险、银行、证券等金融产品的营销。

（2）易于建立信任

俗话说："见面三分情。"陌生人之间天然是有一种戒备、猜忌心理的。在面谈的过程中，金融销售人员可以直观地感受到对方的心理活动，分析原因，从而有针对性地解除对方的疑虑。在面谈中，金融销售人员还可以用自己的态度、情绪感染对方，从而缩短相互间的感情距离，建立融洽的关系，得到对方的最大信任。

（3）为客户提供便利性

面谈可以是客户亲自前往金融企业营业场所进行，也可以由金融销售人员前往客户的住所、工作场所进行上门服务，为客户提供便利。随着人们工作生活节奏的加快，人们越来越注重服务的便利性。尤其是金融企业的中高端客户，他们大多数在单位、家庭起到支柱的作用，在忙碌的工作与生活之余更加渴望得到便利的服务。

（4）销售主动性

相比较传统的店面销售被动地等待客户上门的方式，面谈对于金融企业来说在销售方面具有更强的主动性。面谈要求金融销售人员主动地走出去，直接面对潜在市场，识别潜在客户、主动地去接触客户、了解客户、发现客户的需求，引导客户了解金融产品，激发客户的购买欲望，从而完成金融产品的销售。店面销售面对的是已经具有初步的购买欲望的客户，而面谈的方式则面对金融产品目标市场上所有的潜在客户，这个市场更大，客户人数更多，可能完成的业绩水平更高，但同时对金融销售人员提出了更高的要求。

（5）服务个性化

金融产品面对的客户由于收入水平、观念、受教育程度、年龄、风险偏好等因素不一样，对金融产品的需求也千差万别。而随着理财观念的逐渐普及，越来越多的个人和家庭需要的是全方位的保障和合理的投资组合。这就要求金融销售人员在全面深入了解客户的基础上提供个性化的服务。加上金融产品具有专业性强的特点，需金融销售人员人员讲解、演示，所以面谈在金融产品营销方面具有独特的优势。

（6）有利于开发和推广新产品

金融产品更新换代的速度很快。现代营销学认为，任何一种新的金融产品的出现都是源于市场，归于市场。从市场调研、产品开发，一直到推向市场，都离不开和客户的接触。面谈的优势是减少流通中的一些环节，能让信息比较直接、迅速地反馈给金融企业，让企业能较快地适应市场需求，开发出新的金融产品。同时，也可以面对面地把新产品信息直接地传递给客户，使客户尽快地了解和接受它，缩短市场推广的过程。此外，新产品的推广费用是很大的一笔开支，而面谈可以通过金融销售人员的耐心讲解、演示和说明，把新产品打入消费市场，节省了推广费用。因此，相比较传统的金融产品而言，面谈在开发和推广新的金融产品方面，具有更强的优势。

（7）面谈可以节省流通费用

传统的金融产品是通过金融企业实体网络渠道进行销售的，如银行在社区的支行、网点、证券公司在街道的营业部。而这些实体网络渠道，计算其租金、软硬件设备、营业费用、人员工资，需要耗费一大笔费用。面谈的方式有利于金融企业减少实体网络渠道的数量，从而为金融企业节约流通费用。

2. 缺点

（1）效率低

面谈面对的客户是金融产品目标市场的所有客户。首先，面谈的效率取决于能否有效地识别出这些客户；其次，与主动上门进行购买的客户相比，有些目标客户由于观念、性格、信息渠道等原因没有意识到自己的需求。这就需要金融销售人员进行金融产品信息的传递和需求的激发。这也降低了面谈的效率。最后，面谈一般是一个金融销售人员对一个客户或者一个金融销售人员对少数客户进行，并且在很多情况下金融销售人员必须前往客户所在地，因此，在效率方面不具有优势。

（2）客户有戒备心理

从心理学上讲，人对陌生人总是具有戒备心理，尤其是期望从自己这里获取利益的陌生人。这为约访带来了一定的难度。随着各行业面谈销售的普及，一些素质低下的金融企业和金融销售人员更是加强了人们的这种戒备心理。而这种戒备心理一旦产生，就阻碍了客户对金融销售人员、金融产品建立信任，销售更是无从谈起。这成为面谈营销的一个很大的阻力。

3. 面谈的步骤

（1）开拓

客户开发工作是销售工作的第一步，通常来讲是业务人员通过各种方式初步了解市场和客户情况，对有实力和有意向的客户重点销售，最终完成目标区域的客户开发。

（2）约访

约访是指销售人员与客户协商确定访问对象、访问事由、访问时间和访问地点的过程。

（3）接触

良好的接触能够给客户建立良好的第一印象，有助于销售向良好的方向发展。

（4）挖掘需求

挖掘需求就是激发客户对金融产品的需求，尤其是隐性需求。

（5）异议处理

很多客户会对产品提出异议。是指客户对产品、销售人员、销售方式和交易条件发出的怀疑、抱怨，提出的否定或反对意见。正确地处理异议有助于为销售排除障碍。

（6）促成。当顺利完成以上步骤后，销售人员和客户之间已经建立了良好的关系，能否达成协议就取决于"临门一脚"的功夫了。销售人员需要细心识别客户发出的成交信号，与客户取得共识，迈向互利的成交决定，从而达到销售的最终目的。

【案例】

香港商业银行的客户经理制

香港商业银行客户经理制起源于20世纪80年代初的外资金融机构。他们开始是将资产负债管理的内容与客户密切联系起来，并根据客户的需要，提供个性化服务，把金融产品的营销与商业银行的收益结合起来，达到金融产品营销的最佳配置与组合。随后发展为以客户为中心、以市场营销为主要内容的制度建设、管理方法、金融产品创新。经过近二十多年的不断完善，目前客户经理制已成为香港商业银行普遍采用的一种管理制度。

客户经理的主要职能主要有：①开拓银行业务（基本职责）。②维护现有客户，为客户提供一揽子服务。③受理客户授信申请。④参与审批工作。客户经理主管大都是贷款审查委员会委员，直接参与审批工作。⑤搞好贷后监控工作。⑥收集反馈信息。

香港商业银行客户经理在长期激烈的市场竞争中积累了许多丰富的营销经验。在开发客户方面，创造了推介方式、媒体寻找、交流活动、拜访不活跃客户、发掘潜质客户等多种选择和开发目标客户的技巧。在市场营销方面，创造了品牌营销、差别营销、岗位营销、专柜推广、网络营销、交叉营销、产品生命周期营销等多种营销策略。在公关宣传方面，注重宣传策划的统一性（由总行统一策划组织）、宣传内容的针对性、宣传媒体的适用性、宣传形式的多样性、宣传效果的长远性。香港商业银行也采取了有效的措施对客户经理进行监督和管理。加入WTO后，按照市场准入和国民待遇原则，我国已逐步取消外资金融机构的种种限制，逐步开放我国的金融市场，这对我国金融业将带来严峻的挑战。为适应世界金融业发展，香港客户经理制先进的市场营销和管理经验值得内地银行业借鉴。

（资料来源：巴伦一《香港客户经理制》华夏文化出版社）

8.2.2　电话营销

电话营销即是指通过使用电话来实现有计划、有组织，并且高频率地扩大客户群、提高客户满意度、维护客户的方法。随着客户为主导的市场的形成，以及电话、传真等通信手段的普及，很多金融企业开始尝试这种新型的销售方法。

1. 优点

（1）互动性

电话能够在短时间内听到客户的意见，和客户沟通，从客户的语音、语气了解客户的需求、意见，从而提供针对性的服务，是非常重要的双向交流的商务工具。

（2）高效性

电话营销中，金融销售人员可以不出办公室，瞬间与客户通话联系，速度上来说，没有其他工具可比拟。电话营销可以在最短的时间内让客户了解到我们所要传递的信息。

（3）节省时间和开支，提供工作效率

电话营销可以让金融销售人员在不出办公室的前提下实现销售全球化，这样就节省了面谈而带来资金和时间成本。此外，电话营销还便于规模化进行。很多金融企业建立了电话营销中心，由训练有素的电话业务人员进行专业的电话营销，每小时可为5~15名客户提供服务，提升了营销的效率，又降低了营销成本。

（4）普遍适用性

目前，电话这一通信工具已经遍布到国家的各个角落各个阶层，而移动通信工具的普及使得电话营销可以随时随地地进行。电话的普遍性给电话营销的发展提供了前提条件，就是因为电话的普遍存在，这样电话销售人员就可以寻找到不同的客户，所以电话的普遍性也是电话营销的一大优势。

2. 缺点

（1）容易被拒绝

在销售谈判中，销售者最怕自己的产品或服务被客户毫无余地的批评、拒绝，而在电话营销中，由于打电话的时机不对、受到干扰等原因客户会干脆地拒绝对方。在面谈中，双方或多或少都会顾及对方的情面，即使谈判破裂也会给对方留有面子，在电话谈判中由于双方不见面，客户不会有太多的顾及，他们会直截了当地拒绝，容易打击销售者的信心。一般情况下，如果客户仅仅是口头上的拒绝，金融销售人员还可以进行进一步的努力，但是如果客户挂断了电话，那么几乎没有回旋的余地。

（2）不能真实判断对方的心理

研究表明，只有10%左右的信息可以通过听觉传递。在电话沟通中不能看到对方的表情、肢体语言，只能听到对方说的话，了解到对方的语气，仅凭这一点很难准确地分析出对方的真实意图。并且受到文化、个性等因素的影响，有些客户会刻意隐藏自己的真实想法，更加给电话营销带来了困难。

（3）不易建立情感和信任

仅仅依靠语言交流，很难充分地进行情感交流。而且电话交流具有一定的虚拟性，不如面谈来得生动真实。在这种情况下很难建立情感和信任。

（4）缺少展示机会

电话营销只能通过听觉传递信息，不能通过展示相关资料而给予视觉刺激，而金融产品本身的专业程度和复杂程度较高，这就更加影响了客户了解金融产品的兴趣，增加了客户了解金融产品的难度。

3. 电话营销的步骤

（1）准备 在进行电话营销之前，要做好充分的准备，选择合适的时间，把谈话的要点列出。准备好记录用的笔、纸。

（2）开场白 开场白包括自我介绍、询问对方时间是否合适以及介绍自己的目的。好的开场白可以吸引客户的注意。

（3）挖掘需求

（4）推荐产品

（5）促成

后三项和面谈相似。

【案例】

我国保险电话营销发展概况

电话营销又称电话行销，是指通过使用电话、传真等通信技术，来实现有计划、有组织，并且高效率地扩大客户群体、提高客户满意度、维护客户关系等市场行为的一种营销手段与营销模式，是直复营销的一种，起源于美国，出现于20世纪80年代以前，后来逐渐发展到日本、中国台湾、中国香港、印度、新加坡等亚洲地区，90年代初进入中国，并在大陆得到了迅猛的发展。2002年开始，友邦保险等具有外资背景的保险企业首次将电话营销应用于保险行业，开始了保险电话营销的征程。2003年招商信诺、中美大都会等也都相继涉足了电话营销领域，这个阶段标志着电话营销正式进入中国保险市场。之后随着平安保险、大地保险、天平保险等公司获得保险电话营销牌照后，中国保险行业的电话营销业务算真正开始起航了。

保险电话营销是指通过专业的呼叫中心，以电话作为与目标客户进行信息沟通的媒介，保险电话营销专员通过电话向准客户销售公司的保险产品，以获得目标对象对保险产品直接反应的直接销售方式。

在国内较早开展保险电话营销业务的公司有友邦人寿、招商信诺、中美大都会、太平人寿等。虽然从国内保险电话营销近几年的发展情况来看，其发展速度及规模与理想之间尚存在一定的差距，如以北京地区为例，2008年北京497.7亿元的保费中，保险电话营销渠道的贡献率不足5%，但保险电话营销作为一种新兴的保险产品分销模式正处在蓬勃发展的阶段。

保险电话营销在国外已经得到比较充分的发展，已成为一种重要的营销模式，因此只要运用得当，这一新型营销模式在国内必定能够成为促进保险业健康发展的另一个"功臣"。然而在国内，保险电话营销毕竟还是一个新生事物，在整个国内保险市场上所占比例较低，2007 年，包括电话营销在内的公司直销渠道所实现的保费收入在寿险业中只占 11.92%，因此，只有不断修正保险电话营销在运行中的"不足"，加上国家政策上的支持，保护性的开发，才能使保险电话营销的发展走上正确的轨道，真正成为保险公司的一种主要销售渠道。

（资料来源：杜玉新《金融教学与研究》2010 年第 6 期）

8.2.3 短信营销

短信营销就是以短信平台发送手机短信的方式来达到营销目的，包括文字短信和彩信。短信营销以其显著的优点在金融营销领域也得到了广泛的使用。比如，许多证券公司就充分利用了短信营销的手段，他们根据客户需求选择性地将各类研究咨询信息发送给客户；定期提供给客户持仓个股分析报告；及时向客户提供高质量的资讯产品和信息，并根据客户需要为其度身定制资产配置方案；定期将研究机构的投资策略报告发送给客户。

1. 优点

（1）高效性

短信营销在效率上具有无可比拟的优势。使用手机发送短信，一般手机发送 1 条短信需要 1 秒的时间，1 天大约可以发送 86400 条短信。即使我们只使用一部手机，也可以在 3 天之内给某个中等城市所有的手机用户发送一条短信。如果使用短信网关发送短信，发送速度更快。并且短信的到达具有实时性，客户几乎同时就能接收到信息，而且很少有人不去查看短信。

（2）方便性

短信营销不会影响对方的正常活动。如果对方由于一时忙于其他事务没有及时看到短信，但是他的手机已经收到短信。他可以在某个方便的时候阅读短信。因此，短信营销较少引起对方的反感。

（3）经济性

短信系统的使用，直接对接业务应用系统，不用再进行平台的开发或嵌入，减少了开发费用，同时操作的便捷性使企业轻松拥有通信平台。手机发送一条短信的费用只有 0.1 元左右。相比较其他营销方式，价格低廉。而且门槛低，只要有一部手机或者一部计算机即可操作。

（4）广泛适应性

随着移动通信工具的普及，和电话营销一样，短信营销的使用具有广泛的适应性。

（5）强制性

短信营销最大的特性就是直达接收者手机，"一对一"传递信息，强制性阅读，能提高人与广告的接触频率。

（6）蔓延性

短信营销具有很强的散播性，接收者可将信息随身保存，需要时可反复阅读，并可随时发送给感兴趣的朋友。

2. 缺点

（1）单向交流

短信发送之后，只能期待对方的主动联系，所以在大多数情况下，是一种单向交流工具。只有有现实需求的客户才会主动联系，金融销售人员无法进行有针对性的讲解、说明、劝导、激发，大大降低了交易的成功率。

（2）字数限制

受到短信协议本身的限制，每条短信的长度不能超过 70 个汉字，如果分割成多条短信，就要考虑到成本问题，这为信息的传递带来了一定的限制。

【案例】

短信营销系统在证券行业的应用

证券业是一个服务性行业，券商之间的竞争其实就是服务的竞争，谁的服务质量好，谁的服务项目多，谁就能争取到更多的市场、更多的客户。面对越来越激烈的竞争，各个券商使出浑身解数，推出如透支、手续费返还等各种交易方式和手段来吸引客户。然而，这些都属于被动的服务方式，对于业余炒股的大多数中小户、散户来说，不可能每天花大量时间去及时了解股市的各种实时信息。证券公司主动地为客户提供一些信息服务，尤其是一些重要信息的通知，已经成为证券公司树立形象、加强客户关系管理的一个重要手段。

证券行业在传递信息时多采用设立呼叫中心系统或客户经理等方式，这些方式在交易活动中不能及时、迅速地把信息传递给客户，同时客户拨入的难度不断加大，无法为客户提供准确及时的信息，从而造成了服务质量较低的现象，影响了企业的形象。短信方式的使用可以极大地满足业务活动的需要。证券公司可以通过短信实现证券企业与客户之间的营销互动，不仅成本低，而且方便及时；还可以利用短信根据客户所处的不同行业发布信息，向客户发布产品信息、市场点评等公告信息。利用短信的方式把股票价格、大盘走势等信息及时快速地发送到用户的手机上，并利用公司优势资源，对客户提供股票推荐、信息提醒等增值服务，不断提高服务质量，满足客户的个性需求，使客户的满意度和企业的形象不断提高。

8.2.4　网络营销

网络营销就是以互联网络为基础，利用数字化的信息及金融网络媒体的交互性和来辅助营销目标实现的一种新型的市场营销方式。在信息网络时代，网络技术的开发和应用改变了信息的分析和接受方式，改变了人们生活、工作、学习、合作和交流的环境，企业也必须积极利用新技术变革经营理念、经营组织、经营方式和经营方法，搭上技术发展的快速列车，促使企业飞速发展。网络营销是适应网络技术发展与信息网络时代社会变革的新生事物，必将成为 21 世纪的营销策略。网络营销也就成为金融企业日益重要的营销方式。如今，在金融领域，网络营销已经被广泛运用于网上销售、信息发布、客户服务、客户关系、网上调研等方面。

1. 优点

（1）不受时空限制

营销的最终目的是占有市场份额，由于互联网具有超越时间约束和空间限制进行信息交换的特点，因此使得脱离时空限制达成交易成为可能，企业能有更多的时间和更大的空间进行营销，可以 24 小时随时随地提供全球性营销服务。比如网上银行，突破了银行营业时间的限制，使客户能够 24 小时接受银行的服务。同时突破了空间的限制，无论客户走到哪里，只要有计算机，就可以接受银行的服务，给客户提供了极大的方便。

（2）多种形式的信息交换

互联网络被设计成可以传输多种媒体的信息，如文字、声音、图像等信息，使得为达成交易进行的信息交换以多种形式存在，可以从各个方面充分地激发客户的购买欲望。

（3）覆盖面广

网络营销的覆盖面广。传统模式指向的都是区域性，金融企业的网络营销系统一旦建立起来，面对的是开放的和全球化的市场，可以接触到全国乃至全世界的客户。极大地提高了营销的效率。

（4）成本低廉

网络营销以其高覆盖面可以减少金融企业物理网点的数量，减少租金，设备、人工和水电成本。比如说，招商银行的物理网点数量远远不能和工、农、中、建、交等老牌国有商业银行相比，但是它凭借先进的网上银行服务跻身先进银行的行列。

2. 缺点

（1）可控性差

由于网络传播有着强烈的"放大效应"，网络营销因其高覆盖性、高传播性极大地提高了营销的效率，但是，这是一把双刃剑，一着不慎带来的负面影响也会被无限放大，处理这些负面效应可能导致更高的成本。

（2）受到网络安全性的影响

网络营销依赖于网络，因此存在一些网络安全隐患。拒绝服务攻击是网络安全的顽症，它是攻击者想办法让目标机器停止提供服务甚至主机死机，从而影响正常用户的服务，是黑客常用的攻击手段之一。拒绝服务攻击问题也一直得不到合理的解决，究其原因是因为这是由于网络协议本身的安全缺陷造成的。在网络发达的今天，如果一个公司的网络服务质量降低或者客户不能访问该公司的网络，客户可能会转向另一家公司，有可能就是它的竞争对手。木马病毒是另一个广为人知的网络安全隐患，木马是一种隐蔽性很强的病毒，通常把自己伪装成正常的服务。木马的危害主要是窃取用户的机密信息，如网银账号和密码，或者机密文件等。此外，网络支付的安全性对于金融企业也非常重要。很多银行都给自己的网上银行配备了 U 盾（UKey），通过 U 盾来加强网银的安全。倘若一家银行的网上支付系统出现了漏洞，那不仅会给它带来信誉上的损害，更重要的是会给客户带来认知度的降低，从而导致客户流失。

【案例】

招商银行的网上银行道路

1995 年，美国三家银行联合在因特网上建立全球第一家网上银行。网络银行以其拥有的广泛信息资源、独特运作方式，为金融业带来革命性变革。

马蔚华目光如炬，抓住了这一机遇，及时锁定银行业务网络化的战略目标，决定让招行与网上银行联袂。在国内网上银行领域确立了开拓者、领跑者的地位。此时招行在全国只有几十个网点，和四大银行相比，网点数量相差悬殊。但是善于在战略上自省的招行摒弃了规模战略，大力发展电子渠道，抢占了金融服务领域的制高点，以补足自己在物理网点上的劣势。

1998 年 4 月 16 日，在招行"一网通"网上银行支付系统开通，1999 年 6 月，招商银行网上支付系统实现全国联网，客户消费不再受地域限制。1999 年 9 月 26 日，招商银行在北京开新闻发布会，正式宣布了招行的网上银行计划"一网通"，在国内率先推出了包括企业银行和个人银行服务在内的综合网上金融服务。"一网通"推出后迅速深入人心，许多电子商务网站都使用招行的支付工具。先行一步的巨大成功吸引了各家银行投入网银的开发，陆续推出了功能类似的网上银行服务平台，但是招行早在它们前面打响了自己的名声。

2000 年下半年，招行又推出了网上信用管理、网上个人银行的大众版和专业版两个版本。2000 年底，招行网上交易额达 8600 亿，网上客户超过 1 万户。虽然这个数字并不惊人，但是已经比马蔚华年初指定的指标高了三四倍。

到了 2007 年，招行网上交易总额已达 305 亿元。当年国内网上银行支付交易额达到 976 亿元，招行三分天下有其一。

为领跑同行，招行不断改进和完善网上企业银行的功能结构、系统流程、业务模式等，持续对网上企业银行进行升级换代，从最初的 1.0 版本发展到 5.0 版本，始终保持着国内网上银行业务领域的领先地位。

2003 年，"一网通"作为中国电子商务和网上银行的代表，获得了有 IT 应用领域国际"奥斯卡"奖之称的 CHP "21 世纪贡献大奖"决赛提名奖，这是中国企业首次获此殊荣。

网上银行大大分流了招行物理网点的业务量。到 2004 年中期，招行网上银行的企业用户数近四万家，对公结算业务的 15% 和个人业务的 80% 都是在网上完成的。2006 年，网上个人银行交易笔数累计达 3500 万笔，相当于 200 个营业网点业务量，每年节省人力成本数千万元。

如今，国内大多数银行都进入第二代网上银行时代，而招商银行在享尽赞誉后已经开始挖掘新的增值服务，进入第三代网上银行，推出了个人财务分析业务、网上财务管理等针对个人的新型服务。

在别人看来，网上银行只是一种交易的渠道而已，但是招行认为网上银行也是一个能够独立发展业务的平台，不仅是将银行的业务搬上网而已。招行 2004 年 11 月推出的"财富账户"针对个人中、高端客户对闲置资金集中理财的需求，利用网络 24 小时方便快捷地提供购买保险、证券、缴费等服务，实现客户对自己储蓄和投资业务的全面管理。它不仅打通了本行的银行卡和账户，甚至可以"管"到其他银行的账户——支持招行和其他银行的划账业务，同时还能投资基金、股票等。

"财富账户"不只是一种产品，更是一个平台和管理工具，被定义为与"一卡通"比肩的跨时代产品，推出之际马蔚华亲自助阵宣介，反映出他对此的极高期望。该项业务受到了白领客户的广泛欢迎，单在上海一个城市，一个月内就推广营销近 6000 户。"财富账户"，还大大拉动起了招行原先表现平平的保险代销业务。到 2005 年年底，"财富账户"已经拥有了 7 万多客户。"一网通"的研发自始至终将安全性放在首位，保持着在这一领域中的同行业最先进水平，并采取业务与技术相结合的方式，尽可能实现便捷与安全的完美平衡。2007 年末，招行成为国内唯一一家接受国家密码管理局审查网上银行安全性并获得高度认可的银行。

在网上购物时代，招行又与淘宝网合作推出了"支付宝卡通"，完全绕开了网上银行的账户体系，用户只要在支付宝网站输入支付密码就可以完成付款，不再需要登录到银行的支付网关验证持卡人的身份信息。持卡用户不仅可以在阿里巴巴和淘宝平台购物，还可以在国内外支持支付宝的数十万家电子商务购物网站上使用。这将激起持卡用户潜在的消费欲望，有效激活银行卡用户向网银用户的转化，进一步扩大招行在电子商务市场的影响力。

（资料来源：张力升《中国需要好银行：马蔚华与招商银行》中央编译出版社）

8.3　销售面谈的技巧

销售面谈是金融销售人员通过面谈达成交易的一种方法。金融产品是一种专业性比较强的产品，许多交易涉及的金额也较大，客户需要进行较多的了解才会购买，在销售面谈中，销售人员和其销售的金融产品可以给客户留下较为直观的印象，便于客户做决定。俗话说：见面三分情，销售面谈中，金融销售人员较容易获得客户的信任，成功的可能性高。因此，在金融产品销售中，销售面谈是一种非常重要的方法。销售面谈可以分为约访、接触、挖掘需求、异议处理、成交五个阶段。

8.3.1　约访

约访是指销售人员与客户协商确定访问对象、访问事由、访问时间和访问地点的过程。约访在销售过程中起着非常重要的作用。它是销售准备过程的延伸，又是实质性接触客户的开始。

1. 约访的基本原则

（1）确定访问对象的原则。确定与对方哪个人或哪几个人接触。

1）应尽量设法直接约见客户的购买决策人。

2）应尊重接待人员。为了能顺利地约见预定对象，必须取得接待人员的支持与合作。

3）应做好约见前的各项准备工作。如必要的介绍信、名片等，要刻意修饰一下自己，准备好"态度与微笑"。

（2）确定访问事由的原则

任何销售访问的最终目的都是为了销售产品，但为了使客户易于接受，销售人员应仔细考虑每次访问的理由。比如，认识新朋友、市场调查、正式销售、提供服务、联络感情、签订合同、收取货款、慕名求见、当面请教、礼仪拜访、代传口信等。

（3）确定访问时间原则

要想销售成功就要在一个合适的时间向合适的人销售合适的产品。在时间安排上应尽量做到以下几点：

1）尽量为客户着想，最好由客户来确定时间。

2）应根据客户的时间确定见面时间。注意客户的生活作息时间与上下班规律，避免在客户最繁忙的时间内约见客户。

3）应视销售产品与服务的特点确定约见与洽谈的时间，以能展示产品及服务优势的时间为最好。

4）应根据不同的访问事由选择日期与时间。

5）约定的时间应考虑交通、地点、路线、天气、安全等因素。

6）应讲究信用，守时。

7）合理利用访问时间，提高销售访问效率。如在时间安排上，在同一区域内的客户安排在一天访问，并合理利用访问间隙做与销售有关的工作。

（4）确定访问地点的原则

1）应按照客户的要求。

2）最经常使用，也是最主要的约见地点是办公室。

3）客户的住居地也是销售人员选择的约见地点之一。

4）可以选择一些公共场所，如茶社、咖啡厅等。

2. 约访的方法

（1）信件或 E – mail 约访

利用信函或 E – mail 约见客户。由于信函可以很好地表示对客户的尊重，展示公司和金融销售人员的个人形象，但是成本较高，因此常常用来进行大客户的约访。

信件或 E – mail 约访的技巧如下：

1）信函的内容的写作技巧

为了体现对客户的尊重，必须有针对性地写信函。那种千篇一律的信函是不会得到客户的重视的。针对性不仅体现在称呼上，信函的内容也要量身打造。信函内容要尽量简短、语言优美、激发阅读兴趣。可以真诚地赞美对方，拉近与客户的距离。然后介绍自己，说明自己可以带来的帮助，并提出拜访的要求。必须强调的是，约访的目的是为了面谈，而不是销售产品。

为了体现专业性和赢得对方的信任，信封里除了信函外，还可以呈上自己的名片、重要的荣誉证书、资料。

2）亲自送达或用挂号信投递

投递信函的方式有两种，一种是亲自前往，虽然这种方式费事费力，但可以向本人或者其公司人员了解相关情况，进一步收集资料，确保信函到达客户手中，有利于安排下一步拜访计划。第二种是用挂号信邮寄，一般对于挂号信客户会比较重视，有效解决寄抵率和阅读率的问题。

3）后续的电话联络是信件或 E – mail 约访能否产生效果的关键

信函寄出的三至五天内给客户打电话，时间长了客户就会对信函淡忘。有了信函约访，客户已经对金融销售人员产生了良好的印象，采用电话跟进遭到拒绝的可能性大大降低。销售人员需要确认客户是否收到信函，并确定面谈时间。

（2）访问约见法

访问约见法是通过访问客户来和客户商定面谈的时间。访问约见法时间、交通成本较高，但有助于通过观察客户的家庭环境、工作环境等来了解客户。访问约见法的关键是争取与有决定权者的预约面谈机会，采用访问约见法要把握以下几个原则：

1）应尽量设法直接约见客户的购买决策人。

2）应尊重接待人员。为了能顺利地约见预定对象，必须取得接待人员的支持与合作。

3）做好约见前的各项准备工作。如必要的介绍信、名片等，要刻意修饰一下自己，准备好"态度与微笑"。

（3）电话约访

电话约访就是利用通信手段与客户约见。电话约访时间、费用上的成本很低，可以用作信函约访的跟进，也可以用作普通客户的约访。因此，使用非常广泛。但是，如果没有信函作为铺垫，成功率会大大降低，因此需要较高的技巧。

电话约访的技巧有以下几点

1）心理准备

电话约访由于不见面，没有"情面"障碍，并且不容易把握恰当的时机，更有可能遭到直接的拒绝，有些甚至很没有礼貌，所以易导致挫折感。因此，约访之前要做好心理准备。首先便是要理解客户的拒绝，客户的时间非常宝贵，谁也不愿意受到打扰；第二，要理解成功是建立在失败的基础上的，也许几次、十几次、几十次失败的约访才能迎来一次成功的约访，失败是正常的；第三，具备接受拒绝的气度，心情才不容易受到影响，才能自信地进行下一次电话约访。

2）面带笑容

销售人员礼貌、热情、自信的态度更容易获得客户的认同。电话约访中虽然客户看不到销售人员的表情和动作，但是可以通过语气和用词感受到。因此，打电话之前整理好情绪，微笑着说话是电话约访的一个重要技巧。可以在旁边放一个镜子，打电话时随时检查自己的表情。

3）激发兴趣

打电话的前10秒很重要，要争取到客户的兴趣，客户才能配合打完电话。客户对公司、产品本身并不感兴趣，他感兴趣的是公司、产品将带给他什么样的利益。因此，一定要强调面谈将给他带来的利益。可以利用牧群原理来强化客户的兴趣，同时强化信任关系。牧群原理是牧群的移动是由大多数的移动决定方向，个体并无意识，也就是个体有从众心理。所以可以列举出客户身边的购买案例，如果是公司客户的话可以列举一些比较知名的典型客户，以此强化客户的兴趣和信任。

4）要求见面

约访的目的就是争取一个面谈的机会，而不是在电话中进行销售。面对面的交谈更有利于成交，尤其是金融产品，具有专业性、复杂性，要选择良好的时机，借助一些展业工具才能达到很好的效果，这些条件电话沟通都不具备。因此不要在电话中过多介绍，要尽快直奔目标。这样可以引起客户的好奇心。为减少被拒绝的可能性，可以用"二择一"的方式提出见面的要求，如"我可以在明天还是后天去拜访您?"。

8.3.2　接触

当我们经过约访，成功地走近客户的时候，我们还需要掌握一些与客户接触的方法和技巧，这样才能和这些客户接触成功，进而才会有更多的交流机会，最终实现自己的销售目的。

1. 接触客户的步骤

（1）称呼、打招呼。

（2）自我介绍、递送名片。

（3）感谢对方的接见，诚恳地感谢对方能抽出时间接见自己。

（4）寒暄。与客户拉家常、说一些轻松的、有趣的话题，说一些相互赞美的话，问一些关心让彼此紧张的心情放松下来，解除客户的戒备心理，拉近与客户的距离。

（5）开场白。金融销售人员最终的目的还是要把客户引入到产品销售这个话题上来。如何做好这个引入的开场白，非常关键。

2. 接近客户的方法

与客户的第一次接触是个难题，也是个门槛，因为此时双方还不太熟悉，客户对金融销售人员可能抱有戒心。如果这个阶段的工作富有成效，后面的工作就很容易展开。因此，可以灵活地借助一些方法来达到接近客户的目的。

（1）自我介绍法

这是一种最常见的接近方法，金融销售人员通过自我介绍的方式接近客户，介绍自己的身份、姓名、企业和产品，有时还会说明接近的目的。一般有口头介绍、资料介绍和名片介绍等方式。

（2）他人介绍法

这种方法是通过他人的帮助接近客户，有他人亲自引荐和间接引荐两个方式，他人间接引荐主要通过电话、名片、介绍信、信函、便条等形式。他人介绍方法接近客户的效果一般都非常好，能有效引起客户注意，并能增强客户信任，排除交流障碍。因此，金融销售人员人脉关系的积累非常重要。

（3）迂回接触法

这种方法不直接以销售或者成交的目的接触客户，而通过其他的方式先获得客户的注意和兴趣、好感，这种方法虽然比较费力，但能有效绕过客户的抵触情绪。常见的方法有：

1）通过交往与客户达到一定的熟悉程度再展开销售。

2）通过为客户提供帮助（如提供信息、个人事务处理上的帮助、体力上的一些帮助等）获得客户的好感。

3）接触对购买决策人有影响的人。

4）通过售后服务等方式引导客户认识自己的产品和服务。

5）通过与客户熟悉的人群的接触从而获得他人推荐的机会等。

例如银行的客户经理在争取企业客户时，可以利用自己的资源为准客户介绍客户，从而获得他的感激和信任。

（4）利益接触法

许多销售活动往往不是通过销售产品，而是通过"为客户提供利益""为客户提供赢利方案"的方式进行的，特别是针对组织和企业客户的时候，这时与客户的接触不直接是产品和金融销售人员本身，而是"一套方案"。金融产品的金融销售人员可以充分强调金融产品带来的利益和保障，达到引起客户注意和兴趣的目的。

（5）利用事件法

这种方法以事件为契机，成为接近客户的理由，事件可以是自己企业的事件，也可以是客户的事件。诸如庆典、酬宾、开业典礼、扩大经营、公关事件、奠基、合作、舞会、晚会，甚至自然灾害、危机事件等，都是接近客户的很好时机。

（6）征询调查法

这一方法也是利用接触客户的时机展开推广和销售活动，比如市场调查、客户座谈、客户意见访谈、客户需求征询、技术支持和售后服务接触、向客户咨询、求教等。销售人员可以利用这些机会接近客户，这种方法隐蔽了直接销售产品这一目的，比较容易被客户接受。

（7）赞美接近法

销售人员利用人们的自尊和希望他人重视与认可的心理来引起交谈的兴趣。当然，赞美一定要出自真心，而且要讲究技巧。首先，赞美应尽量切合实际。销售人员应细心观察与了解客户，对值得赞美的地方加以赞美。第二，赞美时态度诚恳，语气真挚，使客户感到心情舒畅。第三，应注意赞美客户本人，如不应只赞美客户的衣服好看，应赞美客户会选择衣服与懂得颜色搭配。

（8）馈赠接近法

销售人员可以赠送小礼品给客户，从而引起客户兴趣和好感，进而接近客户。一些小而有意义的礼品符合客户求小利、求雅趣的心理，极易形成融洽的气氛，因此，在实际销售中经常被销售员用作接近客户的"跳板"。

3. 建立信任

刚刚开始和客户接触时，很多客户的第一反应是冷淡、怀疑，甚至是敌对。只有和客户建立了信任，才能进行下一步的工作。因此，销售开始之前的要进行接触，一个重要的目的是和客户建立信任，在没有和客户建立信任之前，任何销售行为都是徒劳。尤其是金融产品，是一种无形产品，客户不仅关注产品本身，更关注销售人员的信用和专业能力。在某种程度上，金融销售人员的信用也代表的他所服务的金融企业的信用。建立客户的信任要从以下几方面做起：

（1）良好的第一印象

第一印象是客户对金融销售人员第一次接触后形成的印象。初次见面时给我们的最初印象往往形成日后交往时的依据。人与人之间的相互交往、人际关系的建立，往往是根据第一印象所形成的论断。据心理学方面的有关研究表明，人们对其他人或事物在 7 秒钟之内的第一印象可以保持 7 年。给他人留下的第一印象一旦形成，就很难改变。从第一印象所获得的主要是关于对方的表情、姿态、仪表、服饰、谈吐、眼神等方面的印象。它虽然零碎、肤浅，却非常重要。因为，在先入为主的心理影响下，第一印象往往能对人的认知产生关键作用。

与客户见面时，客户的第一印象取决于销售人员的外表衣着与言谈举止，它包括以下三个方面。

1）塑造专业形象

第一次会见客户时，给他留下的第一印象是仪表，并与所销售的产品和服务联系起来。很难使客户相信一个衣冠不整、头发乱糟糟的金融销售人员可以提供高质量的产品和服务。给客户留下良好的第一印象，首先要着装得体，郑重其事。这样才能体现对客户的尊重；第二，要保持自信的态度；第三，在问候、握手、递送名片、交谈等环节中要遵守商务礼仪。

2）对拜访抱着热情积极的态度

销售过程中要保持热情积极的态度。微笑可以向客户反映出一个积极的形象，表现金融销售人员的友善，同时它也是与人沟通的催化剂。

3）有吸引力的开场白

第一句话的印象是成败的关键，开场白的传达方式决定是否能够打动人心。开场白的传达方式、真诚与创意会影响整个约谈的气氛，也会影响准客户的聆听态度。如果一开始就取得了客户的注意力和尊敬，很可能全程都得到同样的关注和尊重。客户会因此而削弱了对金融销售人员的提防，和客户建立信任关系便有了良好的开端。一般开场白的模式可以是"问候＋自荐＋介绍来访的目的"。

例如，"陈总，听说您是炒股技术派，非常注重用技术手段来分析大盘走势。我们公司有不少技术派的专家和客户，我给你介绍一下他们的情况吧？"这是以客户的兴趣引出话题。

"李小姐，听说您对 QFII 和伞形基金很感兴趣，但还不是很了解，我给您解释一下吧？"这是通过对客户的疑问进行解答来引出话题。

"张小姐，您好！我是××保险公司的×××，今天我给您带来的这款保险产品非常适合您这样的自由职业者，它可以为您提供全面的保障，市面上很少见的！"这是以给客户带来利益来引出话题。

（2）以客户为中心

销售的本质是价值交换，在销售产品之前，一定要让客户认识到产品对他们的价值。因此，金融销售人员一定要先把自己的产品抛开。以客户为中心，就是要求金融销售人员做到先解决客户的问题，充分了解客户需求并为其提供满意的服务，让客户真切体会到产品带来的价值、金融销售人员的真诚和专业性，这对与客户建立信任关系非常重要。

以客户为中心需要做到以下几点：

1）第一时间解决客户的问题，是一个很重要的与客户建立信任关系的方法。如果客户希望金融销售人员能为自己提供一些指导意见，说明其在工作和生活中遇到了一些问题或困难。而此时如果金融销售人员能够帮助客户解决问题或困难，那么与客户的信任关系就能够建立起来。

2）关注客户的需求，通过提问获知客户的信息。不仅要获得客户的相关基本信息，还需要知道客户对现状的态度，尤其是不满的地方，这样有利于之后进一步激发客户明确的需求。当客户已经意识到现在所面临的问题的严重性后，通过引导客户解决问题的询问，让客户看到解决这些问题后给他带来的积极影响，从而促使客户下决心行动。

3）用良好的服务来体现以客户为中心。首先，销售过程本身就是提供服务的过程，客户的购买说明了对服务的认可，然而，服务并没有随着购买的结束而结束，恰恰相反，而是更多服务的开始，在售后也提供良好的服务，是增强客户忠诚度、建立长期的信任关系的基础。

（3）真诚的赞美

在和客户交往的过程中，巧妙的赞美客户，往往能够拉近和客户的距离。人是有感情的动物，人人都喜欢听赞美自己的话，往往稍微一句简单的赞美都会令对方感到无比的温馨，自然而然就可以化解与客户之间的生疏感，进而与客户打成一片。同时还要学会真诚、自然、有事实根据地赞美别人。

赞美客户要注意以下几点：

1）须出自内心，不可信口开河，娇揉造作，不要让对方觉得言不由衷，阿谀奉承。一般具体地就客户的某一优点加以赞美更能显得真诚。

2）根据事实，不可乱发表意见，就事论事，不可言过其实，否则变成溜须拍马、效果反而不好。

3）贵于自然，赞美对方于无形之中，使对方不觉我们在赞美他。

4）适可而止，见好就收，见不好也收。

比如说："您白手起家，企业规模发展得这么大，真是不容易啊。"

"您是职业女性，又要上班，又要带孩子，家里还井井有条，真是不简单啊。"

（4）建立同理心

在人与人之间的沟通中，"同理心"始终扮演着相当重要的角色，"同理心"指能易地而处、切身处地理解他人的情绪，感同身受地体会身边人的处境及感受，并恰当地回应其需要。由此，在金融产品销售中，"同理心"就是站在广大客户的立场上，同情、理解、关怀客户，接受客户的内在需求，并感同身受地予以满足，从而最大程度地满足客户的需求，使客户感到金融销售人员是和自己站在一起的。合理地运用"同理心"能够让金融销售人员在判断客户决策路径的过程中，充分地体会客户的情绪、感受及需要，最终形成以客户需求为导向的销售模式。建立深层次的同理心要做到以下几点：

1）站在客户的角度，将心比心，把自己放在客户的位置，体验客户的处境。

2）专心倾听客户讲话。专心地倾听客户的谈话，不时地加以回应，可以让对方觉得被尊重，觉得找到了知音。

3）能正确辨识客户的情绪。金融销售人员要善于观察客户的非语言性的动作，从中可以解读客户心底深处的想法。

4）能正确解读客户说话的含义，从客户的话语和表情中理解客户真实的想法。

比如，对客户的处境的理解："我和您差不多年龄，很能理解您的处境，上有老，下有小，在单位又是骨干，身上的担子不轻啊。"

对客户对保险行业的误解："我很能理解您的想法，早些年保险市场是比较乱，使人有受骗的感觉，但现在随着国家监管力度的增强，保险市场也越来越规范。"

"这是我们与银行合作的产品，受到更强的监管，您尽管放心！"

（5）真诚的态度

在金融销售人员刚刚与客户接触时，客户都会怀有一种戒备的心理，出于安全的考虑，往往会将自己的真实情感隐藏起来，只有真诚地对待客户，才能使客户放下戒备心理，对金融销售人员敞开心扉，金融销售人员才能从客户那里获得真实的信息，才有机会发掘客户的需求，客户才会放心购买其销售的产品。因此，客户不仅关心产品的价格、质量，更关心金融销售人员的人品。金融销售人员如果表现得过于精明，甚至耍花招，会给客户不安全的感觉，更谈不上向客户销售产品。以诚相待，就必须开诚布公。金融销售人员应该主动、坦诚地向客户提供自己一方的情况，否则，客户是不可能积极合作的。只有金融销售人员首先表现出真诚，才能引导客户采取同样的态度。因此，开诚布公，态度诚恳，公开自己的立场和目标，适当地流露出自己的感情、希望和担心，才会消除对方的戒备之心。

（6）良好的专业能力

客户购买产品，也希望得到专业的服务。尤其是金融产品，专业性较强。如果金融销售人员能够具备卓越的专业能力，不仅能够为客户提供良好的服务，也能赢得客户的信任。金融销售人员所必须具备的专业知识包括有关自己的产品、服务和企业状况，竞争对手的产品、服务、企业状况以及行业状况等知识。尤其对于自己所销售的产品，金融销售人员不仅应当非常了解、熟悉其相对于竞争对手的优势，即独特卖点，同时一定要很清楚自己的产品在客户那里是如何被使用、如何帮助客户创造价值的，这样才能帮助客户做决策，提高客户运用自己的产品解决实际问题的能力。一旦树立起专家形象，就更加容易赢得客户的信任。

专业能力获得的途径包括以下四个方面。

1）通过接受公司的培训获得。如今很多金融企业都为员工提供了完善的培训，员工可以通过培训提高自己的专业能力。

2）通过阅读获得，如浏览公司的网站，阅读产品说明、公司内刊、媒体的相关报道等。

3）通过与同事、同行沟通获得。

4）通过亲身体验、亲自使用获得。

8.3.3　挖掘客户需求

1. 什么叫需求

需求是客户尚未被满足的消费欲望。客户购买产品不是因为产品有多好，而是因为产品满足了他们的需求，所以为了让销售更有针对性，更有效率，满足客户真正的需求，我们需要好好挖掘客户需求。

2. 需求的分类

客户需求按其是否在购买行为中表现出来分为显性需求和潜在需求。

显性需求是指客户意识到，并有能力购买且准备购买的有效需求。比如客户可能会直接说出：我需要办理一张定期存折。对于显性需求，企业较容易把握。

隐性需求是指客户没有直接提出、不能清楚描述的需求。这种需求往往是模糊的，是需要引导的。企业要更了解和体会客户才能更好地挖掘客户的隐性需求。比如客户会说：我需要理财，不知道哪些理财产品适合我。甚至有时客户自己都没有意识到自己的隐形需求，需要金融销售人员进行引导和激发。

显性需求和隐性需求的联系如下：

（1）不明显性

隐性需求不是直接显示出来的，而是隐藏在显性需求的背后，必须经过仔细分析和挖掘才能将其显示出来。隐性需求来源于显性需求，并且与显性需求有着千丝万缕的联系。

（2）延续性

在很多情况下，隐性需求是显性需求的延续，满足了用户的显性需求，其隐性需求就会提出。两种需求的目的都是一致的，只是表现形式和具体内容不同而已。

（3）依赖与互补性

隐性需求不可能独立存在，它必须依赖于显性需求，离开了显性需求，隐性需求也就自然而然地消失了。同时，隐性需求和显性需求之间又是互为补充的，也就是说，隐性需求是为了弥补和完善显性需求而存在的，它可使需求目标更好地实现。

（4）转化性

是指以用户的显性需求为基础，通过与用户交流，可以启发用户将隐性需求转化为新的显性需求。

3. 挖掘客户需求方法

为了更好地销售产品，除了满足客户的显性需求以外，还要最大限度地挖掘客户的隐形需求。而挖掘客户需求的基础就是尽可能多地掌握客户的资料。正确的发问及有效倾听是最佳办法。

（1）正确的发问

1）封闭式提问

封闭式提问是指提出的答案有唯一性，范围较小，有限制的问题，对回答的内容有一定限制。提问时，给对方一个框架，让对方在可选的几个答案中进行选择。一般可以用"是"或者"不是"，"有"或者"没有"，"对"或者"不对"等简单词语来作答。这样的提问能够让回答者按照指定的思路去回答问题，但难以得到问句以外更多的信息材料，且具有较强的暗示性，不利于真实情况的获得。在会谈中，封闭式提问可以引导客户，是必要的，但不宜多用，因为他不利于获得更多信息。封闭式提问要多和其他类型的提问配合使用。

例：请问您有过基金投资的经历吗？

请问您每月既要还贷又要养家觉得压力大吗？

2）开放式提问

开放式提问是指提出比较概括、广泛、范围较大的问题，对回答的内容限制不严格，给对方以充分自由发挥的余地。开放式提问能够创造宽松的谈话氛围，使客户畅所欲言，从而为金融销售人员提供更多的信息。如果问了很多封闭式问题，会给客户造成一定的压力，同时也不利于自己对信息的收集。所以在前期了解客户的需求时，应多问一些开放式问题，以便让客户能够自由、毫无拘束地说，这样才更有可能从中获得有用的信息，找到新的商机。

例：将来在投资方面有什么打算？

对孩子十年后的教育资金，您有什么样的规划？

3）主动发问

金融销售人员在开场白之后应主动地进入发问阶段，为自己的销售创造主动权，同时也易于收集客户的真实信息。信息是挖掘需求的基础，信息收集得越多，越有利于深度挖掘需求。例：

请问您多大年龄？

家庭有几口人？

近5年有什么打算？

4）连贯发问

发问时要注意问题的连贯性，通过相连贯的问题了解客户的现状并挖掘客户的潜在需求，先问简单的问题，再问复杂的问题，根据客户的回答逐个深入。这样就比较容易全面地收集到信息。我们看看以下这个示范。

基金销售人员：张先生，您在知名外企上班，收入不错，应该不是"月光族"吧？

客户：呵呵，说实话，我还真是"月光族"。其实我自己也不知道把钱用到哪里去了。平时外出吃饭、朋友聚会、逛逛商场，钱就用完了。

基金销售人员：我很理解您，刚参加工作时我也这样。您有没有考虑过将来买房、结婚啊？

客户：父母会支持一部分，当然，也不能完全依靠他们。

基金销售人员：那您有没有做一些股票投资呢？

客户：股票玩过一段时间，感觉要花很多时间，而且自己在这方面不在行，风险太大，还是存银行简单。

基金销售人员：看来您是个稳重的人。您这么年轻，可以适当地承受一些风险，可以使家庭财产快速增长。至于您说的问题，通过购买基金完全可以解决。（介绍产品）而且我们的基金定投特别适合您这种情况。

（2）有效的倾听

在销售中，"听"比"说"更重要，应该把大部分时间让客户进行自由的表达。然而在实际沟通中，并不是人人都能做到有效倾听。认真倾听，可以听出需求、听出问题、听出疑虑，客户不经意的一句话都可以让金融销售人员获取更多的信息。金融销售人员听得不够认真会影响客户情绪；听得不清楚，会误解客户的意思。倾听和一般意义上的听有很大不同，我们需要不断修炼倾听的技巧。

有效倾听的技巧如下：

1）站在客户的立场，真诚地了解客户的问题，关心客户所面临的困难，尽快让客户解除防备心理，逐渐接受、信任金融销售人员。

2）使用积极的肢体语言，可以理解倾听为"前倾着身子，面向客户仔细听"，同时要对客户的表述做出适当的反应，如点头、微笑、向前倾身等。

3）摘要复述客户的话意，适时重复他的话，表示完全的了解和尊重；必要的赞扬、赞同和理解可以提升交流的融洽度。

4）观察客户的肢体语言与表情，判断客户话语的真实含义从而把握销售的主动权。

5）适当做笔录，适当记录可以体现出金融销售人员的专业形象和认真、负责的态度。

（3）通过提问获得信息

1）判断客户的资格

根据自己的销售目标，向客户提出一些特定的问题，通过对方的回答来确定他究竟是不是目标客户。例如，销售银行信贷产品可以向客户提出有关经营状况、产品状况、财务状况等问题判断信贷风险，从而确定客户是否为银行的目标客户。

2）客户的需求

根据客户表现的需求意向，用封闭式提问的方式来进一步明确客户的需求，并尽可能多地获得其他所需的信息。提问的问题可以是：保险的费率和理赔的速度，哪一点对您来讲最重要呢？为什么？

3）是否有决策权

用委婉的口气提问，确定客户方的决策人是谁。要让客户乐于回答金融销售人员的问题，直截了当地问客户"您负责这件事儿吗？"显然这并不是一种好的提问方式。如果换一种方式问："除了您之外，还有谁参与这个决策呢？"客户觉得自己受到重视，事情的进展自然就会相对顺利一些。

4）预算

为了能成功地推销出自己的产品，金融销售人员要了解客户方的预算。如果客户的预算较低而金融销售人员却向他推销高档产品，成功的概率相应地就会很低，反之亦然。了解客户的预算可能会有一些困难，因为客户一般都不愿意把他的预算是多少告诉别人，可以从其他的方面谈起，逐步地诱导其透露一些预算的问题。

5）向客户提供自己的信息

用恰当的方式把有利于自己的信息传递给客户，让客户感到购买金融销售人员的金融产品是一个正确的决定，提高客户的满意度，这些对日后进行进一步销售可能会有很大的帮助。

请看以下示范：

保险销售人员：关于家庭保障计划，我想请教一下王先生的想法，您可以谈谈吗？（亲切地注视着对方）

客户：是这样的，我和我爱人都是私企里面的普通职员。

保险销售人员：嗯（点头）

客户：我们的工资现在还算可以，但估计以后的退休金不太高。

保险销售人员：是这样的。（点头）

客户：将来的养老一定得有保障。我儿子今年5岁了，他将来肯定得上大学，这些钱肯定得尽早计划。

保险销售人员：是的，孩子的教育基金必须得考虑。（点点头）

客户：还有我父母，尽管有退休金，可是我母亲有严重的心脏病，常年吃药。

保险销售人员：哦（轻声，表情严肃）

客户：所以这也得花钱啊。我的工资尽管不低，可开销也大，存不下钱来。我的工作压力也大，如果哪天发生点以外，一家人可怎么过啊。

保险销售人员：王先生真是方方面面都考虑到了。您放心吧，我一定给您制定一份完美的家庭保障计划，解决您这些顾虑。

8.3.4 异议处理

从接近客户、调查、产品介绍、示范操作、提出建议书到签约的每一个销售步骤，客户都有可能提出异议；金融销售人员如果懂得异议处理的技巧，就能冷静、坦然地化解客户的异议，每化解一个异议，就摒除客户一个障碍，就越接近客户一步。因此，销售是从客户的拒绝开始。

1. 什么是客户异议

客户异议是在销售过程中的任何一个举动，即客户对金融销售人员和金融产品不赞同、提出质疑或拒绝。

2. 异议的种类

有三类不同的异议，必须要辨别。

（1）真实的异议

客户表示目前没有需要或对金融产品不满意或抱有偏见，例如，"我目前没有投保的需求。""这种理财产品收益太低了。"

（2）假的异议

假的异议是指客户用借口、敷衍的方式应付销售人员，目的是不想诚心地和销售人员会谈，不想真心介入销售的活动。"我没有空"或者客户提出的异议并不是他们真正在意的地方，如"你们的信用卡外观不够时尚"等，虽然听起来是一项异议，但不是客户真正的异议。

（3）隐藏的异议

隐藏的异议指客户并不把真正的异议提出，而是提出各种真的异议或假的异议；目的是要借此假像达成隐藏异议解决的有利环境，例如，客户希望降价，但却提出其他如品牌、风险等异议，以降低产品的价值，而达成降价的目的。

3. 异议产生的原因

异议有的是因客户而产生，有的是因销售人员而产生。了解异议产生的各种可能的原因，能帮助销售人员在实践中更冷静地判断出异议的原因，针对原因处理才能化解异议。

客户方面提出异议的原因可能有以下几种：

（1）原因在客户

1）拒绝改变。比如，没有接受保险观念的人，要从目前可用的所得中，拿出一部份购买未来的保障，就容易拒绝。

2）当客户情绪正处于低潮时，没有心情进行商谈，容易提出异议。

3）客户的意愿没有被激发出来，没有能引起他的注意及兴趣。

4）客户的需要不能充分被满足，因而无法认同金融销售人员提供的商品。

5）客户预算不足会产生价格上的异议。

（2）原因在金融销售人员本人

1）金融销售人员无法赢得客户的好感。

2）金融销售人员的举止态度让客户产生反感。

3）金融销售人员做了夸大不实的陈述。

4）金融销售人员为了说服客户，往往以不实的说辞哄骗客户，结果带来更多的异议。

5）使用过多的专业术语，销售人员说明产品时，若使用过于高深的专业知识，会让客户觉得自己无法使用，而提出异议。

6）金融销售人员引用不正确的调查资料，引起客户的异议。

7）不当的沟通。

8）展示失败。

4. 处理异议的原则

（1）事前做好准备

金融销售人员要对公司的情况、所要销售的产品进行深入学习，尤其是比较复杂的金融产品。对客户可能会提出的异议列出来，考虑一个完善的答复。比如保险销售人员就应该预测到客户可能提出的异议有关于支付的异议（如我刚刚买了房，手头比较紧）、关于保险产品的异议（如很多人说买保险不如存银行）、关于需求的异议（如单位给我们缴纳的社会保险挺全面的，我不需要保险）、关于信用的异议（如要是你们保险公司倒闭了怎么办）和拖延的异议（如不急让我再考虑考虑）。面对客户的拒绝事前有准备就可以胸中有数，从容应付；事前无准备，就可能张惶失措，不知所措；或是不能给客户一个圆满的答复，说服客户。因此，金融企业在推出新产品之前对金融销售人员进行培训是非常必要的。

（2）选择恰当的时机

对客户提出的异议不仅需要给予一个比较圆满的答复，而且要选择恰当的时机进行答复。有些异议需要在客户异议尚未提出时解答，这样可使销售人员争取主动，先发制人，从而避免因纠正客户看法，或反驳客户的意见而引起的不快。有些异议提出后立即回答，这样既可以促使客户购买，又是对客户的尊重。有些异议需要过一段时间再回答，比如异议超出了自己的解答范围，为了对客户负责，需要请教或请示别人。

（3）永远不和客户争辩

不管客户如何批评我们，销售人员永远不要与客户争辩，因为，争辩不是说服客户的好方法，与客户争辩，失败的永远是销售人员。一句销售行话是："占争论的便宜越多，吃销售的亏越大。"

（4）销售人员要给客户留"面子"

销售人员要尊重客户的意见。客户的意见无论是对是错，是深刻还是幼稚，销售人员都不能表现出轻视的样子，销售人员要双眼正视客户，面部略带微笑，表现出全神贯注的样子。对于客户的错误，销售人员不能语气生硬地对客户说："您错了"、"连这您也不懂"；而应该先对客户表示理解。如"您这么认为可以理解，但是……"等语句引导客户。

5. 客户异议处理的方法

（1）忽视法

所谓"忽视法"，顾名思义，就是当客户提出一些反对意见，并不是真的想要获得解决或讨论时，这些意见和眼前的交易扯不上直接的关系，金融销售人员只要面带笑容地同意即可。

忽视法常使用的方法如微笑点头，表示"同意"或表示"听了您的话"。

"您真幽默"！

"嗯！真是高见！"

客户："你们对 VIP 客户能够提供××服务就更好了。"

销售：面带微笑"你说的对，我会向上面转达您的建议"。

（2）补偿法

当客户提出的异议有事实依据时，金融销售人员应该承认并欣然接受，强力否认事实是不智的举动。但记得，要给客户一些补偿，让他取得心理平衡，也就是让他产生这样的感觉：产品的价值与售价一致。

产品的优点对客户是很重要的，但世界上没有一个产品是十全十美的。当然，产品的优点越多越好，但真正影响客户购买与否的关键点其实不多，补偿法能有效地弥补产品本身的弱点。

补偿法的运用范围非常广泛，也很有实际效果。

客户："你们的理财产品收益率太低了。"

销售："这是一款保本型的理财产品，它的收益的确不高，但风险很小，无论如何都不会损失本金。"

（3）太极法

太极法取自太极拳中的借力使力。澳洲居民的回力棒就是具有这种特性，用力投出后，会反弹回原地。

太极法用在销售上的基本做法是，当客户提出某些不购买的异议时，销售人员立刻回复说："这正是我认为您要购买的理由！"也就是销售人员能立即将客户的反对意见，直接转换成为什么他必须购买的理由。

例：客户："收入少，没有钱买保险。"

销售人员："就是收入少，才更需要购买保险，以获得保障。"

（4）反问法

反问法：客户提出异议，销售员就题反问客户。让客户重新审视自己提出的异议的合理性。

例：客户："你们的价格要再下降五个点"。

销售："您一定希望得到百分之百的服务，难道您希望得到的服务也打折吗？"

（5）以退为进法

从人的心理来讲，当自己的意见被别人直接反驳时，内心总是不痛快，甚至会被激怒，因此，销售人员最好不要开门见山地直接提出反对的意见。在表达不同意见时，先对客户的观点表示理解，或者同意客户的部分意见，软化口气。再表达另外一种状况，是否这样比较好。可以采用"是的……如果"这样的句式。

例：潜在客户："这个金融产品的起点金额太大了，不是我马上能支付的。"

销售人员："是的，我想大多数的人都和您一样是不容易立刻支付的，如果我们能配合您的收入状况，在您发年终奖金时，多支付一些，其余配合您每个月的收入，采用分期付款的方式，让您支付起来一点也不费力。"

（6）直接反驳法

在以退为进法中，我们已强调不要直接反驳客户。但有些情况必须直接反驳以纠正客户不正确的观点。

例如：

客户对企业的服务、诚信有所怀疑时。

客户引用的资料不正确时。

出现上面两种状况时，金融销售人员必须直接反驳，因为客户若对金融企业的服务、诚信有所怀疑，拿到订单的机会几乎可以说是零。例如，保险企业的理赔诚信被怀疑，你会去向这家企业投保吗？如果客户引用的资料不正确，金融销售人员能以正确的资料佐证自己的说法的话，客户会很容易接受，反而对他更信任。

例：客户："我朋友说你们的保险产品理赔很困难。"

金融销售人员："您的朋友肯定是误解了，他是在什么情况下申请理赔的？我们的理赔程序是…… 在×个工作日内就可以完成！"

8.3.5　促成交易的技巧

在销售过程中，促成交易是一个特殊的阶段，它是整个销售工作的最终目标，其他阶段只是达到销售目标的手段。没有成交，销售人员所做的一切努力都将白费。因此，金融销售人员应该具有明确的销售目标，千方百计地促成交易。

1. 促成的含义

促成交易是指金融销售人员通过销售说明等工作激发客户就购买商品或服务一事，做出购买决策的过程。

作为销售过程中最重要的一个步骤，促成交易的重要性是不言而喻的。"如果没有卖掉，那就意味着什么也没发生。"这句话在商界非常有名，它说明成交是任何商业活动的中心。但对许多金融销售人员来说，它也许是最大的一个绊脚石。有些销售员，尤其是缺乏经验的销售员，把销售说明做得很突出，处理客户异议的技巧也相当高明，但是却没有识别出促成交易的所有的重要信号，以致失去了成交的良机。

2. 促成交易的信号

购买信号是指客户在语言、表情、行为等方面所泄露出来的打算购买的一切暗示或提示。在实际销售工作中，客户为了达到自己所提出的交易条件，取得心理上的优势，一般不会首先提出成交，更不愿主动、明确地提出成交。但是客户的购买意向总会通过各种方式表现出来。对于销售人员而言，必须善于观察客户的言行，捕捉各种购买信号，及时促成交易。

客户表现出来的购买信号主要有语言信号、行为信号、表情信号等。

（1）语言信号

客户通过询问使用方法、价格、售后服务、支付方式、新旧产品比较、竞争对手的产品及市场评价，说出"喜欢"或"的确能解决我这个困扰"等话语，表露出购买信号。以下几种情况都属于购买的语言信号：

1）客户对产品或者金融销售人员的服务给予一定的肯定或称赞。

2）询问产品的细节，如缴费方式、收益情况、对账单的寄送等。

3）表示自己有支付能力。

4）对某一种金融产品特别感兴趣，并再三关心它的优点和缺点。

5）征询家人意见或与家人低声商量。

6）真心认同金融销售人员的观点。

7）询问优惠政策或进行讨价还价。

语言信号的种类很多，金融销售人员必须具体情况具体分析，准确捕捉语言信号，顺利促成交易。

（2）行为信号

通过客户的行为我们可以发现许多客户发出的购买信号，因此作为一位金融销售人员，应尽力使客户成为一位参与者，而不是一位旁观者。在这种情况下，通过细心观察，就会很容易发现购买信号。当金融销售人员捕捉到了购买信号时，再稍做努力就可以成交了。促成的行为信号有：

1）反复、仔细地翻看产品资料。

2）关注金融销售人员的话语及动作，并不住点头。

3）排除干扰（如把电视机声音调小）以认真倾听金融销售人员讲话。

4）坐着的姿态由前倾转为后仰，身体和语言都变得轻松。

5）时而看着金融销售人员，时而看着产品资料。

6）从滔滔不绝突然变得沉默不语。

7）不再提问，而进行思考。

（3）表情信号

从客户的面部表情和行动中所表现出来的一种购买信号，如微笑、下意识地点头表示同意金融销售人员的意见、神色活跃、对产品表示关注等。例如，一位保险销售员，在给客户讲述一个充满感情的、很有说服力的他人的故事时，竟让对方忍不住双目含泪。

客户的语言、行为、表情等表明了客户的想法。金融销售人员可以据此识别客户的购买意向，及时地发现、理解、利用客户所表现出来的购买信号，促成交易。促成的表情信号有：

1）皱着眉头，好像很难做出选择似的。

2）表情由冷漠、深沉转为自然、亲切、随和。

3）眼睛转动由慢变快、眼神发亮而有神采。

4）由若有所思变得明朗轻松。

5）抿紧的嘴唇放开并直视金融销售人员。

6）听介绍时眼睛发亮。

3. 促成的时机

把握成交时机，要求销售人员具备一定的直觉判断与职业敏感。一般而言，下列几种情况可视为促成交易的较好时机：

（1）当客户表示对产品非常有兴趣时。

（2）当金融销售人员对客户的问题做了解释说明之后。

（3）在金融销售人员向客户介绍了金融产品的主要优点之后。

（4）在金融销售人员恰当地处理了客户异议之后。

（5）客户对某一销售要点表示赞许之后。

（6）在客户仔细研究产品、产品说明、报价单、合同等的情况下。

下面是一个保险金融销售人员捕捉促成信号的案例。

保险销售人员："张总，如果按照我给您的这个计划投保，您可以获得（具体保障说明）。"

客户："是这样啊，那你们的理赔办理需要多长时间啊？"（询问细节，这是一个购买信号）

保险销售人员："……"

客户："能不能再优惠一些?"（询问细节，又是一个购买信号）

保险销售人员："这已经是我可以给的最大的优惠了，张总，您也知道，保险产品不同于其他产品（具体说明理由）"

客户："好的，让我想想。"（说完，仔细翻阅保险计划书，陷入沉思，又是一个购买信号）

保险销售人员：（耐心等待20秒钟，如果客户仍然没有继续询问的意思，就可以主动出击了）"张总，我都跟您联系一年多了，您自己也知道保险的重要性，早一天投保，早一点享受保障，您就别犹豫了。这个计划是我根据您的情况为您量身定制的。如果您没有其他什么疑问，我就帮您填保单了。"

客户："好的，把保单给我看一下。"（又是一个购买信号）

保险销售人员："好的。"

保险销售人员将保单交给客户，在必要的地方进行了讲解，之后，客户在保单上签了字。保险销售人员成功拿下了这一单生意。

4. 促成的方法

（1）假定成交法

假定成交法又称假设成交法，是指金融销售人员在假定客户已经接受了销售建议，同意购买的基础上，通过提出一些具体的成交问题，直接要求客户购买产品的一种方法。采用此种方法来促成交易，要求金融销售人员始终有这样的信念：准客户将要购买，而且也一定会购买，通过接近客户，了解到客户确实有这种购买的需要，也有购买能力，既然是双方都受益的事情，准客户没有理由放弃这样的机会，对自己也充满了的信心，密切注意客户所发出的购买信号，以及时地、主动地提出成交的假定，如果客户不表示反对，交易就可达成。

例：在客户发出购买信号后，销售人员对客户说："这款基金产品非常适合您的情况，我来帮您开个户。"

"麻烦您把身份证给我一下，我来帮您填好保单，明天就能上报核保，您可以尽早拥有一份保障了。"

假定成交法的优点是节省销售时间，效率高。它可以将销售提示转化为购买提示，适当减轻客户的成交压力，促成交易。

假定成交法也有一定的局限性。这种方法以销售人员的主观假定为基础，不利于客户做出自由选择，甚至会令其产生反感情绪，破坏成交气氛，不利于成交。所以，在使用这种方法时，要注意下列几点：

1）应适时地使用假定成交法。一般只有在发现成交信号，确信客户有购买意向时才能使用这种方法，否则会弄巧成拙。

2）应有针对性地使用假定成交法。使用这种方法时，销售人员要善于分析客户。一般地说，依赖性强、性格比较随和的客户以及老客户，可以采用这种方法。但对那些自我意识强，过于自信的客户，则不应使用这种方法。

（2）选择法

选择成交法是指金融销售人员向客户提供两种或两种以上购买选择范围，并促使客户在有效成交范围能进行成交方案选择的一种成交方法。它是假定成交法的应用和发展，仍然以假定成交理论作为理论依据，即金融销售人员在假定成交的基础上向客户提出成交决策的比较方案，先假定成交，后选择成交。客户不在买与不买之间选择，而只是在不同产品之间做出选择，使客户无论做出何种选择，导致的结局都是成交。

例："每年的红利是寄到您家呢还是寄到您办公室？"

"关于这份保单的保费您是选择 20 年缴呢还是 10 年缴呢？"

（3）请求成交法

请求成交法又称之为直接成交法，这是金融销售人员向客户主动地提出成交的要求，直接要求客户购买金融产品的一种方法。这种方法很讲究使用的时机。一般来说有以下几种：

1）金融销售人员很了解老客户的需要，而老客户也曾接受过其销售的产品，因此老客户一般不会反感销售人员的直接请求。

2）若客户对销售的产品有好感，也流露出购买的意向，发出购买信号，可又一时拿不定主意，或不愿主动提出成交的要求，金融销售人员就可以用请求成交法来促成客户购买。

3）有时候客户对销售的产品表示兴趣，但思想上还没有意识到成交的问题，这时金融销售人员在回答了客户的提问，或详细地介绍产品之后，就可以提出请求，让客户意识到该考虑购买的问题了。

　　4）当客户已经提不出新的异议，想买又不便主动开口时，销售员可直接请求，以节约时间，结束销售过程。

　　例："既然您对这款理财产品的收益率这么满意，现在手头有余钱，可以多买一些啊。"

　　（4）从众成交法

　　从众成交法是指金融销售人员利用客户的从众心理，促使客户立即购买金融产品的一种成交方法 。

　　日常生活中，人们或多或少都有从众心理，从众心理必然导致社会趋同的从众行为，因而客户在购买商品时，不仅会按照自身需求来选购商品，而且也要考虑社会上对此种商品的行为规范和审美观念，甚至在某些时候不得不屈从于社会的压力而放弃自身的爱好，以符合大多数人的消费行为。

　　从众成交法正是抓住人们的这一心理特点，力求创造一种时尚或流行来鼓动人们随大流，进而来促成交易的成功。

　　例：金融销售人员对客户说："王小姐，这种理财产品非常适合您这样的高级白领，你们公司好多人已经购买了。"

　　"这种团体险是专门为你们这样的公司开发的，是基本医疗保险的一个非常好的补充，你们同行业的 X 公司、Y 公司等都为员工购买了，很受员工欢迎呢。"

　　（5）利益汇总成交法

　　利益汇总成交法是金融销售人员将所销售的产品将带给客户的主要利益进行汇总，提供给客户，有利于激发客户的购买欲望，促成交易。但此办法必须准确把握客户的内在需求。

　　例："张先生，您的这份保障计划在缴费期内有充足的意外事故保障金，期满后又有一笔不菲的养老金，能够让您度过一个无忧的晚年。"

　　（6）小点成交法

　　小点成交法是指金融产品销售人员通过解决次要的问题促成整体交易的办法。牺牲局部，争取全局。小点成交法是利用了客户成交的心理活动规律。从客户购买心理的角度来看，购买者对重大的购买决策往往心理压力较大，较为慎重，担心有风险而造成重大损失，导致难以决断，特别是成交金额较大的交易。而在进行较小的成交决策时，心理压力较小，会较为轻松地接受金融销售人员的引荐，比起进行较大的交易决策要容易。然后再就"大点"方面达成协议，从而促成交易的实现。

　　例："受益人写您妻子好吗？"

　　（7）最后机会法

　　最后机会法是指给客户提供最后的成交机会，促使客户购买的一种办法。

　　如"这款基金产品的费率将在下周恢复原价。"

　　当客户面临一种稍纵即逝的机会时，心理上产生一种"机会效应"，害怕失去某种利益，于是就把成交时的心理压力变成成交动力，促使他们成交。同时也是伴随向客户在有限制条件的基础上提供一定的优惠条件而促成成交的一种方法。这种方法实际上是对客户的一种让步，主要满足客户求利的心理动机。有利于巩固和加深买卖双方的关系，能够有效地起到促销作用。

（8）富兰克林成交法

富兰克林成交法最早是一名叫做"富兰克林"的美国人发明的。据说富兰克林在做一件事情的时候有这样一种习惯，取出一张纸，拿笔在上面画一条线，左边写上做这个决定的好处，右边写上做这个决定的坏处。应用这种方法，可以在销售上达到很好的效果。富兰克林成交法又称理性分析成交法，就是鼓励潜在客户去考虑事情的正、反面，突出购买是正确选择的方法。客户在面临作决定的关键时刻时，总是犹豫不决。这时金融销售人员拿出一张纸，将购买产品的优点写在左边，缺点写在右边，然后让客户一一分析优缺点。金融销售人员就在一旁帮助客户记录优点，至于缺点就由客户自理了。

金融销售人员要承认这些缺点，但要以优点来淡化缺点，当客户发现购买产品的优点多于缺点时，他就会买。

例：准保户犹豫时，处理完反对问题时

××先生/女士，有一个想法跟您分享一下。成功人士在作决定时都会进行利弊的分析。我们现在就来看一看，参加保险会有哪些好处呢？您也列一下。那么如果买了保险，会对您造成哪些负面的影响呢？

（如图所示，保险销售员请准保户在白纸上写下购买保险的好处和弊端）

买保险的优点：

（1）身故保障 10 万。

（2）医疗保障。

（3）伤残保障。

（4）退休保障。

（5）解决子女的教育费用。

（6）急用时可领用现金。

（7）可以更改受益人。

买保险的缺点：

（1）缴费太贵。

（2）缴费期长。

（3）提取不便。

（9）激将促成法

当客户已出现欲购买信号，但又犹豫不决的时候，金融销售人员不是直接从正面鼓励他购买，而是从反面用某种语言和语气暗示对方缺乏某种成交的主观或客观条件，让对方为了维护自尊而立即下决心拍板成交。争强好胜是人的本性，金融销售人员如果善于把握这一特点，在适当的时候使用激励的语言，激发客户的购买意愿，促使客户下定决心，也是促成签单的重要方法之一。但是，在使用该方法时，要注意分寸，不能伤害客户的自尊心。

例："李总，这个计划书完全是根据您的财务状况制定的，以您的实力，这点钱肯定不成问题，而且像您这么顾家的人，相信也不会因为钱的问题而放弃对家庭的责任吧。"

（10）故事成交法

故事成交法是指通过讲一个和客户目前状况紧密相关的故事，引导客户去思考、权衡，从而最终达成交易。这是巧妙地利用人们喜欢听故事的心理去说服客户。讲一些小故事，一来可以活跃一下气氛，二来可以引起客户的反思，三来故事可以为销售带来更强的信赖感。

故事成交法非常适合金融产品。

例："我的一个客户几年前在我的介绍下买了××股票型基金。碰上这两年股市大涨，资金翻了几番。前不久家里装修，他把基金卖了，把家里装修得非常漂亮。"

故事成交法在保险行业可以得到更加有效的使用。客户普遍觉得，不幸的事情离自己很遥远，通过讲故事的形式可以让客户感觉到危机，进而认识到投保的重要性。保险销售人员应当注意搜集身边发生的故事。

例：这是一个保险销售人员的讲述。"有一天，我认识了一位从事律师工作的人，他给我留下了他的电话，让我有时间到他家去详谈。可是由于那些天我正好有事没有及时过去。20 天过去了，我终于抽出空来。我打电话给他，是他太太接的，让我到他家去拜访。可是一进门，我就看到了他的遗像。原来 5 天前他在出差的路上遇到车祸不幸去世了。他太太还以为丈夫投保了，听说没有投保后失声痛哭。我太后悔了，如果我早点去他家拜访，他们一家人可能就会有更大的保障了。保险就是未雨绸缪，一旦发生意外，还可以给家人一个安慰，至少生活上暂时不会有太大的落差。"

8.4　电话营销的技巧

随着电话、手机等通信工具的普及，电话营销以其"便捷、高效率、低成本"的优势在各行各业迅速发展。近年来，电话营销在金融行业的使用越来越普遍。被广泛运用于保险产品、信用卡、理财产品等金融产品的销售当中。

8.4.1　电话营销的流程及其特点

和面谈销售一样，电话营销的流程分为接触（开场白）—探询和挖掘需求—异议处理—促成—售后服务五个阶段。与单纯进行电话约访不同，电话营销的整个销售过程都在电话当中进行，客户不能和销售人员见面，不能看见产品的销售工具，仅仅依靠声音传递信息。而且电话营销的整个过程时间很短，很少有时间留给销售人员思考。这些都给电话营销的进行带来了难度。因此，电话营销和其他营销方式相比，更加具有技巧性。

1. 电话营销只靠声音传递讯息

销售人员只能靠"听觉"去察觉客户的反应并判断销售方向是否正确。同样地，客户在电话中也无法看到产品资料、销售人员的肢体语言、面部表情。一方面客户在了解产品方面缺乏直观性，另一方面客户只能借着他所听到的声音及其所传递的讯息来判断自己是否可以信赖这个人，并决定是否继续这个通话过程。

2. 销售人员必须在极短的时间内引起准客户的兴趣

在电话营销的过程中，如果没有办法让准客户在 20 ~ 30 秒内感到有兴趣，客户可能随时终止通话，而不必像面谈一样顾及到情面。这样，销售人员就几乎没有挽回余地地失去了销售机会。

3. 电话营销是感性的销售而非全然的理性销售

电话营销是感性销售的行业，销售人员必须在"感性面"多下功夫。先打动客户的心，在客户对销售人员产生好感及信任的基础上，再辅以理性的资料加以强化，这样才能达到良好的销售效果。因此，销售人员一定要找到对方的兴趣点，与对方产生互动，才能更好地做好电话营销工作。

8.4.2 电话营销应注意的关键点

1. 心态准备

电话营销是一项充满挑战性的工作，销售人员每天要遭遇无数的怀疑、拒绝，甚至有些客户会非常地不礼貌。因此，没有良好的心态就无法胜任工作，更别提取得良好的销售业绩。首先要正确认识自己的工作。销售是帮助客户解决问题，通过解决问题，双方均获取价值。正确看待自己的工作，才会赢得客户的信赖。第二，客户的拒绝和一定比例的销售失败是不可避免的，有时十几次甚至几十次失败才会迎来一次成功。所以销售人员一定要清楚，电话营销在一定程度上是概率的游戏，失败是正常的，必须克服畏惧心理，勇敢面对。坦然的面对拒绝并鼓起勇气再去尝试是一个销售人员必备的能力。具备积极的工作心态不仅能使自己进入良好的工作状态，而且能通过声音感染客户，提高销售的成功率。

2. 声音准备

在电话销售中，只听其声，不见其人。声音不仅能够传达信息，也可以传达情绪、传达态度。因此，声音本身比它传递的信息能起到更重要的作用。首先，表现出亲和力，对于陌生客户而言，亲和力可以迅速拉近和客户的距离。第二，保持适度的热情，伸手不打笑脸人，热情的态度能通过声音传递给客户，在一定程度上能使客户接受销售人员的销售行为。保持热情的秘诀就是微笑。有些公司在员工的座位上放置一面镜子，目的就是让他们随时提醒自己保持微笑。但是，表现出热情一定要适度，尤其是对于尚且比较陌生的客户。如果过于热情反而会让客户警惕。第三，适当的语速也可以增强声音的感染力。语速太慢会使客户失去耐心，但如果语速太快，会影响发音的清晰度，而清晰的发音可以充分地显示销售人员的专业性。此外，过快的语速会给人一种压力感。第四，与主动去说相比，引导客户去说更加重要，这不仅是尊重客户的一种表现，而且还有利于收集客户信息、挖掘客户需求，为销售的成功打下良好的基础。一般来说，客户和销售人员说的时间一般分别保持在三分之二和三分之一。

3. 名单准备

由于电话营销成本较低，一些金融企业采取按号段拨打、随机拨打等盲打的方法，不仅会引起客户的反感，而且会降低自身的信誉。现在有关监管部门加强了监管，金融企业也要加强自律。首先金融企业可以采取正当的方式取得电话号码，并建立数据库，然后按照一定的标准对号码进行筛选，确保电话营销的对象是有关产品细分市场的目标客户群体。使电话营销工作更加有针对性，既避免了对客户不必要的干扰，也节省了销售人员的时间和精力。另外还要确保电话营销的对象具有购买的决策权，以免浪费时间和精力。

4. 产品资料准备

在电话营销时，有时需要使用一些相关的产品资料，尤其是对于较为复杂的金融产品而言。在电话营销之前，应预计可能用到的产品资料并把它们放到手边。另外，销售人员还要熟悉资料，知道各项信息在资料中的位置，保证需要时能够很快找到。在电话营销中，让客户等待销售人员寻找资料是非常不专业的。

5. 方案准备

由于电话营销的销售过程很短，在极短的时间内要想达到全部营销目标并非易事。因此，事先准备好周密的方案，预测可能发生的各种情况并考虑好相应的对策，并且控制电话营销按照方案进行，这些都关系到电话营销的成败。

（1）分析客户

每一个类型客户因为所处的行业、性质、职位、年龄、所在城市，甚至当时的心情及遇到事情的不同都会影响到其需求，所以我们就需要对客户进行比较深入的了解，从行业、地域、年龄、性别、个性等多种方面去考虑。在分析客户的基础上，销售人员才能采用适当的方法使客户产生信任，才能知道什么产品才能满足客户的需求并且用合适的方法推荐给客户。因此，在进行电话营销之前应尽可能多地掌握客户资料，这些是分析客户的基础。

（2）明确目的

目标明确才能有的放矢。目标就是通过电话营销所要达到的效果。由于销售人员和客户之间建立信任感要有一个过程，常常不能一次就达成目标，所以有时应将目标进行分解。电话营销所要达到的目标多种多样，对于新客户，电话营销的目标主要有：了解客户的需求、告诉客户本公司能够提供的产品和服务、让客户记住本公司、向客户销售产品和服务等。对于老客户，电话营销的目标主要有：近期是否有需求、对之前的产品和服务是否满意，能否介绍一些其他客户等。明确了目标以后才能有针对性地设计电话营销的脚本。

（3）挖掘客户需求，寻找产品与服务和客户需求的切合点

销售的进行必须建立在客户需求的基础上，为了销售产品，销售人员必须了解客户的详细需求，寻找他们和产品的切合点，向客户强调"购买利益"以吸引客户。为了挖掘需求，电话营销行业广泛采用 SPIN 销售法。SPIN 是情景性（Situation）、探究性（Problem）、暗示性（Implication）、解决性（Need – Payoff）四个英语词组的首位字

母合成的合成词。SPIN销售法是由这四种类型的提问构成，每一种类型的提问都有不同的目的。

1）有关现状的提问（Situation Questions）。了解有关客户的背景信息。

2）有关问题的提问（Problem Questions）。发现和理解客户的问题、困难和不满。

3）有关影响之提问（Implication Questions）。发掘问题不解决将给客户带来的不利后果。

4）有关需求与回报之提问（Need – Payoff Questions）。取得客户对于解决问题后的回报与效益的看法，将讨论推进到行动和承诺阶段。

通过SPIN销售法，电话销售人员可以引发客户说出隐藏的需求，放大客户需求的迫切程度，同时揭示自己产品的价值或意义。使用该策略，销售人员还能够全程掌控长时间销售过程中客户细微的心理变化。

例：某保险公司的SPIN问题设计

情景性（Situation）问题：

问：您是做什么工作的？

问：您工作多久了？

问：您有几个小孩？

探究性（Problem）：

问：您一定想让孩子读最好的学校吧？

问：那您是否为您的孩子准备了充足教育费用呢？

问：目前国内通货膨胀每年都达到3%以上，您认为仅仅是储蓄够吗？

暗示性（Implication）：

问：如果您的孩子有机会读更好的学校，而只是因为储蓄不够，您会不会很遗憾很自责呢？

问：如果用您收入的30%来为孩子教育储蓄，会不会影响您现在的生活质量呢？

解决性（Need-Payoff）：

问：如果有一种理财方式既能够解决您孩子的教育问题，又不会影响您现在的生活质量，您会不会感兴趣呢？

（4）准备一些成功的案例

从众和攀比是每个人的心理趋势，有时利用一些实际案例可以增强生动性和说服力，比直接说服效果好得多。在电话营销中，案例要简单有力，与客户的情况相关联，在叙述案例时要强调它带来的价值和效益。

比如，如果希望向一位长期购买基金，没有想过做稳定型产品的客户销售稳定型产品，可以准备以下案例：

先前有一位客户是炒股高手，在股市赚了不少钱，但是一直都没有把钱分散在不同投资工具上，结果在二次的崩盘中，几乎把所有资金都赔光了，幸亏后来发现，过程中，他太太私下购置了一些稳健型的分红型保险，保障了他们一部分的资产，虽然获利不高，但总比全部亏损好。

（5）对可能提出的异议进行回应

在电话营销中，出现异议非常正常。不过，有些异议是客户习惯性的抵抗反应，销售人员可以忽视；但如果是真的反对意见，一定要及时解决，让客户满意。对于客户的异议，销售人员应该视为加强信任的推进器。当销售人员圆满地处理每一个异议时，那么，客户的信赖程度自然会逐步加深。关于异议处理，本书已有专门章节讲述。

6. 做好记录

每一次打电话结束后，都要对电话的内容加以记录，记录的内容应该包括客户的基本情况、同类产品的购买情况、对本公司产品的认可程度、与客户的沟通情况等，不仅为后续跟踪提供了依据，而且可以积累经验教训，改进电话销售方案。

7. 后续跟踪

电话营销工作是一个累积的过程。在电话销售中，我们没有任何现实的身份证明，也没有出示任何商业文件的情况下，仅仅是通过声音就让客户建起强烈的信任，这无疑是件非常困难的事情。因此，一次电话就达到全部目的的情况是非常少的。这就需要销售人员持之以恒地加以跟进。首先要通过第一次电话来判断客户是否值得跟踪，这主要从客户对产品和服务的兴趣、需求以及是否有购买决定权和支付能力等几方面判断。其次，为了提高跟进的成功率，可以根据客户需求邮寄相关资料给他，预想客户可能提出的问题，想好如何回应。第三，为了加深客户的印象，可以以合适的频率向客户问候，和客户分享利益，比如促销信息等，等待销售机会的降临。因为经过首次电话收集信息，跟进的电话更加具有指向性，而客户和销售人员的熟悉和信任程度也在不断地累积，因此成功的几率更高，所以进行电话跟进比向陌生客户进行电话营销更加重要。

8.5　短信营销的技巧

随着经济的不断发展和营销手段的不断更新，短信营销已经成为一种新的营销模式。手机短信平台以其速度快、效率高、成本低、高精确、受众广等无可比拟的优点受到金融企业的关注。

8.5.1　客户的选择

客户的选择，实际上就是产品定位与市场细分相结合的一个体现。金融产品适用于什么场合、什么人群，短信的宣传就应该针对什么人群。这样，一方面，可以在最短的时间内将适用的产品推荐到适用的人群中去，力争在最短的时间内取得经济效益；另一方面，也尽量避免用广告短信去骚扰那些不需要这些产品及服务的人群，引起客户的反感。比如证券公司可以按照资金量、风险偏好等因素将客户加以细分，向不同的客户进行不同金融产品的宣传。

8.5.2 短信的内容

短信的内容直接影响到用户的响应率，可以毫不夸张地说，它是短信营销成败的关键。以最普遍的短信而言，70 个字符（不分中、西字符）中，首先要吸引客户的注意，第二要把所要传递的信息表达清楚，第三要挑动客户的消费欲望，最后还要留下落款，可谓字字玑珠。因此，短信内容必须有效地组织语言，短小精悍、风趣活泼的语言会留下更好的印象。

例：某新产品上市的促销短信

特大喜讯：应广大客户要求，中国平安集团成立以来首次推出"年年有领取、岁岁有分红、身价有保障、本金能返还"的一款新产品，现正抢购中，详询××××××。

美元超发引发全球通胀，面对着辛苦赚来的财富日益缩水，博时回报基金业绩比基准一年定期存款＋3％，将为您肩负抗击通胀、保卫财富的重任。相信博时，赢得回报。详询×××××××，投资需谨慎。

当客户的手机里充满着营销短信时，个性化的营销短信更能脱颖而出。为某一客户单独发的短信更能体现对客户的尊重，更能吸引客户阅读，也更能让客户记住。个性化的短信不仅仅是一个个性化的称呼，更体现在个性化的内容上，应该发送该客户感兴趣的内容。有时像祝福词等内容也要量身打造，在一定程度上会增加金融企业的成本。

8.5.3 时间的选择

发短信也要注意时间的选择，掌握不好时间，也会让客户厌烦。要避开客户的工作高潮时段和休息时段，发手机短信的最好时间应是上午的十点半到十二点，下午的三点半到六点，晚上，七点到九点，这些时间一般人们比较容易接受。一般周六晚上和周日，没有特别的预约不要发短信给客户。

8.5.4 频率的选择

短信营销并不是频率越高效果越好，频率过高反而会引起客户的不满，不利于客户对产品的接受。对于同一内容的短信，最多发送两次。而对于同一企业发出的不同内容的短信，则视性质而定。如果是客户需要的重要信息，可以根据信息更新的频率来定。比如，证券公司可以每天向客户发送行情信息。但如果是业务宣传的信息，频率不宜过高，但频率过低又起不到必要的刺激作用。从金融产品的性质来看，由于单次消费金额较大，客户的消费频率不可能太高，因此，此类短信的发送频率也不宜太高。另外，可以在客户有较大收入时，向客户推荐。比如说，发奖金时，或者其他金融产品到期时。但前提是，要有一定渠道的信息来源。

8.5.5　灵活地使用短信营销

在金融行业，除了使用短信营销进行新产品促销之外，还可以用来进行多种形式的客户服务，实现无线移动式、低成本、高效、大规模的客户管理。

1. 账户信息短信通知，企业用户资金汇入、划出通知，银行卡用户信息通知。
2. 定时发送股市期货市场的开盘、收盘信息、新股认购信息，专家点评、个股推荐。
3. 提供影响市场行情的信息短信。
4. 代理人通知、客户付款通知、保险政策查询。
5. 续保通知、新险种通知、节日问候、实时接受客户咨询和建议。
6. 还款催缴。

短信营销还可以和其他营销方式结合起来使用。比如，用短信营销进行试探，看客户对某种产品有没有需求，然后再进行电话营销或者面谈。再如，在用其他方式营销成功后，用短信进行售后服务以及客户维护。

8.6　网络工具促销技巧

官方网站是网络营销最重要的工具，网络营销首先是对网站整体进行 SEO 优化，不仅使客户产生良好的网站访问的体验，而且让网站的目标关键词在搜索引擎有较好的排名，从而提升网站的曝光率。其次是网站外部的免费推广，通过论坛、博客、微博、即时通信工具、微信等形式，扩展自己的客户群，树立自己企业的口碑和品牌影响力。最后是网站外部的付费推广，吸引潜在客户的点击，以此来促进公司业务的增长。

8.6.1　网站内部 SEO 优化

SEO 的中文意思是搜索引擎优化，是指通过采用易于搜索引擎索引的合理手段，使网站各项基本要素适合搜索引擎的检索原则并且对用户更友好，从而更容易被搜索引擎收录及优先排序。简单地说就是通过总结搜索引擎的排名规律，对网站进行合理优化，使网站在百度和谷歌等搜索引擎的排名提高，让搜索引擎给金融企业带来客户。金融企业在进行推广尤其是推广新业务时可以通过 SEO 优化让它在目标客户中更多地曝光。

8.6.2　综合性网站推广方法

无论企业的规模有多大，官方网站都是网络营销最重要的工具。网络营销的核心都是围绕着企业网站建设、运营、维护、推广而进行的。官方网站是企业的信息发布平台，除了常规的企业、产品介绍外，还有许多专用性、临时性的网站推广方法，如有奖竞猜、在线优惠卷、有奖调查等。这些方法通过别出心裁的创意，吸引潜在客户参与，并在参与中了解企业、了解产品、产生认同，从而起到推广作用。此外，官方网站还有查询、交易、转账、还款等服务功能，给客户带来极大的方便。移动互联网的快速崛起，越来越多的用户通过移动客户端获取信息、享受服务。通过手机 app 应用进行营销成为金融行业越来越不可忽视的一种方法。网站的服务功能也可以在手机客户端得到更方便的实现。

【案例】

民生手机银行移动互联网推广案例获"营销传播金奖"

民生银行是银行业率先探索移动互联网精准营销推广的商业银行，自 2012 年手机银行上线以来，便开始尝试 APP 宣传的营销模式，筛选用户群体与其手机银行目标客户匹配度高的热门 APP 进行广告投放，同时利用大数据技术分析用户特征，针对不同用户推送差异化产品和服务广告，并结合时下火热的游戏形式，策划组织多个互动活动，吸引用户关注和参与。

民生手机银行移动端推广营销案例凭借新颖的创意、高精准性、强交互性以及推广效果好等优势在 300 多个参赛项目中脱颖而出，摘得本年度广告主营销传播金奖，成为互联网金融产品营销案例中唯一获此大奖的得主。

（资料来源：2015 年 10 月 28 日 腾讯网）

8.6.3 博客营销

博客营销是利用博客这种网络应用形式开展网络营销的工具，是公司、企业或者个人利用博客的交互性特征，发布并更新企业、公司或个人的相关信息，并且密切关注并及时回复平台上客户对于企业或个人的相关疑问以及咨询，并通过较强的博客平台帮助企业或公司以低成本获得搜索引擎的较前排位，以达到推广的目的。目前许多保险代理公司、保险代理人、银行、证券公司、基金公司都开有博客，博客这种方式也逐渐在金融领域里得到推广。

【案例】

招商银行的微博策略

1. 多平台、多账号的微博布局

通过研究发现，与很多企业只在新浪微博上进行营销不同，招商银行在国内主流微博上都有账号，包括新浪微博、腾讯微博、网易微博、凤凰微博、人民微博和讯微博都开通了官方微博，成为国内布局最全的金融微博，招商银行这一举措是极其理性的选择，国内微博格局并未明朗，各大微博覆盖的人群也存在差异，特别是和讯这样的财经类的专业微博更是招商银行这样的金融企业进行微博营销的理想选择，以和讯微博为例，它是由国内高端财经资讯平台——"和讯网"推出的专业微博，是国内垂直微博网站的典范，依托和讯多年的财经用户的积累，和讯微博聚集了大量的财经高端用户，这些人群与招商银行的目标客户有较大的重合性，在和讯财经微博上进行微博营销符合精准营销的理念，所以，选择和讯这样的垂直性的微博网站也是招商银行微博营销的一大特色。在各大微博网站的布局保证了招商银行能够最大程度上覆盖目标人群，增加招商银行的影响力，截止到 2011 年 2 月 19 日，在人气最高的新浪微博上招商银行的粉丝已经达到了 212435 人，在腾讯微博与和讯微博上也分别达到了 151011 人和 12321 人。美中不足的是招商银行在新浪微博的较为活跃，在其他微博上仅仅是发布消息而很少开展活动和进行互动，这一点相信招商银行会在未来的微博营销中进行改进。

招商银行不仅在微博营销上采取多平台的策略，同时，在同一平台，招商银行采取了多账号联动的策略，以新浪微博为例，招商银行在新浪微博开通了 19 个账号，除主账号招商银行外，还有招商银行信用卡中心、招商银行私人银行、招商银行远程银行中心、招商银行全球金融市场、招商银行办公室党建、招商银行招银大学、招商银行理财，以及招商银行天津、上海、福州、广州、昆明、深圳等各大分行，如此庞大的官方微博阵容在整个新浪微博中都不多见。招行之所这么做的一个重要原因是要突出专业的服务，如果粉丝只对招行的信用卡感兴趣，他就可以只关注招商银行的信用卡中心这个账号，这样的做法有利于为其客服提供更加专业、更加细分的资讯与服务。而各分行开启自己账号有利于为本地客户提供更加优质、有针对性的服务，提高用户体验。

2. 极具特色的内容策略

招商银行的微博的成功很大程度上是其内容的成功，我们看到，从开通微博到现在招商银行所发的 1765 条微博中，内容丰富，包罗万象，不仅仅局限于招行本身的相关信息，同时，招行还开创了很多利于传播的新内容，比如"星座理财"、"趣味金融"、"理财知识"等内容：

"天蝎通常不会为金钱烦恼，因为他们花钱和赚钱都属于豪放型！虽然很多人觉得天蝎座心机很重，但在财务上他们其实没什么心机。心情的起伏会让他们花钱没有计划，虽然今天没钱了但第二天又是一支努力工作的快乐天蝎座！"

"你知道吗？钱也需要洗澡。#招商银行趣味金融#今天为你分享钱币洗澡中心的趣事。据说，在一张流通的钱币上携带的细菌大约 900 万个。钞票处理中心就是负责给钱币洗澡的机构，除了负责销毁银行系统收回的残币、假币外，还定期对钱币"清洗"（除臭、除尘、灭菌）以提高投放钱币清洁度。"

这些内容在保持与金融相关的同时又注重内容本身的趣味性与传播性，正是这些精心设计的内容让招商银行获得了粉丝的认同。同时，招商银行业关注社会热点，利用热点话题来提升自身微博的影响力。比如，招商银行在微博中对 2010 年诸多社会热点都进行过追踪，用搜索引擎分析发现，在招商银行所发的 1734 条微博中，有关"上海世博会"的微博达 46 条，有关"南非世界杯"的有 55 条，有关"广州亚运会"的达 42 条，这些内容符合微博粉丝的传播心理，获得了不错的营销效果。从内容的呈现方式来看，在这些涉猎甚广的微博中，招商银行创造性地采取了内容分栏的策略，由于所发的微博来自不同的主题，分栏就是理想的选择，招商银行用微博的话题符号

"#"将不同主题的微博分开,如#招商银行趣味理财#、#招商银行资讯快报#、#招商银行星座金融#、#招商银行生活趣识#、#招商银行理财知识#、#招商银行月度话题#等,通过分栏,这些本来无序内容立即变得非常有条理,让其粉丝在查看微博的时候一目了然。

(资料来源:宋逸《微博营销,把企业放到微博上》机械工业出版社)

8.6.4　电子邮件(E-mail)推广方法

电子邮件营销是通过电子邮件的方式向目标用户传递价值信息的一种网络营销手段。电子邮件营销属于一种低成本、低投入、广覆盖、低产出的营销方式,它分为两种,一种是基于用户许可的电子邮件营销,另一种是利用软件群发邮件,许可的电子邮件营销具有明显的优势,比如可以减少广告对用户的滋扰、增加潜在客户定位的准确度、增强与客户的关系、提高品牌忠诚度等。根据许可电子邮件营销所应用的用户电子邮件地址资源的形式,可以分为内部列表电子邮件营销和外部列表电子邮件营销,或简称内部列表和外部列表。内部列表也就是通常所说的邮件列表,是利用网站的注册用户资料开展电子邮件营销的方式,常见的形式有新闻邮件、会员通信、电子刊物等。外部列表电子邮件营销则是利用专业服务商的用户电子邮件地址来开展电子邮件营销,也就是电子邮件广告的形式向服务商的用户发送信息。常用的方法包括传递电子刊物、会员通信、专业服务商的电子邮件广告等。金融企业可以借助内部或者外部的数据库系统用电子邮件营销的方式进行客户关系维护。例如,平安保险公司就针对已投保客户的需求进行分析,定期将一定险种的优惠信息及新的险种信息发送到客户的邮箱。

8.6.5　即时通信工具营销(IM营销)

即时通信营销又叫IM营销,是企业通过即时工具IM帮助企业推广产品和品牌的一种手段。当访问金融企业网站时就出现的即时在线通信工具,有专门的客户人员在线服务,这样,潜在的客户如果对产品或者服务感兴趣自然会主动和在线客服联系。金融企业也可以通过IM营销通信工具,发布一些文字、图片,来传播企业品牌、产品和服务的信息。聊天群组营销是即时通信工具的延伸,具体是利用各种即时聊天软件中的群功能展开的营销,在qq等即时通信工具上,人们按照兴趣、喜好和共同关注的东西形成自己的小圈子,这就是"群"。目前的群有qq群、msn群、旺旺群等。根据相关信息,金融企业可以精准寻找目标客户,也可以建立相关主题的群邀请他人加入,比如说建立或者加入股票、基金、理财产品等流通群,同时向群内多个客户发布信息,具有更高的信息传播效率。如果引起了客户的兴趣,客户会自发地向其他人转发,在开拓客户方面,尤其是精准客户开拓方面,即时通信工具也具有很大的优势。

【案例】

富国推出MSN机器人客户服务

富国基金日前推出新版网站,并率先使用"富国msn客户服务智能机器人"来辅助客户服务。富国基金表示，去年以来，基民数量的增加使客户服务工作的压力骤然增加，通过网站、机器人来提高客户服务的效率是公司新的尝试。

富国基金客户服务部总监丁飏介绍，"msn 客户服务智能机器人"实际上是一个自动答复系统，可以做到随时随地接受服务，大大提高了客户服务的效率。富国基金市场总监谢生认为，除了市场发展太快，客户数量增长迅猛之外，基金公司和投资者沟通渠道单一，也是造成客服压力过大的原因。

（资料来源：2008 年 03 月 18 日　中国证券报）

8.6.6　社区营销（SNS 营销）

SNS 是为一群具有相同兴趣和活动的人们建立的在线社区，人们由于相同的兴趣和爱好聚集在社区，用户之间可以相互交流。由于其人数众多，信息通过人们的口口相传，具有强大的传播能力。SNS 营销也就是利用 SNS 网站的分享和共享功能，通过人们之间的相互传播实现的一种营销。通过病毒式传播的手段，让金融产品被众多的人知道。SNS营销相对来说还比较新型，但有些金融企业已经开始将它作为新的营销方式。

【案例】

"QQ 互联"助力招商银行社交网络营销成功之路

毫无疑问，时下社交媒体作为企业营销的新方向，成为众多企业关注的热点。如今年 3 月日本地震以后，招商银行在 QQ 认证空间上的一条有关"问候在日本的信用卡用户平安"的信息，就引发了网络热议，而招行的服务精神得到了众多网友的赞誉。据了解，自招商银行与"QQ 互联"合作以来，3 个月时间内已积累企业 QQ 认证空间粉丝高达 168 万，并成为首家进入百万粉丝俱乐部的金融企业。

对此，招商银行相关负责人表示，与"QQ 互联"的合作，是目前招商银行在营销创新方面最为重要的一个举措，将助力招行在品牌关注度、形象乃至业绩等方面的进一步提升。据该负责人介绍，目前，凭借"QQ 互联"，招商银行已经在信用卡产品与用户之间打造出兼具"产品信息发布"与"用户沟通互动"这两大功能的 QQ 认证账户空间。通过这一互动、沟通平台，招行不仅能够发布信用卡的相关最新信息，发布最新的团购、积分活动，也可以解答用户有关办理信用卡的相关问题，及时了解用户的反馈信息，并与用户进行深度互动。另外，在此平台之上，用户们也可以相互进行交流与资讯分享。

而据了解，"QQ 互联"是 QQ 空间为第三方网站、媒体提供的开放平台，主要包含喜欢组件、分享组件和连接 QQ 空间等九大社交组件，帮助第三方网站、媒体与 QQ用户进行长期互动。以招行信用卡为例，QQ 用户只要点击"喜欢"按钮，就能轻松地成为招行信用卡的粉丝；通过点击其他相关组件按钮，也能快速、便捷地实现各种功能。

该负责人认为，"QQ 用户群是国内规模最大、最具活力和消费潜力的网民，QQ 空间又是全国最大最活跃的 SNS 社区平台。因此，招商银行一直对这一用户群及平台非常重视。"'QQ互联'将我们与这部分用户群链接在一起，不仅带给我们的是超高的品牌人气，同时也让我们掌握了一种新型的互动沟通方式。通过这样一种社会化媒体的全新营销方式，招商银行也能为客户提供更为积极、高效的在线服务。"

另据最新数据显示，包括招行信用卡在内，目前通过"QQ互联"打造的企业QQ认证空间粉丝总数已经高达两亿。行业人士认为，作为一种新型营销方式，社交网络正在逐步被各行各业所接受，并纳入到企业营销体系中去。从招行信用卡这一成功案例可以看出，QQ互联已经成为帮助企业进行社交网络营销的利器之一。而企业也由此可以得到从关注度到品牌形象的全面提升。

（资料来源：cc博客 2011 - 07 - 21）

8.6.7　付费的搜索引擎推广

付费的搜索引擎推广是以搜索引擎为平台，按照点击次数收费的一种广告模式。它是以百度、谷歌为代表的关键字竞价作为赢利模式的。只要客户在搜索引擎中输入企业在后台设置的关键词，企业的网站就会出现在明显的位置。它的优点一是覆盖面广，几乎覆盖了所有的网民；二而是由于是客户根据关键词主动寻找，这种营销方式针对性强，可以轻松锁定目标客户，这两个特点使得它能对海量客户群进行精准营销。付费的搜索引擎推广明显的优势使得银行、保险、基金公司普遍都采用这种方式推广他们的产品。

8.6.8　网络广告推广方法

网络广告就是在网络上做的广告。利用网站上的广告横幅、文本链接、多媒体等方法，在互联网刊登或发布广告，通过网络传递到互联网用户的一种高科技广告运作方式。目前由于网民的数量急剧增长，尤其是年轻人习惯用网络进行工作、娱乐，网络广告的市场正在以惊人的速度增长，网络渐渐成为发布广告的主流媒体，其发挥的效用越来越重要。金融企业可以根据情况，在一些流量大的网站进行广告投放，吸引潜在客户的点击、宣传公司品牌、产品，以此来促进公司业务的增长，这种方式在金融企业中也得到广泛的使用。

网络营销方式多种多样，除了上述方法之外，还有论坛营销、软文推广、病毒性营销、快捷网址推广等方法，新的网络营销手段也正在不断地被创造出来。只要有创意，就能在网络这个强大的媒体上源源不断地推广自己的产品。

8.6.9　微信营销

微信营销是网络时代企业或个人营销模式的一种。是伴随着微信的火热而兴起的一种网络营销方式。微信不存在距离的限制，用户注册微信后，可与周围同样注册的"朋友"形成一种联系，订阅自己所需的信息，商家通过提供用户需要的信息，推广自己的产品，从而实现点对点的营销。商家通过微信公众平台，结合转介率微信会员管理系统展示商家微官网、微会员、微推送、微支付、微活动，已经形成了一种主流的线上线下微信互动营销方式。由于微信使用环境的特点，微信营销会更加人性化和多元化，微信粉丝更加精准，同时，更适合加强关系，将这些目标、关系转化成流量和订单数。

随着国内微信用户数量的急剧增加，金融行业已经顺应时代趋势，进入了"微时代"。银行的用户可以在微信上进行信用卡的查询、还款、接受刷卡提醒；保险公司的用户可以在微信上进行保单信息查询、保单变更、简易案件定损及理赔资料收集；基金公司的用户可以在微信上接收投资行情与资讯、进行查询与交易、业务咨询等。微信使得金融企业的营销和服务提供方式发生了巨大的改变。

【案例】

银行业进入"微时代"

可以说，招商银行（600036，股吧）是国内微信服务最成功的典范之一。2012年，招行推出微信客服号服务，当时只涉及业务宣传咨询及账户余额查询等简单功能。而2014年4月起，招行开始推广"信用卡微信"服务，主要是将信用卡账户信息加密后，通过微信平台发送给客户，不仅降低了客户信息泄露的风险，还节省了大量客服短信发送的费用。

这个名为"招商银行信用卡中心"的微信公众账号，其特色是与每个招行信用卡持卡人的个人信息一对一绑定。记者看到，这一微信账号下面有好几栏自定义菜单，用户在微信中点击后可以查看自己的账单、积分、额度，并设置还款事项。

此外，这一微信账号还在很大程度上开始取代短信的功能。过去，招行信用卡持卡人在每次刷卡消费后都会收到一条提醒短信，告知在某商家消费多少金额，现在，绑定了招行信用卡微信后的持卡人可以在微信中获得同步的信息推送。

和短信提醒不同的是，用户每次刷卡后都会收到微信推送提醒，而短信只会给单次刷卡100元以上的交易发送提醒。相比短信，微信推送的信息内容更加丰富，图文并茂，且字数不限。

只要将信用卡与招行的微信客户端捆绑，就能通过信用卡"微客服"完成额度查询、账单明细、手机还款等业务，实在太方便了。"沪上一位金融客户在体验过招行信用卡微信服务后如是说。

之后，招行又将这一服务进行升级，推出了微信银行，其功能不仅可实现借记卡账户查询、转账汇款、信用卡账单查询、信用卡还款、积分查询等卡类业务，还可实现招行网点查询、贷款申请、办卡申请、手机充值、生活缴费、预约办理专业版和跨行资金归集等多种便捷服务。而未来，还将引入资金融通等方面的业务。

随着招行微信服务的破冰，从今年上半年开始，多家银行随之纷纷推出微信公众账号。例如，建行电子银行会播报该行最新理财信息；平安银行（000001，股吧）信用卡的微信客户端每隔几日就会推送该行信用卡刷卡的优惠活动信息；中信银行（601998，股吧）信用卡客户端提供涵盖信用卡申请、查询账单、促销活动及特惠商户查询等多项金融服务功能。

实训：

保险销售实训

实训项目：保险销售面谈实训。

实训目的：掌握客户面谈的流程，知道做好哪些准备工作，掌握客户沟通的技巧，逐步掌握说服客户的能力。

实训要求：到保险公司进行面谈销售实训。参加保险公司安排的产品培训及其他相关培训，选择合适的销售对象，按照约访—接触—挖掘需求—异议处理—促成的流程，进行销售。对每次面谈销售进行总结。填写《客户拜访记录表》。

客户拜访记录表

拜访客户公司名称/姓名：	
拜访性质（第几次拜访）：	
拜访人：	拜访日期：
随行人员：	填表时间：
携带资料使用情况：	
拜访目的：	
客户或客户联系人及联系方式：	
客户公司概况/客户个人、家庭概况：	
客户已购买金融产品的情况和对其他金融产品的需求状况：	
客户有无购买欲望：	
客户对本公司及本公司产品的评价：	
拜访人对客户评价：	
下次拜访计划：	

实训：

电话销售

实训项目：

去某一个具体的金融企业的电销业务部亲身实践一次电销业务。

实训目的：

了解电销部门的业务，进行电销实训。

实训要求：

到金融企业电话营销部门，如银行信用卡电话营销部门（有些银行这类业务外包给专门从事金融产品电话营销的公司）、保险公司电话营销部门，进行电话销售实训。

（1）参加部门提供的实训，根据部门提供的客户名单、按照电话营销的流程和规范，进行相应产品的电话营销服务。对每次电话营销进行总结。填写《电话销售记录表》。

（2）按照部门的要求，对现有客户进行电话回访。

　　建议：由于电话营销和面谈销售的成功率较低，并且很多因素并非销售人员可控。因此，在短暂的实训期间可能会出现零成交。对此，老师和同学均要做好充分的心理准备。

电话销售记录表

客户公司名称/姓名：	
第几次电话：	
电话销售员：	电话销售日期：
资料准备情况：	
电话销售目的：	
客户或客户联系人及联系方式：	
客户公司概况/客户个人、家庭概况：	
客户已购买金融产品的情况和对其他金融产品的需求状况：	
客户有无购买欲望：	
客户对本公司及本公司产品的评价：	
电话销售员对客户评价：	
下次电话销售计划：	

实训：

多种网络营销手段的综合运用

实训项目：

网络营销方案设计

实训目的：

能够通过实训综合掌握运用多种网络营销工具的手段，使营销手段多样化，效果更明显。

实训要求：

针对特定的金融产品，选择一种网络促销工具，设计一套方案。

　　建议：可以把学生分成6人左右小组，每个小组选择一种网络促销工具，撰写一套完整的方案。比如说，选择微信营销的小组，可以针对特定的金融产品，从微信用户的开发、微信消息的推送、微信服务的提供等方面设计一套微信营销方案。方案完成后，每个小组派代表汇报，同学之间相互讨论。

任务九　销售礼仪

【知识目标】

掌握销售面谈和电话销售的步骤和基本礼仪要求。

【能力目标】

充分认识礼仪的重要性，能进行销售面谈、电话销售的策划、准备和实施。

【素质目标】

能在各种销售场合技巧性地运用礼仪。

【引导案例】

一位保险销售员去一家公司拜访那里的一位女总裁。由于在预约电话里听说了他所要销售的保险产品很吸引人，女总裁接待了他。小伙子进来以后，径直走向女总裁，伸手与女总裁握手，未等女总裁招呼，就在沙发上坐下，并从包里翻出一堆资料，放在桌上。在里面找了半天，才找到需要的资料，拿给女总裁看。女总裁原先对产品的兴趣一扫而空，婉拒了小伙子。事后她对别人说："男士向女士、地位低者向地位高者先伸手，未经招呼就落座，没有条理的资料，都说明了这个小伙子不懂得起码的礼仪。很难相信一个连起码的礼仪都不懂的人具有很强的专业性，也很难相信他所代表的公司能够提供良好的产品。"一笔本来很有希望达成的交易由于礼仪欠妥而落空了。

礼仪不但是社交场合的一种"通行证"，而且还是体现修养水平和业务素质的一种标志。礼仪有多种表现形式，不同场合，不同的对象，有不同的礼节和仪式要求，在各种销售场合，懂得各种礼仪并将它们恰当地运用到工作中去，不仅可以展现金融销售人员良好的形象，还可以加强信任，提高销售的成功率。

9.1　销售面谈礼仪

销售面谈是金融销售人员直接面对客户，用语言、表情、肢体语言、展业工具等手段全方位影响客户的手段。和其他销售方法相比，它对客户的影响力更大。在面谈中注重礼仪，可以展现金融销售人员的个人及公司的形象，体现专业性，表达对客户的尊重，赢得客户的信任，从而为达成交易打下良好的基础。

9.1.1　准备

1. 预约

因为面谈预约在面谈环节中必不可少，当有必要去拜访别人时，必须要考虑客户是否方便，为此一定要提前口头、书面或电话通知对方。

2. 着装准备

为了给客户留下良好的第一印象，金融销售人员要对外表进行适当的修饰。要选择适当的着装。适当的着装不仅能体现金融销售人员个人形象，也可以展示品牌形象和企业形象。最好是穿公司统一服装。女性还可以适当地化妆。

3. 客户信息了解

在面谈之前要努力收集到客户资料，尽可能了解客户的情况，并把所得到的信息加以整理，装入脑中，当作资料。可以向别人请教，也可以参考有关资料。不仅要获得客户的基本情况，如对方的性格、教育背景、生活水准、兴趣爱好、社交范围、习惯嗜好等以及和他要好的朋友的姓名等，还要了解对方目前的近况，如乔迁新居、结婚、喜得贵子、子女考大学，或者工作紧张、经济紧张、充满压力、失眠、身体欠佳等。如果是公司客户的话，要尽可能地了解公司的经营状况，如品牌、产品、经营模式、管理方式等。总之，了解得越多，就越能体现对客户的重视，也越容易确定一种最佳的方式来与客户谈话。

4．工具准备

"工欲善其事，必先利其器。"一套完整的推销工具是金融销售人员绝对不可缺少的战斗武器。推销工具包括产品说明书、企业宣传资料、名片、计算器、笔记本、钢笔、价格表、宣传品等。凡是能促进销售的资料，推销人员都要带上。金融销售人员借助于这些工具，可以更加直观地向客户展现产品。调查表明，金融销售人员在拜访客户时，利用推销工具，可以有效地降低劳动成本，提高成功率。此外，对于这些工具的内容、摆放位置金融销售人员一定要非常熟悉，这样使用起来才能驾驭自如，展现金融销售人员的专业形象。

5．礼物准备

为了拉近和客户的距离，拜访客户时可以带些礼物，如送给客户一些印有公司介绍、标志的笔记本、台历等，它能让客户一看见这些东西就想起你。

9.1.2　登门

1．要守时守约

一般来说，推销员若与客户约定了拜访时间，就一定要严格遵守，如期而至，不要迟到，更不能无故失约。如果有紧急的事情，或者遇到了交通阻塞，立刻通知你要见的人。如果打不了电话，请别人替你通知一下。如果是对方要晚点到，可以充分利用剩余的时间。例如，坐在一个离约会地点不远的地方，整理一下文件。

2．敲门

要用食指敲门，力度适中，间隔有序敲三下，等待回音。如无应声，可再稍加力度，再敲三下，如有应声，再侧身隐立于右门框一侧，待门开时再向前迈半步，与主人相对，经允许后进屋。

3．入座

进屋后，不经对方邀请不能随便坐下。主人不坐，自己不能先坐。主人让座之后，要口称"谢谢"，然后采用适当的坐姿坐下。主人递上烟茶要双手接过并表示谢意。如果主人没有吸烟的习惯，要克制自己的烟瘾，尽量不吸，以示对主人习惯的尊重。主人献上果品，要等年长者或其他客人动手后，自己再取用。

4．称呼

选择正确、适当的称呼，反映着自身的教养、对客户的尊敬，也是良好沟通的开始。正式场合中的称呼有以下几种：①行政职务如"王总"、"吴书记"；②技术职称如"李教授"；③泛尊称如"先生"、"小姐"。

5．握手

一般在见面和离别时握手。如果带着手套，应摘下手套，以示尊重对方。一般应站着握手，以示敬意。握手时，应伸出右手，掌心向左，虎口向上，稍稍用力即可，如果男士和女士握手，则男士应轻轻握住女士的手指部分，时间1秒钟~3秒钟。一般来说，妇女、长者、上级应先伸手，对方伸了手，另一方也应伸出手来握。见面时对方不伸手，则应向对方点头或鞠躬以示敬意。同时问候对方"您好"、"见到您很高兴"等。握手时表情应自然、面带微笑，眼睛注视对方。

6. 递名片

一般递名片的顺序应是地位低的先把名片交给地位高的，年轻的先把名片交给年长的。对方递名片时，应该大方收下，然后再拿出自己的名片来回报。

递交名片时，要用双手的食指和拇指分别夹住名片的左右端，双目注视对方，面带笑容，并可欠一下身。接受名片时，要认真仔细地拿着看一看，并小声念出名片上的名字加职务。接到名片后，还要对对方表示谢意，然后很郑重地把名片放入名片夹内，或放进上衣口袋，切忌将名片扔在桌上，或拿在手上摆弄玩耍。向别人索要名片时，应以请求的口气说："假如您方便的话，可否留下名片，以便今后联系。"也可含蓄地向对方询问单位、通信、电话等，如果对方带有名片，就会较自然地送上。

9.1.3　面谈

1. 语言

面谈时，语言要客气，多使用敬语、谦语和雅语。语气要缓和，态度要诚恳。避免直接否定客户的观点、和客户争论。注意观察客户的举止表情，适可而止。当客户有不耐烦或有心不在焉的表现时，应转换话题或口气。

敬语：如初次见面称"久仰"，很久不见称"久违"，请人批评称"请教"，请人原谅称"包涵"，麻烦别人称"打扰"，托人办事称"拜托"，赞人见解称"高见"等。

谦语：如称自己为"愚"，"家严、家慈、家兄、家嫂"等。

雅语：如"请用茶""请慢用"。

2. 眼神

眼神是推销人员在交谈中调节与客户心理距离的手段。交谈中，恳切、坦然、友好、坚定、宽容的眼神，会给人亲近、信任、受尊敬的感觉，而轻佻、游离、茫然、阴沉、轻蔑的眼神会使人感到失望，有不受重视的感觉。谈话中要和对方进行双目对视，但也不能死死盯住不放，更不要东张西望、左顾右盼。

3. 倾听

认真倾听客户谈话，是成功秘诀之一。日本"推销之神"原一平说过："就推销而言，善听比善说更重要。"倾听客户谈话能够赢得客户好感，成为客户的忠实听众，客户就会把你引以为知己。反之，推销员对客户谈话心不在焉，或冒昧打断客户谈话，或一味罗罗嗦嗦，不给客户发表意见的机会，就会引起客户反感。金融销售人员还可以从客户的述说中把握客户的心理，知道客户需要什么，关心什么，担心什么。销售员了解客户心理，就会增加说服的针对性。

认真倾听需要技巧。一是要注意神情专注，并时常与客户交流目光，点头示意或用手势鼓励其说下去，避免呆若木鸡的神情；二是要注意表情应随客户讲话的情绪变化而变化；三是要有耐心。

4. 置身恰当的位置

据研究，社交距离一般在 0.5 ~ 1.5 米之间，小于这个距离，会给对方一种压迫感，大于这个距离，又显得没有诚意。如果金融销售人员和客户同处一室，应把上座让给客户。有两个扶手的沙发（或椅子）是上座，长沙发（或椅子）是下座；面对大门的是上座，接近门口处的位置是下座；靠墙壁的一方是上座，这在咖啡馆谈生意时尤为注意；在火车上，面对前进方向的是上座。当然，这些区分并不是硬性规定，但若推销员遵守了这些礼节，在一定程度上就表示出了对客户的尊重和谦让之心。

9.1.4　面谈结束

谈话时间不宜过长。起身告辞时，要向主人表示"打扰"。出门后，回身主动伸手与主人握别，说："请留步"。待主人留步后，走几步，再回首挥手致意："再见"。

9.1.5　迎客礼仪

客人来访时，金融销售人员应主动接待，领客人进入会客厅或者公共接待区，并为其送上饮料，如果是在自己的座位上交谈，应该注意声音不要过大，以免影响周围同事。金融销售人员在前面领路时，切记始终面带微笑。

在公司内不同场所领路时，应该留意以下重点：

1. 走廊

在走廊时，应走在客户前面两三步的地方。让客人走在走廊中间，转弯时先提醒客人："请往这边走。"

2. 楼梯

在楼道，先说要去哪一层楼，上楼时让客人走在前面，下楼时则相反。一方面是确认客人的安全，一方面也表示谦卑，不要站得比客人高。上下楼梯时，要注意姿势和速度，与前后人之间保持一定距离。

3. 电梯

上、下电梯时，必须主导客人上、下电梯。首先必须先按电梯按钮，如果只有一个客人，可以以手压住打开的门，让客人先进；如果人数很多，则应该先进电梯，按住开关，先招呼客人，再让公司的人上电梯。出电梯时刚好相反，按住开关客人先出电梯，自己才走出电梯。

9.1.6　送客礼仪

如客户提出告辞时，销售人员要等客人起身后再站起来相送，切忌没等客人起身，自己先于客人起立相送，这是很不礼貌的。"出迎三步，身送七步"是迎送宾客最基本的礼仪。因此，每次见面结束，都要以将"再次见面"的心情来恭送对方回去。通常当客户起身告辞时，金融销售人员应马上站起来，主动为客户取下衣帽，帮他穿上，与客人握手告别，同时选择最合适的言词送别，如"希望下次再来"等礼貌用语。尤其对初次来访的客人更应热情、周到、细致。当客人带有较多或较重的物品，送客时应帮客人代提重物。与客人在门口、电梯口或汽车旁告别时，要与客人握手，目送客人上车或离开，要以恭敬真诚的态度，笑容可掬地送客，不要急于返回，应鞠躬挥手致意，待客人移出视线后，才可结束送客仪式。

9.2　电话销售礼仪

在电话销售中，客户看不见金融销售人员的仪表、表情、动作，但是仍然可以从遣词用句、语气、语调中听出金融销售人员的态度、情绪、服务意识、修养等。因此，在电话营销中，也应该注重礼仪，这有助于和客户之间建立信任。

9.2.1　准备

1. 时间的选择

如果没有在恰当的时间打电话是非常失礼的，尤其是商务电话。一般来说，为了避免打扰到对方，应该尽量在客户方便的时候打电话。如果不知道客户的作息习惯，一般来讲，如果没有紧急的事情，应在上午八点以后，晚上六点以前打电话，最好也要避开饭点和午休，比如中午 12 点到 2 点。打通了以后要询问，"现在方便吗?"如果对方不便，则应道歉并约好下次的通话时间。同时也要选择恰当的时机，确保自己在通话时不受外界干扰。

2. 姿势准备

打电话前，先润润嗓子，使声音听起来自然、流畅、清晰、柔和、富于感情。身体端坐，切勿趴在桌子上，这样才能使声音听起来富有生气。话筒要尽量贴紧耳朵，将音量调整合适，话筒与嘴角保持一个拳头的距离，不要太近太远，音量适中，音调平稳，勿尖锐或低沉。

3. 情绪准备

调整情绪，保持一个愉悦的心情；拿起话筒以前要把微笑表现在脸上并保持在整个谈话过程中；并在整个通话过程中都应保持平稳的情绪，给对方一个良好的印象。要有和缓的语调，切勿给人以压力感。利用语调可以解除对方原本不愉快的心情，引导对方也能平心静气与你沟通。注意说话的口气，要让人感觉到诚恳。

4. 资料准备

打电话前要把可能用到的资料放在手边，需要时可以第一时间找到，以免让客户久等。同时准备好记录用的纸和笔，以便在通话时记录下重要的信息，以免下次和客户接触时忘记客户提供过的信息，那样是不礼貌的。可能用到的资料有：①产品资料，如果是较复杂的产品，一旦客户问起可以较快地给予答复。②简单的客户资料。

5. 通话方案准备

把要讲述的内容写在纸上，尽可能把所要传递的信息一次性传递，以免多次打扰。尽量言简意赅地达到通话的目的，节省大家的时间。预测通话的时间，让客户有所准备。

9.2.2　开场白

首先说明自己的身份："您好，我是××公司××部门×××"。然后确认对方身份："请问您是王先生吗"，使用礼貌用语，电话中尽量使用尊称。确认身份后，向对方问候，并对打扰对方表示歉意。如果对方不是要找的人，则礼貌地地请对方把电话递给要找的人。找到客户后，再次确认并问候。

9.2.3　交谈

交谈中，要使用礼貌语言，注意保持热情的态度、缓和的语气和平稳的语调。内容要有次序，简洁、明了，便于对方理解和记忆。对方发表意见时要耐心倾听，并适时地说"嗯""对""是的"等，表示自己正在耐心倾听；即使对方表现出不耐烦、不礼貌也要保持冷静，用礼貌的态度、缓和的语调促使对方冷静下来。控制通话时间，不宜过长，如果通话时间过长要向对方表示歉意。通话时，如果发生掉线、中断等情况，应由打电话方重新拨打，并表明中断原因。

9.2.4　结束

结束前重复重要信息，并获得对方的确认："是这样的吗"，及时修正所记录的内容，并再一次重复，直到它完整地表现客人的意愿；如果对方提出要求，可向对方进行承诺让对方放心："我会尽快处理。"并约好下一次接触的时间。保证下一次接触是在客户方便的时间。然后对客户表示感谢："谢谢您对我们的信任""谢谢您的建议"。最后收线："愿您周末愉快""祝您节日快乐""再见"。

9.2.5　挂断电话

让客户先挂断电话，以示对对方的尊敬。

9.3　网络销售礼仪

随着网络销售的广泛使用，网络销售方法越来越重要。在网络销售中，金融产品销售人员只能用文字通过即时通讯工具和客户沟通，不能见人也不能听到声音。因此，金融产品销售人员更要通过一定的方式展现销售礼仪，以体现对对方的尊重。网络销售的步骤和面谈及电话销售类似，但由于其自身的特点，销售人员需要在一些特殊的方面展现出特定的网络销售礼仪。

9.3.1 问好

良好的第一印象是成功的沟通基础，"问好"的时候体现出良好的礼仪会影响到销售是否成功。首先要注意的是沟通的及时性，当客户发起对话时，能够及时联络到金融产品销售人员。这体现了销售人员良好的工作状态、对客户的尊重、以及金融企业有序的管理。金融金融销售人员要在第一时间向客户回答："您好"。然后报以微笑的表情。由于文字阅读的速度较快，也可以通过快捷短语将近期客户感兴趣的活动内容奉上，以加快信息的传递。

9.3.2 售中和售后

1. 设置快捷短语

向客户问好之后，要准备接受客户的咨询。网络沟通的一个重要的缺点是文字输入的速度较慢，为了更高效率地为客户提供咨询，要根据日常工作经验搜集和设计好一些专业的沟通话语，并预先将其设定为固定快捷短语备用。快捷短语总结了在工作中涉及频率较高的、经验证实有效而可行的问题回复方式。快捷短语一般分为两种：一种是我们预先设定好的话语，比如说遇到客户议价的时候怎么说、客户呼入进来回复的第一句话怎么说、客户对产品有疑问的时候又怎么说，这些都可以按照以往的经验做成固定的快捷短语；另一种是在参加大型促销活动的期间，当某个问题成为一个共性问题的时候，就要设定一个统一的快捷回复的话语。快捷回复的设置能够有效优化沟通技巧和沟通效果，可以缩短客户的等待时间，体现出销售的专业性，大大提升成交的概率。

2. 使用表情符号

在文字沟通中，由于缺少表情、动作、语音、语调的配合，显得缺乏感情，甚至容易引起误会。适当地加入各种的表情符号，代替销售人员的表情展现在客户面前，给人的感受完全是不同的，不要让冰冷的字体语言遮住销售人员的亲和力。

实训：

销售礼仪

实训项目：

金融企业金融销售人员个人礼仪。

实训目的：

通过销售礼仪的培训，使得同学们能够在未来的职场上更易被客户所接受。

实训要求：

①在本模块任务八的电话销售实训中从准备、开场白、交谈、结束、挂断电话各环节使用电话礼仪。

②在本模块任务八的面谈销售实训中从准备、登门、面谈、结束面谈、迎客、送客等环节中使用面谈礼仪。

③如果没有以上实训条件，可以进行电话销售和面谈销售的模拟，在模拟过程中

使用电话销售礼仪和销售面谈礼仪。

建议：可以分为6人～10人一大组，其中2人为1小组，相互之间进行模拟。有条件的话，可以将模拟的过程拍摄下来，然后在大组中进行相互点评，这样可以看清自己的优点与不足，同时学习他人的长处。

模块三

金融营销策划实务

任务十　金融营销策划流程

【知识目标】

了解并掌握金融企业的策划流程，了解不同类型的金融企业，如商业银行、证券公司、保险公司等的运营特点和常用的策划策略。

【能力目标】

能独立完成各种类型金融企业策划方案的撰写，在撰写策划方案时要注重创意的新颖和实践的可操作性，同时还要注意防范可能发生的风险。

【素质目标】

了解客户及其需求，培养团队合作精神，增强提出问题、讨论问题和分析问题的能力，善于与人沟通。

【引导案例】

某期货公司"量化交易"产品的开业之殇

2012 年初，某期货公司推出了一款"量化交易"的新产品。量化投资理论是借助现代统计学和数学的方法，利用计算机技术从庞大的历史数据中海选能带来超额收益的多种"大概率"事件以制定策略，用数量模型验证及固化这些规律和策略，然后严格执行已固化的策略来指导投资，以求获得可持续的、稳定且高于平均的超额回报。量化投资是未来投资的重要方向，但中国投资者对此类产品仍较为陌生。

该产品经过了严密的设计并经历了半年时间的模拟运转之后，在当时中国证券市场一片愁云惨雾下，三个实盘交易产品取得了综合投资回报 8% 以上的较好业绩。但困扰着大多数公司的问题也一下困扰了这家刚刚起步的公司，这就是如何寻找客户。

公司决定开展电话营销，但是打电话给谁，怎么打，如何说服顾客，公司没有任何经验，也缺乏培训和规划。公司决定开展的另一项重要活动"会议营销"也因为类似的问题陷入僵局。那么，该公司的问题到底出在哪里呢？公司领导百思不得其解。

分析发现，公司客户群比较高端，要求开户资金量必须达到 20 万以上，这显然超出了普通老百姓能够投资的范围。反过来分析就是，能够拿出 20 万的投资者，资产量一定比 20 万要高得多，这显然属于一个较为富裕的阶层。通常情况下，电话营销和会议营销的目标对象没有那么精准，或者说，他们打电话的对象和会议营销所邀请的对象大多数不属于目标客户对象的范畴。作为新公司，客户资料库还不是那么健全，从外部暂时还不能获得有效的准目标客户信息，没了客户，业绩也就无从谈起。虽然公司想了很多办法，但都没能奏效。

营销策划和单纯的想一个所谓的金点子是有着天壤之别的，营销策划有着一整套流程，从市场信息的调研开始，到营销战略的确定，瞄准目标客户群，施以正确的营销策略，再加以强有力的执行，最后才能取得成功。

古有诸葛亮，人称卧龙先生，运筹帷幄之中，决胜千里之外。诸葛亮的神奇之处就在于事先搜集和掌握大量信息，对未来的趋势和走向做出分析和判断，做好充分的准备工作并做出完善的布署，做到先敌致胜。在诸葛亮之前也有很多贤人，比如孙武、鬼谷子及其一众弟子等，都是中国人膜拜的对象。策划工作其实与以上这些先贤们做过的事情非常相似，策划就是谋划，就是针对想要做的事情进行信息和情报的搜集整理，从中得到一些分析判断，形成结论和方案，再辅以各种计策和谋略，通过人力和物力确保实施，最终达成目标。

金融企业的营销策划大致有两种类型，一是在年初（月初、季初等）时将本周期时段内的营销内容做一个整体规划，这偏向于计划的内容。另一种类型是根据情况的变化和时势发展的需要，有针对性地做一些营销策划，通常偏向于促销的内容，目的是应对竞争、提升品牌形象、扩大销售或者拉近与顾客的距离等，比如开业策划、公关策划、周年庆，节假日促销（或者制造节日）、高端客户酒会等。

从营销策划流程的角度来说，金融企业与其他类型的企业没有太本质的区别，大致差不多。一般来说，也是从市场分析入手，通过环境分析找出机会和威胁点，通过需求分析了解客户并进行准确的市场定位，通过竞争者分析了解自己与竞争者的优势和劣势，最终找到并制定适合自身的战略和策略。根据上述分析，金融企业会制定策划方案，选择并组建合适的团队来执行，在执行中发现并纠正偏差，适时调整策划方案。在策划方案执行完毕后还要对方案执行的结果进行评估，以此总结经验和教训，并将所有的资料整理归档。因此，金融营销策划的流程可以大致归为：提出与界定问题、市场调研与内外部环境分析、战略审视与分析、策略审视与制订、方案讨论与制订、方案实施、策划效果的回顾与评价、资料整理与归档。

10.1　提出与界定问题

解决问题的流程应该是发现问题、提出问题、明确界定问题、找出问题发生的根源、提出解决问题的方案、实施方案并解决问题、评估解决方案的效率与效果。

对金融企业而言，策划不是无源之水，无本之木。之所以需要策划，一定是出于某种需求，比如出于战略和策略的考虑，或者针对某种现实问题进行策划。金融企业有着太多需要策划的地方，无论从战略层面还是战术层面均是如此，哪怕小到去见一个客户，事先其实也应该先策划一下，不打无准备之仗。而所有策划的前提也在于发现问题、准确地描述与界定问题。

【案例】

金融企业如何提出与界定问题

进入 2016 年以来，回顾一下，这几年互联网金融不可谓不火，当然出事的 P2P 也不在少数。有人认为互联网理财空间至少 100 万亿，还有人更加乐观，认为目前的市场规模应该达到 150 万亿，五年内应能达到 200 万亿。这里其实就面临几个问题，金融企业需要发现并提出这些问题并解答，才能发展得更好。

问题一：互联网金融的规模到底有多大？目前的市场竞争状况如何？值得不值得投资？金融企业到底应该以线上还是线下业务为主？这决定了企业未来的业务发展方向。

问题二：互联网金融的目标客户是谁？有人认为是所谓的屌丝，也就是身份相对卑微比较贫穷的人，他们在互联网上的投资平均只有 5000 元，主要投资于各种"宝宝"类产品。也有人认为互联网上新出现了一批精英客户，还有人认为是过去的屌丝经过若干年的发展之后，实力慢慢变得雄厚，因为习惯了互联网理财，所以成为了现时代最忠诚的互联网客户新贵。无论是不是互联网企业，研究客户都是做好业务的前提。但客户是谁，对这个问题的回答属于战略层面的东西，它决定了后期的很多策略。

以上这些问题是企业必须要回答的，金融企业处于不同的发展阶段，会遇到不同的问题，企业应善于发现并提出问题，对问题做出准确的描述，这是企业获得长远发展的前提。

对企业而言，问题是普遍存在的，不存在没有问题的企业，有些企业昨日还辉煌灿烂，可是一夜之间却没落了，这种情形恐怕大家并不陌生。难道真的是一夜之间发生了所有的事情吗？当然不是！关键在于问题不断积累，而企业的管理者和决策层有可能根本没有意识到问题的存在，以及问题的严重性，慢慢地问题累积越来越严重，导致突然死亡。因此所有企业一定要明白：问题不是一夜之间突然形成的！那是一个过程，在问题出现之初就应该敏锐地发现问题，准确地为问题定性，才能谈得上解决之道。

【案例】

银行票据业务黑天鹅事件为何频现？

据央行发布的最新数据显示，2016 年一季度全国共发生票据业务 0.74 亿笔，金额 46.16 万亿元，同比分别下降 34.98% 和 27.75%，票据业务下降的重要原因在于近年黑天鹅事件频现。2016 年初，银监会就专门下发《关于票据业务风险提示的通知》，要求各银行对票据业务进行整治，主要对票据同业业务专营治理落实不到位、通过票据转贴现业务转移规模、消减资本占用、利用承兑贴现业务虚增存贷款规模、与票据中介联手，违规交易，扰乱市场秩序、贷款与贴现相互腾挪，掩盖信用风险、创新"票据代理"规避监管要求、违规通道等典型违规问题进行风险提示。而中国农业银行于2016年1月22日晚间发布公告，称其北京分行票据买入返售业务发生重大风险事件，涉及风险金额为39.15亿元。此后不到一周，1月28日，中信银行承认兰州分行发生9.69亿元票据无法兑付的风险事件。同年8月8日，媒体曝出广发银行有9.3亿元票据被"调包"流入股市，手法与此前几家银行几乎如出一辙。这些被调包流入股市的票据资金，其违法的手法多样，有虚假贸易背景的假票，农行保险箱里更发现用报纸冒充的票据，明显是内外勾结，将票据偷出贴现套取资金，这引发了董事长刘士余的震怒，要求北京分行所有员工上交全部的出入境证件。在票据违法事件当中，还有各种金融机构以及中介机构的配合，最终构成了票据违规。8月11日据媒体报道称，有不法分子利用虚假材料和公章，在工商银行廊坊分行开设了河南一家城商行"焦作中旅银行"的同业账户，以工行电票系统代理接入的方式开出了13亿电票。其中，开票行为工商银行，承兑行为焦作中旅银行。之后又转贴给恒丰银行，恒丰银行发现风险，遂报案。资深银行专家则表示，根据规定办理这项业务需要焦作中旅银行的开户公函、营业执照、金融机构许可证、基本户开户许可证、机构信用代码证、法定代表人身份证等一整套资料，"很难想象若不是该银行的核心员工，怎么能够凭空编造出这么多一般人见都没见过的东西。"

违规套现的票据资金大多流入股市，通常入市时的行情都较好，但股市变化莫测，在行情下跌时这些资金的风险一下就突显出来。

广发银行相关负责人认为事件是由于外部同业在票据交易中的不规范所导致，发现风险情况后他们第一时间启动紧急追收机制，全方位抓紧清收，截止到7月22日，广发银行已经收回约5.2亿元现金，其余4亿元资金仍在继续追收中。

针对票据业务中频繁出现的问题，各银行包括监管部门都在采取措施。央行已在草拟新规，未来数额达到一定水平的票据或全部改为电子票据，有效减少作假和风险漏洞。除了加强内部风控管理外，部分银行甚至已经暂停了所有票据贴现业务，在开票环节对部分行业比如钢贸行业全面收紧票据业务。

从上述案例可以看出，对金融企业来说，管理过程出现了问题有时是一件挺可怕的事情，损失动辄数亿、数十亿甚至更高，长此下去，一夜崩溃就绝不会是不可能的事情。因此，金融企业应时时审视自身，及时发现问题，界定问题的性质，找出问题产生的根源，从而找到解决问题的最佳方法。上述银行票据问题的根源在于运作不规范，银行应该查漏补缺，并通过产品创新解决问题。

策划可以针对任何事物，策划可以针对企业外部也可以针对内部，外部主要针对市场和客户，内部可以针对流程操作等。策划通常是为了解决现实的问题，实现确定的目标，比如应对市场竞争、提升品牌知名度、扩大市场覆盖率和占有率，增加某段时期的利润等。

本模块所讲的策划主要聚焦于金融企业的营销策划。虽然营销分为外部营销和内部营销，但本书所讲的营销策划主要指外部营销，即针对外部市场和客户进行有针对性的策划。

10.2 市场环境分析

市场分析是进行营销策划的前提和基础，出发点是市场的需要。

市场分析主要包括营销环境分析、企业及产品分析、销售渠道分析、消费者分析、市场竞争分析等。

10.2.1 市场营销环境分析

任何一个企业都生存在于一个具体的环境中，金融企业当然也不例外。企业所处的外部环境总是不断地变化着，变化着的环境带给企业的影响可归结为两个方面：机会和威胁。金融企业要想获得更大的发展，就应当尽其所能抓住市场机会，避开威胁。因此，环境分析非常重要。环境包括宏观环境和微观环境，宏观环境包括政治、经济、法律、社会、文化、自然、科技等，微观环境包括客户、企业内部环境、相关中介组织、竞争者等，有时候我们也进行产业环境或者行业环境分析，后者我们称之为中观环境。

【案例】

南京十年间车险理赔市场的变化

车险理赔新变化1：快捷

同样的事故，2004年理赔忙了半个月，今年再遇到时，赔款"1小时到账"。38岁的王高俊头一次出车险是在2004年，"那时我在开车上还是菜鸟级别，6月刚买的车，7月就碰了，进车库时撞上墙，把保险杠、车灯、散热器撞坏了。第一回办车险理赔，快把我烦死了。当时理赔员只是在接到报案后到现场拍个照片就走了，办保险理赔需要一大堆的材料，全都要我自己收集齐全送到保险公司。保险公司工作人员跟我交代理赔材料时，漏说了'驾驶员体检证明'这项，结果我因交材料不齐，白跑了一趟营业厅，之后为了开体检证明又折腾了半天。其他如请交警出事故证明等这类手续，办起来也让人觉得烦躁。一两千元赔款，从报险到拿到赔款，花了将近半个月。"

今年8月25日，王高俊的妻子开着他们家第二辆私家车出行，停车时也不慎撞到墙，保险杠和车灯损坏，但妻子却在一小时内拿到了赔款。此次为王高俊服务的是江苏人保南京分公司。2009年前，理赔服务流程繁琐，涉及定损、报价、核损、核赔、理算等多个环节，小额单方事故，理赔员通常是第一天查勘第二天才能做出报价，如果想在一天内完成理赔，不但理赔员自己得加班干活，还得进行跨部门协调。不过，现在人保采用先进技术，为每个理赔员都配备了有GPS定位系统的特制平板电脑，客户报险后，总部可通过GPS调离出险地点最近的理赔车去现场查勘，确保理赔员能快速接到调度，30分钟内就赶至现场。查勘时，理赔员可以用平板电脑把事故车辆、车险现场拍下来，将照片当场上传至总部，总部则能根据车损情况，立即做出理赔报价。

车险理赔新变化2：便利

内驻交警、第三方评估中心、物价局……理赔"超市"让理赔"一站到底"。在位于南京大明路的"南京市交通事故理赔服务中心"，人保、平安、太平洋、中华联合等16家保险公司的服务台在大厅一字排开，大厅旁，一边是交警驻点的警务室，一边是汽车修理厂。

大明路快速理赔中心是全国第一个快速理赔中心，2007年成立以来，处理了全市70%的车险案件。"市区发生的交通事故中，碰蹭、擦刮等轻微交通事故，占事故总数85%以上。以前，大量轻微交通事故发生后，当事人都把车停在路中间争吵或者等待交警，不但容易引发交通堵塞，还容易导致二次事故。而且，这样的处理对双方车主来说都很耗精力：首先，在路上等122到场就很费时；随后，驾驶证收走、将车开到指定停车场、做笔录，这个过程要花2-3个小时；笔录后，车被送到技术部门做痕迹检验，等结果，研究认定事故责任后才发还车辆，进入理赔程序。整个流程走下来，要十天半个月。而且，除事故车辆外，还要牵动3辆车——双方保险公司各一辆、警车一辆，每天要处理几百起小擦碰，无论保险公司还是警方，都要搭上不少油料、人力，这个成本是很大的。"而这样一个内驻交警、第三方评估中心、园林局、物价局等单位的理赔中心成立后，消费者就像是有了理赔超市，城区道路6：00-21：00发生的单方财产损失在2000元以下、无人员伤亡，或者机动车仅车身前后保险杠、车灯、引擎盖、门窗等外表件损坏，车辆可以继续驾驶的交通事故，当事人可自行协商处理，或者约定时间，同时到服务中心快速理赔。"需要园林局出证明的，园林局的工作人员可为其现场办公，需要交警协调的，交警就在眼前。理赔中心一站式理赔服务，让车主们省事省心，也节省了社会资源。"

车险理赔新变化3：服务

接电话从大声喊"喂"到轻柔说"你好"，市场竞争让保险服务质量大涨。如今的车险理赔服务可不仅仅只是"理赔"而已，不少保险公司都对车主提供很"实惠"的延伸服务。比如车主遇到开车错过加油站，结果车辆无油的意外情况，就可以请保险公司的服务车为其送汽油，再如遇到轮胎爆胎、车辆熄火发动不了等车障情况，车主也可以请保险公司调拖车将车拖去4S店维修。这些以前都是车友会的付费服务项目，但现在，渐渐成为保险公司的免费增值服务，而服务项目增多质量变好，和充分的市场竞争有一定关系。

20世纪80年代，财险市场上中国人民保险公司一家独大，如果想买汽车保险，只能找人保，那时候，保险是有计划额度的，想买还未必能买得到。到1990年左右，平安保险、太平洋保险成立，陆续涉足车险业务，车险市场才有了竞争，但那时，企业是保险公司的主要服务对象，而企业对保险服务的要求主要停留在"价格便宜些"、"理赔不搅毛"的层面上，保险公司主要以价格低吸引客户，谈不上服务意识。直到2003年，私家车呈爆发式增长，保险市场才有了非常明显的变化。十几年来，江苏陆陆续续成立了大小40多家保险公司分食车险市场，原有主体要争市场份额，新增主体也要争份额，车险市场的竞争变得激烈，以前在家坐等客户上门的经营手段，根本无法应对竞争，而且私家车主客户相对企业客户来说，服务要求更高。有些企业推出不少个性化服务，比如派人去保时捷、宝马、奔驰等高端4S店驻点，保险接待员代车主出面和4S店协商零件价格，向高端客户提供一条龙定损；比如派人到交警队驻点，针对人伤案件，现场协调为伤者垫付医疗费用、开展保险预赔付工作，帮客户收集、整理、复制单证资料，完成核损理算等。以前我们很多理赔员接到报险电话后，第一反应就是用大嗓门对着电话喊'喂！'但现在他们用轻柔的语气说'你好！'，别小看这态度语调的小小改变，它说明，服务意识已经开始渗进保险理赔员的脑海里。

截止到2015年6月底，南京机动车保有量是215万辆，其中汽车187万辆！这也是保险业发展史上不平凡的十年，保险市场规模不断扩大，仅南京车险市场而言，10年前，南京投保车辆是17.37万辆，如今是200多万辆，这十年里，汽车保险经营方式从粗放到规范，服务理念逐年成熟，市场竞争从价格转向服务。车辆增多的同时，车辆出险风险也在增加，汽车保险从"不关我事"变成"必须得买"，车险理赔服务则从"客户给理赔员递烟"变成"理赔员给客户递水"……现在保险公司已经不仅仅办理保险理赔业务，还拓展到帮助客户代办年检、过户等手续，推出洗车优惠、年检及驾驶证到期提醒等一系列的延伸服务。不仅如此，目前保险公司也已经不再以单纯的代理人、直销渠道扩展业务，出现了利用网络和电话营销的模式，营销成本更低，客户也更方便。

上述案例说明，经过10年，市场这块蛋糕越来越大，市场上的企业越来越多，竞争也越来越激烈，车险市场变了，车险理赔的制度、流程、服务也变了，这种种变化，体现的不但是行业发展，也是时代的进步。

（资料来源：2012-10-03《扬子晚报》，作者：周红跃 周西宁，根据情况有所增删）

保险是金融市场中非常重要的一个组成部分，以上案例讲的是车险市场，但实质上几乎每个行业都与保险息息相关，家里着火与财产保险有关，农作物遇到台风减产或绝收与农业类保险有关。保险行业因为较高的收入成为金融专业大学生就业的重要渠道和方向，保险公司有寿险公司和财险公司，又分为外资、内资与合资，在保险行业内有做得好的，能排名前十或者前五，也有做的相对比较差的。有老牌保险公司，也在新近成立拿到牌照时间不长的保险公司，有的保险公司网点众多，也有的以新渠道见长，比如互联网销售和电话销售。

请大家针对当地保险行业做一个分析，试着调查并写作一份有关当地车险市场环境变化的分析报告。

10.2.2　企业及产品分析

金融企业在做营销策划之前，同样也要对自身做一个彻底的剖析，企业和产品本身拥有的优势和劣势，比如价格优势、渠道优势、产品研发优势、品牌优势、市场占有率优势、成本优势等，了解自己，是"知己知彼，百战不殆"的基础。在营销领域，有个UPS理论，意思是独特销售卖点。任何产品的销售都要找到自身的独特销售卖点，而这些卖点，有很多就隐藏在企业历史和产品优势的分析里。

10.2.3 消费者分析

金融企业面对的客户群是比较复杂的，同一个金融企业，推出的不同产品，其所面对的客户群差异有时是非常大的。比如私人银行面对的就是最富裕的人群，而绝大多数的银行网点面对的客户群是普罗大众和较富裕的人群。

不同的客户群拥有不同的收入，隶属于不同的阶层，他们的生活方式、购物方式、消费的层次差异很大。比如，富人们购物往往追求所谓的身份和地位的象征，他们使用银行推出的最尊贵的信用卡，习惯于刷卡消费，习惯于享受特权，比如持银行的贵宾卡可以走机场的 VIP 通道和贵宾休息室，在银行也习惯于在贵宾室办理业务，银行为他们提供专业的专人理财服务，他们可以一边喝着免费的咖啡一边就把事情办理完毕，而免于排队的烦恼。而普通的金融客户显然无法享受这一切。

客户是金融企业的服务对象，也是金融企业的产品销售对象和利润来源，他们有企业客户，也有个人和家庭客户，有大客户，也有中小客户，对客户的了解越多，金融企业推出的策略才会更有针对性，满足客户需求是金融企业追求的目标，客户需求是金融企业策划的出发点和最终归宿。

但目前，金融企业与客户之间确实还存在着许多不太和谐的因素，导致许多投诉。

【案例】

顾客为何投诉银行信用卡收费

银行卡收费问题近年来引起了社会的广泛关注。以信用卡收费、"全额罚息"投诉为例，某商业银行信用卡客户，某月消费 50032 元，因疏忽大意，误以为消费 50000 元整，遂在到期还款日前在卡上存入 5 万元。在下一个月对账单中，该客户可能面临数百元的透支利息，利息是按 50032 元计算，而非按照未偿还的 32 元计算，客户对此非常不满。这类投诉中，消费者自身存在过错，但同时，它也反映了金融机构的若干问题。一是在信用卡营销环节没有充分有效披露未全额还款的风险，这一点可以基于常识判断；二是信用卡章程的合理性和公正性存在争议。目前，各家银行信用卡章程对于持卡人未能在到期还款日前全额还款的责任规定不尽一致，可能会引起投诉。事实上，从消协传来的数据说明，2016 年 315 消费者投诉中，银行的信用卡乱收费仍然成为热点，排在银行业问题的首位。以上信息说明金融企业与消费者之间信息沟通存在不对称，仍然存在银行对消费者的误导甚至欺诈，如果类似问题总是出现，必然会引起消费者反感，甚至用脚来投票：永远不再选择该银行的服务。

（资料来源：2011 年 3 月 14 日《金融时报》）

10.2.4 市场竞争分析

商场如战场，要想在市场中获得胜利，只了解自己是不够的，还要去了解竞争对手，了解他们的优劣势，了解他们的策略，从而制定有针对性的竞争策略。

通常情况下，人们会认为，银行的竞争对手是银行，保险公司的竞争对手是保险公司，而事实往往比这要复杂。比如，从目前已经实现的技术看，人们可以利用手机刷卡乘坐公交车，也可以利用手机上网购物或者在商场购物，还可以实现更多的功能。从市场发展趋势看，移动银行业务是未来发展的重要方向之一。一部手机可管理个人所有金融账户（分属不同金融机构），满足投资、理财、消费需求（购物、支付账单、交通费）等功能；同时，对企业客户而言，亦可随时掌控企业网银第一手财务信息，并实现移动授权等多种移动金融服务。这就引出了一个问题，将来，人们是将钱存入移动通信、支付宝或者微信呢？还是继续存入银行？可以看出，银行业的竞争越来越复杂。

【案例】

移动支付市场的现状与未来

2010 年 3 月，中移动以 398 亿元巨资认购浦东发展银行 20% 股权，成为浦发银行第二大股东，开启了国内移动运营商与金融机构的深度合作；随后，中国工商银行与中国联通推出移动支付、手机银行业务；2010 年起，深发展、浦发银行及招商银行都开始发力移动金融业务。现在，所有银行都意识到移动支付的便利性和重要性，所有的大银行都推出了 APP 软件，用户下载安装之后，就可以在手机或者平板上完成查询、转账、投资理财、购买保险、购买基金、在线缴费、话费充值、个人贷款、资金归集、出国金融等绝在部分事务。

在银行业内看来，移动支付已经成为新的经济增长点，市场规模将进一步扩大。截至 2015 年 12 月，中国网民规模达 6.88 亿，互联网普及率达到 50.3%，手机网民规模达 6.20 亿，有 90.1% 的网民通过手机上网。只使用手机上网的网民达到 1.27 亿人，占整体网民规模的 18.5%。2016 年 8 月 8 日，微信支付联合全国 70 万门店和 40 多家银行，共同号召用户进行"无现金生活"。活动当日，用户在合作门店用微信支付消费，即可随机获得一次立减机会。另外，此前一周积累的"鼓励金"也可一次性抵扣现金使用。同一天，支付宝也推出减免活动，用户用支付宝在线下付款，就有机会获得免单，最高免 999 元。

据推测，2016 年内我国移动支付市场交易规模将达到 121590 亿元，到 2018 年则有望达到 182559 亿元。到 2018 年前，我国移动支付市场交易规模的年均增长将保持在 20% 以上，之后还有望保持较长时间的中高速增长。

从目前市场格局来看，支付宝和微信支付不但占据市场前两位，还合计占据了绝大多数市场份额。综合多家第三方机构数据，到 2015 年年底，支付宝在移动支付市场的份额约为 80% 左右，而微信支付则为 10% 左右。尽管目前在市场份额方面，微信支付还和支付宝有一定的差距，但微信支付却在积极推进相关市场布局。微信支付向《经济参考报》记者介绍，目前，全国已有近百万家门店支持微信支付。2015 年 9 月，微信宣布开放服务商申请，截至目前，已有超过 5000 家第三方服务商，在微信支付的生态中为商家提供技术、运营、市场等服务。

从上述案例可以看出，银行和移动支付公司之间存在竞合关系。从货币形态看，最初级阶段是牛马羊之类的活物，后来贝壳取代了牛马羊，再后来出现了金属币，金银由于其自然属性直到今天仍然成为全球的硬通货，但纸币又由于便利性等其它特性取代了金银，而今天，人们早已经普遍用银行卡支付的方式逐渐取代纸币。由于移动支付手段的先进性，人们只要使用手机，就不用携带任何银行卡，受到了广大中青年消费者的欢迎。但是也有人预测，在未来手机也可能会被消灭，因为在一个智能时代，几乎所有物品都可以用来支付，比如可穿戴的智能衣服、甚至家里的智能洗衣机、智能电冰箱等也会拥有电话和支付功能等。所以，从银行功能的发展趋势看，在未来也有可能会被各式各样的公司取代，比如 P2P 拥有了银行的信用中介功能，余额宝等各类宝拥有了银行的吸纳存款和理财功能，微信和支付宝拥有了移动支付的功能等。金融企业要未雨绸缪，才能知安危，立于不败之地。

根据波特的五力模型，金融行业市场竞争主要包括以下类型：

1. 金融行业内部竞争

导致行业内部竞争加剧的原因主要有：一是对同一市场份额的激烈争夺，比如几家银行针对同一个存款（贷款）目标客户群体；二是所提供产品和服务与竞争对手大致相同或类似，缺乏差异性。通常对于差异化很小的产品，企业为了增强其市场竞争力，只有祭出价格战的大旗，所以有时行业内部竞争会比较激烈。

2. 金融客户的议价能力

顾客有消费金融产品和服务的权力，也有用脚投票的权力。有些大客户是金融企业着意想要去争取的，这些客户往往也具有较强的议价能力，通常会要求金融企业提供比一般客户更优惠的条件。

3. 金融企业供应商的议价能力

金融企业也需要很多供应商，比如各种机器设备及软件的采购等。供应商在行业内的知名度和品牌、技术水平、谈判经验、售后服务能力等，最终决定着双方在采购谈判中的地位，也决定着金融企业所需要付出的对价。

4. 金融行业潜在竞争对手的威胁

潜在竞争对手指那些可能进入行业参与竞争的企业，它们将带来新的生产力，分享现有的资源和市场份额，结果会使竞争加剧，产品售价下降，行业利润降低。比如，阿里巴巴旗下的支付宝保存有大量现金，虽然不知道具体数额，但从阿里巴巴每年的交易额来看，这些现金数额惊人。这个数字要远超大多数中小商业银行每年吸纳的存款量，从这个角度讲，支付宝就是银行的潜在竞争者。

5. 金融行业替代产品的压力

金融行业替代产品的压力是指具有相同功能，或能满足同样需求从而可以相互替代的产品竞争压力。2012 年起江浙一带尤其是温州出现了许多"老板跑路事件"，主要的原因就是企业无法通过正常渠道从银行融入资金，转而去借高利贷，由于利率太高还不起，为避免放高利贷者的追杀，被迫逃跑。由于这些事件在全国引起了很大反响，也引起了中国最高管理当局的重视，在温州设立了金融改革试验区，由此可能会成立更多的商业银行，将资金从暗处的无法监管引到可以监管的明处，以避免出现高利贷带来的悲剧。中国的金融改革一直在持续当中，不仅出现了单一制互助式农村小型商业银行，也出现了大量的互联网金融企业，这些替代品对传统商业银行均构成了竞争压力。

市场竞争是市场经济的基本特征，企业通过竞争实现优胜劣汰，进而实现生产要素的优化配置。金融企业应当认真研究行业市场的竞争情况，这有助于金融企业认识行业的竞争激烈程度，了解自身在金融行业内的竞争地位以及竞争对手情况，为制定有效的市场竞争策略提供依据。当然，人们在分析市场时，通常还是重点分析直接的主要竞争者。

10.3 STP战略分析

STP战略是指金融企业在市场细分的基础上，对目标客户进行准确市场定位的过程。STP理论中的S、T、P分别是Segmenting、Targeting、Positioning三个英文单词的缩写，即市场细分、目标市场选择和市场定位。

对金融企业来说，确定产品的目标客户群非常重要，属于战略决策的范畴。如果这一步走错了，后面一系列的策划都会产生问题。

市场细分是确定目标客户群体的前提，市场细分需要一定的方法，以一定的标准将整体市场划分为若干细分小市场，然后对每一个细分小市场进行详尽的分析，最后确定一个或者几个作为金融企业的目标市场。

金融企业确定了目标市场之后，就需要进行准确的市场定位。市场定位就是要在客户心目中刻划金融企业的一个显明又特别的形象，使客户群体认识并记住金融企业，产生好印象，最终成为金融企业的忠诚客户。

那么，如何进行准确的市场定位呢？

【案例】

泽西联合银行的市场定位策划：在大品牌的夹缝中焕发生机

1. 市场环境及竞争分析

在新泽西州，泽西联合银行（United Jersey）是排名第三的银行，第一、二名分别是首诚（First Fidelity）和中大西洋（Midlantic）。更重要的是，它在北端的地盘受到花旗、大通、华友、汉诺威和纽约市其他大银行的夹击，在南端则活在费城大银行——如梅隆（Mellon）、第一宾州（First Pennsylania）的阴影之下。

在竞争日趋严峻的形势下，泽西联合银行决定把握变革的方向，对银行重新定位，为泽西品牌找到新的发展方向，从而牵引整个银行的变革。

2. 泽西联合银行的市场定位

如何为泽西联合银行定位，以求在区域内取得主动？针对并利用那些大竞争对手与生俱来的弱点：大银行们反应缓慢，为泽西联合发展出一个新定位策略，叫做"办事快速的银行"，于是泽西联合银行围绕"办事快速"定位展开运作。

3. 泽西联合银行实现市场定位的举措

对于具体的营销运作，策划人员主要提出了七项重要的建议。

（1）权力下移：银行将决定权交给当地，在整个州的十个商业银行中心，当地主管可以迅速批准商业贷款。

（2）交叉训练：训练银行人员，使之了解全部银行服务项目而不只是本位工作，遇到顾客咨询，人人可即时给予答复。

（3）推广电子化：银行利用自己全州最大的民营自动取款机网络，号召顾客与该银行的计算机直接连线，咨询收支平衡与其他日常问题。

（4）加速专用信箱服务：将银行的专用信箱填满顾客账目，增加每天的支票收取频次。

（5）增强终端机功能：客户可以通过终端机快速转账。

（6）提升反应性：银行对顾客的融资需求要尽心尽力，有所反应。

（7）迁址：银行将公司总部迁设于普林斯顿，使自己位于该州地理中心，让任何工商顾客不到一小时就能驾车抵达。

经由这样的定位策划，泽西银行很快被公众认知并接受，业务蒸蒸日上。

4. 促销策划

在电视广告上，泽西联合银行将那些大对手名之为"昏睡银行"，描述它们批准商业贷款总是慢吞吞地需要等待，其行动像是银幕上的慢镜头。印刷广告也突出"办事快速"的定位，"快速能赚钱"和"银行不应当让人久等"成为经典的广告标题。而银行主管们则将一个印有"时间就是金钱"的铭牌放在桌上，提醒自己不要让顾客在桌旁苦，等等

5. 策划方案执行评估

新定位大获成功，在开始执行此计划一年之后，泽西联合银行宣布收入增加了26%。更重要的是，员工态度发生了转变。一位主管报告说："太棒了，我们的人员都在奋力以赴，我已看到了巨大的改变，批准更快，没有一个人坐以待事……"新定位成了泽西联合银行的旗杆，指引着他们不断地成为赢家。

市场定位是营销策划中非常重要的一个步骤，如果定位准确，再配合正确的营销策略以及坚定的执行力，就会最终转化为现实的市场占有率。

10.4　市场营销策略的制定

金融企业在确定了相关战略之后，可以制定系列组合策略，如4P's组合营销策略，或者在开拓国际市场时使用6P's组合营销策略等。鉴于金融行业属于服务业，其产品与服务密切相关，也可以采用4C's组合营销策略。4P's组合营销策略是将产品策略、价格策略、渠道策略、促销策略组合使用，6P's组合营销策略是指在4P's组合的基础上，再综合运用公共关系和政治权力策略，以打开国际市场大门。政治权力策略通常

是在进入一个市场存在困难的情况下，通过与该东道国政府政治高层沟通，使其同意进入该市场。而公共关系策略则是通过一系列的活动，使该国消费者认识本企业及其产品，并乐意接受。

4C′s组合营销策略也是可以使用的武器之一。1990年，美国学者罗伯特·劳朋特（Robert Lauterborn）教授提出了与传统营销的4P′s相对应的4C′s营销理论。4C′s的核心是顾客战略，而顾客战略也是许多成功企业的基本原则，4C′s是以顾客为中心进行企业营销活动规划设计，从产品到如何实现顾客需求（Consumer′s Needs）的满足，从价格到综合权衡顾客购买所愿意支付的成本（Cost），从促销的单向信息传递到实现与顾客的双向交流与沟通（Communication），从通路的产品流动到实现顾客购买的便利性（Convenience）。营销人员可以通过4C′s的策略组合来实现策划方案。

为了应对竞争，吸引更多客户，在产品、价格和销售渠道确定之后，策划的重心往往就在于促销与沟通了。促销策划包括了广告、人员推销、营业推广和公共关系等手段。

促销策划一定要出新意，那么创新创意从哪里来呢？这是困扰新进从业人员的一个重要的问题，这个问题尤其困扰着高职大学生们。从作业实践来看，有些创意确实出乎意料的好，但这总是个别现象，并没有正确的思维方法的指导。

在这里，要说明一下如何得到好的创意。

好的创意来源有很多。第一，要有正确的方法，方法有很多，比如通过头脑风暴法产生好的创意。策划人员要善于讨论问题和集思广益，善于从别人那里获得灵感，激发思维。第二，要有知识的积累。可以通过多观察，多读书，多看有创新性的东西，知识积累到一定的程度，就像古语说："熟读唐诗三百首，不会作诗也会诌"一样，自然而然地能产生一些想法出来。第三，要经常从专业的角度去研究广告和优秀的创意案例，认真琢磨别人的方法，尤其是学会从不同的角度看问题。第四，要善于从本企业和产品的历史和现实中发掘灵感，任何企业的营销策划不可能是孤立存在的，它一定与自身的历史有一定的渊源，策划人员不应为了创意而去故意割裂产品的历史，这样的作品通常不会有太好的评价，除非企业想要完全转型。第五，从竞争对手的创意作品中获得灵感。策划人员的创意需要与竞争对手同台竞技，所以研究竞争对手也是获取创新的重要源泉。竞争对手给我们树立了一个标靶，如何找到它的致命伤并将他打败，就是创意者需要考虑的最重要的事情。最后，所有的创意和促销都是为了顾客，所以，我们还可以从顾客、研究机构、广告公司、数据中心等处获得信息和灵感。

【案例】

电话车险广告的创意

太平洋电话车险在《北京晚报》A12版上做了一个横1/4版彩色广告，投放时间是2011年6月13日，这则广告的左侧是一辆汽车的车头，车牌处写着太平洋电话车险的电话号码，中间清晰地印上太平洋电话车险的广告语，右侧是太平洋保险的LOGO，并再一次清晰地印上了太平洋电话车险的电话号码。

这个广告的目的是让人知晓太平洋电话车险，并打电话购买车险。广告画面清晰，目的明确，达到了较好的效果。因此，广告并不是越复杂越好，而是能够直接到达目标受众，吸引他们的注意力，并激发购买欲望。

这则简单的广告其实也包含着特定的因素，下面分析一下。

第一，对保险公司来说，车险主要依赖电话营销，因此让读者记住电话号码非常重要，这则报纸平面广告最重要的就是传达车险的电话号码讯息，同时读者可以通过保留报纸来保留这个电话号码，以便在需要的时候使用。第二，这则广告继续沿用了太平洋保险的标准色：蓝色，风格和过去太平洋保险的广告风格保持一致，让人一看就知道这是太平洋保险的广告。电话号码放在车牌的位置，让人一看就知这是电话车险，简明易懂，令人印象深刻。第三，为什么会选择《北京晚报》投放广告，因为报纸读者与广告的目标受众相吻合。太平洋电话车险的目标客户是北京市内的车主，而《北京晚报》创刊于1958年，是北京地区发行的最大的综合性都市报，北京晚报的首选率和主动读者人数均居第一。该报主要以北京四环内、九城区为主，外埠为辅，辐射周边地区。北京晚报平均每期阅读率高达53.5%，是唯一进入日到达率前10位的平面媒体，两者的目标受众基本一致。

当然，如果单纯地分析一个报纸平面广告，恐怕还很难得到更权威的结论，因为促销也需要使用组合策略，单纯使用单一媒体很难使产品信息到达大部分目标客户。除了使用平面报纸媒体广告外，太平洋还使用了广播广告。所有车辆上均有FM调频收音机功能，而大城市堵车的严重性使得人们不得不打开收音机，一方面收听路况信息，另一方面打发时间，偶尔还能通过电话或者短信参与节目得到一点点小小的惊喜。因此，大多数开车人上车后会打开收音机听一听。太平洋电话车险就瞄准这些车主受众，利用平面和广播广告等媒体交叉使用，效率倍增。

10.5　撰写金融营销策划方案

在营销策划过程，撰写金融营销策划方案是非常重要的一环，初入门者经常会为其所困，下面我们就分步骤详解如何写好一份看起来还比较专业的营销策划书。

10.5.1　确定标题

既然是写营销策划书，首先要确定策划的目的和目标，进一步确定策划书的标题。策划书标题应尽可能具体醒目，并能涵盖本次策划的大体内容。标题是一篇文章的眼睛，是吸引读者有兴趣继续读正文的保证，金融营销策划书也同样如此。策划书标题通常置于封面最显眼的位置，形式类似"××活动策划书"，可以横写也可以竖写，封面上还应当写明作者（撰写机构）和写作日期等。如果标题不足以表达想要表达的意思，还可以设立副标题。

10.5.2　正文写作

正文中应当包含以下内容：

1. 策划背景。

（1）策划的意义、目的和目标。用简洁明了的语言将目的表述清楚，将活动的核心构成、本次策划的必要性、策划的独到之处以及由此产生的意义（经济效益、社会利益、媒体效应等）都应该明确写出。策划目标要量化，这样才能产生实际的激励效应，并易于执行效果的考核与评价。

（2）策划部门（人员）和执行机构。任何策划都需要具体的人来执行，要列明需要哪些部门和人员参与，如人员不够，需不需要从外部借助其他人员的帮助，是否需要对人员进行相应的培训。

（3）所需资源。

（4）策划的具体执行周期。策划方案的执行从什么时间开始，到什么时间结束，要具体到每一天。如果策划的执行只是一天的时间，则需要以分钟来计算。时间上要紧凑，并且要留有一定的余地。每一个具体的时间点，都要将具体的人与具体的事相对应。

2. 环境分析

（1）金融企业近况分析。包括财务状况、销售规模、资金流水、行业地位，以及各产品的销售比重，主要赢利来源等。

（2）环境分析。包括宏观环境分析、行业环境分析、目标客户分析、竞争者分析、SWOT分析等。将内容重点放在环境分析的各项因素上，对过去和现在的情况进行详细描述，预测市场趋势，制定计划。如环境不明，则应该通过调查研究等方式进行分析加以补充。环境分析的基础是市场调研，策划人员还应当附上调研方法的说明，以证明其数据来源科学合理。

3. 策划使用策略及执行要点

（1）目标客户群体分析。

（2）策划所依据和使用的策略。

（3）策划方案所需要使用的媒介。

（4）策划方案执行过程中应当注意的要点。

营销策划书不是给自己看的，它还要给领导看，说服领导认可并决定执行该方案。因此，这一部分至关重要，因为策划书的可行性以及执行之后可能达到的效果，全部在这一部分得以体现。这一部分要体现一些关键的细节，比如选择哪些媒体配合，谁来负责联系媒体，费用如何等全部都是细节问题。策划书一旦决定执行就必须要投入预算，如果失败，管理层要承担一定的责任，所以领导会比较慎重。策划人员应当竭力将方案做到实处，考虑到所有的可能性，并把预算做好。

4. 预算测定

任何策划的执行都需要花费一定的资金，因此就需要进行经费的预算，营销策划方案执行的预算既需要够用，又不能过高。过高的费用一方面领导不会批，同时也会导致投入产出不成比例，入不敷出不是策划想要得到的结果。

预算的测定要考虑两个方面：直接费用和间接费用。直接费用包括市场调研费、场地租赁费、各类采购经费、广告等的设计制作经费、购买媒介等的费用。间接费用包括人员工资、管理费用、机动经费等。

预算计划尽可能详细，这样让人感觉真实，也容易被领导批准。

对于以上内容，策划人员可以根据需要选择相应的内容，不一定面面俱到，当然也可以根据需要增加一些自己认为必须的内容。

10.5.3　写作附属部分

附属部分主要包含目录、附件以及参考资料出处。目录只有在正文写作完毕后才能做出来，目录放在标题和正文中间，很多同学不会做目录，这个必须要学会，它是通过 Word（WPS Office）中的功能来实现的。参考资料放在正文后面，每一条参考资料应尽可能注明作者、书（杂志、报纸等）名、出版社、出版日期等信息。有时还要将一些必要的资料附上，附件主要有市场调查信息表、调研报告等，分别以附件一、附件二等的形式存在。

附：给高职大学生如何写好营销策划案的建议

大多数高职大学生通常害怕写东西，尤其害怕写专业方面的东西，比如毕业论文，各式的策划方案等。他们的理由几乎是一致的，就是不会写。

其实，高职大学生经过训练后，是可以写出优秀策划方案的。每次在完成策划方案的课堂教学后，本人都会布置一份作业给同学，让同学自己联系喜欢的或者相对熟悉的金融企业，为该企业做一份有针对性的市场调查，并完成一份市场策划方案。每次的作业交上来后都会有一些惊喜，总有相当一部分同学将作业做得有模有样，甚至有些专业化的色彩。还有一次，在上了几次策划课以后，竟然有个学生拿来几张纸给老师看，原来他上完课以后感觉受到很大的启发，于是下课后就到附近的企业转了转，竟然说服了一个老板答应让他做一份营销策划方案，并且出资 500 元钱给他做启动经费。对学生来说，赚钱多少是小事，关键的是他通过这次策划活动锻炼了能力：一方面他通过说服锻炼了自己的推销和谈判能力，另一方面他也锻炼了自己承接业务和专业策划的能力。在这次业务之后，他陆续又承接了几笔策划订单，虽然金额不大，但这让他充满了成就感，也对未来充满了信心。在将来求职的时候，他在自己的个人简历上也有值得书写的亮点了。

【建议】高职大学生如何培养并体现自己所撰写金融营销策划方案的专业性

那么，高职大学生在刚刚开始撰写营销策划方案时应当注意哪些问题呢？下面根据多年来的教学总结，给大学生们提几个建议：

（1）尽量让自己显得专业。这个专业要体现在策划方案上，那么怎么样才能让自己显得尽可能专业呢？一是要按照老师的要求尽力完成，而且要多写。老师在布置作业时，学生要尽一切力量去完成。有些学生第一次写策划方案经常会让老师感觉惨不忍睹，当然也有学生第一次就写得很漂亮。通常，学生们会越写越好，一般五六次以后，绝大多数人写的有点儿专业味道了。这主要是因为老师会在每一次作业后做专业的点评，学生们会知道哪地方做得好，哪些地方做错了，在一次又一次改正之后，专业性也就突显出来了。二是要使用打印稿。正规的策划方案肯定是打印稿，对客户还要提供 PPT 和光盘等必要的资料。稿件要尽可能显示出正规和专业的特点，比如要有封面、目录和正文，稿件不能做得很花哨，但需要美观和漂亮。三是要少犯一些低级错误。同学们经常犯的低级错误有很多，比如错别字较多，有些甚至在封面最重要的标题里面也会出现错别字和多字漏字的现象；还有，封面上不能出现页码，页码应当从正文的第一页开始，目录后面的页码要对齐，字体不能太大也不能太小，要适中美观；正文的每个段落开头要空两格，字体前后要统一，标点符号也要准确使用等。四是要注意格式。要学会使用三级标题，通常一级标题使用"一、二、三、"等去表示，二级标题使用"（一）（二）（三）"等表示，三级标题用"1．．2．．3．．"等来表示，不少同学写着写着就写乱套了。

（2）市场调研是写好策划方案的前提。任何策划方案是不能够闭门造车的，获取相关企业、产品以及市场信息是撰写完美策划方案的前提。建议同学们以小组形式完成市场调研，小组以 3～8 人为宜，每人分工明确，在合作的基础上，以团队形式完成。市场调查表以及调研报告要附于策划方案之后，以方案附件的形式存在。

（3）关于网络搜索与借鉴。在教学实践中，也发现不少同学为了偷懒，从网上搜索下载之后直接将复制的作业交上来。在这里，提供一个建议给大家，就是网络也是重要的信息获取渠道之一，可以从网络上搜集一些信息，但是不能全盘复制，可以从十份以上的信息中选取有用的信息，组成一份完整的策划方案。这主要是基于一个前提，那就是高职大学生目前最重要的是学会写作，但是绝对不能抄袭。如果从网络复制粘贴单独一个方案作为作业，就是属于抄袭，这属于学术不端，是不可容忍的行为，也会造成学生的懒惰。在实践中发现个别学生确实会偷懒，甚至连格式的调整都懒得做，以至于最后根本没学会什么。最夸张的一次，一个学生竟然交了一份杂志的复印件上来，上面作者的名字、工作单位、杂志页码等清晰可见，而只是在最上头用签字笔写上了自己的姓名、班级和学号，真不知道他想做什么。要求学生阅读十份以上的方案，然后从中获取有用的信息再模拟组成一份完整的方案，则必须有一个深入阅读和理解消化、打乱重组的过程，在这一过程中，无论是阅读，还是数据的整理和选择，以及重新写作，学生都付出了思考和判断，这一过程可以使学习深化。当然，学生策划方案后面必须附上参考资料的详尽信息，以备老师查阅。

（4）要写好策划方案，还必须熟练使用 Office 软件，不仅要熟练使用 Word 进行排版，还要练习使用 PPT，用 Excel 制作图表，并将这些图表插入到策划方案里，这样就做到了图文并茂，专业化的味道就突显出来了。当然，也有些同学理解错了图文并茂的意思，在 PPT 里使用了大量的动画以及与方案不相关的图片或者过于花哨的背景，这不仅不专业，而且会让观者感觉很幼稚，也分散了读者的注意力，这是不可取的。

10.6　金融营销策划方案的实施

10.6.1　策划方案实施的要素

要想完美地执行一项策划方案，就要在事前考虑到方方面面，总体上说来，实施方案需要具备五大要素：人员和组织准备、时间安排、紧急情况下的预案，物资准备和细节考量。

1. 金融营销策划实施机构及团队成员

金融行业作为服务业，全员营销已经越来越被人们所感同身受。高级管理人员同时也是大客户经理，对基层营业部门来说，已经将业务考核指标分解至每一个个体。比如，银行的存款量指标，几乎所有银行工作人员都有一定的任务。

不过，对于一个金融企业具体的营销策划项目而言，还是应该有一个特定的团队来负责策划和执行。金融行业非常复杂，有基金、银行、证券、保险、信托、期货、财务公司、信用社、互联网金融等，不同类型的金融企业其机构设置差异也较大，岗位设置及职责分工也不同，但不管哪种类型的金融企业，都一定要有专兼职营销人员来策划和执行营销方案。

当然，金融行业不同于一般行业，有一个资格准入。基金公司、证券公司、保险公司等的营销团队成员必须拥有从业资格证，否则不得从业。因而，在金融行业内部，对不同类型的金融部门，营销策划的重点也是不一样的。比如，投资者购买基金时非常看重基金管理团队的履历、经验和过往业绩，因此，在宣传上对团队的介绍就要浓墨重彩。同时，基金公司缺乏大量基层分支机构，基金公司往往通过银行、证券公司代卖基金，也会通过网络直销基金，还会通过由基金管理团队出面以路演或会议营销的方式向大客户销售基金。销售模式的不同，必然导致策划方案的侧重点不一样。

普通大众对信托不太熟悉，但信托业近几年发展非常快。业内人士称，优秀的信托销售人员每年可以拿到几百万的销售提成。为了更好地提升业绩，迅速掌控客户市场，信托公司还会向基金公司、银行、保险公司挖墙脚。与其他金融机构不同的是，中融国际信托、北京信托、兴业国际信托、上海爱建信托等多家公司在广纳直销人员。据透露，目前市场上有40多家信托公司已经筹建或正在筹建自己的直销部门，广铺自销渠道。专家表示，直销渠道的铺开有助于提高信托公司的综合能力，并提升投资者的议价权。信托业的渠道创新不仅带来策划重点的变化，也对实施过程中的人员配备和具体行动提出了新的要求。

无论哪种类型的金融机构，策划过程都应该尽可能让执行人员也参与进来，一是集思广议，二是使执行人员更好地理解和乐于执行。策划的最终目的不是为了形成一纸方案，而是执行方案，如果最终负责实施的人员对方案不认可不理解，效果也会大打折扣，但是如果实施人员亲自参与了策划，他们不仅能理解，执行起来也会更有成就感，因而更加富有效率。

人员准备还包括嘉宾和顾客，比如需要邀请明星助阵，要请明星提前到达。万一明星出现了临时无法出席的场景，要做好相应的预案。另外，还要通过渠道将信息散布给目标顾客，因为所有的一切都是为了让顾客对金融机构的企业和产品有更好的体验，顾客才是一切的核心与前提。

2. 掌控执行步骤和时间

策划方案是一项计划，执行时需要按计划执行，不能再拍脑袋决策。一般情况下，在没有意外发生时，一定要严格按照计划的时间和步骤执行。

3. 设定紧急状况下的预案

计划不如变化快，方案总是提前制定的，不可能完全考虑到未来发生的情形，比如预定在广场上搞一次活动，到期却下起了瓢泼大雨，也就只能临时取消活动了。但是，不能一消了事，如果顾客来很多，又对方案活动非常感兴趣，总不能让顾客一个个扫兴而归。这就要做好预案，一是提前查看天气预报，越到临近方案实施，就越要随时关注天气变化。二是如果人算不如天算，预报天气很好，但仍然下了雨，那预案里就要说明能不能临时改在室内，改在什么地方？如何通知顾客，如果疏导顾客到指定地点，谁来负责这些事情等。同时，如果顾客来得太多，造成拥挤又该怎么办？大家从国内外报道中可以看到，由于举办活动而造成踩踏事故的不在少数，一旦造成人员伤亡，那将是商家无以弥补的损失。

4. 物资准备和细节考量

最后，要提醒的是，在执行策划方案的过程中特别需要注重细节，俗话说，细节决定成败，一点小小的失误就可能导致整个行动失败或者效果大打折扣。比如布置现场（鲜花、座椅、音响设备、投影、嘉宾礼品、嘉宾签到簿、嘉宾座次、会议主持、会议议程等），是否需要事先准备好相应的赠品，赞助方式，广告制作，摄影摄像灯光，接送车辆，谁来负责联络，餐饮招待，赠品的摆放位置以及由谁来具体发放等。所有需要的资源要到位，每一件事必须要有专门的人来负责。所有事项应当列出一个详细的表，数量和取得日期必须严格标明。策划活动无小事，任何小事情都有可能严重影响到策划活动的成色，比如某金融企业在嘉宾到场后才突然发现，忘记购买嘉宾胸前佩戴的小红花了，事起仓促，很是被动，事后相关策划人员得到一顿激烈的批评。

10.6.2 金融营销策划中的风险防范

金融行业中的风险防范非常重要，2008 年美国出现的金融危机就是由于各种风险的不断积累而导致的恶劣后果。我国的金融机构显然并没有完全吸取这一教训，在某种程度上继续沿着美国的老路前进，下面试列举几例。

1. 银行滥发信用卡

信用卡顾名思义，就是银行为有一定信用的人提供信用额度，使其可以在必要时在银行规定的额度内透支，以实现提前消费和生活上的便利，这也是银行提升服务水平的重要手段。但如果银行将信用卡发给那些没有信用的人，这些人透支之后无法及时还款，或者根本就还不起款，银行可能就会面临一定的损失。即使银行起诉，透支人被追究责任，但资金未必能够追回。那么银行为什么要滥发信用卡呢？原因是各家银行都看好信用卡市场，都认为它是未来业绩增长的重要领域，因此，谁先占领信用卡市场，谁就能赢得未来。在此思想指导下，不管你有没有能力申领信用卡，银行工作人员都会尽力帮你申办一张信用卡。其次，银行对信用卡营销人员也有业绩方面的考核，为了拿到绩效奖，部分工作人员在明知客户不具备办卡条件的情况下，主动帮助客户隐瞒某些瑕疵，在帮助客户的同时，也帮助自己提升了业绩。第三，商业银行之间在信用卡业务方面缺少沟通联系，致使不符合申办的客户在多个银行连续申办成功，透支后使银行蒙受巨大损失。

【案例】

年入2万却能办25张信用卡，银行发卡发疯了？

年收入不过2万多元，各大银行却给上海人小周办了12张信用卡，授信额度达13万元。为了偿还信用卡债务，小周借了近10万元高利贷。父亲老周倾尽所有帮儿子还了债，还特意致电各银行服务热线，告知对方儿子没有还款能力，希望对方把儿子拉进黑名单。不料，4个月后，小周又从9家银行办出了13张信用卡，欠了银行十几万元，还有高利贷十几万元。最终，老周一家不得不卖房替儿还债，老两口为此还闹离婚："我就想不通，银行为什么要发那么多信用卡给我儿子，他明明还不起钱，这不是害人嘛！"确实，小周自己固然应该对此负责，但还应该追问的是，发卡几乎发疯了的银行，又该当何责？

显然，小周办那么多的信用卡，就是为了恶意透支，也正是多达25张的信用卡，让他得以巨额透支。虽然这些卡由多家银行办出，银行彼此间并不知情。然而，若在银行间实现资讯共享，就可有效而及时地阻止其恶意企图，而这其实并非难事。

即使25张信用卡由各家银行分别发出，但按其2万多元年收入的经济状况，也不可能得到超过还款能力的授信额度。显然，尽管明显没有偿还能力，银行还是给予了大大超过其还款能力的授信额度。

信用卡恶意透支案件，近年来已呈上升趋势，造成了银行资金的巨大损失。这在很大程度上，银行自己难辞其咎。一方面，现在的申领信用卡，还存在着制度上的漏洞，但另一方面，出于争夺"市场份额"的急功近利，银行并不在意这些漏洞，甚至反而利用漏洞，恶性竞争，以至信用卡滥发成风，一人多卡、过度授信，成为普遍现象。

也因此，对于恶意透支，必然缺乏严密而有效的管理，虽然银行用高得吓人的利率、滞纳金和利滚利的计算方式，试图阻止恶意透支，但其实只会让一些恶意透支者利用一人多卡，拆东墙补西墙，让恶意透支的雪球越滚越大。

信用卡的无序扩张和管理混乱，其风险最终要落到银行头上，比如小周的欠债，如果不是他父母倾尽所有最后甚至卖掉房子帮儿子还债，恐怕将成为银行不得不自己吞下的苦果。

（资料来源：2012 年 09 月 19 日《西安晚报》钱凤伟）

2. 公司治理结构不合理

部分金融企业公司治理结构不尽合理，造成高管频繁更替。结果就是，高管离职，带动大批中层离职，进而带动大批销售人员离职。比如生命人寿保险公司就在前些年面临这个问题，回顾生命人寿的发展史，成立 11 年，却已经历了三位董事长和五位总经理，如此频繁地更换高管，对任何一家公司都不是好事。最重要的是，高管频繁更替带来的成本增加，或多或少都要由生命人寿的投保人来部分买单，损害了投保人利益。对于寿险企业来说，保单依赖于销售人员来完成，销售人员的离职会影响到客户与公司的沟通联络，也会影响下一年度的销售。这对本就业绩增长骤然放缓的生命人寿而言，无疑是雪上加霜，短期内会遭受重创。

3. 金融机构对市场机会和威胁重新审视的能力

2012 年国庆节前夕，一张保额高达 1.09 亿元的大保单，在平安集团内部轰动一时。这张保单的具体内容，投保险种组合是鑫盛 12 保额 2000 万，鑫盛 12 重疾保额 300 万，附加重疾豁免，附加意外 08 保额 6900 万，附加残疾 4000 万，意外医疗 10 万，合计首年保费 102 万，这张巨额保单创下中国平安人身风险保额最大的保单纪录。据了解，亿元保单在平安并非首例，2007 年中国平安签约刘翔出任平安的"公益大使"，并与国家体育总局田径运动管理中心、中国田径队及刘翔三方分别签署了一份保额为人民币 1 亿元的人身意外险保单，其中刘翔个人拥有 1 年期的 1 亿元保额的人身意外险，其余的田径队员每人 100 万元的人身意外险，保险期限从 2007 年 11 月 1 日至 2008 年 10 月 31 日。与刘翔以代言身份得到的亿元保单相比，此次是客户真正进行购买，因此更受到关注。

这张保单的签署并非偶然，在较差的经济环境下，意外险逆势热销，而保额在百万以上的富豪意外险更是出现剧增的局面。过去几年由于股市低迷、楼市调控，投资渠道受到限制，不少人转而购买分红险等收益相对稳健的保险品种。由于今年的经济环境并不理想，保险的保障功能进一步凸显，相比起往年热销的分红险，今年更注重保障的人身险销售增幅最大，而以大单保额的富人意外险成为最大的亮点。根据平安人寿深圳分公司的统计数字，今年 1 至 6 月份，人身险保额在 100 万以上的保单共有463 件，比去年同期大增 85.2%。很显然，在经济形势不好的情况下，高收入阶层对于自身的安全保障更加关注。

但保险公司和投保人并不能够清晰地认识到行业面临的风险，从保监会发布的最新数据来看，2016 年 1 至 7 月，全国寿险业务原保险保费收入 12661.38 亿元，同比增长 41.65%。如此强劲的增长势头，大部分动力来源于理财型保险，而万能险是理财型保险的主力军。半年同比增长 41.65%，这增速比互联网行业的增速还要快很多。而这种增速的背景是：中国境内资产荒，利率持续下行，资本市场动荡。之所以说风险比较大，是因为保险公司承诺的利率可能高于市场能够获得的正常利率，保险公司将收取的万能险保费拿去投资，投资风险可能也会比较大，2016 年备受瞩目的万科争购案，宝能使用的是万能险资金，恒大使用的也是万能险资金，当它们投资万科股票超过 5%的时候，就属于长期投资了，由于国内万能险的投保人是可以随时变更帐户金额的，短债长投必然加大风险。

经济运行环境一直在不断地变化着，以上举例仅仅是金融企业面临的众多机会和风险的一小部分，营销人员在进行策划时要因时因地制宜，认真探讨，综合考虑，尽可能将风险降至最低限度。金融企业应当时刻注意观察，把握机会，避开威胁，不断开辟新的赢利渠道。

10.6.3　金融营销方案执行中的偏差及纠正

世界上没有完美的策划方案，再完美的方案在执行过程中也会由于环境的变化存在着调整的可能性。因此，在执行方案过程时，策划人员应该密切联系实际情况，如确属需要，可以适时调整方案，以适应当时的情境。

10.7　金融营销策划的效果评价

金融企业的营销策划方案实施完毕后，应当进行效果评价，不然怎么知道成功与否，以及在多大程度上成功了呢？

对金融营销策划方案进行效果评价可以在事前、事中和事后进行。

10.7.1　事前评价

在制定策划方案时，可能制定了多套，但最终只执行一套方案。因此，在执行之前还有一个优中选优的问题。这时可以由策划者组织专家或者小组成员对每一个方案进行评价打分，综合评价后选定最终方案。也可以选择几个市场做一个小规模的测试，以实际测试结果决定最后的优劣。当只有一套方案时，也可以先进行典型市场或者小范围内的测试。这些均属于策划方案的事前评价。

事前效果评价也可以邀请一些消费者，请他们作为裁判，以他们的喜好决定最终方案。

10.7.2　事中评价和事后评价

事中评价通常是指在方案执行过程中，随时检测方案的可行性及优劣。但由于实施方案本身的事务就很繁杂，在忙碌过程中很难对某些具体指标做出评价，因此通常都是事后评价。

事后评价，即执行完毕后，通盘检验一下方案最终的效果。通常，由于每套方案在制定时都有明确的目标，且目标量化，因此，只要检验一下是否达到目标，或者目标的完成度就可以了。事后评价不仅有助于检验本次策划和方案实施的优劣，做出恰当的评价，也有利于经验的积累和下一次方案的优化。

有些效果评价还需要依赖进一步的市场调研才能实现，比如品牌知名度和美誉度的提升、市场占有率（相对市场占有率和绝对市场占有率）的计算等，都有赖于进一步的市场调研提供相关数据。

策划方案执行完毕，效果评价也告一段落了，就应当把相关资料封存入档，进行严格的管理，一般情况下，不要轻易示人。但是，在不涉及公司机密的情况下，金融企业也可以适当地主动公布一些信息，还可以联合专家将该策划全过程做成一个典型案例，如果进入高等院校教科书，对金融企业的品牌影响只会有好处，还能培养一批喜爱该金融企业产品的有实力的未来潜在客户。

实训：

实训项目：金融营销策划综合训练。

实训目的：使学生掌握营销策划的程序、撰写方法和技巧。

实训要求：针对当前或近期发生的金融热点问题进行讨论，找一家密切相关的金融企业进行分组市场调查，设计问卷调查表，调查后撰写调研报告，根据调研得到的数据为该金融企业撰写一份营销策划方案，并分小组实施。

建议：由全班共同完成，可以选派代表与该金融企业洽谈，要求为其做一次营销策划。老师不要认为学生不可能完成这一任务，虽然这个任务具有很大的挑战性，但实践中，确实有些班级的同学完成了这一看起来"不可能完成的任务"。

任务十一　中小企业融资策划

【知识目标】

了解企业融资渠道和市场上主要投资类公司，知道如何才能有效融资。

【能力目标】

能够有效接洽并与投资商沟通谈判。

【素质目标】

能够组建团队，善于与人沟通，心理素质稳定，拥有大格局大视野和较为敏锐的市场意识。

11.1　融资渠道与沟通谈判

11.1.1　中小企业融资渠道分析

在中国，大企业基本都是国企，大都不缺钱，哪怕经营亏损，由于国家支持，银行仍然愿意贷款给它们，因为政府是最后的支撑力量。而反观大量中小企业，基本上都是民企，中小企业融资难成了困扰几十年的大问题，直到现在都无法解决。根据2016年8月份中小企业协会会长李子彬在总理办公会上向李克强总理的汇报发言，全国2000万家企业，大约有1600万家与银行绝缘，那么多中小企业无法从银行贷出一分钱，这充分说明中小企业融资难的严重性。很多中小企业迫于资金需求压力，不得不借高利贷，最终断送了企业，也断送了自己。在此郑重发出警告，借高利贷如饮鸩止渴，绝对不能碰！

中小企业融资难的成因很复杂，大致是国内商业银行更倾向于贷款给大型国企，以保障资金的安全性，由于中小企业的安全边际较差，因而得不到银行的青睐。实际上，绝大部分中小企业都是为大企业服务的，大企业对中小企业的应付账款在2015年大约是11万亿，这也是导致中小企业经营陷入困境的一个重要原因。大企业不差钱，从银行拿到的大量贷款没有合适的出路，就提高利率贷款给中小企业，这样才有小部分中小企业能够拿到贷款，但这部分贷款有时也变成了高利贷的一部分。

总体上来说，中小微企业的融资渠道可以有以下几种.

1. 商业银行贷款

一小部分中小企业还是有不动产的，这些企业可以利用不动产作抵押到银行贷款，这个基本上可以行得通。银行之所以不愿贷款给中小企业，是因为大部分企业没有可资抵押的不动产。

2. 借款

此处的借款是指向私人、其它企业或者机构借款。虽然很多企业经营陷入困境，但个人财富拥有量较多的人群还是有一批，如果自己的家人或亲戚朋友手里有闲钱，也可以商量向私人借款。也可以在几个关系较密切的小企业里形成互助，资金富余的可以暂时帮助一下资金短缺方。

3. 上市融资

目前企业上市的渠道越来越多，对中小企业而言，中小板、创业板和第三板是可以考虑的对象。但上市也还是需要一些条件，周期较长，需要花费较多的资金，这个对大多数企业也还是不太适合。

4. 天使投资（Angel Investment）

天使投资，是权益资本投资的一种形式，是指富有的个人出资协助具有专门技术或独特概念的原创项目或小型初创企业，进行一次性的前期投资。它是风险投资的一种形式，在根据天使投资人的投资数量以及对被投资企业可能提供的综合资源进行投资。大多数时候，天使投资选择的企业都会是一些非常早期的企业，他们甚至没有一个完整的产品，或者仅仅只有一个概念。中小企业在初始阶段需要的资金量不一定很大，有时天使投资也能满足在该阶段的资金需求。在教学中遇到一些案例，某些大二、大三的学生凭借一个较好的创意而获得了 10 万元天使投资的支持。天使投资资金一般在数万至数百万之间。

5. 风险投资 VC（Venture Capital）

一般而言，当企业发展到一定阶段。比如说已经有个相对较为成熟的产品，或者是已经开始销售的时候，天使投资的资金对于他们来说已经犹如毛毛雨一般，无足轻重了。因此，风险投资成了他们最佳的选择。一般而言，风险投资的投资额度都会在 200 万 ~ 1000 万之内。少数重磅投资会达到几千万。但平均而言，200 万 ~ 1000 万是个合理的数字，换取股份一般则是从 10% ~ 20% 之间。能获得风险投资青睐的企业一般都会在 3 - 5 年内有较大希望上市。红杉资本算得上是 VC 里面最知名的一家公司了，后期创新工场给自己企业追加投资的时候，也是在做类似于风险投资的业务。

6. 私募基金 PE（Private Equity）

私募基金选择投资的企业大多数已经到了比较后期的地步，企业形成了一个较大的规模，产业规范了，为了迅速占领市场，获取更多的资源，他们需要大批量的资金，这时候私募基金就出场了。大多数时候，5000 万至数亿的资金都是私募基金经常投资的数额。换取股份大多数时候不会超过 20%。一般而言，这些被选择的公司，在未来 2 ~ 3 年内都会有极大希望上市成功。

注资阿里巴巴集团 16 亿美金的银湖资本（Silver Lake）和曾经投资过的 Digital Sky Technology 则是私募（尤其做科技类的）里的翘楚公司，16 亿美元的资金也是历史上排名前几的一次注资了。

7. P2P 金融

P2P 金融（peer - to - peer lending）指个人与个人间的小额借贷交易，一般需要借助电子商务专业网络平台帮助借贷双方确立借贷关系并完成相关交易手续。借款者可自行发布借款信息，包括金额、利息、还款方式和时间，自行决定借出金额实现自助式借款。2006 年度诺贝尔和平奖得主尤努斯博士认为现代经济理论在解释和解决贫困方面存在缺陷，为此他于 1983 年创建了格莱珉银行，通过开展无抵押的小额信贷业务和一系列的金融创新机制，不仅创造了利润，而且还使成千上万的穷人尤其是妇女摆脱了贫困，使扶贫者与被扶贫者达到双赢，这一模式就是最初的 P2P 金融雏形。

P2P 模式撮合的是个人与企业的借贷，P2P 互联网小微金融模式的优势是面向具有还款能力和还款意愿的优质中小企业。这解决了投资者投资信息不对称、投资起点高、投资风险高的问题；同时解决了中小企业融资难、融资时间长的问题。结构化设计理念，让专业的机构做专业的事，一方面利用互联网实现信息对称、实现资源高效利用，帮助广大中小企业"速效"融资。另一方面，P2P 引入线下金融担保机构的多担保合作体系，从根本上解决了互联网金融（ITFIN）风控诚信的原则性问题；同时，在融资过程中实现去媒化，剥离诸多中间环节，实现投资者直接获利，年化收益率上对投资者有着极高的吸引力。P2P 模式，有效整合各角色的参与度，高度发挥各自优势，并让投资者的收益最大化，从而实现多方共赢。

P2P 模式的益处在于：有闲散资金的投资人能够通过 P2P 金融信息服务平台找到并甄别资质好的有资金需求的企业主，获得比存款到银行更高的收益；有资金需求的企业主在 P2P 金融信息服务平台仅靠点击鼠标输入相关信息就可完成借款申请、查看进度以及归还借款等操作，极大提高了企业主的融资效率；对政府相关部门来说，这种模式都是网上公开进行的，所有平台交易数据随时透明可查，在利息税收和借贷利率方面更能轻松监控和监管；社会来说，这种模式提高了资金利用率，遏制了高利贷的滋生和蔓延，有利于经济发展和社会稳定。

2013 年 10 月以来，P2P 平台掀起倒闭跑路潮，每天都有几家，2015 年倒闭 P2P 平台达到 677 家。究其主要原因，不难发现有些是贷款集中到期而平台无法兑付引发的连锁挤兑危机，有些是因为平台在风险控制关的失误造成贷款无法收回而无法给投资人兑付，也有些一开始就是将资金挪作他用，没有足够资金应对流动性危机。更为严重的是，有的平台或许本就抱着集资跑路的心态而"人间蒸发"。不论哪一种情况，受害的始终是投资人，没有收益不说，连本金也难以收回。

目前，我国的 P2P 平台很多，较大规模的有陆金所、人人贷、宜信等。

2015 年全国 P2P 网贷成交额突破万亿，达到 11805.65 亿，同比增长 258.62%；历史累计成交额 16312.15 亿元。

8. 众筹（crowdfunding）

众筹即大众筹资或群众筹资，香港译作"群众集资"，台湾译作"群众募资"，由发起人、跟投人、平台构成。众筹最初是艰难奋斗的艺术家们为创作筹措资金的一个手段，现已演变成初创企业和个人为自己的项目争取资金的一个渠道。众筹起源于 2009 年美国网站 kickstarter，把大众团购的模式成功应用在天使投资领域。不出两年，中国大陆就有同模式网站点名时间（Demohour）上线。如今，觉网（jue.so）、点火网（ditfire.com）、好梦网（haomeng.com）、追梦网（dreamore.cn）、淘梦网（tmeng.cn）、亿觅（emielife.com）、四个苹果（4apple.com.cn）……大大小小的中文众筹网站已经很多！

Massolution 研究报告指出，2013 年全球总募集资金已达 51 亿美元，其中 90% 集中在欧美市场。世界银行报告更预测 2025 年总金额将突破 960 亿美元，亚洲将占比将大幅成长。众筹利用互联网平台的传播特性，让小企业、艺术家或个人对公众展示他们的创意，争取大家的关注和支持，进而获得所需要的资金援助。

众筹项目必须是具有明确目标的、可以完成且能在具体时间内完成的非公益活动，如制作专辑、出版图书或生产某种电子产品。项目不以股权、债券、分红、利息等资金形式作为回报。项目发起人必须具备一定的条件，拥有对项目 100% 的自主权。项目发起人还要与众筹平台签订合约，明确双方的权利和义务。项目发起人通常是需要解决资金问题的创意者或小微企业的创业者，但也有个别企业为了加强用户的交流和体验，在实现筹资目标的同时，强化众筹模式的市场调研、产品预售和宣传推广等延伸功能，以项目发起人的身份号召公众（潜在用户）介入产品的研发、试制和推广，以期获得更好的市场响应。

众筹模式不仅是一种投融资活动，还作为一种创新模式，激发"草根"创新。投资人不受地区、职业和年龄等限制，只要具有一定的资金能力、管理经验和专业技能即可。这种依托众筹平台的微创业活动在实现了"众人集资、集思广益、风险共担"的众筹理念的同时，也积累了经验和人脉。

项目发起人在使用众筹平台融资时，一定要注意众筹与非法集资的区别，国内公司法规定，公司个人股东不得超过 200 名，超过即违法。国家管理机关也注意到目前的公司法不太适合新经济的发展，也在着手起草新的法律，以便激励大众创业。

不过，尽管众筹有非常新颖的创意和优势，但目前在国内发展得并不是太好，众筹平台和众筹项目大多比较艰难，真正成功者较少。

当然，中小企业融资的方式还有很多，比如吸纳合伙人制度，一种是普通合伙人（GP），这种合伙人直接参与公司的经营管理，还有一种出资合伙人制度（LP），即只出资，不会参与经营管理，类似于"我出钱，你出力"的模式。

企业在发展过程中需要不断融资，但如何寻找和接洽投资人，很多人并不擅长和了解，下面说一下如何与投资人接触与洽谈，也许会令你在未来的创业过程中受益。

11.1.2 融资沟通与谈判

目前，在各大高校，同学们也经常会有融资需求。主要是国家和高校都鼓励大学生创新创业，高校和企业也经常会对大学生设立各种创新和创业的激励，包括奖励创业基金等手段。

高校大学生获得创业基金的基本步骤是，先选定项目，进行调研分析，形成可行性报告，根据所获数据撰写商业计划书，提交至组委会，组委会组织专家评审，初审过关的同学进入项目遴选，参加答辩，接受质询，最终通过的可获得不同等级的基金奖励。

中小企业的融资谈判与此相类似，但是它们需要自己去寻找和接洽投资人。因此，第一步需要做的就是寻找合适投资人。

1. 寻找合适的投资人

之所以说要寻找到合适的投资人，是因为不同的投资企业的投资风格和方向是不一样的，有的人只投给互联网企业，有的擅长投资教育行业，有的喜爱生物制药领域，还有的比较喜欢其它的高技术行业。所以，在与投资人联系之前，一定要对投资人的投资风格做一个了解，否则如果不对路数，前期的努力全部白费，而且还可能丧失其它好的投资机会。

要寻找到合适的投资人，首先要知道市场上有哪些投资人，这些投资人投资了哪些项目，从而选定哪些是你想要寻找的目标投资人。目前，国内市场比较知名的 VC 类投资公司有：

（1）红杉资本

红杉资本（Sequoia Capital）是全球著名风险投资公司，成立于 1972 年，曾投资了苹果电脑、思科、甲骨文、雅虎和 Google、Paypal，红杉投资的公司总市值超过纳斯达克市场总价值的 10%。因美国高科技企业多集中在加州，该公司曾宣称投资从不超过硅谷 40 英里半径。目前红杉资本共管理 18 只基金，超过 40 亿美元总资本；已经投资超过 500 家公司，其中，200 多家成功上市，100 多个通过兼并收购成功退出的案例。在中国市场，2008 年之前红杉投资了高德软件、大众点评、奇虎 360、网秦、博纳影业等项目，那时红杉的章法并不明显，处于四处撒网阶段。2008 年投资乐峰之后，红杉逐渐看清并在互联网领域中选定电商、旅游出行、O2O 和垂直社区、互联网金融等四条赛道（2008 年集中投了几个教育项目，后来只零星投了二、三个项目，基本上放弃了这条赛道）。这些行业的共同特点就是"离钱近"，即便是社区也是专注于某类话题的垂直社区，变现路途比较清晰。比如，在化妆品电商领域，它同时投资了聚美优品和乐蜂网，在在线旅游市场，驴妈妈和途牛网都多次被红杉下注；而在订餐领域，它不仅入股了饿了么，还投资了南京的零号线。其它被红杉投资的著名企业有：京东、阿里巴巴、滴滴出行、新浪、今日头条、赶集网、唯品会、美团、中通快递、德邦物流、新产业生物、鱼跃医疗、掌趣科技、华大基因、贝达药业、光环新网等。

红杉的投资领域主要有：网络产业、网络服务、通信产业、数字娱乐、IT 产业、传媒产业、资源产业、快消行业、医疗健康、环保产业、新能源、保险行业、动漫产业、餐饮旅游、医药制造、软件产业、生物科技、咨询服务、医药研发、医疗设备、网络广告。

（2）IDG

IDG 资本专注于与中国市场有关的 VC/PE 投资项目，在香港、北京、上海、广州、深圳等地设有办事处。管理资本量超过 50 亿美元。IDG 资本重点关注消费品、连锁服务、互联网及无线应用、新媒体、教育、医疗健康、新能源、先进制造等领域拥有一流品牌的领先企业，覆盖初创期、成长期、成熟期、Pre－IPO 各个阶段，投资规模从上百万美元到上千万美元不等。IDG 资本获得了国际数据集团（IDG）和 ACCEL Partners 的支持，拥有广泛的海外市场资源及强大的网络支持。IDG 资本深感自豪的是与企业家、行业领袖、各级政府部门间所建立的良好关系，致力于长期参与中国卓越企业的发展。

当然，投资类公司多到数不胜数，还有经纬创投、DCM、纪源资本、赛富亚洲、晨兴、创新工场等等。融资者需要自己去市场上搜集相关信息，将投资者的投资风格与自己的企业相匹配，做到更高的融资成功率。

2. 联系与接洽投资人

一般来说，大的投资机构都有自己的网站，融资人需要上到投资人网站去看相关资料，网站里有联系方式，融资方需要按照对方的要求将资料发送给对方，一般是通过 Email，然后等待通知。

这里，给融资者一个建议就是：将资料发送给对方后，不要死等通知，要在感觉对方应该收到并阅读了资料后，立即想办法与对方取得电话联络，或者再次 Email。因为投资人是否会投资取决于很多因素，其中团队力量是最受重视的，也就是中小企业的融资方管理层，他们的领袖魅力、团队合作、管理水平、营销能力等要素，可以通过这些沟通给投资人一个良好的印象。

所有的初步联系都是为了创造一个与投资方面谈的机会，如果前期沟通很顺畅，基本上面谈机会是可以争取到的。

3. 面谈准备与洽谈

在争取到面谈机会之前，融资人必须要做好充分的准备，以便在接下来的会面里赢得投资人的认可。

（1）反复修改并完善商业计划书

商业计划书是获得融资的前提，融资人要学会把一个好的点子或者项目以商业计划书的方式表现出来，这也是投资人必看的资料。

（2）要学会简明扼要地把商业计划书的主要内容表述出来

通常商业计划书的文字内容很长，投资人不可能拿到它在第一时间阅读完毕，因此在面谈时就要能够用最简短的语言表达清楚，让投资人对项目产生兴趣，这非常关键。通常，投资人每年可能获得几百份几千份商业计划书，他根本没有时间也没有可能把每一本商业计划书详细阅读完。他只会详细阅读能使他产生浓烈兴趣的计划书。通常，投资人也不会把时间浪费在一个没有意义的事情上面，他们都很忙，不可能给你太多的时间，所以，你必须在最短的时间内抓住他的注意力，使之对你的项目产生兴趣。这样，他才会愿意花大量时间跟你继续聊下去。所以，在见面之前，学会在 5 – 10 分钟之内把所有想要表达的内容有条不紊地表述出来。表达时最好有些感染力，投资人谓之为激情，他们会认为一个有激情的团队才有能力建设一个美好的未来。

（3）展示团队及领导者个人能力和魅力

项目再好，也需要由人来执行，因此，所有投资人都知道团队的重要性。你的团队要团结，能力互补，要能够形成一个强有力的核心。

（4）展示产品、技术、厂房等一切能够显示美好未来的东西

好的投资人一定见多识广，他不仅会给予你资金，还会给企业带来很多资源，甚至帮你建立直接的销售渠道，关键是你的产品真的符合市场需求，能够让投资人看到美好的未来前景。

（5）规划好融资目标以及给予对方的股权

投资人往往讨厌与那些目标不清晰的融资人交流，认为不值得投资。因此，想好你想要的是什么，能够给予对方什么，这很重要。当然，这些内容通常都在商业计划书里，但融资人也要学会变通。因为也许投资人会提出新的方案，因此，融资人要想好哪些是可以接受的，哪些不能接受。

总之，融资方希望能够顺利融到资金，投资方希望能够找到好的项目，双方互有需要。所以中小企业作为融资方不必气馁，只要有好的项目，融到资是必然的，但一定要不断完善自己的产品和技术，这才是根本。

那么，什么样的企业更容易获得融资，投资人会青睐什么样的创业者呢？也许你可以从下面的这篇小文章中寻找到些答案。

附：给创业企业 CEO 的四点建议

作者：沈南鹏

CEO 可能是世界上最具挑战的一份工作：CEO 是「孤独」的，肩负着企业的生死，你必须有足够的决断力作出决策；作为创业公司的 CEO，你必须是位「全才」，上到技术下到销售，必须有惊人的执行力；同时，你又是团队的「灵魂人物」，有足够的魅力和影响力领导团队向正确的方向前进。

谈到如何做好一位 CEO，沈南鹏可能是最有发言权的一位。他曾两度创业，成功打造出携程、如家两家上市公司。在其多年的投资生涯中，作为「全球最佳创投人」榜单中排名最高的华人投资人，他不断发掘最新的商业模式，融合资本与技术，嫁接资本和企业家，帮助各个领域的优秀企业快速成长。以下是沈南鹏为被投公司 CEO 们提出了四点宝贵建议，一字一句直奔主题、毫不掺水，希望对你有所启发。

一、定战略

互联网行业在今天和在 1999 年的时候有着根本性的差别。如今，BAT、京东以及小米等大公司已经覆盖了相当部分的市场机会。但我们不要去抱怨，这不是垄断，是商业发展中每个行业都必然经历的过程。「传统」行业不也是一样吗？现在去做矿泉水、做品牌家电的生意，成功率也是挺小的，这不是决心多少、资金多少的问题，而是在现有格局下，机会确实少了些。

但互联网行业新产品新商业模式还有机会吗？肯定有。四年前，我们认为中国互联网新闻格局已基本定型，但这几年「今日头条」做得非常出色。那时我们去了解「今日头条」的时候，做了一个 VC 最常做的事情——对比各种竞品。我们看到不少大

公司都在做类似的产品，所以就没有投他们的 A 轮。事实证明我们是错的，好在此后我们意识到他们产品的技术优势，就在后面的轮次投资了他们。

作为 CEO，你要在创业第一天就做好心理准备和技术储备。要想到，如果巨头进入这行业，你会如何应对？这里有战略的选择问题。2008 年，京东面对的是市场上已经有发展巨大的电商平台，刘强东选择了自营电商的道路。那时候还没有一家公司，包括线下零售商，能够真正在供应链、仓储和配送这几件事上都做好，但事实证明他这个与众不同的战略选择是正确的。

二、重产品

做好用户体验并不需要你是技术或编程高手，但你必须重视产品和用户体验。

京东自建物流，确保能够在比较准确的时间段里配送，在几百多个城市能做到 24 小时内送货。也许在座各位都记得刘强东亲自送货的照片，这表明他们在传递一个清晰的信息——准时送货。

CEO 肯定也是产品经理。团队负责执行，但 CEO 应该深度介入并参与，帮助团队打磨产品。

三、带团队

空降高管的失败率是不低的。成长型公司天天都像打仗，战况瞬息万变，突然来了一位大公司的高管，他能很快适应吗？不一定。我倾向于找年轻人培养，他们可能没那么多经验，不一定非得是顶级 MBA 或投行或咨询出身，但要有想法和好的商业感觉，与团队的核心创新理念吻合，再让他们和公司一起成长。

怎么对他们进行培养？实战就是最好的培养。你让一个有潜力的年轻人在实战中学习成长，他会远比在大公司里从事程序化的工作进步快很多。

如果一家公司多年以后还都是最早的创始高管们在担当所有重要角色，年轻人没有机会成长起来，恐怕是会有问题的。

四、算好账

在创业公司里往往有一个部门是被轻视的：财务部门，融资部门有时候比财务部门还受重视。

这是一个认知偏差。当然钱是生命线，融不到钱你再多宏图伟略都无法实现。但好的财务部门是公司业务的重要参谋。美国的五百强企业里，CFO 接替退下来 CEO 位置的不在少数。CFO 要帮助 CEO 把公司的业务健康状况看清楚，帮助 CEO 把公司未来的发展战略算清楚。当然 CEO 也要是会算账的人，不能拍着脑袋决策。我觉得至少有两个数字是大部分公司都必须关注的。第一个是毛利率，决定了一家公司有没有真正的议价能力或者定价实力，这是 CEO 需要关注和保持敏感的一个数字。

第二个数字是单位经济（unit economics）。比如说，互联网 OTA（在线旅行商）一个客户的综合收益是多少？首先你要获取客户，这个需要成本；其次有转化率和流失率；

再接着，服务客户时运营需要成本，应该具体分析到每一个环节。考虑能不能降低收购成本，做好用户体验提高转化率，用技术手段减少运营成本等等，每个环节都需要量化。

你看，其实 CEO 不是那么好当的，定战略、重产品、带团队、算好账，一个都不能少。

11.2 撰写商业计划书

在大部分融资模式中是需要一份商业计划书的，这对于企业融资显然极其重要，如何撰写一份优秀的商业计划书就成为一项重中之重的工作。商业计划书通常有一定的格式，包含一些特定内容，下面分部介绍。

11.2.1 商业计划书的内容

1. 摘要

摘要一般包括以下内容：公司介绍、主要产品和业务范围、市场概貌、营销策略、销售计划、生产管理计划、管理者及其组织、财务计划、资金需求状况等。

在介绍企业时，首先要说明创办新企业的思路，新思想的形成过程以及企业的目标和发展战略。其次，要交待企业现状、过去的背景和企业的经营范围。

企业家素质对企业的成绩往往起关键性的作用。在这里，企业家应尽量突出自己的优点并表示自己强烈的进取精神，以给投资者留下一个好印象。

在摘要中，还必须要回答下列问题：

（1）所处行业，企业经营性质和范围；

（2）主要技术和产品；

（3）目标市场及需求；

（4）经营团队：企业的合伙人、投资人、主要管理人员介绍；

（5）描述竞争对手，阐述竞争对手对企业发展的影响。

摘要要尽量简明、生动，特别要详细说明自身企业的优势以及企业获取成功的市场因素。也要说明面临的市场竞争以及解决办法，投资人对此也是非常关注。

2. 产品（服务）介绍

在进行投资项目评估时，投资人最关心的问题之一就是，风险企业的产品、技术或服务能否以及在多大程度上解决现实生活中的问题，或者，风险企业的产品（服务）能否帮助顾客节约开支，增加收入。

（1）顾客希望企业的产品能解决什么问题，顾客能从企业的产品中获得什么好处？

（2）企业的产品与竞争对手的产品相比有哪些优缺点，顾客为什么会选择本企业的产品？

（3）企业为自己的产品采取了何种保护措施，企业拥有哪些专利、许可证，或与已申请专利的厂家达成了哪些协议?

（4）为什么企业的产品定价可以使企业产生足够的利润，为什么用户会大批量地购买企业的产品?

（5）企业采用何种方式改进产品的质量、性能，企业对发展新产品有哪些计划等等。

3. 人员及组织结构

有了产品，创业者就要凝聚一支有战斗力的管理队伍。企业的管理人员应该是互补型的，而且要具有团队精神。

4. 市场预测

当企业要开发一种新产品或向新的市场扩展时，首先就要进行市场预测。在商业计划书中，市场预测应包括以下内容：市场现状综述；竞争厂商概览；目标顾客和目标市场；本企业产品的市场地位；市场区域和特征等。

市场预测首先要对需求进行预测：市场是否存在对这种产品的需求? 需求程度是否可以给企业带来所期望的利益? 新的市场规模有多大? 需求发展的未来趋向及其状态如何? 影响需求都有哪些因素。其次，市场预测还要包括对市场竞争格局进行分析：市场中主要的竞争者有哪些? 是否存在有利于本企业产品的市场空档? 本企业预计的市场占有率是多少? 本企业进入市场会引起竞争者怎样的反应，这些反应对企业会有什么影响? 等等。

5. 市场营销策略

营销是企业经营中最富挑战性的环节，决定着企业能否顺利占领市场。影响营销策略的主要因素有：

（1）消费者的特点。

（2）产品的特性。

（3）企业自身状况。

（4）市场环境方面的因素。最终影响营销策略的则是营销成本和营销效益因素。

在商业计划书中，营销策略应包括以下内容：

（1）市场机构和营销渠道的选择。

（2）营销队伍和管理。

（3）促销计划和广告策略。

（4）价格决策。

6. 生产或者服务计划

商业计划书中的生产制造计划应包括以下内容：产品制造和技术设备现状；新产品投产计划；技术提升和设备更新的要求；质量控制和质量改进计划。

在寻求资金的过程中，为了增大企业在投资前的评估价值，风险企业家应尽量使生产制造计划更加详细、可靠。一般地，生产制造计划应回答以下问题：企业生产制造所需的厂房、设备情况如何；怎样保证新产品在进入规模生产时的稳定性和可靠性；设备的引进和安装情况，谁是供应商；生产线的设计与产品组装是怎样的；供货者的前置期和资源的需求量；生产周期标准的制定以及生产作业计划的编制；物料需求计划及其保证措施；质量控制的方法；相关的其他问题等。

如果企业提供的是服务，那要说明该服务有没有行业壁垒？是否可以标准化、平台化？如何提升服务效率和质量？如何提升顾客满意度？顾客选择企业服务的原因是什么？与竞争对手相比，自己的服务有哪些特色？又如何不能够被竞争者很容易地模仿？核心竞争力是什么？等等。

7. 财务规划

财务包括现金流量表，资产负债表以及损益表等的制备。流动资金是企业的生命线，因此企业在初创或扩张时，对流动资金需要有预先周详的计划和进行过程中的严格控制；损益表反映的是企业的赢利状况，它是企业在一段时间运作后的经营结果；资产负债表则反映在某一时刻的企业状况，投资者可以用资产负债表中的数据得到的比率指标来衡量企业的经营状况以及可能的投资回报率。

财务规划一般要包括以下内容：

（1）商业计划书的条件假设。

（2）预计的资产负债表；预计的损益表；现金收支分析；资金的来源和使用。

企业的财务规划应保证和商业计划书的假设相一致。事实上，财务规划和企业的生产计划、人力资源计划、营销计划等都是密不可分的。要完成财务规划，必须要明确下列问题：

（1）产品在每一个期间的发出量有多大？

（2）什么时候开始产品线扩张？

（3）每件产品的生产费用是多少？

（4）每件产品的定价是多少？

（5）使用什么分销渠道，所预期的成本和利润是多少？

（6）需要雇佣那几种类型的人？

（7）雇佣何时开始，工资预算是多少等。

11. 2. 2　撰写商业计划书的要点

1. 注重标题

前文说过，投资人尤其是大投资方工作都很忙，每天都会接触很多商业计划书，如果标题不吸引人，甚至都不会被打开看看，就直接扔废纸篓了。标题要能够反映你要做的事情，简明扼要，让人看了能感知到未来和美好前景，最好能够富有激情，使投资人一看这几个字，眼前霍然出现一个非常美好而广阔的市场，这也是投资人最想看到的。所以，创业者要学会用一句话来描述产品和服务，并使人产生向往。

2. 不要过于夸张财务分析

有很多计划书会把未来的财务分析做得非常漂亮，而不考虑实际情况，没有实际的步骤和手段，这很难令人信服，也不可能说服投资者。有时候，投资人对行业的熟悉甚至超过创业者，投资人并不是那么好糊弄的。

3. 语言要平实，但使投资人能够感受到创业者的激情。绝大多数投资人都认为，激情是创业者成功的重要保障，把对行业的激情和热爱转化成终身事业，这样的人的成功概率要远高于一般人。

4. 所有投资人都会关注创业团队，所以组建一个有战斗力的团队也是至关重要的。

5. 核心竞争力

创业者一定要知道自己的核心竞争力何在，比之竞争对手又如何，知己知彼才能百战不殆。

6. 要写上保密条款

商业计划书不是给自己看的，而是因为要融资必须拿给别人看的，并不是每一个投资人看到项目后都会投资，你需要在众多投资人中找到最适合你的人，投资人也要找到最适合自己的项目。所以，要用保密条款对看这份商业计划书的人有所约束，他可以不投资，但不得随意外传这个项目的内容。

7. 格式要规范

比如页码从正文第一页开始，要有目录，段前空两格等，新手经常会犯一些莫名其妙的错误。

最近，网上流传360老板周鸿祎教您打造十页完美商业计划书的小短文，虽然十分简洁，看完之后也会令人感觉十分受用，现录在下面，谨供参考。

附加阅读：《周鸿祎教您打造十页完美商业计划书》

第一，用几句话清楚说明你发现目前市场中存在一个什么空白点，或者存在一个什么问题，以及这个问题有多严重，几句话就够了。很多人写了三百张纸，抄上一些报告。投资人天天看这个，还需要你教育他吗？比如，现在网游市场里盗号严重，你有一个产品能解决这个问题，只需要一句话说清楚就可以。

第二，你有什么样的解决方案，或者什么样的产品，能够解决这个问题。你的方案或者产品是什么，提供了怎样的功能？

第三，你的产品将面对的用户群是哪些？一定要有一个用户群的划分。

第四，说明你的竞争力。为什么这件事情你能做，而别人不能做？是你有更多的免费带宽，还是存储可以不要钱？这只是个比方。否则如何这件事谁都能干，为什么要投资给你？你有什么特别的核心竞争力？有什么与众不同的地方？所以，关键不在于所干事情的大小，而在于你能比别人干得好，与别人干得不一样。

第五，再论证一下这个市场有多大，你认为这个市场的未来怎么样？

第六，说明你将如何挣钱？如果真的不知道怎么挣钱，你可以不说，可以老老实实地说，我不知道这个怎么挣钱，但是中国一亿用户会用，如果有一亿人用我觉得肯定有它的价值。想不清楚如何挣钱没有关系，投资人比你有经验，告诉他你的产品多有价值就行。

第七，再用简单的几句话告诉投资人，这个市场里有没有其他人在干，具体情况是怎样。不要说"我这个想法前无古人后无来者"这样的话，投资人一听这话就要打个问号。有其他人在做同样的事不可怕，重要的是你能不能对这个产业和行业有一个基本了解和客观认识。要说实话、干实事，可以进行一些简单的优劣分析。

第八，突出自己的亮点。只要有一点比对方亮就行。刚出来的产品肯定有很多问题，说明你的优点在哪里。

第九，倒数第二张纸做财务分析，可以简单一些。不要预算未来三年挣多少钱，没人会信。说说未来一年或者六个月需要多少钱，用这些钱干什么？

第十，最后，如果别人还愿意听下去，介绍一下自己的团队，团队成员的优秀之处，以及自己做过什么。

一个包含以上内容的计划，就是一份非常好的商业计划书了。

三、商业计划书的写作示例

商业计划书有其独特的写法，虽然不尽相同，但基本大同小异，下面给出一份商业计划书的提纲，作为写作参考。

目　录

第一章　总论

1.1　项目名称

1.2 公司简介及法人代表

1.3 商业模式

1.4 产品与服务

1.5 盈利模式

1.6 发展规划

1.7 竞争优势

1.8 融资计划

1.9 财务预测

第二章　市场分析

2.1 宏观环境分析

2.2 我国贷款行业市场分析

2.2 中国汽车消费市场分析

第三章　产品与服务

3.1 贷款业务

3.2 信用卡业务

9.2.1 市场竞争风险规避措施

9.2.2 信息安全风险规避措施

9.2.3 资金风险规避措施

11.3　融资中的股权分配与企业发展

中小企业融资面临着股权重新分配的问题，这一问题解决不好，会严重阻碍企业的发展，甚至会要了企业的命。著名的电脑公司联想就曾经因为产权不清，导致许多年无法快速发展。

11.3.1　股权是企业的命脉，股权的用途大概分为以下几种：

1. 有利于建立稳定有效的公司治理结构

公司治理结构（Corporate Governance Structure），又称法人治理结构、公司治理系统（Corporate Governance System）、公司治理机制（Corporate Governance Mechanism），现代企业制度区别于传统企业的根本点在于所有权和经营权的分离，从而需要在所有者和经营者之间形成一种相互制衡的机制，因而在所有者、董事会和高级执行人员即高级经理三者之间组成的一种组织结构，用于相互激励和制衡。简单地说，公司治理结构就是处理企业各种契约关系的一种制度。所有者在不参与经营的情况下，通过股权成立股东大会，股东大会投票决定董事会的席位，董事会负责重大决策，而高级管理人员属于执行层，负责具体经营，执行董事会的决议。好的公司治理结构可以促进企业的发展，也有很多企业在发展到一定程度时受公司治理结构所累而陷入困境。以联想为例，最初挂在中科院数学所名下，但发展到一定程度由于公司治理结构不完善，约有十年的时间发展缓慢，柳传志等公司管理层花了很多功夫和多年时间才使公司治理结构达到较为合理的程度，然后联想才有了长足的进展，2004 年收购 IBM 的 PC 业务，2014 年又收购其服务器业务，在国际市场上不断传出捷报。

2. 好的股权结构有利于快速扩张市场

现代企业多通过股权激励和期权激励给予高级管理人员，或者对公司有重大贡献者，这些激励通常与市场销售有关，这样有利于激发大家的积极性，有利于快速开拓市场。

3. 公司利用股权对员工进行激励

老板站在老板的立场，员工站在员工的立场，因此要想做到上下完全同心是很难的，因为员工总是把自己放到一个打工者的地位，如果员工有了股份，就更容易把公司看作自己的公司，把自己放在一个更高的位置考虑问题。

4. 在必要时可以利用股权进行融资

企业要想快速发展，就需要投入大量资金，在互联网时代，"烧钱"也是一个重要的特征。融资是企业获取资金的重要方式，融资的方式也有多种，天使投资、风险投资等等，林林总总，而企业融资时通常需要以股权质押或者以股权换取，但会保留控股权和经营权。

5. 企业也可以利用股权进行兼并收购

企业的快速发展，有一种办法就是在市场上兼并收购，企业的兼并收购可以通过股权互换来实现。

6. 通过出让股权成为上市公司

上市也是企业获得融资的最佳渠道之一，现在国内企业上市也有了更多渠道。可以在国际市场上市，如伦敦市场、纳斯达克市场、新加坡市场、香港市场等，也可以在国内的主板、中小板、创业板和三板等市场上市。

7）出售股权是公司重要的退出机制。退出机制是专门为投资人设计的，正常的退出机制可以让资金来去自由，也可以让投资人放心地投资。上市、出售股权等都是较好的退出机制。

许多中小创业公司容易出现一个问题是在创业早期一起埋头一起拼，不会考虑各自占多少股份和怎么获取这些股权，因为这个时候公司的股权就是一张空头支票。

任务十二　证券业务营销策划

【知识目标】

了解并掌握证券公司运营规律和特征，熟知券商的经纪业务、自营业务、融资融券业务、理财业务等各类业务和产品。

【能力目标】

能独立完成证券产品策划方案的撰写。

【素质目标】

了解证券客户及其需求，培养团队合作精神，善于与人沟通。

由于金融危机，从2008年10月到2009年年底的五个季度，共计15个月里，美国的GDP大幅度减少，家庭本来应当得到的收入消失了，家庭收入平均减少了5800美元。研究显示，从2008年7月到2009年3月，美国的房地产价值蒸发了3.4万亿美元。平均到每个家庭，就是3万多美元。在同一个阶段，美国股市大幅度下滑，市值减少了7.4万亿美元，平均每个家庭约合6.6万美元。股市和房屋是美国家庭的两项最重要的投资，这两个市场的崩溃立刻使美国民众感到了生活的压力。2008年的金融危机说明了金融资产尤其是证券资产是美国家庭最重要的资产，但在金融危机爆发时期，由于金融资产缩水，家庭资产也会因此损失惨重。

2010年，根据美联储的统计，美国家庭的总资产37.9%属于金融资产，62.1%属于非金融资产。金融资产包括银行存款、债券、股票、投资基金、退休基金、人寿保险、各类管理性资产等。非金融资产包括自用住宅、非自用住宅、商业资产、汽车、耐用消费品、黄金、白银、珠宝、古董和艺术品等。2010年，美国大约有不到3%的家庭处于"一无所有或是清贫如洗"的状态，拥有资产的家庭比例为97.4%。不论贫富和收入高低，美国94%的家庭拥有金融资产。美国家庭拥有金融资产比例最高的当属退休基金账户，一半的家庭拥有退休基金账户。其次是人寿保险，19.7%的家庭拥有人寿保险。从这里可以看出美国家庭拥有金融资产的特性，一是为养老、二是为子孙造福。美国有多少家庭拥有上市公司股票呢？15.1%，比例不算高。不过由于美国家庭拥有的其他金融资产多为间接持有股票，因此直接和间接拥有股票的家庭比例高达49.9%。拥有金融资产的多寡与收入有着直接的关系。收入越高的家庭往往拥有的金融资产比例和金额就越高，美国最高收入家庭有47.8%拥有上市公司股票、32.1%的家庭拥有组合投资基金，24.4%的家庭拥有储蓄债券，8.3%的家庭拥有债券，12.3%的家庭拥有其他类型管理性资产。

随着中国经济增长，金融资产也会成为中国居民家庭资产最重要的表现形式。2017年2月13日，知名投行摩根士丹利发布了一份长达118页的报告，敦促全球投资者买入中国股票。大摩认为，中国是一个长期投资机会。这份名为《我们为何看涨中国》（Why We are Bullish on China）的报告针对远期问题的关注焦点做出解读，从宏观基调上辨清中国经济的发展道路。该报告指出，中国有能力回避金融冲击，并在2027年达到"高收入标准"。大摩预测，2021－2025年，中国实际GDP平均增速将达到4.6%，2030年实际GDP终端增速稳定于2.4%，名义GDP总量将从11万亿美元增长到20万亿美元，总消费占GDP比重：从53%增长到67%个人消费占GDP比重将从4.4万亿美元（39%）到9.7万亿美元（47%），人均GDP将从8100美元到12900美元（2027年），正式跨入高收入国家行列。

在未来，不管是从个人家庭财富的增长，还是关注国家宏观经济面，都应该愈发重视证券行业，并在这个行业内找到财富增长的合理路径。

12.1　证券经纪业务策划

12.1.1　证券经纪业务概述

1. 证券经纪业务

经纪业务一直是我国证券公司的主要收入来源之一，近几年经纪业务收入在券商的总体收入中比重稍有下降，重要性也有所降低，但它仍然是券商最重要最基础的业务。因为经纪业务维系了客户流，失去了客户，券商也就失去了存在的基石。

证券经纪业务是券商最重要的业务之一，以上市公司华泰证券为例，其经营范围第一项就是证券经纪业务。华泰证券的其它业务还包括证券自营、证券承销业务（限承销国债、非金融企业债务融资工具、金融债（含政策性金融债））、证券投资咨询、为期货公司提供中间介绍业务、融资融券业务、代销金融产品业务、证券投资基金代销、证券投资基金托管、黄金等贵金属现货合约代理业务、黄金现货合约自营业务、股票期权做市业务、中国证监会批准的其他业务。

2. 证券经纪人

证券经纪业务是证券公司的源头活水，由证券经纪人来承担。主要内容是发展新客户，维护老客户，为客户提供资讯信息等服务，并收取交易佣金的一项重要业务。证券经纪人必须拥有证券从业资格，他们一般印上"证券公司客户经理"的头衔，是证券公司专职的营销人员。证券客户经理想要做好业务，要学会用脑，还要利用好证券公司提供的业务支持平台。因为证券公司有专业的市场研发团队，每天会提供很多信息，证券客户经理可以将客户的提问交给研发团队以得到更加准确的答案回复顾客，也可以将研发信息每天定时或者不定时发送给自己的客户。客户经理们应当树立一个理念：让客户赚钱才能让自己赚钱！因此，帮助客户就是帮助自己。客户经理的收入主要来自于三个方面：一是基本工资，这一部分收入占比很少；二是发展新客户的奖励；三是来自于客户交易的佣金提成。优秀业务员的高收入主要来自于第三个方面。

证券经纪人必须要遵守相关的金融法规。比如，按照《证券投资顾问业务暂行规定》的要求，向客户提供证券投资顾问服务的人员，应当具有证券投资咨询执业资格，并在中国证券业协会注册登记为证券投资顾问。按照《证券投资基金销售管理办法》的要求，基金宣传推介材料应当含有明确、醒目的风险提示和警示性文字，并使投资人在阅读过程中不易忽略，以提醒投资人注意投资风险。按照《关于加强证券经纪业务管理的规定》的要求，建立健全客户适当性管理制度，为客户提供适当的产品和服务。证券公司应当根据客户财务与收入状况、证券专业知识、证券投资经验和风险偏好、年龄等情况，在与客户签订证券交易委托代理协议时，对客户进行初次风险承受能力评估。鉴于出现过券商私自挪用客户资金的情况，《规定》要求证券公司应当统一建立、管理证券经纪业务客户账户、客户资金存管、代理交易、代理清算交收、证券托管、交易风险监控等信息系统，各项业务数据应当集中存放。

证券公司还应当建立健全客户回访制度，及时发现并纠正不规范行为。证券公司应当统一组织回访客户，对新开户客户应当在 1 个月内完成回访，对原有客户的回访比例应当不低于上年末客户总数（不含休眠账户及中止交易账户客户）的 10%，回访内容应当包括但不限于客户身份核实、客户账户变动确认、是否向客户充分揭示风险、是否存在全权委托行为等情况。证券投资顾问依据本公司或者其他证券公司、证券投资咨询机构的证券研究报告作出投资建议的，应当向客户说明证券研究报告的发布人和发布日期。

证券公司、证券投资咨询机构向客户提供证券投资顾问服务，应当按照公司制定的程序和要求，了解客户的身份、风险偏好、证券投资经验、财产与收入状况，评估客户的风险承受能力，并以书面或者电子文件形式予以记载、保存。

12.2.2　券商经纪业务经营的问题和难点

对于证券公司而言，客户是企业生存和发展的基石，但市场竞争激烈，客户很难固定地在一家券商营业做终身忠诚的客户，客户开户后又跑路或者其它对券商不利的情形大致有以下几种：

1. 转户

通常，客户会感觉目前所在券商的佣金较高，或者服务不好，而听从其他公司业务员或者亲戚朋友的劝说而转户。

2. 账户休眠或者退市

证券公司的佣金主要来自于客户的交易量，如果客户长期不操作帐户，不买也不卖，那么券商就要喝西北风了。但是券商应当知道，行情好的时候客户交易总是比较活跃，行情差的时候交易总是比较清淡。有些客户炒股亏损导致资产减值，甚至退出证券市场，那么这个客户的交易佣金，券商就永远也不可能收到了。

3. 长期套牢

大部分客户并非投资专家，很多客户投资思维陈旧、没有止损意识而被长期套牢，由股民变成真正的股东，长期持有的结果就是无法使券商获得交易佣金。

4. 只打新股

有些客户除了申购新股外，很少参与二级市场交易，佣金贡献率都很低。

5. 对外宣传券商的不良口碑

因为亏损，就说营业部服务不好、咨询水平差、风水不好等，影响营业部的"口碑"，妨碍了其他本来有可能自动上门开户的潜在客户。

12.1.3 加强客户服务倍增经纪业绩

仔细分析上述种种，发现一个最本质的问题，就是客户如果亏钱了，他一定不会说券商的好，因此，教育和培训业务人员，为客户提供良好服务，同时做好客户的专业知识培训非常重要。对证券经纪人而言，通过良好的沟通和资讯服务，让客户赚到钱，让客户舒心，比什么都重要。帮客户赚钱就是帮自己赚钱！因为客户越赚钱，其交易就越活跃，经纪人所得佣金就会更多，券商的经纪收入也就越高。

1. 平台化服务

客户最需要的是什么？往往是提供指导和资讯。对普通客户而言，往往不知道该买什么卖什么，也不知道应该在什么价位买和卖，因为不专业，所以经常会亏钱，如果客户经理每天能够为客户提供精心的指导和资讯，那么客户赚钱的机率就会大很多，客户在赚钱效应的驱使之下，交易就会越发活跃，券商和客户经理所获得佣金就会越多。但是，通常对客户提供直接服务的客户经纪人虽然有证券从业资格证书，但往往不具备非常专业的水准，这时就需要为经纪人提供平台式的服务。因为每个券商都有一个比较稳定的分析师队伍，每天客户经理可以将分析师的研究成果发布给相应的客户，同时将客户的问题反馈给分析师平台，得到解答之后再回答给客户。这样，客户就能得到专业的平台服务，也因此而会感觉客户经理和券商非常尽责和专业，客户、经纪人、券商三方共赢的效果就会逐步显现。

2. 在细分市场的基础上为客户提供差异化服务

对大多数企业来说，二八法则都是适用的。也即小部分客户提供了绝大多数销售额和利润，而大多数客户提供了小部分利润和销售额。因此，把重点放在对营业部贡献比较大的或有较大潜在贡献价值的客户上就是一种必然。营业部建立客户服务小组，在不改变现有工作岗位的情况下，每2—3员工分为一组，将比较重要的客户（特别是非现场客户）按（潜在）贡献率大小的顺序逐步分配给服务小组管理，责任落实到小组。主要工作：

（1）与客户建立一对一的联系（QQ、微信、短信、电话等），培养客户有事联络小组成员的习惯；

（2）提供基础信息服务和增值信息服务（操盘建议、持股诊断、资产配置意见、产品销售等），有条件的还可以提供实时投资咨询；

3. 通过存量客户联络、拓展新客户

重点在于让老客户满意的情况下，请老客户代为联系新客户。这通常都建立在老客户赚钱效应和感觉到满意服务的情况下，此种策略才会奏效。但是，无论对于销售人员还是对于公司，大部分利润都是直接或者间接依靠老客户获得，是不争的事实。因此，一定要维护好客户关系，这样才能达到业绩倍增的效果。公司可以采用考核和激励等办法作为导向，使经纪人迅速朝向这个方向努力。

（1）考核：资产增加情况（包括客户追加资金和投资增值）、资产周转情况，与服务小组收入奖惩挂钩。

（2）对于通过存量客户拓展的新客户，可按增量客户奖励办法予以考核奖励。

（3）没有将客户分配给员工个人，是为了避免员工跳槽可能带走其管理的部分客户。

（4）服务小组至少有1名中后台人员，一方面便于客户服务，另一方面降低小组整体跳槽的概率。

4. 组建立体的咨询网络

咨询是客户服务的核心内容，在基础服务、关怀服务基本相近的情况下，咨询服务的内容和质量决定了客户服务的质量，直接影响客户服务的效果。

具体做法是：

（1）定期召开客户投资咨询见面会。

比如某券商营业部每周六下午2点雷打不动地请专业分析师或者营业部老总亲自与顾客交流洽谈，分享投资心得，教授投资技巧，对未来投资趋势做出分析和研判，使客户每次都能乘兴而来，满意而去。

（2）公司总部建立投资咨询团队，营业部配备咨询人员，利用QQ、微信、视频等网络工具实时联络，互相交流信息，集思广益，共同合作，建立覆盖全公司的内部咨询交流网络，为客户提供质量更高的咨询服务。

（3）网络晨会

晨会有两种，一种是券商公司内部晨会，另一种是券商为客户提供的直接交流平台。在公司内部会议之后，证券公司可以通过网络晨会为客户直接提供每日开盘之前的信息交流，提供投资策略及个股推荐等服务内容。对营业部所在地上市公司的最新信息要特别关注，对重大投资信息要实时交流。同时，应客户服务小组的要求，为客户持仓较多的股票进行诊断。

需要注意的是，咨询信息不能是短信版的研究报告，而是基于技术面、基本面的综合分析，包括：大盘趋势预测、市场中短期趋势研判、投资组合策略、个股推荐、操作建议等，强调实用性、可操作性。千万不能出现"推荐的股票基本面很好、技术面已经走熊"的情况，如此一来就容易贻害投资者，进而失去好不容易建立起来的信任。

上述工作看似简单，做实、做细、做好却不容易，做出成效更不容易。为此，最好先从公司中寻找、挑选存量客户服务工作做得好的营业部，对它们的经验进行总结、提炼、归纳，形成有特色的存量客户服务制度，逐步推广。做好了就会有较好的效果：

1）客户的基础信息服务可以得到保障，减少不必要的非投资损失，如权证行权日前必要的提醒能避免权证变废纸；

2）客户获利可能性提高、买卖频率提高，能有效盘活存量，带动交易量和市场占有率的提高，而且客户对公司的忠诚度也会提高；

3）通过优良的客户服务能有效拓展新客户，抽样调查显示：通过客户口口相传、互相介绍而新增的客户数量不逊于经纪人的市场开拓；

4）员工服务咨询能力的提高与向综合理财顾问转型，对营业部的人员结构调整和员工发展均有好处。

总之，建立合适的客户服务制度，提高咨询服务水平，对经纪业务大有帮助。因此，也要加大员工投资分析能力的培训，同时为他们维护老客户和拓展新客户提供技术等各方面的有效支持。

12.1.4　证券经纪新手从业策略

小资料：大学生毕业后为什么要做证券经纪人？

2013 年小张从江苏经贸学院毕业后，在证券公司做了一名经纪人，经过努力，2015 年时其月收入就达到了 4 万元，2016 年月收入更是达到了惊人的 6 万多元。他的同一届的一位女同学也在同一个证券公司从事同样的工作，2015 年时月收入达到了 2 万多元，有类似收入的大学生还有不少，当然并不是每一个进入该行业的大学生都能达到那么高的收入，但他们的例子表明，在证券行业工作，比较容易达到高收入的水准。

金融类专业的大学生实习时或者毕业以后进入证券公司后，一般是从证券经纪人开始做起，因此基本上可以算是从事证券行业的第一份工作。许多大学生在开始从事这个行当之前，总会有许多困惑，其中最大的困惑就是如何寻找客户，做出优异的业绩。那么怎么解决这个难啃的骨头呢？

1. 学会拜访客户

拜访客户是需要一定技术的，首先要知道如何找到客户，寻找到合适的客户本身对于新入门者就是一道最难迈越的门槛。这些相关技术在本书里放在第三个模块中供大家学习。在这里强调几点重要的内容：

（1）拜访客户每天要保持一定的量

量的积累才会引起质的变化，想要有好的业绩，就必须不断积累客户，大客户也是这么一点点积累起来的。那么每天拜访多少客户比较合适呢？根据情况不同，建议每天拜访的客户量保持在10至30人左右。

（2）要学会不断地总结经验教训

营销是一件与人沟通的工作，光靠纸上谈兵是做不好营销的，有经验的营销人员比一个会考试的营销员更容易赢得顾客。当然，更重要的是，有经验的营销员可以从一切方面学习到宝贵的经验，自己经历过的事情可以总结经验，从别人的身上可以看到经验，书里读来的东西可以转化成自己的经验。这样不断学习的结果就使得经验越来越丰富，与人打交道也就更加游刃有余。这些经验中，与人沟通时的听、说、问、看的技巧，成交的技巧尤其重要。同时，要学会写工作日志，这是总结经验、让自己惯于思考的一种最好的方式。

（3）别忘记电话沟通

新手营销员可能会非常勤奋，他们每天不停地拜访客户，但业绩不佳，原因何在？新手容易犯的一个错误就是像狗熊捡棒子，捡一个丢一个，最后发现还是只有一个。新手拜访客户没有错，值得鼓励，但缺乏后续的跟进工作就显得有些盲目了。有些顾客可能会觉得这个营销员不错，但是再也等不到这个营销员来见自己，也等不到电话，这时碰到其他公司的营销员，自然不会再等他了。所以，新手营销员在离开顾客时别忘记跟顾客约一个下次见面的时间或者打电话的时间，并且牢牢记住，在约定的时间与顾客再次联系和沟通。

（4）学会让顾客介绍顾客

许多新手营销员在离开顾客之后就彻底离开了，而优秀的业务员总是不会忘记问一句：请问，您身边还有亲戚朋友有这种需求吗？如果有的话，能不能麻烦您帮我介绍一下，我也想为他们提供满意的服务。即使这句话只有百分之一的顾客回应说有，那么营销员也捡了个大便宜。顾客的介绍远比营销员自己辛苦地介绍效果要好得多，而这一切只不过是多说了一句话则已。

2. 学会多渠道的沟通联系方式

（1）擅长利用高科技联系

随着科技的发展，有一些新的联系方式既可以提高效率，还可以降低联络成本。比如建立QQ群、微信群、MSN群、飞信群等，尤其是飞信群，既可以向顾客发短信，随时通知顾客一些重要的信息，又可以群发，还是免费，非常方便。现在的微信和QQ群，已经成为与客户沟通最主流的方式。

（2）利用网络平台，让顾客更好地找到自己

营销员有两个世界，一个是现实的世界，需要与顾客面对面地或者电话沟通，另一个是虚拟的世界，也要让虚拟的人（有时会暂时不知道性别和年龄）更顺畅地看到并主动联系自己。营销的目的是让别人知道你，信任你并接受你和你的产品，这样你

就成功了一大半了。

（3）学会尊重和感动顾客

无论采用哪种联系方式，一定要让顾客产生一种被尊重的感觉，比如用"您"代替"你"，在言谈举止之间流露出发自内心的真诚感和尊重感，就是赢得顾客的最佳方式之一，如果能够引起顾客内心的某种共鸣，让顾客产生了感动，那么拿下订单的希望几乎就是90%以上了。

（4）学会为顾客着想，让顾客挣钱

证券客户之所以来投资，一定是想挣到钱的，资产的保值和增值是一个基本的目的，如果这一点做不到，无论营销员如何做，顾客都有可能脱离公司，甚至彻底离开这个市场。因此，优秀的业务员一定要善于回报顾客对于自己的信任，并帮助顾客挣钱。顾客挣到了钱，他才会有更多的资金，交易量才会更大，营销员也才能挣得更多。当然，一个挣钱的顾客通常会主动带来更多的有钱的顾客。

（5）让自己变成一个专业人士

所有证券营销人员都应当成为一名专业人士，但每个人专业的程度是有区别的，不少新手营销员之所以业绩不佳，跟他们的敬业态度和专业程度有着直接的关系。试看两个营销员的差异。

【案例】

两个新手证券营销员

两个营销员都是新手，分别是两个漂亮的21岁的女孩，都是刚刚拿到证券从业资格证不久，一个在东北证券，一个在国信证券。

在东北证券的女孩不拿绩效，每月有1200元的工资，不多也不少，她早上9：30之前到公司，下午3：30之后就可以离开公司，公司从来不要求也不需要她们加班。也就是说，她每天在开盘的4个小时的时间内保证人在公司就可以了。

在国信证券上班的女孩早上8：30之前赶到公司，先是查阅当天的期刊、杂志、本公司下发的研究报告等，将最重要的信息在9：10之前发到顾客的手机上，并向顾客致上每天必有的亲切的问候。在正式开盘以后，不停地接听和拨打电话，回答顾客提出的各种疑问，自己回答不了的，就请证券分析师做出答案后，再回复给顾客。下午收盘后，跟随公司参加当天盘面的研讨会，跟踪分析大盘趋势和具体的股票信息，对顾客手里的股票尽可能做到心中有数。这样一直能忙到晚上9点才能下班。这个女孩第一个月拿了800元的底薪，没有绩效提成。第二个月拿到2500元的薪水，有1600元的绩效奖励。第三个月拿到4500元的薪水，正式工作一年后的薪水稳定在1万元上下（每月不固定，随绩效的改变而改变）。通过努力地工作，这个女孩不仅挣到了钱，而且还结交了属于自己的朋友。这两个营销员都是2010年毕业的高职大学生，是真实的案例，相信能够给在校的高职生们一点点启发。

虽然现在不提倡以外貌取人，但是对证券从业人员来说，这一点完全不适用。作为一名证券从业人员，即使你自己不认为自己是一名专业人士，在顾客的眼里，不少人也会把你当作一名专业人士。专业人士应当在感觉上也要给人专业的印象。因此，要求证券从业人员在外貌上要精干专业，比如，要穿一色的西装、打领带，仪容整洁，谈吐得体，头脑敏捷，精力充沛。在内涵上，一个证券从业人员想要变得专业也并不困难，多读多看多学习就可以了。比如养成每天阅读三大证券报（中国证券报、上海证券报、证券时报）等专业期刊的习惯，不懂的问题记得经常与专业人士探讨，时间长了，也就慢慢专业了。

3. 实践探讨：证券公司的客户经理怎么干？

某证券公司为了让自己的客户经理尽快进入角色，在培训之余，编了一套顺口溜让他们牢记：

客户经理的一天：

九点到银行，白页夹中放，挨座逐个发，客户重点讲。

封闭基金好，折价是个宝，证券公司买，别处买不到。

您要没时间，留个电话先，劝您赶紧办，要不收益减。

加大拜访量，标准话术讲，遇事心别慌，基金股票户，

记得要分清，引导客户说；

市值加佣金，一定全问清，十个基本点，服务是中心。

信心加冷静，统统全拿下，回家莫要闲，工作日志写，

每日必报填，客户资料表，整理很关键；

网上看新闻，论坛写留言，营销有问题，解决在当天。

榜样是力量，主动去学习，成长天天见。

短信每天发，邮件不要落，要有好产品，记得打电话，

服务是主题，促成不要忘。

证券前景好，人人都知道，习惯养成前，一切是空谈，

大家齐努力，成功在明天。

请大家探讨一下这个顺口溜，是不是感悟到证券公司客户经理是如何工作的了？

某券商建议客户经理一天的时间安排是这样的：

9：00 前获取新闻。

通过报纸，论坛以及行情软件中的资讯区了解当日的政策及行业要闻，并编辑成短信发送给需要的客户。

9：30－17：00 营销工作

在渠道派送宣传页，积累潜在客户电话或进行现场促成（主要工作）。

给前一天预约开户的客户打电话确认开户时间，并提醒客户必须的资料，如果有客户需先到原券商转户，提醒客户注意事项以及所需资料。

开户

拜访客户：给客户安装交易软件，送对账单，方正月刊等。

给老客户做电话回访：服务，转介绍。

给潜在客户做电话促成。

17：30 以后，回家后的总结与学习

撰写工作日志：拜访量，电话数，以及营销问题的上报是重点。

做潜在客户电子文档的整理，新开客户电子文档的整理。

给潜在客户打电话，预约明日开户。

上报明日预约开户情况（21：00 前）。

仔细阅读市场日报，当日新闻，学习研发报告以及专业知识。

学习公司以及证券行业各项规章制度以及工作流程。

为需要 E－mail 服务的客户发送电子邮件。

安排明日工作计划。

【案例】

××证券公司营销策划方案

前　言

市场部为了树立品牌形象，建设规模的、高质量的营销团队，开拓市场，逐步扩大营业部在当地的影响力，展现营销团队的潜在活力，开拓并巩固营销渠道，发展客户，创造营销奇迹特制定以下营销方案。

第一部分　市场部战略定位

1. 市场范围

以市区为中心，辐射到周边城镇，为中高端客户提供股票基金等投资产品和保守的理财咨询服务。

2. 客户服务方式

（1）基础服务主要包括：及时解决现场及非现场客户交易过程中的问题；客户提出的有关业务及证券知识方面的问题，及时给予清晰和全面的解答；积极同客户沟通，促进客户能够及时和细致了解公司新业务种类和服务产品；为客户提供多种交易方式；收集了解客户需求，及时反馈业务部门，促进完善客户服务内容。

（2）亲情服务主要包括：法定节日或特殊节日营业机构管理人员通过广播或到客户群体中恭贺或者有能力的也可给客户举办一些活动；客户及家人的特殊日子发贺电、发贺卡、打电话、拜访、送鲜花等形式表示祝贺。这类服务三种客户的区别也不大，只是一般客户，通常不进行客户及家人的特殊问候。

（3）咨询服务主要包括：根据客户需求选择性的将各类研究咨询张贴或转发客户；定期提供客户持仓个股分析报告；及时向客户提供高质量的资讯产品和信息，并根据客户需要为其度身定制资产配置方案；定期将研究机构的投资策略报告发送给客户；通过网络服务平台，对客户提供一对一咨询服务；客户专用电子信箱服务，为客户提供个股门诊单、周评报告、月度投资计划以及模拟投资组合等；通过短信提供咨询建议；提供个股答疑、推荐以及跟踪个股服务；现场客户和非现场客户定期沟通。这类服务三种客户的区别就比较大，一般客户只提供基本的咨询服务，接受公共的咨询，而重要客户和核心客户一般都有一一对应的客户经理服务，核心客户的个性化咨询服务比重要客户更好。

（4）增值服务主要包括：根据其需要提供各类研究报告，包括内部研究成果和外购报告；以短信营销和客户服务为信息平台，为高端投资者提供实时行情、股市资讯和在线交易同时提供自选股等个性化管理功能。提供及时、全面、权威的财经资讯，短信营销信息和客户服务平台作为补充可提供及时的公告信息、个股预警、个股资讯、成交回报、资金变动、中签通知服务；根据客户需求，编撰投资分析报告，如果客户资产量达到相当规模，可根据其需要提供全方位私户理财计划。这类服务三种客户的区别就更大了，一般客户基本不享受增值服务，重要客户享受及时的服务，核心客户则享受全面及时的服务。

第二部分　团队组建和管理

1. 团队的组建

（1）通过与其他证券公司优秀客户经理接触，了解营销员在原来券商的情况，引进有经验的证券营销员。

（2）联系部分高校，建立校企实习培训基地，能够充分的挖掘有潜质的营销员。

（3）团队的建设

2. 团队的管理与执行

无规矩不成方圆，制度的建设可以规范团队的工作开展，以形成一个共同的工作目标，制度制定的内容包括：日常考勤制度、会议制度、各种台账制度和激励制度，而且是可以执行的。①考勤制度，目的是了保证工作时间。内容包括办公室考勤与驻点考勤。②会议制度，目的是讨论解决工作中的问题和提供学习平台。内容是周例会、月例会、公司例会。③台账制度，目的是对工作的监督与跟踪。内容是工作计划、工作日记和其他与销售工作相关的台账。④激励制度，目的是保持团队的工作热情。内容有正负激励之分，正激励一般有：公司高层的表扬与肯定；经济奖励；提升奖励以及公费旅游。

3. 团队文化建设

态度决定人生的成功高度，而团队文化就像这人生的"态度"，它决定团队效力是否 $1+1>2$。团队文化是对公司的企业文化和发展战略认同的前提下，形成一种积极、易沟通、学习的精神状态。团队文化的外在表现是团队有共同的工作目标、集体活动开展情况以及学习制度的执行情况。共同的工作目标是指团队全体成员愿意把自己的才能奉献给团队，以争取取得良好的业绩。集体活动的开展并不是很难，在每次例会后举行一场足球赛、篮球赛并不是过分的要求，或者大家出去欢唱。学习也是团队文化建设的重要内容，共同学习，共同进步。学习公司的销售政策、学习新品知识、学习彼此优势等。只有学习型的团队才能取得好的业绩，因为学习的态度反映团队的精神面貌，是团队工作技能的保证，是沟通的需要。

4. 个人与团队共同进步

个人在团队工作中，应把自己的职业规划跟团队业绩相结合，最大可能地发挥潜能，做到公司与个人双赢。

第三部分 营销措施

1. 银行驻点营销

几年前，银行驻点营销是市场一种创新，让券商从营业部的坐商走向了市场，让单一的营业部场地，扩张到全市所有的银行网点，因当时的银证通模式，银行直接可以开立券商资金账户，客户可以在银行进行一站式的手续办理。让券商拓展了极大的一部分离营业部很远很远的客户，券商投入小，产出高。银行开发的客户质量也相对比较好。

为此，我市场部与银行关系须注意以下五点：

（1）要建立双方长期合作关系。

（2）一般企业在银行都有个企业账户，可以通过银行工作人员的推荐来帮本营业部实现。他们和企业有个很好的交流合作关系。对他们比较信任。这点要求银行和本营业部的合作关系处理好。

（3）管理层要对银行公关关系的重视。每隔半月或新人报到之时都工有上级对银行关系的回访。

（4）在重要节日会送上些礼品。通常情况下，礼物费用控制在 1000 元左右。

（5）对于重点驻点网点公关，需营业部利用资产的资源为网点注入一定量的存款，为营销员提供更好的业务开展空间。

综上所述，营业部门高管应重视商业银行负责人的公关行动。

2. 与大通讯机构的合作营销

要与电信、移动、联通、铁通、网通等机构合作。合作模式应有所不同，例如，移动、联通，仅对券商开放系统的合作是不够的。可在其营业厅布点，发展其内部员工。其余的中大型的通讯机构，合作的内容包括，通讯商的资源共享，通讯商入驻小区营销活动时，双方共同营销。券商负担部分通讯机构的产品赠送、通讯商的营销人员兼职券商的营销，实现双赢。

3. 低佣金的促销

华泰证券 2008 年开始就把所有客户佣金打至 0.8‰，从此市场进入了佣金价格战，各券商纷纷跟进，愈演愈烈，现在的光大证券开展佣金年费制，打出"一天一元，轻松一年"口号，但是实行佣金年费制的这一时期，光大证券一直莫名其妙的没有得到多大的扩张，其主要原因是缺少一支强有力的营销队伍。目前，营销团队人数多，且人员相对稳定的券商开始对低佣招揽客户的方式有所收敛，实行按资产多少来规定佣金比率，并随着咨询方面优势的提高逐渐取消降佣制度。目前新进的券商，都是以低佣来招揽客户，新进来的安信证券的佣金比例是整个南宁市场最低的，10 万左右都可以给 0.3‰。考虑到目前整个市场竞争状况以及公司未来的发展，对一般客户，本团队开发客户时，给予非现场交易的手续费为 0.5‰到 2.0‰的政策是合适的，给予营销员一定底限的自己做主的佣金调节，对特殊客户再另行申请。而对于本营业部也可以科学地对成交量较大的客户做出更大调节。

4. 社区营销及技术服务站营销

可以选择些人流量比较大，商业性质比较强的地段进行布点。分工合作，两人派单，两人对有意想客户进行营销说明。在周围的高档写字楼张贴海报、设点促销，利用上下班及午餐人流量大的时间段派发宣传资料、意向沟通，周末在优质社区、大型商场摆台促销，以登记电话送小礼品方式挖掘潜在客户，日常电话跟进，开户即送精美礼品一份。可以不定期的与企业合作：搞庆典联谊活动或投资座谈会股市沙龙等，免费开股东卡，送精美礼品，开发团体客户及机构户。

5. 服务品牌的营销

为客户提供有效的资讯，能让客户在市场上挣到钱才是王道。本营业部在公司没有特别的支持下要坚持自己组织语言，坚持每日一到两条对大盘的分析，个股的推荐等信息。当然这个还依赖与个人专业知识掌握的多少而论。充分利用金穗金融软件下载按资产量的多少来给予使用作为卖点，从而使客户对软件存在一定的依赖性。提高公司在南宁的竞争力，应尽量避免通过价格竞争来实现；通过差异化的服务，增加顾客的满意度和忠诚度，提高公司的品牌形象和知名度。对于差异化服务和公司品牌的树立和扩展，我认为可以通过几个措施来实现。

（1）广告和公关工作的开展是品牌建设的重要步骤。

一个可行的办法就是在周末组织公司所有的营销人员以及公司高管在当地的养老院或孤儿所等一些公益事业单位做义工从而既为社会献了一份爱心，又在宣传本营业部。何乐不为？相信这样的宣传对与老百姓来说比一些空洞的广告更具说服力。

在借势营销中，可以借助的手段是多方面的，比如，其他行业具有轰动效应的大事件；政府有关部门的政策法规；新闻媒体的各种报道等等。通过策划发挥、延伸实施，就可以为我所用，去实现自己的营销目标。

（2）以客户需求为导向，提高服务质量，形成竞争力。

面对迅速变化的市场，要满足顾客的需求，建立关联关系，企业必须建立快速反应机制，提高反应速度和回应力。这样可最大限度地减少抱怨，稳定客户群，减少客户转移的概率。提高服务水平，能够对问题快速反应并迅速解决。这是一种企业、顾客双赢的做法（每隔半个月或股市出现重大问题时候对客户的回访。将客户反映的问题做记录。根据问题小组展开讨论，给予客户问题解决的方法）。

（3）同时，加强对客户维护，对其进行分类管理，大力推行关系营销，缩减成本扩大利润。

关系营销越来越重要了，在企业与客户的关系发生了本质性变化的市场环境中，抢占市场的关键已转变为与顾客建立长期而稳固的关系，从交易变成责任，从顾客变成拥护者，从管理营销组合变成管理和顾客的互动关系。记住二八定律，必须优先与创造企业80%利润的20%的那部分重要顾客建立牢固关系。否则把大部分的营销预算花在那些只创造公司20%利润的80%的顾客身上，不但效率低而且是一种浪费。而沟通是关系营销的重要手段。

（4）营销的目的是利润，但执行的核心是公司员工。

对企业来说，市场营销的真正价值在于其为企业带来短期或长期的收入和利润。

一方面，追求回报是营销发展的目的；另一方面，回报是维持市场关系的必要条件。企业要满足客户需求，为客户提供价值，但不能做"仆人"。因此，营销目标必须注重产出，注重企业在营销活动中的回报。一切营销活动都必须以为顾客及股东创造价值为目的。同样对员工来说，回报也是对其工作价值的肯定。从外部营销到树立内部营销理念。由于员工是客户的直接接触者，管理者的观念、思路和决策都要通过员工们的日常工作和行为来贯彻和体现。事实上，内部员工应是营销活动的首要对象。"要善待客户，必须首先善待员工"，高度重视内部营销。处理好管理者权威和员工自主性的关系。首先，应该培养共同参与意识、共同的价值理念和行为准则、共同的归属感，努力为员工创造个人发展的机遇和条件。其次，处理好各部门之间的关系。建立明确的责任分工、畅通的信息流动系统及科学、公正的内部考核制度，并前后台效益挂钩，树立起群策群力的合作意识，保证各项政策持续而切实的贯彻。完善管理制度，增设优秀新人奖、开户纪录奖、市值纪录奖等奖项，完善薪资待遇（比如当月成交量达到600万/1000万/1500万等等的提成变法做到多劳多得，奖罚分明。积极进行各项市场调查活动，能对公司的销售模式和销售政策，提出意见和建议。以人为本，追求个人价值。在新的体制和组织结构下，所有人员的价值由业绩来衡量和体现，而不以上级的主观评价为依据。同时，要形成尊重员工、关心员工的风气，摒弃那种牺牲或压抑员工个性的文化氛围，处处体现出亲和力。

企业文化要人性化，要朴素、踏实、奖罚分明，要有完善的体系和制度。经常组织员工培训，与投资公司、保险等营销团队合作，资源共享，相互借鉴，请优秀讲师授课，为我部客户经理培训营销技巧，养成积极心态。

12.2　公司上市筹融资策划

证券公司又被称为投行，即投资银行，这个称谓是因为它除了基本的经纪业务之外，还向其它公司提供上市之前的辅导以及 IPO 等业务服务，这对于券商来说是收入的重头戏。

有些公司特别希望上市，还有一些特别优秀的公司根本不考虑上市，比如利润非常高的 IT 翘楚华为和以辣酱著称的老干妈，不是达不到上市条件，是因为他们根本不想上市。

因此，对券商来说，首先要找到那些上市意愿比较强烈的公司，从中筛选出符合条件的优质企业作为服务对象。

12.2.1　寻找有筹融资需求的对象企业

全中国大小小的券商实在是太多了，而上市的名额有限，对于有上市筹融资需求的企业来说，也并不是每一家都能够如愿。因此，券商对有上市需求企业的争夺也非常激烈，抢到了就意味着高额利润的到手。那么，券商又该如何寻找想要上市筹融资的企业呢？方法有很多，试举几例如下：

1. 关注新闻

试看下述新闻：

据微信公号"舟山网"2017年3月12日报道，"波音项目将于本月底正式开工建设，力争2018年底交付首架飞机，年交付量达100架。"3月10日，齐集舟山的百余位国内外航空领域的客商听到了一个令他们振奋的好消息。跟随"波音"而来，他们希望能在舟山航空产业的快速发展中"占得先机"。

百余位客商分别来自75家国内外航空装备及零部件制造企业、航空产业协会组织、投融资机构和航空科研机构。一场"浙江舟山群岛新区航空产业对接会"让他们的舟山之行收获满满。

10日上午，客商们首先到位于朱家尖的普陀山机场改扩建和舟山航空产业园建设现场。火热的现场感让客商们感到欣喜。舟山航空产业园建设指挥部相关负责人向客商们介绍，舟山航空产业园将分为"一园两区"。飞机制造园区位于朱家尖，零部件制造园区位于本岛北部的舟山经济开发区。其中，朱家尖的飞机制造园区规划面积为7.88平方公里，将分为干线飞机制造区、通用飞机制造区、航空配套区、空港保税区等多个区域。

客商们最为关注的波音项目，就坐落在其中的干线飞机制造区，将主要有两部分组成：由波音公司与中国商飞合资的737完工中心，以及地处相同位置、由波音公司独资的737交付中心。

项目一期占地40公顷，建筑面积约60000平方米。项目主要设施有：一个制造机库、一个喷漆机库、一个交付中心办公大楼、四个检修机库、公共设施以及消防站、一个仓储设施、与机场相连的停机坪和滑行道，厂房及设施将于2018年5月交付，2018年底正式交付第一架飞机。根据计划，合资公司将开展737MAX系列飞机内饰安装、涂装、维修和交付支持及其他服务。实现完全产能时，一年交付100架飞机，并将创造2000个就业机会。该负责人还介绍，舟山航空产业园力争到2025年全面形成航空产业链，实现总装、交付、改装各类飞机600架以上，飞行时间近4万小时的产业规模，每年实现产值规模达到700亿元以上。产业链带动效益千亿元以上，成为我国民用航空制造业新增长极。

读者能够从这则新闻中读出什么？这是一个关于航空业的完整产业链啊！这里在将来一定会诞生不少与航空有关的上市公司来，作为投行，不应该闻风而动么？

2. 等客上门

有些有上市需求的公司也会主动联系券商，咨询有关情况，当投行部工作人员接到此类电话不应怠慢，应该记下对方的联系方式，抽出专门时间上门拜访，认真考察。因此，投行业务要注意能够让人直接找到相应的联系方式，包括电话、电子邮箱等。还有就是现在许多券商只在自己的官网留下固定电话总机、95开头的电话、400或者800之类的电话，这其实不利于投行业务的开展，投行业务具有一定的专业性，需要客户能够直接联系到自己。还有些有融资需求的企业会联系券商的营业部，而营业部并不具备投行功能，券商应当建立适当的信息反馈机制，以便内部信息沟通顺畅及时。

3. 与创业园建立联系

创业园具备孵化器功能，创业园的目标之一也是帮助园内企业尽快达到上市条件，在各方努力下，有一些企业发展壮大了，自然就会产生上市的需求。投行部与创业园建立联系，就可以随时掌握园内企业动态，把握企业的上市机遇。

4. 与其他金融机构合作

中小企业需要通过上市筹融资，一般会有一个过程。他们经常会经过天使轮、A轮、B轮、C轮等好几轮融资发展后才会达到上市条件，而不会一开始就寻求上市。而前期他们会与私募基金、天使投资、PE（Private Equity 私募股权投资）、VC（venture capital investment 风险投资）等机构合作，因此，券商也可以与这些机构展开多方位合作，以期更早地界入到优质企业的发展过程。

5. 与行业协会建立联系

优秀的企业一般都会与行业协会保持较为紧密的联系，券商投行部与行业协会建立联系，当然会对行业内优质企业了若指掌。

6. 建立广泛的信息网络

很多时候，只要你有心，就能够捕捉到有用的信息，比如同学聚会聚餐、与政府相关部门的人员磋商，与小企业主交流中重点了解行业内排名靠前企业的状况，通过税务部门了解到的中小企业纳税状态等等，有时是一个小线索，深入追踪下去就会发现一个巨大的宝藏，有时通过这个线头能扯出来另一个有价值的信息。券商为企业筹融资服务也有多种渠道，目前常见的除了主板市场的 IPO 以外，也包括了新三板上市、为企业发行债券等。

12. 2. 2　新三板

2006 年，中关村科技园区非上市股份公司进入代办转让系统进行股份报价转让，因为挂牌企业均为高科技企业而不同于原转让系统内的退市企业及原 STAQ、NET 系统挂牌公司，故形象地称为"新三板"。随着新三板市场的逐步完善，我国将逐步形成由主板、创业板、场外柜台交易网络和产权市场在内的多层次资本市场体系。目前，新三板不再局限于中关村科技园区非上市股份有限公司，也不局限于天津滨海、武汉东湖以及上海张江等试点地的非上市股份有限公司，而是全国性的非上市股份有限公司股权交易平台，主要针对的是中小微型企业。

新三板上市需要满足下列要求：

1. 主体资格上市要求：新三板上市公司必须是非上市股份公司。

2. 经营年限要求：存续期必须满两年，（有限公司整体改制可以连续计算）。

3. 新三板上市公司盈利要求：必须具有稳定的，持续经营的能力，净利润最好在300 万以上。

4. 资产要求：无限制。

5. 主营业务要求：主营的业务必须要突出。

6. 成长性及创新能力要求：最好有自己的专利，属于高新科技企业，位于中关村高新技术企业和其他国家级高新技术产业开发区内。

7. 地方政府出具新三板上市挂牌试点资格确认函。

现在券商为企业辅导，上市新三板也成为重要的投行业务，这些企业大多为中小企业，平时并不显山露水，需要寻找接洽才能发现这些潜在客户。

12.2.3 公司 IPO 上市策划

一般而言，企业自改制到发行上市的时间应视具体情况而定。一般来说，如果二级市场情况较好，政策面稳定，发行上市速度会较快；企业各方面基础较好，需要整改的工作较少，发行上市的时间可相应缩短。

1. 上市前各阶段时间周期

正常情况下，各阶段的大致时间为：从筹划改制到设立股份公司约需 6 个月左右，规范的有限责任公司整体变更为股份公司时间可以缩短；保荐机构和其他中介机构进行尽职调查和制作申请文件，约 3～4 个月；中国证监会审核到发行上市约 3～4 个月。公司想要进行 IPO 上市创业板或者主板市场，必须经过券商一定时间的辅导，待一切正规后，还需要进行 IPO 上市路演，才真正进入上市公司行列。

2. IPO 须满足的财务条件

（1）中国主板或中小板市场 IPO 必须满足如下财务条件：

最近 3 个会计年度净利润均为正数且累计超过人民币 3000 万元。

最近 3 个会计年度经营活动产生的现金流量净额累计超过人民币 5000 万元；或者最近 3 个会计年度营业收入累计超过人民币 3 亿元。

发行前股本总额不少于人民币 3000 万元。

最近一期末无形资产占净资产的比例不高于 20%。

最近一期末不存在未弥补亏损。

（2）中国创业板市场 IPO 必须满足的财务条件

最近 2 个会计年度净利润均为正数且累计超过人民币 1000 万元，且持续增长。或者最近一年盈利且净利润不少于 500 万元，收入不少于 5000 万元，营收增长不低于 30%。

发行后股本总额不少于人民币 3000 万元。

最近一期末净资产不少于 2000 万元，且不存在未弥补亏损。

（3）创业板市场 IPO 的其它条件

发行人是依法设立且持续经营三年以上的股份有限公司。

有限责任公司按原账面净资产值折股整体变更为股份有限公司的，持续经营时间可以从有限责任公司成立之日起计算。

注册资本已足额缴纳，发起人或者股东用作出资的资产的财产权转移手续已办理完毕。发行人的主要资产不存在重大权属纠纷。

应当主要经营一种业务，其生产经营活动符合法律、行政法规和公司章程的规定，符合国家产业政策及环境保护政策。

最近两年内主营业务和董事、高级管理人员均没有发生重大变化，实际控制人没有发生变更。

发行人依法纳税，享受的各项税收优惠符合相关法律法规的规定。发行人的经营成果对税收优惠不存在严重依赖。

发行人不存在重大偿债风险，不存在影响持续经营的担保、诉讼以及仲裁等重大或有事项。

发行人的股权清晰，控股股东和受控股股东、实际控制人支配的股东所持发行人的股份不存在重大权属纠纷。

发行人资产完整，业务及人员、财务、机构独立，具有完整的业务体系和直接面向市场独立经营的能力。与控股股东、实际控制人及其控制的其他企业间不存在同业竞争，以及严重影响公司独立性或者显失公允的关联交易。

发行人具有完善的公司治理结构，依法建立健全股东大会、董事会、监事会以及独立董事、董事会秘书、审计委员会制度，相关机构和人员能够依法履行职责。

发行人会计基础工作规范，财务报表的编制符合企业会计准则和相关会计制度的规定，在所有重大方面公允地反映了发行人的财务状况、经营成果和现金流量，并由注册会计师出具无保留意见的审计报告。

发行人内部控制制度健全且被有效执行，能够合理保证公司财务报告的可靠性、生产经营的合法性、营运的效率与效果，并由注册会计师出具无保留结论的内部控制鉴证报告。

发行人具有严格的资金管理制度，不存在资金被控股股东、实际控制人及其控制的其他企业以借款、代偿债务、代垫款项或者其他方式占用的情形。

发行人的公司章程已明确对外担保的审批权限和审议程序，不存在为控股股东、实际控制人及其控制的其他企业进行违规担保的情形。

发行人应当具有持续盈利能力，不存在下列情形：

（1）发行人的经营模式、产品或服务的品种结构已经或者将发生重大变化，并对发行人的持续盈利能力构成重大不利影响；

（2）发行人的行业地位或发行人所处行业的经营环境已经或者将发生重大变化，并对发行人的持续盈利能力构成重大不利影响；

（3）发行人在用的商标、专利、专有技术、特许经营权等重要资产或者技术的取得或者使用存在重大不利变化的风险；

（4）发行人最近一年的营业收入或净利润对关联方或者有重大不确定性的客户存在重大依赖；

（5）发行人最近一年的净利润主要来自合并财务报表范围以外的投资收益；

（6）其他可能对发行人持续盈利能力构成重大不利影响的情形。

发行人的董事、监事和高级管理人员了解股票发行上市相关法律法规，知悉上市公司及其董事、监事和高级管理人员的法定义务和责任。

发行人的董事、监事和高级管理人员应当忠实、勤勉，具备法律、行政法规和规章规定的资格，且不存在下列情形：

（1）被中国证监会采取证券市场禁入措施尚在禁入期的；

（2）最近三年内受到中国证监会行政处罚，或者最近一年内受到证券交易所公开谴责的；

（3）因涉嫌犯罪被司法机关立案侦查或者涉嫌违法违规被中国证监会立案调查，尚未有明确结论意见的。

发行人及其控股股东、实际控制人最近三年内不存在损害投资者合法权益和社会公共利益的重大违法行为。

发行人及其控股股东、实际控制人最近三年内不存在未经法定机关核准，擅自公开或者变相公开发行证券，或者有关违法行为虽然发生在三年前，但目前仍处于持续状态的情形。

4. IPO 发行基本规定

（1）首次公开发行股票，应当通过向特定机构投资者询价的方式确定股票发行价格。询价对象及其管理的证券投资产品（以下称股票配售对象）应当在中国证券业协会登记备案，接受中国证券业协会的自律管理。

（2）主承销商应当在询价时向询价对象提供投资价值研究报告。发行人、主承销商和询价对象不得以任何形式公开披露投资价值研究报告的内容。

（3）发行人及其主承销商应当在刊登首次公开发行股票招股意向书和发行公告后向询价对象进行推介和询价，并通过互联网向公众投资者进行推介。

（4）询价分为初步询价和累计投标询价。发行人及其主承销商应当通过初步询价确定发行价格区间，在发行价格区间内通过累计投标询价确定发行价格。首次发行的股票在中小企业板上市的，发行人及其主承销商可以根据初步询价结果确定发行价格，不再进行累计投标询价。

（5）询价对象可以自主决定是否参与初步询价，询价对象申请参与初步询价的，主承销商无正当理由不得拒绝。未参与初步询价或者参与初步询价但未有效报价的询价对象，不得参与累计投标询价和网下配售。

（6）初步询价结束后，公开发行股票数量在4亿股以下，提供有效报价的询价对象不足20家的，或者公开发行股票数量在4亿股以上，提供有效报价的询价对象不足50家的，发行人及其主承销商不得确定发行价格，并应当中止发行。

（7）发行人及其主承销商在发行价格区间和发行价格确定后，应当分别报中国证监会备案，并予以公告。发行人及其主承销商应当向参与网下配售的询价对象配售股票。

（8）公开发行股票数量少于4亿股的，配售数量不超过本次发行总量的20%；公开发行股票数量在4亿股以上的，配售数量不超过向战略投资者配售后剩余发行数量的50%。询价对象应当承诺获得本次网下配售的股票持有期限不少于3个月，持有期自本次公开发行的股票上市之日起计算。

4. 券商为 IPO 企业做好路演的准备工作

"上市路演"是指股票发行人和承销商面向投资者所举行的股票推介报告活动，路演的目的是促进投资者与股票发行人之间的沟通和交流，以保证股票的顺利发行。网上路演是借助强大的互联网技术支持，以实时、开放、交互的网络优势实现投融资双方充分的网上互动交流和新闻发布。

目前在中国，网上路演（ROAD SHOWONLINE）已成为上市公司新股推介的重要形式。网上路演是网上互动交流模式和新闻发布模式，网上路演的形式已由最初的新股推介演绎为业绩推介、产品推介、上市抽签、上市仪式直播、重大事件实时报道等多种形式。在证券市场信息披露及信息交流方面的探索，取得了较多的成功。

为了体现"公开、公平、公正"的原则，维护中小投资者的合法权益，中国证监会于 2001 年 1 月 10 日发布了《关于新股发行公司通过互联网进行公司推介的通知》，要求"新股发行公司在新股发行前，必须通过互联网采用网上直播（至少包括图象直播和文字直播）方式向投资者进行公司推介。"

路演非常重要，直接决定了 IPO 是否能够成功。例如唐骏第一次带队盛大在纳斯达克路演上市，但是由于中概股危机，盛大未能成功上市，反而是土豆最终逆势上市。

券商要为 IPO 企业做好相应的服务工作，比如 PPT 忠于事实，用数据说话，内容简明扼要，重点突出，同时对客户要有足够的吸引力。做好人员安排，一般董事长、总裁、财务总监等人会亲自出马，与准客户交流互动，说服客户购买，以使 IPO 发行顺利成功！

5. 券商如何做好 IPO 企业的营销服务工作

（1）做好包销或者承销的条件，从头至尾必须严格规范，提高效率缩短时间，能够让企业一次性通过，对企业来说则是最大的福音与信任，也是为自己赢得的最好的口碑。

（2）尽一切力量做好文字材料和改制的工作，使得上市进程顺利，在完善法人治理结构、财务规范、纳税和补贴、募集资金投向和日常经营的规范化方面要加以特别的关注。

（3）要帮助 IPO 企业做好相应的风险防范

1）担保行为。审慎对待和严格控制对外担保产生的债务风险！对外担保行为，须经股东大会审议通过。

2）资金占用。上市公司与控股股东及其他关联方的资金往来，应当遵守规定。

3）借贷行为要规范。上市公司不得有偿或无偿地拆借公司的资金给控股股东及其他关联方使用；上市公司不得通过银行或非银行金融机构向关联方提供委托贷款。

4）股利分配。股东会决议后两个月内分配，除非股东出承诺函，承诺认同此安排。

5）财务信息失真、存在重大财务风险的情形。存在大量的关联交易，公司对关联方严重依赖公司所获得的非经常性损益占利润总额的比例较高，与同行业其他公司相比比率极不合理。公司存在的或有风险可能影响公司的持续经营能力，公司被出具了非标准无保留意见的审计报告。

良好的准备工作是成功的一半，企业 IPO 是一件大事，马虎不得，有时看起来是一个小小的错误，却会酿成轩然大波，引发证券监管当局的调查，甚至导致筹融资失败。所以，券商还需要和会计师事务所、律师事务所等密切配合，共同服务客户的各项事宜。

12.3　证券公司其它项目策划

12.3.1　券商理财产品策划

1. 券商理财产品的类别

（1）券商集合理财产品

所谓券商集合理财，就是国家允许证券公司发行近似于开放式证券投资基金的理财产品。券商为这种理财产品的发起人和管理人，并按照集合理财计划进行投资。这项业务与基金相比，属于"私募"性质，因为集合理财产品不能在市场上流通交易。而且起点比基金高，一般 5 万～10 万元起。同时集合理财期限较长，一般以 2～5 年为限。券商集合理财一般分为限定性和非限定性，限定性产品一般投资于债券、债券型基金、货币市场投资和其他信用度高且流动性强的固定收益类金融产品，投资股票等权益类资产一般不超过 20%，起点不低于 5 万元。非限定型产品投资范围由集合资产管理合同约定，投资于固定收益类和权益类的比例不受限制，而且还可以投资于基金。非限定性产品起点不低于 10 万元。

（2）券商分级债产品

券商分级债产品早已不是新鲜事物，它也是券商集合理财产品之一。2012 年 10 月 18 日管理层颁布券商资管业务"一法两规"，券商集合理财产品也可以通过集合计划的份额分级实现约定收益。仅仅一个多月后的 11 月 23 日，业内首只债券分级型券商集合理财产品国泰君安君得丰一号便亮相发行，优先级份额的预期年化收益率为 4.6%。此后更多的券商加入到发行分级产品行列。进入 2013 年，该类分级产品发行井喷，当年发行的几乎每一款新成立的券商集合理财产品都设计了分级条款，数量达到 300 多只。2014 年分级型产品发行迅猛的势头得以延续。

（3）打新产品

除了个别特殊情况外，利用 IPO 时机打新股几乎是包赚不赔的买卖。但是这就像买彩票，中奖的概念极低，因此要提高中奖率，就要提高打新的资金量和持仓量，这对一般客户而言是非常困难的。券商利用自己的影响力，将客户资金集中起来打新股，大大地提高了中签概率，然后再把所获得利益与大家一起分享，对客户来说也是一种额外的福利。

（4）非交易时段的理财宝类产品

证券客户在自己的帐户里总会有一部分闲置资金，这些资金在平时无法产生收益，这不仅对客户是损失，对券商来说，如果不能够充分利用这些闲置资金，也少了一个赢利的渠道。所以券商允许客户开通一个特别的帐户，在交易前随时可以将该帐户里的资金赎回，在非交易时段内，这笔钱又被自动转入特别帐户，由券商操作产生收益。

（5）由券商设计发行或者代销的债券和基金类产品

券商经常会与基金公司、信托公司等合作，推出一些债券或者基金类产品，券商销售后可以获得一定的佣金。

（6）客户定向理财

基金公司和券商都有一些 VIP 客户。从客户群体来说，基金专户理财的门槛要明显高于券商个人定向理财。基金专户理财只能接受 5000 万元以上资产投入的客户，而券商个人定向理财的门槛可能为 800 万元，甚至低至 100 万元，其客户群体更加广泛。券商对定向客户提供一些个性理财的特别服务，也进一步加深与客户的粘性。

（7）券商发行的收益凭证类产品

例如，东莞证券全资子公司东证锦信发行的"锦信理财宝"6 月期 2 号收益凭证，产品期限为 186 天，收益率为 4.5%/年，客户首单要求 5 万元，每 1 万递增。

2. 券商理财产品营销策划

（1）会议营销

这种方式是将客户集中到一起宣讲，将产品的益处告诉客户，使客户动心而购买。

（2）群营销

现在券商与客户的联络几乎都是靠群，主要是微信群和 QQ 群，群客户可以分为两种，一种是潜在客户群，另一种是真实客户群，群管理员可以把相关产品信息发布至群里，用语言督促客户阅读，吸引客户购买。

（3）网络营销

这是证券公司在自己的网站上发布详细的产品信息，当顾客浏览网页时就可以看到相应的产品信息。一般企业在发布新产品时，会在首页设置广告链接，客户点击后会看到相关产品信息。

（4）重要客户一对一营销

对那些资产量特别大的客户，可以由客户经理或者总经理亲自单独拜访，以促成交易。

12.3.2　股改项目策划

上市公司在运行过程中，还会有再融资的需求，或者是改制的需求，这时公司就需要请业内专家为上市公司提供个性化的筹融资方案，这也是投行业务的老本行。

全流通：农产品股改方案采用全新模式 没有松股只有承诺

2005 年中国证券市场上股改运动正如火如荼，因为那时大多数上市公司的股票并非全流通股，在市场上流通的股票仅为其总资产的一小部分，这就为证券市场的正常发展埋下了隐患。因此，证券监管部门提出全流通的股改概念，确定要在较短时间内解决这一问题。但非流通股的持有者和在二级市场上股票持有者在持有时的成本差异巨大，且非流通股份往往还在大股东手里，因此需要大股东让渡部分对价给中小股东，以换得以较为公平公正的身份进入全流通的股票市场。为了切实让大股东让利，并且为了保护中小股东的利益，证监会规定中小股东对股改方案的赞成票必须达到一定的比例，方案才可能被有效通过。因此，大股东通常采用对中小股东支付对价的方式，比如 10 送 10，10 送 3 等方式，还有些大股东除了直接给中小股东送股票，还送现金。在中小股东满意后投票通过，大股东手里的非流通股就可以在二级市场上市并合法交易。而作为上市公司的农产品，其股改方案居然一毛不拔，更令人惊奇的是该方案居然获得了中小股东的通过，不得不令人叹服其思路之新颖，设计之巧妙！农产品股权分置改革方案，没有采用一般的送、缩股，加派现金以至权证等"对价"支付方式，而是公司控股股东的几项貌似简单的承诺。

农产品系 1993 年 5 月 4 日，由深圳市投资管理公司、深圳市果菜贸易公司、深圳市食品公司、深圳市财贸实业开发公司、广深铁路（资讯 行情 论坛）对外服务公司、深圳农副产品贸易中心、深圳市社会劳动保险公司等 7 家企业法人，以及内部职工同价出资，采用定向募集方式设立股份有限公司。1996 年 11 月，公司成功实施 IPO，成为公众上市公司。

经历次股权结构的调整与送配划转，农产品目前的股权结构为深圳市国资委和深圳市投资管理有限公司合计持有占公司总股本 25.09% 的国家股 9726.94 万股，其中深圳市国资委持股 22.88% 计 8870.40 万股、深圳市投资管理有限公司持有 2.21% 计 856.55 万股；其他法人股合计持有 13.52% 计 5240.87 万股。公司非流通股合计 14967.81 万股，占公司总股本的 38.61%；流通股 23798.53 万股，占公司总股本的 61.39%。

公司控股股东深圳市国资委承诺：如公司本次股权分置改革方案获股东大会审议通过，则在实施之日起的第 12 个月的最后 5 个交易日内，所有流通股股东有权以 4.25 元/股（该价格将在公司实施现金分红、送股及公积金转增股本时作相应调整）的价格将持有的农产品流通股票出售给深圳市国资委。同时，深圳市国资委承诺在农产品公司国家股股份获得上市流通权之日起三年内不通过证券交易所挂牌交易出售所持有的股份；在农产品公司国家股股份获得上市流通权之日起一年内不得转让，其后两年内如确需减持时，也将通过大宗交易、战略配售等方式进行，且减持的价格不低于承诺的购买价格。

该回售价格相比 2005 年 6 月 17 日公司股票停牌除息后的股价 3.35 元，有 26.87% 的溢价。截止 2005 年 3 月 31 日，农产品调整后每股净资产为 3.36 元。

根据农产品股改方案，公司其他法人股股东承诺，为对公司核心管理层、核心业务骨干（以下简称"管理层"）进行有效长期激励，其他法人股股东将其拥有的农产品股份的 50% 部分，按照不低于公司被批准为股权分置改革试点公司前的交易日收盘价 3.4 元/股且不高于 3.66 元/股的价格出售给公司管理层，从而实施管理层股权激励计划。管理层在实行股权激励计划的同时必须预先交纳 0.8 元/股的风险责任金，如不能完成董事会制定的业绩考核任务，则交纳的风险责任金不予退还。管理层风险责任金被确定为 0.8 元/股。此外，纳入管理层股权激励计划的股份，自管理层约束和激励计划开始实施之日起三年内不上市交易或者转让，三年后按中国证监会的有关规定执行。

同时，农产品全体非流通股股东承诺，其股权分置改革完成后，自非流通股份获得上市流通权之日起，十二个月内不上市交易或者转让。

从农产品股权分置改革新闻发布会获悉，本次改革方案中的控股股东承诺，及其他各项承诺，在股改方案通过 8 月 15 日召开的股东大会审议批准后，将产生其相应的法律效力。

据本次农产品股权分置改革的保荐机构透露，本次股改所采用的方式，相当于公司目前所有流通股股东获得一份期限为一年、收益率确保为 26.87% 的保底收益权利，因此，该方案的最大特点是通过控股股东具备法律效力的承诺，确切赋予了流通股股东在未来一年的股份溢价出售权，流通股股东所持股份市值不因股权分置改革而受损失，且有明确的增长预期，锁定了目前流通股股东的未来收益，公司控股股东也因此而承担了流通股股东的市场投资风险和公司经营风险，从而确保了流通股股东利益。

同时，通过管理层的约束和激励机制，使得全体股东因为管理层的加倍努力获益，从而间接地保护了流通股股东的利益。

对于届时流通股股东将其持股全部出售予控股股东，导致公司股权结构出现不能满足上市公司"千人千股"条件或出售后剩余流通股股本数不足公司总股本的 25% 的极端情况，渤海证券项目负责人张群生认为，深圳市国资委已经考虑到此极端情况发生的可能，并已作出承诺，若实施购买股份时导致上市公司的股权分布不符合《公司法》规定的上市条件时，深圳市国资委则会在购买股份实施完毕六个月后的一个月内通过大宗交易、战略配售以及其他方式实施维持农产品公司上市地位的方案。

试详细阅读案例，并查阅相关背景资料，说说此股改方案的精妙之处。

（根据全景网 2005 年 07 月 13 日资料改编）

12.3.3　资产重组项目策划

资产重组是指企业资产的拥有者、控制者与企业外部的经济主体进行的，对企业资产的分布状态进行重新组合、调整、配置的过程，或对设在企业资产上的权利进行重新配置的过程。在资本市场上，资产重组可谓是一个经久不衰的话题，不管是多么垃圾的股票，只要插上资产重组的翅膀，就可以一飞冲天。另一方面，垃圾股票也有壳资源，每当这些股票快要被退市时，就可以利用资产重组再次复活，并置入新的概念，导致股价又一番暴涨。

但也有不少企业由于资产重组失败，导致股价从天堂到地狱式地暴跌。

案例：西藏旅游为何重组失败？

重组涉及：蛇吞象跨界并购，借壳上市

西藏旅游（600749）拟发行股份并支付现金购买孙陶然等 46 名交易对方合计持有

的拉卡拉100%股权，整体作价110亿元，约占西藏旅游2015年度资产总额的594%，并且交易完成后西藏旅游的控股权也变更为孙陶然和孙浩然。由于交易完成后上市公司控制权将转移至拉卡拉一方，这种蛇吞象的行为，顿时将大众的眼球集中在其是否构成借壳上市。

西藏旅游被终止重组理由：上交所分别在今年3月和5月两度向西藏旅游发出了问询函，要求上市公司解释是否构成借壳、拉卡拉业务模式、支付行业发展现状及风险、拉卡拉董事长孙浩然与戴启军等4个拉卡拉主要管理层股东是否构成一致行动人，最终西藏旅游以"当前市场环境发生变化"为由终止本次重大资产重组。

重组失败原因分析：

1. 一致行动人之嫌。拉卡拉的第一大股东为联想控股，且联想控股说明其对拉卡拉投资为财务性投资，不谋求控制权；孙陶然为拉卡拉第二大股东，但兼具创始人和核心管理人员的双重身份；戴启军等4个主要管理层股东直接和通过持股平台间接控制拉卡拉25.86%股权。根据草案，孙陶然与该等管理层股东存在共同投资的经济利益关系，构成《收购办法》一致行动人的推定要件。孙陶然及其一致行动人持有拉卡拉的股权比例将上升为40.73%，超过联想控股持股31.38%的比例，成为拉卡拉的第一大股东。

2. 增加公司总资产，规避借壳上市。西藏旅游声称，公司向孙陶然、孙浩然及其关联人购买的资产总额占公司资产总额的93.79%，未达100%，因此不构成借壳上市。6月17日，针对规避借壳，证监会发布了《重组办法》修订意见，总资产、净资产、营业收入、净利润、股份等5个100%不能犯其一，即使西藏旅游收购拉卡拉规避了总资产100%的限定，但是其余标准很难规避。西藏旅游总资产2015年末较2015年三季末增幅高达42%。2015年3季度公司总资产13.07亿元，到第4季度总资产就突增至18.53亿元。公司总资产增加的主要原因在于四季度增加短期借款约4.18亿元，且该部分资金均以货币资金形式存在，后于2016年1月底将4亿元归还银行。西藏旅游于年末借入大量短期借款且未使用，有刻意增加公司总资产，规避借壳上市之嫌。

很显然，西藏旅游资产重组失败是有原因的，从方案设计的角度说，首先要合法合规，其次是合理，西藏旅游的重组方案没能做到这些，因此被监管层否决。

试着站在方案设计者的角度，再重新设计一份方案，不必太过于详细，而是考虑从哪些角度设计。设计之前先认真阅读并参考证监会的相关规定及法律法规。

12.3.4 上市公司的再融资设计

目前上市公司普遍使用的再融资方式有三种：配股、增发和可转换债券，在核准制框架下，这三种融资方式都是由证券公司推荐、中国证监会审核、发行人和主承销商确定发行规模、发行方式和发行价格、证监会核准等证券发行制度，这三种再融资方式有相通的一面，又存在许多差异。

1. 配股

配股是上市公司根据公司发展的需要，依据有关规定和相应程序，旨在向原股东进一步发行新股、筹集资金的行为。按照惯例，公司配股时新股的认购权按照原有股权比例在原股东之间分配，即原股东拥有优先认购权。

公司发行新股时按股东所持股份数以持价（低于市价）分配认股。

配股的一大特点，就是新股的价格是按照发行公告发布时的股票市价作一定的折价处理来确定的。所折价格是为了鼓励股东出价认购。当市场环境不稳定的时候，确定配股价是非常困难的。在正常情况下，新股发行的价格按发行配股公告时股票市场价格折价10%到25%。理论上的除权价格是增股发行公告前股票与新股的加权平均价格，它应该是新股配售后的股票价格。

配股不是分红。分红是上市公司对股东投资的回报，它的特征为：上市公司是付出者，股东是收获者，且股东收获的是上市公司的经营利润，所以分红是建立在上市公司经营盈利的基础之上的，没有利润就没有红利可分。上市公司的分红通常有两种形式，其一是送现金红利，即上市公司将在某一阶段（一般是一年）的部分盈利以现金方式返给股东，从而对股东的投资予以回报；另外就是送红股，即公司将应给股东的现金红利转化成资本金，以扩大生产经营，来年再给股东回报。而配股并不建立在盈利的基础上，只要股东情愿，即使上市公司的经营发生亏损也可以配股，上市公司是索取者，股东是是付出者。股东追加投资，股份公司得到资金以充实资本。配股后虽然股东持有的股票增多了，但它不是公司给股民投资的回报，而是追加投资后的一种凭证。

配股就是行使配股权，有偿得到红股，并按一定比例以一定的价格购买股票，就是说要得到更多的股票还要自掏腰包。配股除权后，填权还是贴权，要注意市场的氛围，在牛市中，配股后，填权的机会比较大，低价买入的股票就可能有更大的收益。如果大势走弱，出现除权后股价跌破配股价，那么会损失惨重．如果可以在市场中用比配股价还低的价格买到股票，配股就没有意义。配股操作如同平时买股票，只要按照配股价和应配股数，填买单即可，没有配股权证一说．如果某股票又分红又配股，可以只取红利，而不配股，只要在配股缴款期不买入，配股就被放弃。

根据交易所的有关规定，配股认购于 R + 1 日开始，认购期为一般为 10 个工作日（可调整），如逾期未缴款作自动放弃配股权利处理，不可以再补缴款。投资者认购配股无需任何手续费，报盘认购当天允许撤单。深市的配股认购，在交易所电脑系统程序设置中，其买卖方向为"买入"委托；沪市的配股权证认购在交易所竞价申报买卖方向限制以"卖出"指令完成。

配股分为有偿配股与无偿配股两种。

（1）有偿配股：公司办理现金增资，股东得按持股比例拿钱认购股票。此种配股除权，除的是" 新股认购权"。

（2）无偿配股：公司经营得法赚了钱，依股东大会决议分配盈余。盈余分配有配息与配股二法，配息是股东依持股比例无偿领取现金，一般我们称为除息。而配股则是股东依持股比例无偿领取股票。既称无偿，则股东无须拿钱出来认购。此种配股除权，除的是"盈余分配权"。

2. 增发

股票增发SPO（Secondary Public Offering）配售是上市公司通过指定投资者（如大股东或机构投资者）或全部投资者额外发行股份募集资金的融资方式，发行价格一般为发行前某一阶段的平均价的某一比例。

上市公司增发股票有多种目的，主要有两个：一是为新项目筹集资金，二是圈钱。

增发的条件较高，且上市公司增发后一段时间的股价往往会下跌，证券公司需要为上市公司提供较好的方案，为上市公司提供技术支持，并且与会计师事务所、律师事务所等做好相关的沟通工作。

3. 可转换债券

可转换债券是可转换公司债券的简称，又简称可转债。它是一种可以在特定时间、按特定条件转换为普通股票的特殊企业债券，可转换债券兼具债券和股票的特征。

可转换债券 英语为convertible bond，意为公司发行的含有转换特征的债券。在招募说明中发行人承诺根据转换价格在一定时间内可将债券转换为公司普通股。可转换债券的优点是普通股所不具备的固定收益和一般债券不具备的升值潜力。它具备三个特征：

（1）债权性

与其他债券一样，可转换债券也有规定的利率和期限，投资者可以选择持有债券到期，收取本息。

（2）股权性

可转换债券在转换成股票之前是纯粹的债券，但在转换成股票之后，原债券持有人就由债券人变成了公司的股东，可参与企业的经营决策和红利分配，这也在一定程度上会影响公司的股本结构。

（3）可转换性

可转换性是可转换债券的重要标志，债券持有人可以按约定的条件将债券转换成股票。转股权是投资者享有的、一般债券所没有的选择权。可转换债券在发行时就明确约定，债券持有人可按照发行时约定的价格将债券转换成公司的普通股票。如果债券持有人不想转换，则可以继续持有债券，直到偿还期满时收取本金和利息，或者在流通市场出售变现。

4. 三者融资条件的比较

（1）对盈利能力的要求

增发要求公司最近3个会计年度扣除非经常损益后的净资产收益率平均不低于

6%，若低于6%，则发行当年加权净资产收益率应不低于发行前一年的水平。配股要求公司最近3个会计年度除非经常性损益后的净资产收益率平均不低于6%。而发行可转换债券则要求公司近3年连续盈利，且最近3年净资产利润率平均在10%以上，属于能源、原材料、基础设施类公司可以略低，但是不得低于7%。

（2）对分红派息的要求

增发和配股均要求公司近三年有分红；而发行可转换债券则要求最近三年特别是最近一年应有现金分红。

（3）距前次发行的时间间隔

增发要求时间间隔为12个月；配股要求间隔为一个完整会计年度；而发行可转换债券则没有具体规定。

（4）发行对象

增发的对象是原有股东和新增投资者；配股的对象是原有股东；而发行可转换债券的对象包括原有股东或新增投资者。

（5）发行价格

增发的发行市盈率证监会内部控制为20倍；配股的价格高于每股净资产而低于二级市场价格，原则上不低于二级市场价格的70%，并与主承销商协商确定；发行可转换债券的价格以公布募集说明书前30个交易日公司股票的平均收盘价格为基础，上浮一定幅度。

（6）发行数量

增发的数量根据募集资金数额和发行价格调整；配股的数量不超过原有股本的30%，在发起人现金足额认购的情况下，可超过30%的上限，但不得超过100%；而发行可转换债券的数量应在亿元以上，且不得超过发行人净资产的40%或公司资产总额的70%，两者取低值。

（7）发行后的盈利要求

增发的盈利要求为发行完成当年加权平均净资产收益率不低于前一年的水平；配股的要求完成当年加权平均净资产收益率不低于银行同期存款利率；而发行可转换债券则要求发行完成当年足以支付债券利息。

（8）关于融资成本

增发和配股都是发行股票，由于配股面向老股东，操作程序相对简便，发行难度相对较低，两者的融资成本差距不大。可转换债券若不转换为股票，其综合成本大大低于银行贷款的融资成本，同时公司支付的利息可在公司所得税前列支，但如果可转换债券全部或者部分转换为股票，其成本则要考虑公司的分红水平等因素，不同公司的融资成本也有所差别，且具有一定的不确定性。

（9）优缺点比较

配股由于不涉及新老股东之间利益的平衡，因此操作简单，审批快捷，是上市公司最为熟悉的融资方式。增发是向包括原有股东在内的全体社会公众发售股票，其优点在于限制条件较少，融资规模大。增发比配股更符合市场化原则，更能满足公司的筹资要求，但与配股相比，本质上没有大的区别，都是股权融资，只是操作方式上略有不同。

增发和配股共同缺点是：融资后由于股本大大增加，而投资项目的效益短期内难以保持相应的增长速度，企业的经营业绩指标往往被稀释而下滑，可能出现融资后效益反而不如融资前的现象，从而严重影响公司的形象和股价。并且，由于股权的稀释，还可能使得老股东的利益、尤其是控股权受到不利影响。可转换债券兼具股票和债券的特点，当股市低迷时，投资者可选择享受利息收益；当股市看好时，投资者可将其卖出获取价差或者转成股票，享受股价上涨收益。因而可转债可认为是一种"推迟的股本融资"，而对上市公司来说，发行可转换公司债券的优点十分明显：首先，是融资成本较低。按照规定转债的票面利率不得高于银行同期存款利率，若未被转换，则相当于发行了低利率的长期债券。其次，是融资规模大。由于可转换债券的转股价格一般高于发行前一段时期的股票平均价格，如果可转换债券被转换了，相当于发行了比市价高的股票，在同等股本扩张条件下，与增发和配股相比，可为发行人筹集更多的资金。再次，业绩压力较轻。可转债至少半年之后方可转为股票，因此股本的增加至少有半年的缓冲期，即使进入可转换期后，为避免股权稀释得过快，上市公司还可以在发行公告中，安排转股的频率，分期按比例转股。股权扩张可以随着项目收益的逐渐体现而进行，不会很快摊薄股本，因而避免了公司股本在短期内的急剧扩张，并且随着投资者的债转股，企业还债压力会逐渐下降，因而比增发和配股更具技巧性和灵活性。但是，可转债像其它债券一样，也有偿还风险。若转股不成功，公司就会面临偿还本金的巨大风险，并有可能形成严峻的财务危机。这里还有一个恶性循环问题，转股未成功的原因必然是股价低迷，而股价低迷的原因很有可能是公司业绩滑坡，若此时必须偿还本金，公司财务状况将会进一步恶化。

5. 上市公司再融资的券商服务策略

（1）熟知每一种产品及产品设计方案思路。

（2）熟知监管部门的各项规章制度和法规。

（3）针对上市公司提供个性化服务。

（4）运用团队的力量。券商应组建专家团队，对任何一个融资项目进行专家集体会诊，之后才出具有说服力的方案。

（5）力争每一个项目都能顺利成功，因为每一个成功的案例都是最好的广告！

实践探讨：证券公司的客户经理每天干什么？你如果进入证券行业，你会怎么做，才能成为一个优秀的职业证券经纪人？

实训：

证券营销策划

实训项目： 撰写一份证券营销策划方案。

实训目的： 学习金融专业的同学进入证券行业后，往往是从销售岗开始做起，从证券经纪人做到营销团队经理等职。本次实训目的就是要同学们从行业角度分析，更多了解证券行业的特点和优劣势，并对周边的证券公司做一定的了解，为将来的就业打下基础。

实训要求：选择一个具体的证券公司，与其联系，根据证券公司需求，分小组设计并制作一份较为完整的证券营销策划方案。

任务十三 银行产品营销策划

【知识目标】

了解商业银行的业务和产品，了解商业银行的目标客户群体，掌握商业银行的营销策略。

【能力目标】

能够对银行产品进行营销策划，能撰写银行营销策划方案。

【素质目标】

较专业地与银行客户进行有效沟通和交流，并促成交易。

【引导案例】

渤海银行个人存款逆势下跌3% 不良率连坐"过山车"

渤海银行是唯一总部设在天津的全国性股份制商业银行。

不过，从整体业绩上看，其不仅在股份制行中排名垫底，即使把城商行、农商行和外资行也算在内，亦不容乐观。

截至2015年末，渤海银行总资产7642.35亿元，同比增长14.55%，主要原因是发放贷款和垫款、投资及其他金融资产项目的快速发展带动了资产规模的增长。

其中，贷款和垫款总额2745.77亿元，同比增长33.7%。贷款主要为公司贷款，2015年公司贷款总额为2064.58亿元，占比为75.19%。

而从个人信贷上来看，作为一家股份制银行也不尽如人意，其个人存款余额261.15亿元，降幅为3.02%。全国性银行中，仅有4家此项数字下滑。

事实上，渤海银行买入返售及应收账款一直居高不下，在监管层对买入返售业务进行管控之后才有所下降，不过，该银行仍旧热衷投资。

在渤海银行利息收入中，客户贷款和垫款利息收入140.51亿元，比上年增长14.45%。值得一提的是，该银行投资类收入大幅增加，其中，债券投资利息收入24.77亿元，比上年增长63.98%；应收款项类投资利息收入196.22亿元，比上年增长36.99%；不过，其买入返售金融资产利息收入25.97亿元，比上年减少60.7%。

另外，投资及其他金融资产为利润的增加颇有贡献，渤海银行2015年投资及其他金融资产3813.05亿元，比年初增长37.03%。

渤海银行2015年实现净利润56.89亿元，比上年增长13.06%。其2013年净利润增速更是达到35%以上，这主要是得益于买入返售资产利息收入突增，占到当期总利息收入的三成，而买入返售业务的叫停，对渤海银行不无影响。

虽然多数银行不良率上升，但渤海银行不良率的"过山车"走势在业内也不多见。

其 2013 年不良率仅为 0.26%，2014 年末便猛增至 1.2%，2015 年继续增至 1.35%，在银行中排名第 30 位。2015 年，渤海银行计提资产减值损失 41.93 亿元，比上年增长 54.54%。

在资本金上，渤海银行显得更加捉襟见肘，截至 2015 年末，其核心一级资本充足率为 7.75%，资本充足率 11.61%，在纳入统计的银行中排名靠后。

需要指出的是，多年来，渤海银行股东博弈问题成为一大困扰，彼时，不少股东均看好渤海银行上市前景，但内乱不平，IPO 自然无法顺利进行。

2015 年年报显示，该行 2011 年度实施了第二次增资扩股。除天津信托认缴的 5.95 亿元增资款待其符合监管机构规定的增资条件后到账之外，其余股东认缴的增资款均已在 2011 年度全部到账。截至 2015 年末，股东认缴股本 144.5 亿元，实际缴纳 138.55 亿元。由于上述增资工作尚未全部完成，变更注册资本事项尚未报监管部门核准，亦未进行注册资本的工商变更登记，因此，截至报告期末，渤海银行注册资本仍为 85 亿元。

2015 年中，52 岁的原银监会非银部主任李伏安"空降"渤海银行赴任董事长，给该行带来希望的同时也面临重重压力。

不过，最近渤海银行股东股权比例有所变动，2016 年 12 月 30 日，中国银监会批准中海集团投资收购渤海银行的 11.62 亿股股份，即渤海银行全部股本权益的 13.67%。

本次股权转让完成后，中海集运将成为渤海银行第三大股东。据了解，中海、中远两大集团旗下的金融相关资产都将并入中海集运，中海集运未来几年或会逐步推进其他资产注入，从而达到 1500 亿元的资产规模。其金融板块的构成将包括渤海银行、上海人寿、海宁保险经纪公司。

（来源：《投资快报》2017 年 01 月 07 日）

13.1　存款营销策划

13.3.1　商业银行存款营销的重要性

1. 商业银行主要有三大业务：负债业务、资本业务和中间业务，存款业务是商业银行的基础业务，是商业银行负债业务中的主要业务，也是开展其他业务的基础和前提。

2. 上级行对下级行的考核体系中，存款是最重要的指标之一。而且，有些银行对下级行长采用存款指标一票否决制，完成任务继续留任，完不成则要立马走人。因此，各家银行对存款的重视程度一直在增加，任务层层分解，责任到人，在银行工作的每一个人都会有一定的"拉存款"的数额任务。任务完成状况与职位提升存废、绩效奖金等切身利益直接相关，银行工作人员的压力大多与存款营销有关。

3. 国内商业银行最主要的利润来自于存贷款利差，存款吸纳的多少与银行的放贷量息息相关。存款也是银行流动资金的主要来源，是银行防范风险、降低不良率的主要途径，是银行市场占有率的重要指标。

13.3.2　商业银行存款营销陷入困境

1. 商业银行存款呈现加速流出的态势

2011 年 9 月下旬部分银行的存款余额负增长幅度破纪录地达到了 3%。这就意味着，一家存款余额为 10 万亿的银行，本月存款流失可能达到了 3000 亿。而在 9 月上半月，四大行被披露的存款负增长规模达到了 4300 亿左右。

2. 零售存款占比集体下降

5 家银行 2016 年年报显示，零售存款占代垫款总额的比例相较于 2015 年均有下降。中信银行由 15.54% 零售存款占比降至 13.57%；平安银行由 14.66% 降至 12.64%；招行由 33.88% 微降至 33.78%。而去年新上市的江苏银行和江阴银行，前者由 19.73% 降至 19.05%，后者由 49.1% 降至 47.83%。

3. 部分银行的存款绝对额出现下降

值得注意的是，占比走低的同时，有两家银行的零售存款绝对额还出现下滑。中信银行的情况还算乐观，零售存款只少了 4200 万元，勉力维持在 4655 亿元水平左右；而平安银行的零售存款掉得相对快，由 2541.83 亿元降至 2429.14 亿元。平安银行董事长谢永林日前在业绩发布会上表示，零售存款占比或者额度的任一指标甚至两项指标走低，在多家商业银行 2016 年年报上应该都是个常态。从目前情况看，谢永林关于商业银行零售揽储压力增大的判断，正在银行财报上得到验证。业内人士表示，一个很能说明分流效应的数据是，银行 1 年期定存的利率为 1.75%，最高上浮至 2.25%。而据华宝证券的研报数据显示，去年 1 年期银行理财产品的预期收益率在 4% 左右波动。

4. 金融脱媒

金融脱媒是指在金融管制的情况下，资金供给绕开商业银行体系，直接输送给需求方和融资者，完成资金的体外循环。随着经济金融化、金融市场化进程的加快，商业银行主要金融中介的重要地位在相对降低，储蓄资产在社会金融资产中所占比重持续下降及由此引发的社会融资方式由间接融资为主向直、间接融资并重转换的过程。金融深化（包括金融市场的完善、金融工具和产品的创新、金融市场的自由进入和退出、混业经营和利率、汇率的市场化等）也会导致金融脱媒。金融脱媒是经济发展的必然趋势，因为金融脱媒的压力，让银行零售存款正在加剧流失。

5. 银行揽储压力大增

伴随着银行存款流失的加剧，基层银行工作人员的压力也在加大，为了完成上级行规定的任务和指标，各家银行各展其能，其中部分银行采取违法手段从资金掮客那里购买存款，从而在商业银行管理领域滋生出一些新的值得关注的现象。

13.3.3 部分银行违规高息揽存

【案例】

"储蓄50万加送5000元奖金"温州一行长因违规揽存被免职

2011年7月1日，因违规揽存，温州瓯海农村合作银行将军支行行长被免去职务。这是银行业6月底掀起"吸储大战"以来，首位因违规揽存而"下课"的银行行长。

每到月末，银行都会习惯性"冲规模"，通过现金奖励、赠送礼品等方式变相提高利率，吸收存款，尤以今年6月底更甚。

由于年中考核"大限"逼近，加上银监部门6月起对银行存贷比情况进行"日均"监管，即要求存贷比日均不得高于75%的监管标准（很多银行的存贷比远高于该比例），各大银行纷纷上演"吸储大战"：争相发行高收益理财产品、"存款5万元起有精美礼品送"、"存款不给利息送金条"。更夸张的是，有的银行宣称"1000万存2天可得利息18万"。

金融市场竞争激烈的温州也不例外。多家银行不惜喊出0.6%～0.8%不等的日息揽存。

6月30日，一条银行非法揽存的群发短息被网络曝光"本行自7月1日起，推出存款加送现金活动，储蓄20万加送1200元奖金，储蓄50万加送5000元奖金，存款越多，奖励越高。"短信末尾，还留下了该银行行长的姓名及联系方式。发送该信息的温州瓯海农村合作银行将军支行行长，被网民戏称为"最牛揽存行长"。

而就在7月1日上午，温州银监分局刚发布《关于坚决制止违规揽存行为的紧急通知》，要求各银行严格加强管理，纠正高息违规揽存的不正当竞争行为，杜绝出现违规揽存现象。

发现该情况后，浙江银监局及温州银监分局第一时间采取行动，连夜通知瓯海农村合作银行进行核实，并于次日派出检查组实地检查。经确认后，立即责成该银行对相关责任人员从重从快处理。7月1日14时，这家银行紧急召开会议，对将军支行行长作出免职决定。

监管部门重申：严禁变相提高存款利率

7月1日下午，温州银监分局分别召集温州国有银行、股份制银行、合作银行等3类银行负责人召开会议，进行监管谈话。

温州银监分局称，今后违规揽存等行为一经查实，将从严处理：对违规银行采取罚款、叫停业务准入、暂停新设机构等措施；将违规责任人员纳入银行业违规信息系统管理，与其从业流动、高管任职等进行长期挂钩；对严重扰乱金融秩序，或存在重大案件嫌疑的，将移交司法机关处理。据悉，该局近期将组织一次大规模突击检查，重点关注银行上半年的存款组织、月末季末冲量情况。

据新华社2日报道，浙江银监局新闻发言人向外界重申了"五个严禁"：严禁银行擅自提高存款利率；严禁以循环质押、贷款返还、佣金和报销费用等方式争揽存款；

严禁通过借款企业、资金掮客等不正当手段吸收存款；严禁压单、压票、暂停网银等强制或设限方式违规吸收存款；严禁通过返还费用或赠送实物等方式变相提高存款利率。

目前，浙江银监局已就存款市场规范问题，督促辖内各家银行取消存款单项考核奖励办法，不得将存款考核指标与职工个人工资、奖励、福利、行政职务安排等挂钩，严格执行月度日均存贷款统计制度，以抑制银行对"期末冲高"模式的依赖，规范银行存款业务经营。

（资料来源：《东方早报》2011 – 07 – 03 作者：徐益平）

看完该案例，请查找相关资料，讨论并回答以下问题：

（1）银行为何会高息揽存？银监会为何一定要制止这种行为？

（2）日均存贷比是什么指标？这个指标对银行有何约束？

（3）1000万存2天可得利息18万，则日利率是多少？折合年利率是多少？

（4）日息0.6‰，则折合年利率是多少？日息0.8‰折合年利率是多少？

（5）讨论并解读浙江银监局的五个严禁。解释什么是"循环质押"、"贷款返存"；什么是资金掮客？压单、压票、暂停网银等强制或设限方式违规吸收存款对银行有什么好处？

13.3.4　部分银行利用资金掮客购买存款

资金掮客可能有许多头衔，比如投资顾问、融资担保等，有的则直接堂而皇之印着某银行Logo的客户经理名片。而其真实的身份，则是游走于各银行、贷款客户以及存款客户之间的"食利者"：资金掮客。

他们的任务主要是"帮完不成吸存任务的银行搞到存款，帮超额完成吸存任务的支行高利转出资金，以免明年任务量加大；帮本来贷不到款的企业得到贷款、帮金主争取更高收益。"

银行资金掮客主要游走于银行和金主（资金提供者）之间，其对银行的贡献是帮助银行吸纳存款，完成上级行规定的任务，其主要工作方式有贴息（日常吸纳存款）和冲量两种。

1. 贴息

银行的利率有法定的上下限，但银行为了吸纳更多的存款，以完成上级行规定的存款营销的任务或者达到银监会规定的日均存贷比指标，用违规的方式，在银行存款上限之上，用额外贴息的方式获得客户的存款。这个工作由资金掮客辅助完成。上海目前的千万资金的贴息率为年化3%～5%，杭州为5%以上，温州在去年资金最紧时曾在7%左右。

2. 冲量

冲量则是季末年末的应急工作，就是把资金在银行账上摆上一天，以使银行达到存贷比的指标要求。其对单笔资金量的要求也较高，"一般500万起跑"。据介绍，资金存过12月31日这一天，单是现金返利，日息低的为1%～2%，高的达3%～4%。

返利主要来自支行年末奖金，甚至是行长自掏腰包。

资金掮客们通过网络大量发布信息，去各种可能直接接触到资金提供者的地方，比如高端写字楼、汽车4S店甚至是银行，通过各种方式获得金主的资料信息，并说服其提供资金，达成交易关系。

银行资金掮客的存在，一方面说明银行管理的体制性漏洞较大，存在许多不合理之处，同时也说明了我国对商业银行的管理水平低下，风险不容忽视。

13.3.5　商业银行存款营销策略

无论是高息揽储，还是从资金掮客那里购买资金，这都是违规的，必然会受到监管部门和上级行的惩处。那么，银行应该采取什么策略来吸引存款呢？

1. 存款产品创新策略

存款产品创新策略是指对影响存款的各因素进行详尽分析后，重新组合排列，设计出更加符合存款客户需求的存款产品。

国内银行业经常备受诟病，主要原因在于部分银行热衷于乱收费，而不是努力进行产品和服务的创新。比较一下内外资银行的差异，很明显可以看出外资银行的产品种类要远多于中资银行。从赢利情况看，中资银行的利润约有一半来自于存贷款利差，而外资银行的利润只有约12%至30%来自于存贷款利差。中资银行受国家保护，利润来得容易，就失去了创新的动力。事实上，就存款产品而言，银行还有许多改进的余地。银行可以对存期、存款金额、可转让性、利率形式、计息方法、提款方式等要素进行组合，设计出一些新的产品或者产品组合，以吸引更多优质的存款客户。

2. 存款客户差异化营销策略

商业银行在环境分析和市场细分的基础上，对存款客户进行有效地区分，准确进行市场定位，针对不同的客户群体采用不同的策略，就是存款客户差异化营销策略。

商业银行应以客户为中心，同时对客户群进行适当地细分，对不同的客户群体采用不同的营销策略，过去那种无差异化的营销策略已经基本不适用了。比如就企业客户来说，有大型企业和中小型企业之分，商业银行可以将分号设立在企业内部，以更加方便企业以及职工的存取款。对中小型企业也可以在控制成本的基础上，尽量采用便利化的营销措施。就个人客户而言，也应该有科学的分类，以职业和收入分类的话，各个层次群体的差异很大，有下岗及企业退休职工（一般月收入在3000元以下）、普通的工薪阶层（一般月收入在2000至5000元）、白领阶层（一般月收入在5000以上）、金领阶层（一般月收入在10000至20000元）、小业主阶层（收入不定，一般会高过纯工薪阶层）、技术人员阶层（主导科技研发和掌握一定技能的员工，比如高校里的教师、企业里的技术人员等，他们的收入通常会高过普通员工）、管理者阶层（大中型企事业单位的中层管理人员，收入普遍高过工薪阶层）、公务员阶层（政府机关中的普通公务员和职能科室领导，他们收入较高且稳定，福利待遇好，往往在住房交通税收等方面享有特别的待遇）、垄断企业的职工（垄断企业往往可以依靠其垄断地位攫取垄断利润，因此收入要远高过普通的工薪阶层，比如电力、石油、银行等经济部门，其单位的领导者收入更是几十倍于工薪阶层，甚至更高）、领导阶层（在政府机关、大中型企事业单位的高层领导者，他们出有公车，目前在中国属于特权阶层）等。不同的人群，有不同的生活和消费方式，对银行的需求差异也很大，因此必须差别化对待。即便是同一阶层，有时因地域不同，也会有很大的差异，比如就农民而言，有进城务工的农民工（他们实际上已经不再是农民，但是他们在农村拥有土地，老家还有人种着庄稼，但他们本人已经不再从事农业劳动。技术好的装修工每月的收入可以突破1万元，超过白领。没有技术的农民工一个月只能拿到很低的薪水）、在家务农的农民（这又可以分为富裕地区的农民和贫困地区的农民。富裕地区的农民收入较高，比如华西村，几年前就每家发一辆汽车，他们实际上是新农村的工人。贫困地区的农民家庭年收入也不过就是几千元至一两万元左右）。

不同类型的客户对存款的需求和利益的核心诉求点也是不一样的，有的要求便利性，就近存款，平时利用网上银行进行转账等操作；有的要求资金的保值和增值；有的没有特别的要求，这一类型的人比较特别，这主要是由于中国目前长期负利率，但又缺乏合适的投资渠道，因资金太少，没有也不敢投资到其他领域去，即使存款利率再低，也必须将资金放在银行；有的将资金的安全性放在第一位，客观上他们需要找一家大的看起来不会倒闭的银行；还有的将银行的服务放在第一位；少数客户希望能得到银行尊贵的服务。

产品本身可以分为核心产品、形式产品、附加产品三个层次，在银行进行存款营销策划时，应当注意市场的竞争程度、客户对存款业务的利益诉求点等有针对性地进行策划，才能达到想要的效果。

3. 战略客户资源锁定策略

商业银行应当面向市场，学会定位。每个银行都应当有明确的服务对象，以某银行为例，位于某市的大学城中，该大学城拥有约15万名大学生和一万余名教职员工，大学生每月的人均消费约700元，该区域教职员工的人均月工资水平约6000元，所有员工的工资均由单位打入工资卡，这样，该银行如果在这样一个小区域内形成相对垄断的话，每月就可以获得约有一亿多元的存款额，算上9月开学时学生上交的平均每人约5000元的学费，该银行利用大学城的高校每年就可以获得至少20亿的存款。

每家银行都是在一定的具体环境下生存和发展，不同的客户带给银行不同的意义，二八原则同样适用银行，即少部分的客户带给银行大部分的利润，而大部分顾客只带给银行一小部分利润。因此，银行需要区分出哪些客户属于自己的战略资源，重点对待，但对大多数顾客而言，也要采用优质的服务来对待，因为他们对银行的取舍代表了民意，代表了企业形象，失去了他们，就失去了生存的根基，而且也容易受制于少数重要客户。

锁定客户，最主要的是锁定客户的资金，客户的资金有来源，有去向，无论来去，银行都要争取让客户资金在自己的通过本银行经手。

同时，银行应密切关注以下几类客户（资金项目）的资金动向：

（1）重大建设性项目资金

重大建设性项目资金项目动辄数亿、数十亿、数百亿甚至数千亿，这对银行来说肯定是一块肥肉。当国家提出四万亿刺激经济的时候，银行就应当密切关注在本区域内哪些项目可以获得其中的资金。

（2）政府性资金

政府性资金包括财税、财政预算外资金、政府举办的重大招商引资项目会等，资金规模十分庞大。

（3）各类企事业单位以及机构资金

各类企事业单位以及机构资金包括各类基金、证券资金托管账户、各单位的工资奖金发放账户以及各种专项资金项目等。

（4）居民基本的缴费账户

居民基本的缴费账户比如水、电、燃气等居民开立的自动缴费账户。

（5）其他重要的大额资金

其他重要的大额资金如上市公司 IPO 或配股筹集的资金、新成立公司的注册资金、股本金等，尤其要争取新成立公司将公司基本账户和一般账户设在本行，以获得公司成长带来的后期红利。

（6）重要的个人账户管理。有些个人的资金实力很强，根据胡润富豪榜统计，截止到 2011 年下半年，中国千万级以上的富人约有 96 万人，每 1400 个中国人中就有一位是千万以上的富人，亿万富翁的人数则达到 6 万人，这是一个庞大的数字。

4. 投资理财吸纳策略

中国人缺乏投资渠道，缺乏相应的理财知识和技能。2011 年，中国 A 股市场的投资者人均亏损 4 万元，这个数字超过了许多人的年收入。而商业银行拥有专业的金融理财规划师，拥有强大的资金后盾，国家在许多个人不能投资的渠道和领域向商业银行放开，在银行存款连续多年负利率的情况下，投资理财却以低风险、高收益获得投资者的青睐，2011 年在存款增长持续下滑的情况下，理财类产品呈现爆发式增长。

【案例】

银行理财产品爆发式增长的背后

据经济参考报 12 月 22 日报道，记者发现，银行理财产品爆发式增长的背后，是管理的相对落后和信息披露不透明，一些银行并未将"代客理财、保值增值"作为其开展业务的宗旨，而只是希望依靠产品发行为其传统的存贷业务铺路搭桥。

理财产品发行量猛增

"往年很少关注银行的理财产品，主要是今年市场走势不好，我从股市划了 10 万块钱购买银行理财产品，主要是做短期，30 天、7 天的都买过，年化收益率在 5.5% 左右，这一年下来也没赚到钱，但算是实现资产投资多元化分散风险吧。"一个广州白领说。

央行发布的《2011 年第三季度中国货币政策执行报告》显示，商业银行表外理财产品已经达到了 3.3 万亿元规模，迅速成为居民在储蓄、房地产、股市、基金保险信托等投资之外的又一项重要投资选择。

据 Wind 统计数据，2010 年全年发行理财产品 11762 只，比 2006 年的 1354 只增长 7.7 倍。2011 年上半年，理财产品的发行更是进入了快车道，半年共发行 10160 只，接近 2010 年全年发行数量；而 11 月份到期的银行理财产品达到 1786 款，较 10 月的 1689 款增加了 97 款，增幅为 5.74%。

光大证券行业分析师认为，在当前负利率的环境下，银行存款面临来自非银行金融机构的激烈竞争，而在银行体系内部，受制于严格的存贷比监管，即使大银行也面临来自中小银行的"存款争夺战"。由于利率的非市场化，大量发行理财产品成为银行参与存款竞争的最重要方式，因此，近年来各家商业银行纷纷加大了对理财产品的发行和推广力度。

在来势汹涌的银行理财产品浪潮中，3 个月、1 个月、7 天甚至更短期的理财产品占比超过六成。业内分析人士称，银行如果过度依赖短期理财产品，将造成存款在月初、月中、月末大幅震荡，极易诱发流动性风险。因此，近期银监会已经紧急叫停了一个月及其以下期限的理财产品，希望改变目前银行通过短期理财产品变相高息揽储的乱象。

在调查中发现，具体执行环节，各家银行迅速反应，以打"擦边球"的方式与监管层玩起了"躲猫猫"：不让发行 30 天以内的短期理财产品，则发行 31 天、33 天、35 天的理财产品；一些银行还推出可以随时买、随时赎回的无固定期限理财产品，以及针对大额现金的定制存款业务，开出的收益率"相当诱人"。

同质化日趋严重

采访中不少投资者反映，感觉购买银行理财产品就像"刘姥姥走进了大观园"，什么债券型理财产品、银信理财产品、银保理财产品、FOF 理财产品、QDII 理财产品……各种产品一大箩筐，让人眼花缭乱却又一头雾水。

普益财富研究员认为，设计"花样百出"的银行理财产品，实则同质化日趋严重，眼看年底考核将至，不同银行间的市场争夺战日趋白热化。在各项压力和利益的驱动下，部分销售人员为了提高业绩，向投资者片面夸大产品收益，隐瞒潜在风险。

过去以存贷为主业的商业银行，面对近年来呈爆发式增长的银行理财市场，是否已经做好了向"代客理财"转型的准备、相关的后续管理是否能跟上呢？

（资料来源：2011 年 12 月 25 日中国新闻网）

利用投资理财的手段获得客户资金，是未来发展的方向之一，但是在业务呈现爆发式增长的背后，也存在着诸多问题：一是理财规划师的数量还严重不足；二是规划师的理财水平参差不齐，优秀的理财规划师比较少；三是个别理财规划师的职业道德和素养还不能令人放心；四是理财产品百花齐放，种类繁多，投资者很难选择；五是在产品推荐阶段，风险提示不够，容易造成投资者认为银行理财就是比普通存款收益率高的存款产品，一旦出现风险则很难接受；六是在某些年份，银行理财产品亏损比例仍然非常大。

利用投资理财产品吸纳客户存款，受到一些限制，比如银监会为了规范市场健康有序发展，曾经在一段时间内禁止了超短期理财的发行（暂停销售部分 1 个月期、2 个月期和 3 个月期理财产品；值得注意的是，更新后的中长期理财产品，已一改原本可以提前赎回的条款，几乎全部更改为"不允许提前赎回"），对银行利用理财产品的存款营销方式带来了沉重的打击。当然，银监会之所以会禁止，根源还在于银行本身，在于不合理甚至是违法的竞争手段，在于危及了银行储户的根本利益，在于维护行业的长远发展。

那么，银监会为什么会叫停这类产品呢？其原因在于：

第一，银行对理财产品普遍采用不透明的"资产池"策略。

据普益财富统计数字显示，2011 上半年"资产池"类理财产品的发行量占比约为 34%。而此类产品都对应银行资产池内的组合标的，大多数银行理财产品只注明投资范围、投资资产种类，而极少披露"各投资资产种类的投资比例"，这种不透明性使得银行可以根据揽储形势需要而随意设定理财产品的收益，如果是存在揽储压力，就调高理财产品的收益，银行只不过从资产池的收益中多让利一点，进而达到揽储目的。而这些不公开的信息对投资人的危害是巨大的，事实上部分理财产品的巨亏导致了客户的巨额损失，银监会收到的理财客户的投诉巨增，是促使银监会迅速采取规范措施的重要原因。银监会针对资产池模式要求银行在理财产品结束或终止时，披露实际投资资产种类、投资品种、投资比例等信息；这也让银行饱受质疑的"资产池"模式实现更加透明化管理。

第二，银监会之所以会禁止客户提前赎回，原因如下：

2011 年 9 月 30 日，银监会下发《关于进一步加强商业银行理财业务风险管理有关问题的通知》即所谓的"91 号文"，强调不得通过发行短期和超短期、高收益的理财产品变相高息揽储，并重点加强对期限在 1 个月以内的理财产品的信息披露和合规管理。事实上从 10 月份以来，7 天、14 天等类似超短期理财产品已经被叫停。

禁止客户提前赎回是因为也存在着管理的漏洞，如某银行推出的超短期理财产品这样规定："满 7 天、不足 30 天，预计年化收益率达到 2.70%""满 30 天、不足 60 天，预计年化收益率达 3.80%""满 60 天、不足 90 天，预计年化收益率 4.20%"等，依此类推。在银监会叫停部分短期理财产品之后，银行实际上依然有空子可钻，比如设计一些长期产品，同时允许短期赎回且年化收益率照旧，就可以通过"化长为短"的方式来绕开监管。银行可以让客户签一个 3 个月理财产品合同，但 7 天就进行赎回，就相当于 7 天理财。

5. 满意服务策略

事实上，商业银行提供的服务与存款储户的要求还有相当的距离，拿工商银行的某支行来说，相当多的客户反映排队时间过长，夹塞等问题严重。经过实地调查发现，客户一般的排队等候时间在 20 ~ 40 分钟，最长的一次等候时间约为 1 个半小时，显然如此漫长的等候着实考验着每一位客户心理。以夹塞问题来说，实际上是银行为了更好服务客户，对客户市场进行了细分，向达到一定要求的客户提供金卡，持金卡客户可以优先办理业务。银行因为没有设置计算机自动排队系统，客户通过排队来解决优先次序的问题，而一个金卡客户来到之后，一下就排到了队伍的前面，难免引起纠纷。争吵的结果是虽然金卡客户在银行大堂经理的坚持下仍然排到了队伍的前面，但金卡客户会感觉到委屈；普通排队的客户感觉到更委屈，对银行的嫌贫爱富颇有成见；银行的服务遭受质疑，同样是满腹委屈。后来，银行改进了服务，增加了电脑自动排队系统，大大地缓解了这一矛盾，至少不会造成普通客户与金卡客户之间直接的面对面冲突。

从这一点小事可以看出，银行提供的服务还远没有让客户达到满意的程度，服务无止境，满意无止境。在未来能够取得优胜的银行一定是服务出众的银行。银行应当在服务方面多下功夫，在解决客户对服务的基本要求（如排队等候时间）之外，再加上一些温馨的个性化特色化服务，就更能够抓住客户心理，存款营销自然也就不成问题了。

商业银行必须建立以客户为中心的营销理念，积极争取银行与客户的双赢。每位员工都要认识到客户是银行的衣食父母，优质的存款客户是银行利润的来源，根据客户的要求再造业务流程，重视服务质量。金融产品的无差异性，决定了银行间的竞争很大程度上取决于服务的质量，谁能为客户提供优质高效的服务，谁就能在激烈的竞争中占得先机。银行必须树立以客户为中心、一切从方便客户的角度出发的主动营销理念，为客户提供贴心的"一站式、一条龙"服务。

6. 合作共赢策略

在合法不违规的情况下，商业银行完全可以寻找一些战略合作伙伴，采取一些共赢的举措，使多方利益最大化。比如加强与信托投资公司、证券公司、信用社、农发行、保险公司等的合作，也可以与水电公司、工商企业等开展各式各样的合作，广泛开展在资金结算业务、现金代理业务、代收代付业务、资金存放业务等方面的全面合作，同时积极开辟、拓展与创投、风投、小额贷款公司、担保公司等的业务合作领域，促使存款不断增长。

7. 整合促销策略

商业银行可以通过广泛的促销，促使顾客信任自己，将存款主动放在银行。一是进行全员营销，对内部员工进行培训，使其对产品知识、推销技能、服务礼仪、职业道德等方面拥有新认识，在存款营销方面拥有更加强有力的组织力和渗透力。二是从策略和具体行动上，进行广泛宣传，采用多渠道方式进行促销，但不管采用哪种渠道，必须传递同样的声音。

8. 拓展国际市场

在国内市场揽存愈发困难的情况下，商业银行还可以考虑开拓国际市场存款营销。据《宣言报》3月26日报道，截至2017年2月底，阿联酋银行非居民存款相比2016年2月底增长258.1亿迪拉姆（约合70亿美元），增长15.56%。与今年1月份相比下降52亿迪拉姆，环比下降2.64%。根据阿联酋央行数据，截至2月底，阿联酋银行非居民存款总额1917.3亿迪拉姆（约合522亿美元），1月底为1969.3亿迪拉姆，2016年底为1990亿迪拉姆，处于过去十年来的最高水平。去年2月底为1659.2亿迪拉姆。

阿联酋央行高层人士指出，国外资金以非居民存款形式流入阿联酋银行，主要是由于投资环境转好，投资渠道多样，国内形势稳定，这也使得阿联酋成为地区内吸引外资最多的国家。根据央行统计，工业和贸易机构占据了非居民存款的 45.77%，1月底为 901.3 亿迪拉姆。

中东是个富庶之地，2017 年 3 月份沙特国王和以色列总理先后访华，沙特国王还带来了 650 亿美元的合同礼包，中国的商业银行应该随着一带一路的推进，提前布局，在沿线开辟国际市场。

13.2　贷款营销策划

商业银行将现金放在自己手里是不能够产生任何收益的，只有将资金投放出去，才能产生利润。目前商业银行对外投放资金的主渠道就是通过信贷。

13.2.1　消除贷款营销观念上的误区

银行职员和普通大众对贷款业务可能都存在一些观念上的误区，尤其是负责商业银行信贷业务的员工，这些误区的存在尤其有害，这些误区有：

1. 贷款业务是人求我，不是我求人

目前确实存在着中小企业贷款难的情况，企业在急需资金的时候却借贷无门，有些企业在不得已的情况下在民间借下高利贷，最后导致企业破产倒闭甚至家破人亡。但这种现象的出现，主要是由于商业银行的市场竞争还不够充分，银行信贷业务本身存在缺陷，银行信贷观念跟不上市场发展的步伐所致。

2017 年 3 月份，全中国被"于欢因母亲被辱杀人案"而刷屏，事情发生在 2016 年 4 月 14 日，于欢的母亲苏银霞是一个企业家，因资金短缺又借贷无门，被迫借了高利贷，而放高利贷者又具有一定的黑社会性质，他们对苏银霞百般污辱，于欢不堪母亲受辱，持刀乱刺时，杀死一名凶徒。而于欢被当地法院判处无期徒刑，惹起全国风波，最终于欢被无罪释放。这个事件说明了在中国经营企业的艰难，表现之一就是绝大多数民营企业很难从银行获得正常的贷款，尤其是急需资金时更是这样。但这并不能说明贷款业务是全是人求我，因为考虑资金安全的因素，银行经常倾向于对大型国营企业贷款，即使还不上贷款，还可以有政府代为背书，银行可以少承担很多责任。本质上，银行是需要找到最优质的客户，这些客户的特质是有较高的信用，不仅需要借款，而且还款能力强。但在实际运作中，那些特别优质的客户由于现金流量丰富，反而根本不缺钱，不需要向银行贷款。所以也就有了银行行长跟在企业家屁股后面求人家贷款的事情了。

2. 银行对待贷款业务向来只"锦上添花"，而不会"雪中送炭"

银行对贷款资金的安全性放在第一位肯定是对的，因此对还款能力的考察最为看重，对银行来说，越是不缺钱的人还款能力自然也就越强，而通常最需要钱的人偏偏手里最没钱，还款能力自然也就弱。因此，银行偏向于对不缺钱的人贷款，这就是做所谓的"锦上添花"的事情，而银行不太想做的事情则是"雪中送炭"。

但银行也可以换个角度看问题，看看风险投资的发展历史就知道，一个小银行家投了一小笔钱给了一个小企业，后来这个小企业变成了大企业，那个小银行家也随着小企业的成长而成长，变成了大银行家，这个小企业就是最初的苹果公司。这说明银行完全可以跟随小企业的成长而成长。只要对风险控制得当，对中小企业的投资是完全可行的。在全国许多地方的信贷实践证明，银行贷款给小微企业和农户的钱，资金安全回收率相当高，有些地方甚至达到100%。贷款是商业银行目前最主要的利润来源，是银行一定要做好的业务，现在信贷市场竞争也非常激烈，优质的客户总是有限的，为了抢夺市场，各银行也无所不用其极，而只有消除贷款营销观念上的误区，树立正确的营销观念，才能发现更多的优质客户，抢占更多的市场份额。

13.2.2　贷款营销环境分析

贷款环境包括外部环境和内部环境，外部环境又包括宏观环境和微观环境。

1. 外部环境

（1）宏观环境

宏观环境具体可分为

1）经济与技术环境。包括当地、本国和世界的经济形势，政府各项经济政策，技术变革和应用状况。

2）政治与法律环境。包括政治稳定程度，政治对经济的影响程度，政府的施政纲领，各级政府机构的运行程序，政府官员的办事作风，社会集团或群体利益矛盾的协调方式，法律建设，具体法律规范及其司法程序等。

3）社会与文化环境。包括信贷客户的分布与构成，购买金融产品的模式与习惯，劳动力的结构与素质，社会思潮和社会习惯，主流理论和价值等。

（2）微观环境

微观环境具体可分为

1）信贷资金的供求状况。

2）客户的信贷需求和信贷动机。客户的信贷需求包括三种形态，分别是已实现的需求、待实现的需求和待开发的需求。信贷客户的信贷动机，可概括为理性动机和感性动机。

3）银行同业竞争对手的实力与策略。首先，要明确信贷市场的潜在进入者，新成立的银行、外资银行将是重要的潜在竞争对手。分析和预测未来进入者的数量和规模、竞争对手市场的大小、竞争对手在客户心目中的形象等，了解竞争对手的定位及其目标市场，从而确定自身的竞争策略。其次，要分析现有同业竞争对手的营销策略。由于同一类金融产品的差异性较小，大部分银行将通过营销手段展开竞争，因此，要密切关注对手营销策略的变化。

2. 内部环境

内部环境包括银行内部资源分析和银行自身实力分析。

（1）银行内部资源分析

通过了解银行的重要资源及其利用程度，将银行已有资源与营销需求相比较，确定自身的优势和劣势，将银行自身的优势和劣势与主要竞争对手进行比较，以确定自身在哪些范围内具有比较大的营销优势。内部资源分析涉及人力资源、资讯资源、市场营销部门的能力、经营绩效和研究开发。

（2）银行自身实力分析

银行自身实力分析的内容包括：①银行的业务能力。银行对金融业务的处理能力、快速应变能力，对资源的获取能力以及技术的改变和调整能力。②银行的市场地位。银行的市场地位主要通过市场占有率来反映。③银行的市场声誉。银行的市场声誉属于无形资产，主要包括优质的服务、合理的收费和快速的业务等。④银行的财务实力。充足的资本可以提供有力保障，使经营管理人员的营销计划能够付诸实施，而且具备充足的资金实力，也是在竞争中保持市场地位的保证。⑤政府对银行的特殊政策。一般情况下，政府对各家银行是平等的，但在特殊情况下，政府有时也可能有所倾斜。⑥银行领导人的能力。领导人的能力强，可以赢得良好的对外形象和同业中应有的地位；反之，领导者的能力低或进取心不强，将导致银行业务的萎缩。

13.2.3 STP 战略

1. 市场细分

个人商务贷款根据社会收入阶层来进行市场细分，同一社会阶层对金融产品的偏好往往表现较为一致，即人们的态度、行为、消费模式，投资意识等具有很强的相似性，反之不同的阶层对此具有差异性。我国个人金融市场可划分为四个阶层。

阶层1：高收入阶层（Upper）（月收入3万元~8万元或以上），此阶层主要有地位显赫的高级官员、大企业高层管理者、继承了大笔遗产的人、富有的个体工商户或及特别高等级的专家等。对此类客户，银行应决定由金融专家、高级客户经理或专门部门负责，提供高质量的资产管理等服务。

阶层2：中上等收入阶层（Upper Middles），指事业成功、大公司的中层管理人员或政府机关的中级官员及专家（月收入13000元~30000元）。

阶层3：中下等收入阶层（Lower Middles），指基层管理人员、政府机关的一般官员以及行业的普通专业人员，也包括技术熟练的技术工人和小企业主（月收入3500元~13000元）。

阶层4：低收入阶层（Lower），主要指一般工人，收入较低且相对稳定（月收入3500元以下）。

2. 目标市场

这个要考虑客户的可得性，也就是银行能够根据自身条件，综合比较方便吸引或者接近哪类客户。比如根据以上市场细分，某银行将个人商务贷款的目标市场选择为中等收入的个体工商户、中小企业投资者、公司股东、合伙企业主、独资企业主等。

不同的目标顾客群体有不同的营销策略，因此要把目标贷款群体优先确定下来。这与银行所在环境中的营商环境有关，比如，在义乌，小商品经营者占据了主导，在东莞则是各类工厂林立，由于产业集聚效应，在不少地方也出现了以生产加工某类产品的特色集群。比如在苏北的丰县，虽然并不发达，但当地盛产苹果、梨、牛蒡、花生等农作物，这些产品的市场占有率相当高，木线条加工业和电动自行车的生产在省内甚至全国也很有名。

3. 产品定位

个人商务贷款就是一个好借好还的贷款：

其一，简化贷款手续，特别是在抵押担保上，应放宽一些条件，如利用贷户的房产作抵押，或推行联户担保和信誉、名誉担保等方式。

其二，采取特事特办的政策，对于那些难以具备担保抵押条件，但有比较好的投资项目的，给予适当的贷款，并帮助他们严格控制风险，把钱花在刀刃上。

其三，贷款规模不宜一律过"小"，可采取见效发放的措施，针对信用记录良好的客户贷款额度可以相对高一点。

其四，要一视同仁，不管贷户经济基础如何，他们需要什么，个人商务贷款就应当支持什么，以更好地帮助中小企业更好的融资，促进中小企业的经济的发展。

13.2.4 确立贷款市场目标

比如在一线城市要达到多少亿，在二线城市要达到多少亿，在三线及以下城市又要达到多少亿，全国或者区域市场的占有率、覆盖率要达到多少、增长多少等等，全都需要以数字的形式体现。

13.2.5 五、贷款营销策略

1. 目标市场重新定位策略

在现今市场经济条件下，已经不止有 360 行那么简单，各个行业、行业中的企业、企业中的个人都在市场经济大潮下发生着这样或者那样的变化。朝阳行业和夕阳行业会相互转化，新的行业会不断涌现，老的行业在走向坟墓，商业银行应该在行业初现之时，就介入信贷市场，与新行业共同发展，迎接美好的明天。在任何一个行业里，都会有做得很好的企业，也同样会有濒临倒闭的企业，这一点在好的行业和差的行业里都能发现，因此，只是抓住好行业还不行，还必须抓住好企业。而企业的经营也时刻处在变化中，抓住了一个好机会，一个差企业就能变成好企业，一个小企业也就能变成一个大企业，错失一个好机会或者没能避开一个重大威胁，好企业也就有可能从此走向末路，退出市场。个人和家庭也同样如此，起起伏伏，潮涨潮落，随着时间的流逝，有些个人变成了亿万富翁，有些人却家道中落。因此，银行建立信贷市场的进入和退出机制。商业银行应当实施该进则进、该退则退的信贷营销策略，在必要的时候主动积极地重新调整市场定位。一是按照国家产业政策及发展趋势制定信贷规划，排列支持目录，做到有所为有所不为，从预期战略高度，把好进入与退出的关口，扶优限劣，突出支持优势行业、优质客户，对预期要退出的行业和企业及早布防，循序渐进，争取不留后遗症；二是加强调查研究，对市场进行前瞻性的分析，及时做出信贷结构动态调整的预测和预报；三是排除外力干预，当断则断，特别是对衰退产业、夕阳行业、重复项目，信贷资金要主动扎口，已投入的要尽快退出，对产品无市场、经营无赢利、复活无希望的企业，要停止信贷支持，并通过多种措施挽回或减少信贷损失，对国家明令禁止的产业、行业和项目，信贷资金坚决不得介入。

2. 产品策略

（1）产品定位策略

中国邮政储蓄银行将个人商务贷款作为主打产品，向中小企业主发放，是用于经营所需周转资金的人民币担保贷款，是邮储银行开拓城市零售信贷市场的主打产品。

以"一次授信，循环使用；随时提款，手续简便；提前还款，免收费用；房产抵押，快速放款"为理念，以最优惠的条件满足客户需求。与小额贷款相比，个人商务贷款具有"额度大、利率低、循环使用、有房产抵押"的特点。以借款人夫妻双方或直系亲属名下个人住房、个人商用房房产作为抵押担保；额度授信有效期最长达5年，额度有效期内，申请人可根据自身需要随借随还，额度可循环使用；根据地区的不同，单一借款人的额度最高可达到100万～300万元。个人商务贷款的授信期限最长为5年，额度使用期限为10年，在授信期限内可以随时提款，每笔贷款的最长期限为5年，满足了绝大多数客户的用款需求。在5年的循环使用期内，客户可以在授信额度下任意提取，也就相当于一张客户的房产信用卡，随用随还。

还款主要采用等额本息、阶段性等额本息等还款方式；3个月以内的贷款，可选择一次还本付息。借款人可根据自身资金周转状况，选择提前归还全部或部分贷款本息，不收取任何违约费用。循环授信期限最长为5年，循环授信期限内经营活动正常、款项用途符合贷款行条件，可多次申请贷款支用，每笔贷款支用的期限最长为5年。

（2）品牌策略

中国邮政储蓄银行依托百年历史的中国邮政的背景，具有良好的声誉，为此，中国邮政储蓄银行股份有限公司坚持服务"三农"、服务中小企业、服务城乡居民的大型零售商业银行定位，发挥邮政网络优势，强化内部控制，合规稳健经营，为广大城乡居民及企业提供优质金融服务，支持国民经济发展和社会进步。个人商务贷款就是坚持为中小企业服务，解决它们融资困难的问题，以此达到口碑传播的目的。

（3）生命周期策略

个人商务贷款正处于成长期，是被市场迅速接受和利润大增阶段，能为广大的中小企业，个体工商户提供充足的贷款。为此，邮储银行要改进个人商务贷款质量，增加个人商务贷款特色，要进入新的细分市场，新的分销渠道，邮储银行广告目标从产品知名度的建立转移到说服潜在的客户接受和购买产品上来，邮储银行要在适当的时候给予优惠贷款利率，以吸引要求低价格供应的另一层次价格的购买者。

3. 价格策略

低价渗透策略。随着我国利率市场化逐渐深入，商业银行应该采取怎样的贷款定价策略，合理确定贷款价格，在保持一定的赢利水平和经济增加值的基础上，同时又最大限度地满足客户需要呢？个人商务贷款正处于成长期，又致力于中小企业的融资，为此我们可以采取渗透定价策略，参考央行给定的利率上下浮动，以优惠的利率服务和支持中小企业的发展，为解决中小企业融资困难提供平台。

4. 促销策略

邮储银行决定多样化促销手段并用，加大个人商务贷款的促销力度。

个人商务贷款的促销活动可以采用多种方式，按照市场营销理论，促销活动一般来说分为两类：一类是人员促销，即利用促销人员进行推销；第二类是非人员推销，包括广告促销，营业推广和公共关系三种具体形式。在我国当前的条件下，个人商务贷款应将人员促销和非人员促销进行有机结合，针对不同的投资者类型开展不同的促销活动。

（1）广告

拍一个宣传短片，在短片中打响我们的广告语："好借好还个人商务贷款，全心助力您的发展"。充分让投资者意识到我们能给他们带来事业上的帮助，我们能为他们带来资金，带来便利，打响品牌。

电视广告：例如，广东卫视、南方卫视的各档财经节目播出前的最后一个广告为播放个人商务贷款15秒的广告。预计播放一个月。

平面广告：在南方都市报，羊城晚报等报刊上的经济板块刊登三期个人商务贷款广告。

户外广告：户外广告与生活极其贴近，能在区域上进行选择投放是它的优势。户外广告中地铁、公交站牌等位置的展示，可以作为其他广告的补充，形成全时、全体的信息传播网络。

（2）营业推广和公共关系

以座谈会、推介会、报刊或网上路演等方式组织信贷经理与贷款者的访谈，通过信贷经理的"现身说法"，帮助广大中小企业主增进对个人商务贷款的理解，让他们加大对贷款的信心与热度。

（3）人员推销

组织一支具有专业素质的促销队伍，包括客户经理团队营销和客户经理营销。在客户经理团队营销中，人员的促销方式为柜台服务，这是说当客户来到银行柜台后，由银行的柜台人员提供的服务。另一个是个别服务，这是指银行的推销人员专门为单位客户或部分客户提供的服务。客户经理的任务则是发展客户、推销产品和服务、情报收集和市场调研，还要负责客户关系管理与银行内部其他部门的工作衔接与协调。

信贷客户经理是金融产品的推销人，银行争办客户市场的牵头执行人，银行与客户之间的协调联系人。因此信贷客户经理必须具备高于一般员工的综合素质，包括掌握国家货币信贷法律和制度，精通银行信贷业务，掌握相关产业和行业知识，具有全面的市场营销观念和强烈的创新意识，有较强的事业心和工作责任感，具备较强的业务协调能力和社交公关能力等，为客户提供优质的服务，让客户感到满意。

前台服务人员必需具备识别客户的能力，并将客户移交给信贷客户经理，由信贷客户经理进行营销与跟踪。

培养一批高素质并且具有复合型知识的信贷人员，让其到各企业、各商务区和工厂进行宣讲，开拓更多的潜在客户。

重点客户专人营销策略。商业银行应当在信贷业务上实施客户经理制，对大客户和重点客户由专人负责跟进，对客户经理进行持续的培训，使之能提供客户满意的服务。同时要建立风险评估、绩效评估和激励机制，不断改进和提高贷款管理水平。对不同的客户应选派不同级别、不同待遇、不同权限的人员任职，在明确职责的前提下，实行分级管理。同时规范客户经理行为，把信贷营销工作做得更细、更深、更实。对大客户和重点客户实施专人负责，派出最优秀的客户经理提供优质服务。

（4）网络

银行网上营销拥有众多优势，资金安全，到账快捷，还贷率优惠。可以通过网络去宣传形象，打响品牌。建好网站，方便客户联系。还可以利用阿里巴巴、百度等在网上进行业务推广与宣传。

（5）整合营销策略

整合营销（Integrated Marketing）是指为了建立、维护和传播品牌，加强客户关系，而对品牌进行计划、实施和监督的一系列营销工作。整合就是把各个独立的营销综合成一个整体，以产生协同效应。这些独立的营销工作包括广告、直接营销、销售促进、人员推销、包装、事件、赞助和客户服务等。总体说，就是不管多少张嘴巴，一定要发出一样的声音。商业银行是一个服务型行业，品牌影响力尤其重要，只有让人信任，才能更好地拓展信贷业务。

5. 渠道策略

（1）网点的选址要定在商业区商铺和工厂附近，潜在客户资源会更多，会在一定的程度上增加收益。

（2）银行网点直接面向消费者，其代表着商业银行的形象。因此，在网点中导入CIS企业形象识别系统，为银行营造出一种良好的企业文化氛围、树立良好的企业形象。如统一经营和管理规范，使客户感觉周到、热情、快捷、便利、可靠的服务。

（3）加强网点之间的营销配合，提高整体协作能力，是争取客户、赢得市场竞争的前提。网点"小支行化"是国外商业银行组织架构的普遍模式，它是信息技术和风险管理水平不断提高的结果。

（4）网点在总行统一战略下重点负责当地区域性客户的营销管理以及总部设在当

地的大客户的日常联系。根据客户优质等级层次，抓好龙头，提升服务层次，实行分级管理，建立全行优质客户营销服务体系和总分行直接营销管理机制。

（5）利用网际服务建立新型"店中行"模式的银行网点，不断提高现有自助服务系统的价值。

（6）网络渠道。银行越来越不希望顾客在店里排队，而事实上，现在的网络银行非常发达，除了取现金等极少数业务之外，大多数业务通过网络银行都可以实现。

（7）手机银行。现在手机银行、移动支付的功能越来越强大，拎着手机走天下的时代已经到来，银行应该开发并大力推广自己的 APP，让用户通过手机随时随地地办理各项业务。

6. 服务策略

（1）有形展示服务策略

1）设计因素

①建筑物颜色。使用绿色建材，显示邮储的特色。并在设计上严格按照基本模式设计，节约材料。

②室内风格。室内采用西式现代装饰风格，以简洁明亮为主要特点；强调室内布置按功能区分的原则进行，取出了多余和繁琐的附加装饰；轻快明亮的亮色调为主的室内布置，使之更具现代与自然的神韵。

③室内布局。硕大圆形的室内空间，窗室内布局安排大气磅礴，气势恢宏。

室内的布局按功能划分：门口南边放有自动排队机，北边墙上有一电子显示屏，显示屏下面是一存放各种单据的柜台；室内大厅是一个圆行的空间，是客户等待区；正对门的半环形空间是提供理财和信贷服务的地方，包括四个低矮窗口，为顾客配备四把皮椅。南向是行长室、理财主管室、信贷主管室，专门负责大客户接待；北向是主要业务服务窗口，包括五个个人服务窗口和对公服务窗口。

外窗全部采用进口中空玻璃，在保证室内采光良好的情况下，还可以对银行提供部分安全保障。

2）周围因素

①空气质量。大厅含有中央空调，办公区空调形式为变风量空调系统；另外银行含有前后两个门可以保障通风良好。

②声音。空调机房内粘贴吸声材料，空调设备选用低噪声设备；圆形的等待大厅可以有效安排客户保证大厅的客户密度不要过高。以上两点可以使大厅的声音不至于嘈杂。

自动叫号机的女声设置，可以有效传到大厅的任意角落，保证顾客排队等候时更加放心。服务窗口采用麦克风传音，让银行在提高安全防护时不至于影响服务交流。

③整洁度。银行配备专业保洁员工，可以最大程度的保证银行内部的空间整洁，具体包括外窗和门玻璃的明亮清洁，地板的洁净等。另外配备垃圾桶，室内大厅经理和保安会时刻注意大厅的卫生。

3）银行员工着装要求

①员工在上班时间内，要注意仪容仪表，总体要求是：得体、大方、整洁。

②男职员的着装要求：夏天穿衬衣，冬天穿西装，最好能系领带；穿衬衣时，不得挽起袖子或不系袖扣。不允许穿皮鞋以外的其他鞋类（包括皮凉鞋）。

③女职员上班穿正装，不得穿牛仔服、运动服、超短裙、低胸衫或其他有碍观瞻的奇装异服。

④员工要注意个人的清洁卫生，上班应注意将头发梳理整齐。男职员发不过耳，一般不留胡子；女职员提倡化淡妆，金银或其他饰物的佩戴应得当。

4）员工服务策略

A. 语言礼仪

①学会去赞美、发现别人的优点，学会倾听和微笑；

②学会着装庄重，举止得体，彰显职业品味；

③了解交际要点，提高交际能力，把握每一个机会，不错失优良客户；

④提升职业公信度，赢得客户的信赖，增加客户；

⑤用包容的心态去看待事物，通过塑造个人的职业形象，提升银行公众形象。

⑥语言有逻辑性，层次清楚，表达明白。

⑦说话突出重点、要点，不需无谓的辅垫。

⑧不与顾客发生争论，不使用粗陋的话语，不用方言土语。避免使用命令式，多用请求式。少用否定句，多用肯定句。多用先贬后褒的方法，要配合适当的表情和动作。言语生动，语气委婉。

⑨一人处理问题，其他员工不围观不起哄。

B. 电话礼仪

有的顾客为了省时省力，喜欢用电话直接与门店联系，有的是了解信息，也有电话投诉的。如果接电话的员工一问三不知，或敷衍了事，甚至极不耐烦，这会极大损害银行信誉，合格的员工接电话时应注意运用以下几个方面：

充分做好打电话的准备，接通电话后，要先自报姓名，通话时应简洁明了。把对方的话记在纸上，重点再复述一遍，挂断电话前注意礼节，别忘了向顾客致谢。自己作不了主时，要请对方稍候，问明白了再作答复。接到找人电话要迅速转给被找人，他不在时应向通话人解释，尽可能帮助解决，并尽量留言。需要对方等候时，须向对方说："对不起，请您稍等一下"。如有可能最好说出让他等待的理由。

C. 接待礼仪

一个员工每天要接待各种各样的顾客，能否让他们高兴而来，满意而去，关键就是要采用灵活多样的接待技巧，以满足顾客的不同需要：

接待新上门的客户要注意礼貌，以求留下好印象。

接待熟悉的老客户要热情，要使他有如逢挚友的感觉。

接待性子急或有急事的客户，要注意快捷，不要让他因购买金融产品而误事和发生矛盾。

接待需要参谋的客户，要当好他们的参谋，不要推诿。

接待自有主张的客户，让其自由挑选，不要去打扰他。

7. 批零兼营，加强零售策略

银行的信贷批发业务主要面向企业和大型的项目，这是各家银行都非常重视的一个市场，而零售市场则是近十年才开始大力开发的新领域。信贷零售主要面向个人和家庭的消费信贷市场，以及小规模的个人或者小微企业用于生产的信贷市场，现在这一市场正呈现出特别的活力。比如，农业银行可以利用自身基层单位深入农村农业的优势，向特色农业、绿色农业、创汇农业渗透，支持农村种养大户、种田能手，支持高档蔬菜、水果、水产品的生产等，有选择地扶持农副产品加工业的发展；从实际出发，加大对农村中小企业、个体私营企业的信贷投入；积极支持非流通生产企业，拓展住房、大型农机具、教育等消费信贷市场。

8. 存贷挂钩策略

一是可以试行以存定贷，视其信用程度，商定信用比例，贯彻多存多贷原则，以调动银行和客户两方面的积极性。二是强化贷款保证金制度，一般不低于贷款额10%的比例，并实行专户存储。三是坚持主办行制度，对多头开户、只贷不存的企业亮起"红灯"，主动退出并收回贷款。这些措施的跟进，有利于银行与客户之间建立更为密切的联系，也有利于加深银行对客户的服务。

9. 分层营销策略

国内的商业银行实行的是总分行制，总行下面有各级分行，分行下面有支行，支行下面还有各个经营网点。因此实行贷款营销的分层定位。总行从全行经营出发，统筹兼顾、保证重点，选择一些重点行业和重点企业集团，作为直接经营的重点客户，实行本外币、境内外、全系统、全方位的业务发展；一二级分行要针对本地实际，走参与大市场、面向农工商、支持好项目、获得高效益的路子；基层行要着力县域经济，支持城乡一体化，主攻经济发展新的增长点。总行与一二级分行要把大系统、大企业、大项目作为主攻重点，县行以下要制定好目标规划，全系统配合，环环相扣。同时，上级行要为下级行提供服务，发挥信息和政策导向功能，下级行也要及时向上级行反馈情况，主动提出贷款营销的合理化建议并提供可行性的论证依据，努力形成上下配合、协调联动的局面。

10. 差异化营销策略

差异化营销（Differentiated Marketing），是指面对已经细分的市场，企业选择两个或者两个以上的子市场作为市场目标，分别对每个子市场提供针对性的产品和服务以及相应的销售措施。企业根据目标子市场的特点，分别制定产品策略、价格策略、渠道（分销）策略以及促销策略并予以实施。

商业银行面对的客户几乎涉及到所有的阶层，不同阶层具有的特点差异很大，他们受教育的水平、收入、生活方式、消费习惯等都不一样，因此，采用差异化营销策略势在必行。

13.3 信用卡营销策划

13.3.1 我国信用卡营销的发展

信用卡业务被称为中国零售金融市场最后一块"奶酪"。比照世界发达国家和地区平均每人2张~4张信用卡的持卡量，以中国的经济发展趋势和人口基数，信用卡市场可以说刚刚起步，吸引了来自全世界的银行巨头们关注的目光。目前，来自海外的发卡银行，如JCB、汇丰、渣打、东亚及花旗均已对中国的信用卡市场进行渗透，国内各家银行也不失时机地进行业务和技术上的准备，并积极开拓市场。

20世纪90年代初期，中国台湾地区的信用卡市场面临着与目前内地相似的处境，以花旗银行为首的外资银行为了抢占有限的市场资源，率先成立了信用卡营销部门，采用类似于保险的经营策略和手段开发客户，取得了非常好的效果。1993年，出于经营效率和经营成本的考虑，又率先将信用卡营销部门向社会企业开放，由社会企业代理该行的信用卡市场营销工作，银行只负责信用卡的银行基础业务。信用卡营销代理行业就是在这样的背景下出现，并在短时间内形成了独特的风格，使中国台湾地区的信用卡行业在90年代中后期形成了一个飞速发展的鼎盛时期。

目前国内已有的信用卡主要有：工商银行—牡丹卡、农业银行—金穗卡、建设银行—龙卡、交通银行—太平洋卡、招商银行—招行信用卡、广发银行—广发卡、中信银行—中信卡、深发银行—深发卡等。

我国内地的信用卡市场一直是由银行高度垄断的，办卡程序较为繁琐，卡均消费额和卡均信贷额等指标较低，直接束缚了信用卡市场的发展和壮大。到了20世纪90年代末期，以中国银行为代表的内地信用卡发卡银行，接受了来自中国台湾地区的这种信用卡经营模式，率先于1997年9月17日由其北京分行与营销代理企业——北京天马信达信息网络有限公司（中国银行长城准贷记卡市场营销代理商）签约，向社会推出了信用卡服务，开创了内地信用卡发卡走向市场化的先例。1997年我国内地诞生了第一家信用卡营销代理企业。紧接着中国建设银行北京分行于1999年10月与营销代理企业签约，也推出了该项服务。之后中国农业银行大连分行更进一步，直接与来自中国台湾地区的具有丰富信用卡发卡经验的专业营销公司签约，由后者在大连代理中国农业银行金穗信用卡（准贷记卡）的市场推广业务；2001年该公司与广东发展银行签约，进军上海信用卡市场，在上海代理广发信用卡（贷记卡）的市场推广业务。随后上海、广州，以及其他一些中小城市，也涌现出了一批信用卡营销代理企业。使得早期申请信用卡极为复杂的程序变得简单了。经过这些企业的努力，在一定程度上推动了国内信用卡的产业化进程，促进了信用卡的市场化发展。信用卡营销代理模式，已经逐渐成为中国信用卡行业走向市场化的重要组成部分。

销售信用卡的目的是希望消费者更多地通过本行提供的服务来刷卡消费，从而赚取其中的利润。所以，销售的第一要义是售给确定的潜在消费者，没有目标地销售几十万张甚至更多信用卡固然容易，但是否能切实地收到效果、达到目的，却要另当别论了。另外，在信用卡销售过程中，需要做好征信、评估、初审、发卡等工作，难度颇大。

13.3.2 信用卡蕴含的文化与理念

信用卡消费重在便利、超前、时尚。拥有信用卡将省去旅行、购物、美容、住宿中的诸多麻烦，信用卡在销售和使用的过程中传达着年轻、时尚、个性等文化理念，使用户愿意并乐意使用信用卡。信用卡可以根据客户的需要做得非常有个性，比如针对情侣开发情侣卡，并且可以将客户提供的个性化照片印制在卡片上；可以针对高端消费人群开发高尔夫卡；还可以专门针对女性开发她们喜爱的信用卡。目前银行卡主要分为借记卡、准贷记卡、信用卡3种，而信用卡又分为普通卡和金卡两种。

不管银行推出什么样类型的信用卡，都要体现银行特定的文化内涵。从卡的图案、形状、大小、标准色、标准字等方面到信用卡的功能设计以及能够为顾客带来的价值考量，都要体现银行的文化特质。

【案例】

民生推出国内首张全国性母婴主题联名信用卡

2012年2月16日，中国民生银行携手乐友孕婴童，于北京金源燕莎购物中心举行了"情系民生·幸福'友'约"为主题的新品发布会，共同推出了国内首张全国性母婴主题联名信用卡——民生乐友联名信用卡，为更多时尚妈妈和宝宝们送去了一份春的祝福和浓情厚礼。

卡面设计采用了卡通风格和暖系色彩，可爱、简约而温馨，作为国内首张全国性母婴主题的联名信用卡，此卡集合了中国民生银行和乐友优质服务的精华，功能丰富而强大，势将为持卡人带来快乐购物、快乐育儿的美妙体验。联名卡除提供二卡合一、双倍乐友积分、体验孕产妇及婴童专属一站式购物服务及精彩会员活动等专属权益外，还可享受多种分期、旅行预订、私人律师服务及高额航空意外保险等诸多服务，合作双方还即将联合推出诸多合作商户提供的专享优惠活动，且首次申办联名卡的新客户满足一定条件还可获得价值50元的乐友电子券一张。

中国民生银行自2005年发行第一张信用卡以来，在信用卡业务领域取得了卓著成绩，目前发卡量已超1100万张，为持卡人提供了全方位和高品质的服务，此次民生乐友联名信用卡的推出不仅丰富了民生信用卡产品线，为适龄孩子家庭提供了更丰富的选择，更表明了要履行承诺回馈消费者的决心。民生信用卡的企业精神是"以市场为导向，以创新为灵魂"，不断致力于满足中国消费者多样化的金融消费需求。

此次推出的爱心妈妈专属联名卡，更贴合妈妈们的情感需求，关爱宝宝健康成长。民生乐友联名信用卡秉承"母婴时尚，乐享生活"的服务理念，为持卡人倾心打造多重惊喜，携手步入高品质精彩生活，让您在尽享消费乐趣的同时，处处乐享、乐购、乐动！

（资料来源：2012年02月17日，中国经营网）

看完以上案例，请同学们思考以下问题：民生银行的这张信用卡为什么要联合企业一起发行？同时，请查阅资料，将你知道的较大型的银行发行的信用卡总结一下，各有什么特点？相比较而言，他们的优劣势分别是什么？如果你是信用卡发行人员，你如何策划并亲自营销给客户？

13.3.3　信用卡目标市场

信用卡具有时尚、便捷等优点，更可体验"先消费后还款"的全新消费方式，享受"境外消费，境内还款"的便利，所以特别受商务人士、青年一代，尤其是经常出差的年轻人士的偏爱和追崇。目前，年轻人的钱包里有多张信用卡已经是司空见惯的事了。由于信用卡的消费者必须具备一定的收入水平和偿还能力，拥有较强烈的消费欲望和超前的消费观念，因此将目标客户定位为年龄在 20 岁~45 岁的年轻白领以及有丰厚积蓄的老年人较为合适。

13.3.4　信用卡营销方法

1. 品牌营销

对于银行而言，品牌的口碑和价值是最重要的无形资产，不同的银行在客户心目中留存有不同的风格，因此，也会受到不同类型客户的选择。比如，相比而言，工商银行给人的印象是网点多，招商银行则被认为服务好，广发银行深受中小企业的欢迎等，每家银行应根据自己的品牌特征有针对性地推出一些相应的信用卡产品。同时，由于我国的信用卡市场还存在许多市场的空白，因此可以设计一些新颖的信用卡以占领新市场。对于品牌营销来说，可以采用一些大众媒介的广告进行传播。

2. 面对面营销

面对面营销可以在银行网点，也可以在人流量较大的商场等处，由专人负责信用卡的介绍和发行工作。当然，这些工作可以由银行营销人员完成，也可以由代理发行公司完成。

3. 特殊功能营销

针对汽车日益进入城市家庭，汽车的使用成本不断上升的情况，建行推出的龙卡因具有免费洗车的功能，深得有车一族的喜爱。在城市里洗车一次一般价格在 15 ~ 40 元，而办理了建行的龙卡，可以免费洗车一年，这样的馅饼当然会比较受欢迎。

4. 网络营销

可以通过在门户网站上做广告链接，也可以在论坛上发贴等各种各样的方式进行网络营销。

5. 会议营销

可以在企事业单位里进行集体营销，也可以将目标客户邀请至某一地点开展会议营销。

6. 电话营销

通过电话途径寻找终端用户，具有便捷、准确的特点，并可长期跟踪。

7. 关键人物营销

想要大批量地发行信用卡，一定要抓住关键人物营销，以关键人物的成功营销带动大批人员的成功销售。另外，营销人员要对自己的产品非常熟悉，擅长介绍，同时要非常熟悉信用卡申请表格的填写。

13.4　中间业务营销策划

13.4.1　中间业务概述

中间业务的英文原名是"Intermediary Business"，意为居间的、中介的或代理的业务。银行中间业务是指银行以中间人的身份为客户提供各类金融服务而收取一定手续费的业务。因为中间业务的操作无资金风险、利率风险和汇率风险，不涉及资产负债的变化，仅凭借银行信誉、技术、信息和劳务等来获得利润，故中间业务日益受到国内外金融业的青睐。目前商业银行的中间业务主要有本、外币结算、银行卡、信用证、备用信用证、票据担保、贷款承诺、衍生金融工具、代理业务、咨询顾问业务等。在国外，商业银行的中间业务发展得相当成熟。美国、日本、英国的商业银行中间业务收入占全部收益比重均在40%以上，美国花旗银行收入的80%来自于中间业务。

2014年1－6月，工农中建四大国有银行共实现中间业务收入2333.87亿元，占16家上市银行中间业务收入总额的比例为66.03%，与2013年同期相比，占比下降4.92%。16家上市银行中，中间业务收入规模最大的是工行732.28亿元，其次是建行601.80亿元。股份制银行中，中间业务收入规模最大的是招商银行237.02亿元，其次是民生银行184.38亿元。2014年1－6月，股份制银行中间业务收入增幅普遍高于国有银行。其中，增幅最高的是平安银行，增长77.58%，其次是招商银行67.34%，增幅最小的是农业银行0.53%。分析各银行半年报可以发现，不同银行特别是股份制银行的业务重点已开始分化，差异化、多元化发展格局开始显现。比如，浦发银行投行业务收入是其手续费及佣金净收入的主要来源之一。今年以来，浦发银行将投行业务列为五大重点领域之一进行推进。上半年该行债务融资工具承销额1316亿元，同比增长78.83%；银团贷款余额1280亿元，位居股份制银行前列，同比增长17.83%。招商银行中收仍保持高速增长，收入占比提升至36.8%，位居前列，主要是受益于托管及其他受托业务佣金、银行卡手续费、代理服务手续费增加。在托管业务方面，除招商银行外，中信银行、华夏银行等也表现出了较强的增长态势。其中，中信银行资产托管规模达3.35万亿元，较上年末增长64%，实现托管费收入7.83亿元，同比增长92.4%。中信银行目前已与腾讯、阿里、百度三大互联网电商巨头开展合作，并发起银行系货币基金，同时大力发展公募基金托管业务。平安银行的银行卡业务收入依旧是增长亮点，这说明与平安集团的交叉销售促进了银行卡特别是信用卡业务的较快发展。数据显示，该行信用卡总交易金额达2873亿元，其中网上交易金额继续保持快速增长趋势，同比增长155%。

目前我国商业银行开办的中间业务有三百多种，但实际运用的品种很少，且主要集中在收付结算和代理业务品种方面。而西方商业银行推行的中间业务已达上千种之多，涵盖代理、结算、担保、融资、咨询和金融衍生品等众多领域。与国外银行相比，我国商业银行的中间业务还存在着许多不足之处，业务品种比较单一，占比较低，有些银行因此而丢失了一些优质客户。

【案例】

南京爱立信"倒戈"事件

2002 年春，南京爱立信公司凑足巨资提前还掉 19.9 亿元中资银行贷款，转向外资银行（花旗银行上海分行）签订贷款合同。起因则是相关中资银行难以提供"无追索权的应收账款转让"业务。所谓"无追索权的应收账款转让"，是保理业务的一种，属于贸易金融的范畴。如今中资银行已对此类保理业务驾轻就熟，如民生银行已建立起完善的贸易金融业务体系，光大银行为多家合资企业提供服务。可在 2002 年，当时那家被南京爱立信"抛弃"的中资银行，不是没有努力挽留过客户。为设法留住南京爱立信，在此之前度身定做，创新了"应收账款债权转让"的业务，最高额度为 5 亿元。可南京爱立信又提出办理"无追索权的应收账款转让"业务的新要求。那家中资银行认为风险太大，只能眼看着这项收益高于传统贷款的业务被"抢走"。而与此形成对比的是光大银行上海分行已经为上海贝尔提供了实际属于无追索权性质的保理业务。光大银行不仅为上海贝尔提供预付款融资，而且作了坏账担保。2001 年，光大银行花费 3800 多万元"买断"上海贝尔的部分应收款，没有一分钱坏账。

13.4.2　商业银行中间业务的特点

1. 有些项目不容易收费

长期以来，商业银行为水电公司代收费都属于免费项目，这些免费项目也占有了银行不少的资源，但人们已经习惯了免费的午餐，想要将免费项目转换成收费项目却不太容易。

2. 有些项目乱收费

商业银行的乱收费早就引起人们极大的反响，有些项目由于消费者反响太大而被银监会叫停，比如银行账户密码挂失的 10 元钱，已经被叫停。

3. 中间业务的创新和运作还有很多不足。

13.4.3　中间业务营销策划应注意的问题

1. 中间业务应以客户需求为导向

如光大银行总行营业部结合首都居民的多种金融需求，最近推出了一系列中间业务。例如，阳光卡电话订购火车票业务、光大银行与中国航空信息网络公司共同推出的"航旅通"业务，以及光大银行和中国人寿合作开发的"储寿保"业务都为客户带来了极大的方便。

2. 中间业务一般应采用差异化营销策略

中间业务种类繁多，人们对中间业务的需求也千差万别，个性化的需求也要求商业银行采取差异化策略来营销产品。

3. 坚持产品创新

中间业务一直是国内银行的短板，目前的中间产品还不足以满足企业和个人顾客的所有需求，产品创新的空间和余地还很大，因此，只有坚持产品创新和服务创新，才能把业务做得更好。

4. 制定合理的价格

商业银行的品牌与其美誉度密切相关，而人们评价银行的一个重要依据是银行的收费标准，所以，银行制定合理的价格，再辅以适当的促销方式，才能获得更佳的效果。

实训：

存款营销策划

实训项目：撰写存款营销策划方案。

实训目的：训练同学们从专业人士和实践的角度思考问题。

实训要求：至少观察附近的 3 家银行，比较他们的服务特色，各有何优缺点，想一想，如果让你做其中一家银行的行长，你如何通过改进服务的办法来吸引储户？改进服务有哪些途径呢？在小组讨论的基础上，请写一份针对该银行的存款营销策划案。

建议：小组作业，3~5 人一个小组，调查、探讨和方案撰写在课下完成，课堂上分小组上台演讲。演讲时使用 PPT 等多媒体工具，准备工作也在课下完成。演讲完毕后设置提问环节，其他同学向演讲同学发问，以便更好地发现调查的不足之处，并有助于改进演讲小组同学的方案。

任务十四　保险营销策划

【知识目标】

了解保险企业的运营原理并熟悉保险营销。

【能力目标】

能独立完成保险产品营销策划方案的撰写。

【素质目标】

了解保险客户及其需求，善于与人沟通，掌握说服顾客的技巧。

一、彻底消除对保险行业的误解

（一）人人都需要保险

保险有社会保险和商业保险，本书中所指保险如无特殊说明，一般特指商业保险。

保险（Insurance）是指投保人根据合同约定，向保险人（保险公司）支付保险费，保险人对于合同约定的可能发生的事故因其发生所造成的财产损失承担赔偿保险金责任，或者当被保险人死亡、伤残、疾病或者达到合同约定的年龄、期限时承担给付保险金责任的商业保险行为。

保险是一种特殊的产品，首先，人人都需要它，但同时很多人又对保险营销存在着或多或少的误解。甚至有个别知名主持人在节目中还说出了"一人做保险，全家不要脸"这样不太合适的话语。在对高职大学生进行职业生涯规划调查的过程中，大多数同学不愿意从事保险行业，他们不愿意从事保险的理由主要是两个：一是社会上存在着种种误解，感觉从事这个行业很不光彩；二是不知道该怎样做才能做好。

因此，有必要扭转一下大家的思想观念。大家可以思考几个问题：有一天你会不会老？你需要养老保险吗？有一天你有没有可能生病？由保险公司来支付你的保险费你愿意吗？有一天你会不会拥有自己的汽车？除了强制类保险，你会为你的汽车购买商业保险吗？你能保证你的人生不出现意外吗？如果付出一点保险费你将会得到对人生对家庭的保障，你愿意吗？你能保证你的财产永远是安全的吗？比如永不发生火灾、盗窃等事件？你愿意在事件发生之后获得保险公司的损失赔偿吗？

回答了上述问题就可以看到，保险对人生的保障真的是无处不在，如果没有了保险，人生真的会面临更多更大的风险。仅看2012年国庆黄金周就可知：10月3日香港撞船事件导致游船沉没，39人死亡；10月5日0时25分许，京港澳高速韶关乳源段南行1921km处发生一起特大交通事故，致7人当场死亡、3人受伤，9车不同程度损坏。某些地方虽然没有发生特大型交通事故，但交通事故比平时多了2~3倍，4S店及保险理赔单位连称忙坏了。10月6日14时48分，河北省保定市南市区五尧乡东五尧村一居民小区18号楼发生爆炸案，截至10月7日凌晨已造成32人轻伤，2人重伤，1人死亡。7日中午，在青银高速青岛方向临淄出口西500米处，一辆核载53人的大客车发生侧翻。事故造成6人当场死亡，8人在送医后死亡，40余人受伤。9月30日至10月7日，整个双节期间，全国共发生道路交通事故68422起，涉及人员伤亡的道路交通事故2164起，造成794人死亡、2473人受伤，直接财产损失1325万元。这些大大小小的事故灾祸几乎每天都在发生，谁能保证自己一辈子一定能够平平安安呢？

事实上，人人都需要保险，保险行业在中国仍然处于黄金发展期，这从保险行业的低数据水平和快速发展就能看得出来。评价消费者的保险需求有两个指标：保险密度和保险深度。保险密度是指人均拥有保单的数量，目前中国是0.3左右，日本是6~7之间，中国台湾地区和韩国约为3~4，欧美很高。保险深度是指购买保险的金额，中国保费的金额也很低，远低于周围国家和世界平均水平。从历史上看，中国保险行业的真正发展是从1992年开始的，而英美等国已经有了200~300年的历史。综上所述，保险行业的快速发展在中国至少还应有20年的黄金期。

（二）人们为何会对保险产生误解

保险行业当然还不是特别完善，在发展的过程中存在这样或者那样的问题，因此人们对保险行业产生一些误解也属正常。但是也有一些误解本不应存在，是由其它因素导致的。

"购买容易理赔难"大概是很多人对保险业的一种认识，很多人认为保险从业人员在销售保险时笑脸迎人，但在理赔时却是另一副嘴脸，处处拒赔导致人们对保险失去了信任。这其实是一个误解，从保险公司的角度来讲，所有的风险在事前都经过精算，责任准备金都已经事前准备好。只要是想长久经营的保险公司，必然不会怕理赔，而且会积极理赔以提高知名度和市场占有率。但既然如此，为何人们还会产生经常遭遇拒赔的印象呢？这可能是由于以下原因造成的。

（1）保险事故与保险责任不相符

小王买了一份200多块钱的意外险，但生病住院时找保险公司理赔遭遇拒赔，于是感觉保险公司骗人。但实际上，根据保障范围的不同，人身保险分为意外险、健康险和寿险。生病属于健康险的一种，不在意外险的保障范围里。投保人在投保前，首先要明白自己所选险种的保险责任，即保险公司都对哪些事故给予赔偿。

（2）保险条款中责任免除范围内的事故不予赔付

责任免除是保险人依照法律规定或合同约定，不承担保险责任的范围，是对保险责任的限制。保险公司也需要对风险认真考察，进行筛选，对于故意行为、违反道德或违法行为造成的事故，以及危险难以预测的事故，保险公司一般不予承保。避免承保风险过大，造成保险公司的亏损。

（3）投保时未能如实告知

如实告知是指投保人在投保时，应将与保险有关的重要事项（包括财务情况、健康情况等）告知保险人的一项保险法律原则。投保人的陈述应当全面、真实、客观，不得隐瞒或故意不回答，也不得编造虚假情况欺骗保险人。投保人在投保时自作聪明或被某些保险业务员忽悠，没有将自身的健康状况和以往病史如实告知保险公司，那么一旦在理赔过程中被查出，最后损害的只能是投保人的利益。

（4）保险除外责任

南京曾经有一个轰动全国的保险案例。丈夫开车到家门口时，不小心撞倒了自己的妻子。妻子受伤住了一个多月的医院，花了几万元钱。妻子住院期间，丈夫想起这辆车上了第三者责任险，就找保险公司索赔。保险公司却将他拒之门外。丈夫非常不解，而保险公司的理由是，撞到自家人，保险公司不赔。由于车险第三者责任险中将被保险人的家庭成员列在免责条款之列，因此妻子被自己撞倒属于"撞了也白撞"。

（5）"观察期"免责

在健康保险中，常常有免责期（或曰观察期、等待期）的规定。指的是保险合同在生效的指定时期内，即使发生保险事故，保险人也不能获得保险赔偿。去年3月26日，老王给自己买了一份终身寿险，附加终身重大疾病险。钱打到保险公司账户后，保单也拿到了手上。当时老王去保险公司体检时并无任何疾病症状。然而天有不测风云，5个月后，老王发现自己罹患胃癌，便向保险公司索赔，但保险公司却告知不承担保险责任，因为老王的保单虽然在3月26日已生效，但还有180天的重大疾病观察期，对观察期内罹患重大疾病，保险公司不承担保险责任。

（6）未按期缴纳保险费

2009年10月底，刚刚出院回家的彭先生向保险公司提出索赔，要求对其三十多天的住院费用、医疗费用进行理赔，共计13308元。不过，让他没有想到的是，保险公司拒绝赔偿，理由是彭先生未及时缴纳保险费，保单已经中止。原来，彭先生投保的该份医疗险需要每年续保、缴费，正常缴费时间为每年的5月20日。2009年缴费日到期前，彭先生同样收到了保险公司寄送的缴费提醒单，不过粗心的他因为工作繁忙给忘记了，这一拖便是好几个月，直到彭先生生病住院，保费仍然未缴。新《保险法》规定，合同约定分期支付保险费，投保人支付首期保险费后，投保人自保险人催告之日起超过30日未支付当期保险费，或者超过约定的期限六十日未支付当期保险费的，合同效力中止。这给予投保人一定缓冲缴费的时间一般被称为"宽限期"，在宽限期中，保单继续有效，发生合同承保的保险事故，保险人依旧需要赔款，只是可以扣减欠缴的保险费，但若超过宽限期仍然没有缴纳保险费，那么保单效力就中止了。保单中止后发生的保险事故，无论是否属于保险责任，保险公司均可以拒赔。上例中，彭先生正是由于过长时间（超过60天）拖欠保费，导致保单中止，才遭到拒赔的。

（7）客户自身扩大的损失

比如，车辆出险后应采取相应的措施或及时修理，如果遇到会影响其他配件使用的情况时，千万不要自己处理，宁可要求保险公司派车过来施救。否则，由自己操作所造成的扩大损失部分，保险公司不予理赔，因为车险条款的保障对象是处于安全运行状态的汽车。

其它的免赔情况还有许多，比如自杀免赔、保障过期免赔等，这些对保险公司来说，免赔都是合理合法的，都是有依据的，并不能因此而去指责保险公司。当然，这也并不能够说明，保险公司所有的拒赔都是合理的，投保人也应当学会依法维护自身的保险利益。

二、为什么应投身于保险行业

（一）保险仍是快速发展的黄金朝阳行业

上面已经提到，保险产品人人需要，而且中国的发展水平低，发展速度快，人们对保险产品和保险行业的看法都在向好的方向转变。

（二）保险是高收入行业

根据上市公司2015年年报，各家保险公司的人均工资随之出炉。据统计，中国平安以人均薪酬20.7万元高居第一，排名垫底的中国人寿人均薪酬为15.53万元，4家保险公司的平均年薪为17.32万元，具体见下图。

保险公司	平均年薪（万元）
中国平安	20.70
新华保险	16.26
中国太保	16.80
中国人寿	15.53
人均薪酬	17.32

看上述数据，试比较一下，从行业平均薪酬看，还有哪些行业能超越保险呢？

从近几年对高职学生毕业后从事保险行业的同学跟踪分析也表明，保险行业属于收入较高的行业之一，且稳定性也非常不错。2010年6月，对在上海平安正式工作正好满一年的同学进行调研表明，17个同学，收入最低的约4500元，最高的约1万元，大多数同学的薪水在5000元~8000元之间。其中，一个同学脱离了业务岗，进入管理岗，一个同学考了企业内部的培训师，专职为新进的大学生进行入职培训。以上同学刚入职岗位均为平安保险公司的电话营销岗，除了正常的薪水之外，他们拥有公司正式员工的身份，享有国家规定的三险一金，享有正常的休息日和法定节假日，并有年终奖等福利待遇。在公司，每个人每年有四次晋升机会，只要做得好，就一定有机会。每年随着入职时间的增加，基础薪金会随之而增加。工作环境整洁优雅，工作场所像是欧洲古堡式建筑，总体上说，工作是比较令人满意的。2016年我们再次对该保险公司工作的同学进行调研，结果表明，人均收入都在万元以上，已经有同学月收入稳定在3万元以上。另外，有两位2016年6月毕业，在中国人寿南京理财中心工作的同学反馈，截止当年的国庆节，她们月收入最高可达2万元，平时收入稳定在7千以上。所以，综上所述，保险行业是一个高收入行业无疑。

当然，保险行业在中国的发展历史还比较短，还仍然存在着各种各样的缺陷，尤其在保险理赔的满意度方面还存在着很多不足。从新闻媒体的报道来看，银保业务等方面还存在着一定的骗保行为，但随着保险行业对保险从业人员素质的要求提高，随着行业本身的不断规范，保险行业的发展也会越来越好。

三、保险营销策划应当注意的问题

金融行业的营销策划在流程上都大同小异，区别在于各个行业本身的产品不同，行业内的一些运营规律不同，客户的价值关注点不同，因而在策划时也要有相应的区别。

（1）保险策划的重心是让客户产生信任感和吸引力，信任感的来源是在于让客户感觉购买和理赔都非常便捷容易，服务周到贴心。吸引力主要在于价格、服务和附属产品的价值，价格的含义是能够让客户在相同的价格条件下享受更多的保障和服务，或者是用更低的价格享受到与其它公司保险产品相同或相似的保障。服务体现在电话的畅通性、理赔的顺畅性、服务人员语言和行为的贴心度上。附属产品价值主要在于附赠品的含金量、客户对附赠品的认可度、以及附赠品的数量上。

策划人员应在熟悉保险产品和理赔流程的基础上尽量做到简化。保险产品是非常复杂的，有人身保险、财产保险、责任保险等，不同的保险公司推出的保险产品又各式各样，每天还会推出新的产品，每一款保险产品的保险条款都是厚厚一沓纸，因此，想要了解清楚所有保险公司的所有产品几乎是不可能的。熟悉保险产品是做好保险策划的前提条件，因此，在对具体的产品策划时，要不断深入地探讨及了解保险产品的特性，以及竞争对手产品的特性，了解消费者关注的价值点。这样才能有的放矢，策划才有可能成功。其次，要了解保险理赔流程。对保险客户来说，对理赔流程可能不太熟悉，甚至感觉非常复杂，加之保险单据也比较多，还要填各种表格，流程的复杂性会对客户产生不小的障碍。

（2）保险企业应针对不同客户需求，推出个性化保险营销活动。这主要是因为，各个客户（企业或家庭）状况不同，对家庭客户来说，3口之家和5口之家的情况差异很大，同样是3口之家，可能家庭条件的差异也很大，家里有没有老人和孩子，老人的身体状况如何，孩子的教育目标（是否准备出国留学或者一定要上名校等）不一样，收入不同，寻求的保障利益点不同，要求的保障能力也不同，因此保险单也应该是不一样的。

实际上，保险企业的保单基本上是格式化的，各家保险公司的保险产品差异性也比较小，这与保险公司的运作流程有着密切的关系，因为所有的保险产品必须要上报保监会，保监会批准之后才能遵照执行。但保险企业仍然可以针对较大范围内目标市场客户，推出特定的营销策划活动，吸引特定需求客户参与活动。

（3）充分利用事件营销。保险人员应时刻关注形势的变化，比如新近发生的一些较大的灾祸其实也是说服客户购买保险的理由。

（4）注重情感营销。感动客户，让客户转介绍客户，为营销人员提供其他客户的联系方式等，也是一种不错的方式。比如，通过设计，有营销人员问客户以下几个问题：

① 在过去的20年，您是否一直住在这里，从来没有搬过家或换过电话？这份合同需要交20年，并且管您一辈子，您是否保证一辈子不搬家？不换电话？

② 为了给您提供更准确、快捷的服务，请您写出5个最好朋友的名字，因为他们不可能同时搬家、同时换电话。

③ 如果因为搬家、换电话公司联系不到您，造成续期保费不能按时交上，合同暂时失效，如果发生保险责任，公司是不给理赔的，这意味着您这几年的钱就白交了。

结果，客户在要求下都能写出亲朋好友的名字，转介绍达到100%。

（5）踏准保险发展的节奏和步伐

以寿险为例，据有关研究报告，未来我国老年人慢性病患者病例将从目前1.1亿例增长到2050年的3亿例，就诊人次将由目前的13.5亿人次增长到2050年36.8亿人次，这表明老年人医养问题日益凸显。2017年4月8日金融支持养老产业发展高峰论坛召开，中国保险资产管理业协会执行副会长曹德云在演讲中预测，预计到2020年保险机构向养老服务领域的直接投资规模可达到1-3万亿。所以，现在不少保险机构都在向养老方向靠拢，比如中国人寿等机构在海南、承德等全国各地风景非常优美的地方都建有医养结合的疗养院，公司 VIP 客户可以免费享用那里的一切，这对保险公司的业务拓展也会形成很大的吸引力。

四、保险营销实战训练

为客户提供一份合适的保险方案

要注意保险营销人员提供的方案与理财人员提供的方案是不太一样的，大家试比较以下两个案例。

【案例一】

成功的银行保险营销话术

营销员：张先生，您对保险这种理财方式怎么看？

张先生：基本不考虑。

营销员：银行呢？

张先生：天天打交道。

营销员：最近有个"银行"，推出了一款新的服务举措，在客户每年定期存款期间，本金不动，每三年返还一笔钱，数目远高于其他银行这笔本金三年的利息总和。存款期间如果客户发生意外，可以获得高出存款总额两倍以上的现金补偿，并可取回全部本金，如果客户安然无事，存款期到了可以取回全部本金。

张先生：哪个银行？

营销员：我们保险公司。

张先生：保险公司怎么也搞储蓄。

营销员：保险公司也要吸纳资金。只是它和银行储蓄有一些区别。银行储蓄的结果是您到时候只能取回本金钱加上扣除税金以后的银行利息。保险储蓄给您的利益是：本金＋利息（大于等于银行利息）＋保障＋（红利）；银行储蓄主要是为了资金的安全，避免把钱放在家中失窃；保险在于储蓄的同时，获得高额的保障，享受保险公司的红利分配。把钱存在银行或用于保险之外的投资，等于人生风险由自己承担，把钱放在保险公司，等于将人生风险转嫁给保险公司。其实，人挣钱积累财富的目的无非为了两点：一是过更好的日子；二是应付不测。您说呢，张先生？

张先生：是。

营销员：根据美国劳工局统计，100 名 25 岁年轻人不论他当面如何胸怀抱负，踌躇满志，经过 40 年人生风雨的经历，到了 65 岁，大约 29 个人已经去世，剩下 71 人，只有 1 人生活富裕，9 人小康，其余人要靠积累的养老金过日子，一部分人晚年需要继续工作才能勉强度日。所以说，现实总是比理想要残酷，来不得半点疏忽。要从现在开始，适当抑制消费，进行储蓄。储蓄分成三个部分，各自行使不同的职责。一是用于日常生活的准备金储蓄，主要用于应付日常生活中紧急而并不重要的开销，比如交纳各种费用，购买大件、看门诊等；二是用于投资股票、基金等创利型的金融产品，为了获得可能的高回报，有必要适当冒这个风险；三就是把钱投入到保险公司，为自己的财务安全支撑起一个保护伞。与此同时，分享保险公司的经营利润。因此说，保险是我们储蓄中的一个重要组成部分。

张先生：您这样一说，我还真要考虑保险了。

营销员：张先生，您发现了没有。在银行存钱，本金是一点点积累起来的，比如，您想攒100万元，就要慢慢积累，或许需要10年，在这期间，不能出事，出事的话，一来可能储蓄继续不下去，攒不到100万；二来只能取出当时的本金总额。保险是从您存入第一笔购买百万保额的保险费同时，您就拥有了100万的风险保障金。而这笔购买百万保险的费用只是从您银行百万存款计划中切出一小部分就足够了，即没有耽误您银行存款百万的计划，还从保险公司生出百万的风险资金，里外里就是200万。张先生您说，是不是很合算？

张先生：这样一算来，还是保险比较合算。

根据以上案例可以看出，沟通技巧非常重要，说话时语言如何表述对能否打动顾客也非常重要。先以以上案例为蓝本，由两个学生进行角色扮演练习。再试着从保险公司或者银行找一个具体的保险产品介绍单，认真研究该产品，琢磨一下向顾客介绍该产品的技巧，并两两分组进行角色互换的训练。

【案例二】

公务员家庭的45W现金该如何打理

客户家庭基本情况：

叶先生，今年30岁，硕士研究生学历，公务员，家住江西省。父亲，今年59岁，公务员。母亲，已退休，57岁。叶先生月收入约3500元，父亲月收入4500元，母亲月退休金3000元，家庭月收入合计为1.1万元。每月日常生活支出约2100元。家庭目前有现金及活期存款45万元，一套自住房，目前市值在100万左右。一套投资性住房，价值60万元。

家庭理财目标：

（1）实现家庭资产的保值增值；

（2）准备一到两年购买第二辆车，价值在30万左右；

（3）按揭一套房产，首付预计10万元~15万元。

家庭理财规划：

家庭财务分析：叶先生正值中年，马上要面临结婚成家立业等大额支出。家庭年收入13.2万元，对于中部城市来说，基本属于高收入家庭，由于没有任何负债，总体财务状况比较健康。每年总支出为2.5万元，每年可以有10.7万元的结余，结余比率为81%，远远高出一般家庭30%的平均线。说明叶先生可以有更多的可投资资产用于合理投资增加投资收入。从叶先生现金和活期存款账户余额可以看出45万元的流动资金过多，太多的现金资产将会使家庭在高企的通货膨胀下加速资产贬值。

理财建议：

（1）家庭应急金准备

家庭应急资金准备是为了保障家庭的正常运转和意外时的应急需要。既不能太多，这样会面临着通货膨胀对家庭资产带来的贬值影响，也不能太少，这样会使家庭在遇到突发事件时陷入财务困境。需要在资金的流动性和收益性之间平衡利弊。叶先生家庭收入比较稳定，家庭面临的不确定概率相对较小，建议储备3个月的日常支出，约6300元合适。其中1000元继续存活期存款，另5300元则购买货币市场基金，货币市场基金的风险较小，收益却高于活期存款，是非常好的现金管理工具。

（2）风险管理和保险规划

足额的保险措施，可以为家庭幸福增加一份安全的保障。叶先生目前只有基本社会保险，很显然，对整个家庭来说保险保障是不够的。建议购买适当的商业保险作为补充，叶先生作为家庭经济责任主要承担着，应当作为重点保障对象。具体补充保险产品上，可配置30万元的终生寿险另加50万元的意外险。

（3）投资规划

做投资之前，需要进行个人风险偏好分析和风险承受能力测试，选择最适合自己的投资工具。每年的结余可按资产组合的方式：20%投资于债券型基金等低风险类投资工具，满足资产保值需要。50%可投资于股票、股票型基金、混合型基金等风险类投资工具，满足资产增值需要。剩余30%可购买银信合作的理财产品，收益率一般在5%左右，投资门槛较低，一般在5万元起步。

（4）购车计划

以叶先生现有的财务状况和未来两年的资产积累速度，基本可以实现买车的愿望。徐先生两年时间可结余20万元，结余资金可暂时购买银行短期理财产品，银行理财产品收益稳健，年化收益率在5%左右。产品到期后可赎回直接用于支付购车款即可。

（5）购房计划

针对叶先生想再购买一套住房的计划，由于当前国家对房地产市场调控政策仍然以从紧为主，未来房地产市场存在着很大的不确定性，家庭中购房的理财目标还需要房地产市场进一步明朗后再做考虑。

（资料来源：搜狐理财）

从保险单上可以看出，保险本身是一个专业性非常强的行业，因此，作为一个保险的营销人员，必须要懂保险，要学会向客户解释保险，还要适时地向客户说明保险单存在的一些潜在的风险，使投保人明白自己的权利和义务，这样才能真正取信于投保人。

实训要求：保险营销策划

实训项目：撰写保险营销策划方案

实训目的：保险产品纷繁复杂，同学们应该尽量多地做些了解，只有了解产品才能做好策划。通过本次实训，同学们应达到了解具体的保险产品，并能够为之撰写策划书的目的。

实训要求：针对一个具体的保险产品，撰写一份完整的保险营销策划方案。

建议：①保险产品可以任何选择；②请注意保险产品营销策划书与客户保险方案的区别，这两者是完全不同的两个概念。本任务中只提供了保险方案的案例，没有提供保险策划方案的案例，但保险策划方案的写作与证券、银行等策划方案的流程和格式是基本一致的。

参考文献

[1]　菲利普·科特勒（Philip Kotler）凯文·莱恩·凯勒（Kevin Lane Keller）．营销管理（第15版）．北京：格致出版社．2016年07月

[2]　徐鹏．中国商业银行综合金融服务项目营销管理研究．吉林大学 2016 – 04

[3]　侯文蕾．我国上市证券公司财务风险控制研究［D］．财政部财政科学研究所，2015.

[4]　赵东晓．我国商业银行中小企业信贷资产证券化研究［D］．河北金融学院，2015.

[5]　张春丽．信贷资产证券化信息披露的法律进路［J］．法学，2015，（02）：111 – 121.

[6]　邹晓梅，张明，高蓓．美国资产证券化的实践：起因、类型、问题与启示［J］．国际金融研究，2014，（12）：15 – 24.

[7]　陈静思．中国商业银行混业经营转型研究［D］．华东师范大学，2015.

[8]　侯文蕾．我国上市证券公司财务风险控制研究［D］．财政部财政科学研究所，2015.

[9]　赵东晓．我国商业银行中小企业信贷资产证券化研究［D］．河北金融学院，2015.

[10]　张春丽．信贷资产证券化信息披露的法律进路［J］．法学，2015，（02）：111 – 121.

[11]　王振，曾辉．影子银行对货币政策影响的理论与实证分析［J］．国际金融研究，2014，（12）：58 – 67.

[12]　邹晓梅，张明，高蓓．美国资产证券化的实践：起因、类型、问题与启示［J］．国际金融研究，2014，（12）：15 – 24.

[13]　陈建中，黄欣丽．银行国际化路径影响因素分析——基于汇丰银行和花旗银行案例［J］．国际贸易问题，2014，（09）：142 – 154.

[14]　李建军，薛莹．中国影子银行部门系统性风险的形成、影响与应对［J］．数量经济技术经济研究，2014，（08）：117 – 130.

[15]　裘翔，周强龙．影子银行与货币政策传导［J］．经济研究，2014，（05）：91 – 105.

[16]　李春涛，胡宏兵，谭亮．中国上市银行透明度研究——分析师盈利预测和市场同步性的证据［J］．金融研究，2013，（06）：118 – 132.

[17]　杨天宇，钟宇平．中国银行业的集中度、竞争度与银行风险［J］．金融研究，2013，（01）：122 – 134.

[18]　米辉辉．商业银行个人信贷风险管理对策研究［J］．当代经济，2009（02）.

[19]　杨萌．中国光大银行大连分行交叉销售策略研究［D］．大连理工大学，2010.

[20]　武皓军．我国商业银行全面风险管理体系的建设与优化［D］．西南财经大学，2010.

[21]　张亮．股份制商业银行营销风险评价与对策研究［D］．吉林大学，2010.

[22]　赵春艳．消费信贷与宏观经济关系研究［D］吉林大学，2010.

[23]　舒广．一种商业银行开放式基金销售系统的设计与实现［D］．吉林大学，2011.

[24]　张秀．某商业银行客户积分管理系统设计［D］．吉林大学，2011.

[25]　邹颖璐．青岛市税收收入能力估算研究［D］．重庆师范大学，2010.

[26]　王宗秀．我国中小股份制商业银行盈利能力分析［D］．西南财经大学，2010.

[27]　刘冉．基于客户需求的商业银行个人理财市场细分研究［D］．西南财经大学，2011.

[28]　吴镝．国内商业银行个人理财业务发展问题研究［D］．西南财经大学，2011.

[29]　朱茜．我国地区性商业银行个人理财业务发展研究［D］．西南财经大学，2011．

[30]　李聪珊．基于SWOT分析的城市商业银行跨区域经营的研究［D］．西南财经大学，2011．

[31]　田明超．我国商业银行的理财业务和其发展战略之间的关系研究［D］．西南财经大学．

[32]　杜欣欣．我国商业银行财富管理研究［D］．山西财经大学，2011．

[33]　王静．中国银行人民币理财产品营销策略研究［D］．兰州大学，2009．

[34]　宋喆．中国银行陕西省分行金融衍生产品营销策略研究［D］．西北大学，2009．

[35]　贾湘萍．山东农行个人金融业务营销策略研究［D］．天津大学，2009．

[36]　刘妮．我国商业银行个人理财业务营销策略研究［D］．湖南大学，2008．

[37]　辛树森．个人金融产品营销［M］．北京：中国金融出版社，2007．

[38]　赵萍．中国零售银行的理论与实践［M］．北京：中国社会科学出版社，2004．

[39]　杨明生．商业银行中间业务产品实用手册［M］．北京：中国金融出版社，2002．

[40]　孙双锐、薛文才．商业银行营销管理［M］．兰州：兰州大学出版社，2001．

[41]　鼓雷青．银行业市场营销［M］．济南：山东经济出版社，2002．

[42]　易国洪．商业银行客户经理［M］．重庆：重庆出版社，2003．

[43]　巴伦一著．《商业银行客户经理营销技巧60招》［M］．武汉：武汉出版社2004．

[44]　唐双宁．在防范风险前提下大力推进商业银行中间业务发展［Z］．中国金融，2005．

[45]　邓儒文．商业银行零售产品［Z］．中国银行国际金融研修院，2004．

[46]　刘君义．个人信贷业务风险控制浅析［J］．湖北农村金融研究2009（06）

[47]　蒋丽君．金融产品营销实务［M］．东北财经大学出版社2011．

[48]　刘行光．销售这样说，客户才会买［M］．新世界出版社2011．

[49]　赖丹声．银行营销实战案例［M］．清华大学出版社2006．

[50]　蒋先润．销售攻心术［M］．新世界出版社2009．

[51]　邵宏彬．销售就用这几招：最受欢迎的销售方式与技巧［M］．北京：新世界出版社2012．

[52]　舒冰冰．电话销售 实战案例精选［M］．机械工业出版社2012．

[53]　王宏 编著《保险销售人员口才训练》人民邮电出版社，2010．

[54]　郭晓冰 编著《银行营销实战技巧》清华大学出版社，2006．

[55]　张志勇．金融产品营销的可靠性及其特征［J］．活力，2010（2）．

[56]　梁宇．个人金融产品差异化与商业银行竞争力的作用机制分析［J］．金融发展与研究，2009（02）．

[57]　刘森．商业银行个人信贷产品的比较分析［J］．金融管理与研究，2010（08）．

[58]　朱建林，罗尔豪．《个人贷款管理暂行办法》对农信社信贷管理的启示［J］．中国农村金融，2010（02）．

[59]　熊敏．商业银行个人基金理财业务的发展策略［J］．科技情报开发与经济，2007（23）．

[60]　邹睿蓉，邹睿娟．商业银行个人理财业务现状与对策分析［J］．现代商贸工业，2009（06）．

[61]　吴珏．我国商业银行个人金融产品营销策略研究［J］．全国商情（经济理论研究），2008（03）．

[62]　柴青宇．我国商业银行市场营销问题与对策研究［J］．黑龙江金融，2010（12）．

[63]　李清华．国有股份制商业银行个人信贷业务发展及营销策略研究［J］．新疆金融，2009（12）．

[64]　刘惯超．是什么抑制了中国的消费需求［J］经济学家，2010（11）．

[65]　成昕．试述产品生命周期的营销策略管理［J］．中国集体经济，2008（16）．

[66]　肖钊华．我国上市商业银行核心竞争力研究［D］．湖南大学，2010.

[67]　代咏梅，王健美，王丹．浅谈商业银行个人信贷业务的潜在风险［J］．华章，2009（15）．

[68]　刘寒秋．浅析商业银行个人信贷业务风险与防范对策［J］．河南财政税务高等专科学校学报，2010，（04）．

[69]　茅朝阳．我国商业银行个人信贷业务风险管理体系的完善［J］．金融经济，2010（12）．

[70]　菲利普·科特勒．营销管理（第14版．全球版）中国人民大学出版社．2012年04月

[71]　肖刚，王正萍．浅谈金融产品研发中存在的弊端及改进措施［J］．哈尔滨中国工商银行软件开发中心，哈尔滨中国工商银行黑龙江省分行，2005（04）．